云南省社会科学院名家文丛

发现传统
——王清华民族学论文集

王清华 ◎ 著

中国社会科学出版社

图书在版编目（CIP）数据

发现传统：王清华民族学论文集/王清华著 . —北京：中国社会科学出版社，2018.9
ISBN 978-7-5203-2705-3

Ⅰ.①发… Ⅱ.①王… Ⅲ.①哈尼族—民族文化—研究—云南 Ⅳ.①K285.4-53

中国版本图书馆 CIP 数据核字（2018）第 130336 号

出 版 人	赵剑英
责任编辑	郭晓鸿
特约编辑	席建海
责任校对	沈丁晨
责任印制	戴 宽

出　　版	中国社会科学出版社
社　　址	北京鼓楼西大街甲 158 号
邮　　编	100720
网　　址	http://www.csspw.cn
发 行 部	010-84083685
门 市 部	010-84029450
经　　销	新华书店及其他书店
印　　刷	北京明恒达印务有限公司
装　　订	廊坊市广阳区广增装订厂
版　　次	2018 年 9 月第 1 版
印　　次	2018 年 9 月第 1 次印刷
开　　本	710×1000　1/16
印　　张	33
字　　数	412 千字
定　　价	128.00 元

凡购买中国社会科学出版社图书，如有质量问题请与本社营销中心联系调换
电话：010-84083683
版权所有　侵权必究

云南省社会科学院名家文丛
编纂委员会

主　　任：何祖坤
副 主 任：杨正权　　边明社　　王文成　　尚建宇
委　　员：（按姓氏笔画排序）
　　　　　马　勇　　王文成　　石高峰　　边明社
　　　　　何祖坤　　任仕暄　　孙　瑞　　杜　娟
　　　　　李向春　　李汶娟　　李晓玲　　杨正权
　　　　　杨　炼　　杨　宪　　陈利君　　尚建宇
　　　　　郑宝华　　郑晓云　　常　飞　　饶　琨
　　　　　洪绍伟　　黄小军　　萧霁虹　　董　棣
　　　　　谢青松　　樊　坚
执行编辑：任仕暄　　马　勇　　袁春生　　郭　娜

前　言

一　云南省社会科学院民族学研究所

1983年8月，我从云南大学历史系毕业分配进入云南省社会科学院民族学研究所从事民族学研究至今。

云南省社会科学院民族学研究所成立于1984年11月30日，当时是我国唯一以民族学命名的研究所，其前身为1956年成立的云南省少数民族社会历史研究所；1963年，该所与云南大学历史研究所合并，改称云南省历史研究所，下设民族研究室；1980年，云南省社会科学院组建后，该所划归社会科学院；1984年初，该所民族研究室分为民族史和民族学两个研究室，年底，在这两个研究室的基础上组建了民族学研究所。

民族学研究所一贯重视民族学基础学科和应用学科建设，曾承担过国际、国家、省、院等相关机构和部门的一系列重点研究项目，在民族学研究者的努力耕耘下，形成了众多的人文社科研究成果，在学术界和社会上造成广泛影响。其中，部分著作、论文曾获国家、省、院等各级奖励。这些成果主要体现为以下几个方面：（1）关于民族理论与政策研究；（2）关于民族地区社会经济发展研究；（3）关于民族历史的研究；（4）民族学及影视人类学研究。

如今，民族学研究所已经形成"坚持两个传统，建构六大分支"

的理念与格局。两个传统是：民族学人类学传统（田野调查）、云南民族研究传统（族别研究）。六大分支是：民族史、志研究；文化遗产传承保护研究；村落文化研究；政策、环境与发展研究；影视人类学研究与拍摄；社会性别与健康研究。

二 民族学研究所的"要求"

民族学所对科研人员的要求是："熟悉一个民族，联系一个地区，研究一个专题。"这是老一辈科研人员智慧的总结。

多年来，我一直是坚持这三条要求从事人类学田野工作及民族学族别研究的。

三 这本论文集的编排

这本论文集就是按照这三条"要求"，分三个部分来编排的。

第一部分：熟悉一个民族——哈尼族。收录了论文14篇，为哈尼族研究论文，内容涉及哈尼族的历史、社会、政治、经济、文化、风俗等。

第二部分：联系一个地区——云南红河及周边。收录了论文10篇，是以滇南哈尼族地区为中心，辐射云南及周边。这个地区既与哈尼族迁徙及跨境而居相关，又与其他民族的关系及发展相关。

第三部分：研究一个专题——梯田文化。收录了论文12篇，为红河哈尼梯田及梯田文化研究。

王清华

目 录

第一部分 熟悉一个民族——哈尼族

哈尼族概论 ……………………………………………………… 3

哈尼族的迁徙与社会发展

　　——哈尼族迁徙史诗研究 ……………………………… 26

哀牢山自然生态与哈尼族生存空间格局 ……………………… 41

哀牢山哈尼族地区自然生态功能、生态服务系统及林权的演变 …… 49

元阳哈尼族"地名连名制"试探 ……………………………… 78

哈尼族父子连名制谱系试探 …………………………………… 85

哈尼族摩匹"师徒连名制"试探 ……………………………… 89

哈尼族非物质文化遗产《斯批黑遮》研究 …………………… 95

一个典型的封建领主

　　——元阳猛弄土司调查 ………………………………… 107

哈尼族社会中的摩匹 …………………………………………… 122

哈尼族"昂玛突"实录 ………………………………………… 136

· 1 ·

哈尼族婚礼实录 …………………………………………………… 147

哈尼族火文化的现代启示 ……………………………………… 161

哈尼族的宗教信仰 ………………………………………………… 178

第二部分　联系一个地区——云南红河及周边

民族区域自治在云南的成功实践·导论 …………………… 187

西南丝绸之路与中印文化交流 ………………………………… 224

云南亚热带山区农业形态与社会形态
　　——兼论迁徙游耕农业异变形态的发生与发展 ………… 238

民族村寨广场的社会功能 ……………………………………… 249

彝族典型服饰羊皮褂的社会文化价值 ……………………… 262

临沧拉祜族婚姻人口现状及对策研究
　　——兼论人口较少民族社会发展优先 …………………… 273

整体经济大发展，南部帮扶见成效
　　——民族区域自治在红河哈尼族彝族自治州的成功实践 ……… 285

元阳县勐弄哈尼族地区的现代化问题研究 ………………… 305

在稳定中扶贫发展
　　——民族区域自治在金平苗族瑶族傣族自治县的实践 ……… 319

拉祜山乡的历史跨越
　　——民族区域自治在金平县者米拉祜族乡的实践 ……… 332

第三部分　研究一个专题——梯田文化

梯田文化导言 ……………………………………………………… 343

云南亚热带山区哈尼族的梯田文化 ………………………… 356

哀牢山哈尼族妇女梯田养鱼调查 …………………………… 370
哈尼族梯田农耕社会中的女性角色 …………………………… 382
哈尼族梯田与服饰文化 ………………………………………… 395
菠萝生产对哈尼山寨传统生产方式的冲击 …………………… 406
红河南岸地区建立梯田文化保护地与民族文化产业开发研究 …… 416
试论云南哈尼族如何应对经济全球化 ………………………… 432
世界文化遗产与哈尼族梯田文化 ……………………………… 445
红河哈尼梯田生态及景观的现代修复 ………………………… 460
哈尼族传统家庭养老方式的现代恢复与发展 ………………… 476
哈尼族梯田文艺的现代修复与可持续发展 …………………… 488

跋 ………………………………………………………………… 516

第一部分

熟悉一个民族——哈尼族

1983年，我一进云南省社会科学院民族学研究所，就被安排研究哈尼族。虽是一种工作安排，但我感到仿佛是冥冥中的一种命定，当我一踏上红河南岸哈尼族居住的崇山峻岭时，感到是那样的亲切和熟悉。

哈尼族是我国西南边疆历史悠久、文化丰富的古老民族。在中国，哈尼族有163万余人（据2010年全国人口普查），绝大部分集中分布于云南南部元江（红河）、澜沧江两江的中间地带，这一地带也就是哀牢山、无量山之间的广阔山区。然而，哈尼族最早的历史居住地是在中国西北的河湟地区，后迁徙到四川的大渡河一带，而后又迁徙进入云南，最后主要定居于云南红河、思茅、西双版纳，另有部分迁徙进入东南亚地区。在国外，哈尼族有42万余人，其中，缅甸25万人，老挝6.7万人，泰国9.5万人，越南1.7万人。

"熟悉一个民族"是民族学族别研究的必然要求。

哈尼族概论

一

哈尼族人口共有143万余人（2000年），绝大部分集中分布于云南南部元江（红河）、澜沧江两江的中间地带，这一地带也就是哀牢山、无量山之间的广阔山区。哀牢山和无量山自滇西巍山南部，由云岭山脉分出，纵贯滇南全境。哈尼族分布区域，处于汉、彝、白、傣、拉祜等族分布地的中间地带，并有苗、瑶、回、壮等族分布其间。红河哈尼族彝族自治州的红河、元阳、绿春、金平四县是哈尼族人口最集中的地区，有70多万人；思茅地区的墨江、江城、普洱、澜沧、镇源等市县有40多万人；西双版纳的勐海、景洪、勐腊等市县约有12万多人；玉溪地区的元江、新平两县有十多万人。此外在峨山、建水、景东、景谷等县也有少量分布。

哈尼族大片聚居于海拔在800米至2500米的半山区，与立体地貌中立体分布着的其他民族和睦相处。哈尼族居住的地区，山高谷深，自然条件优厚，地下蕴藏着锡、铜、铁、镍等各种丰富的矿产。闻名全国的"锡都"，就在原红河哈尼族彝族自治州首府个旧市（现首府已迁到蒙自市)。在连绵起伏的哀牢山森林中,有云南松、滇柏、棕榈、油桐、樟树等优质林木和经济林木;有虎、豹、熊、鹿、麂子、风猴、孔雀、鹦鹉、雉鸡、白鹇等异兽珍禽;出产鹿茸、熊掌、虎骨、三七、黄连等名贵药材。这里是亚热带气候,雨量充足,土地肥沃,适宜稻谷、玉米、棉花、花生、蓝靛、茶叶等作物生长。红河州绿春茶叶远近闻名,畅销内地。西双版纳格朗和的南糯山,是驰名全国的"普洱茶"的重要产区。

哈尼族内部支系繁多,有多种自称,其中哈尼、卡堕(亦称卡多)、雅尼、豪尼、碧约、白宏等六个自称单位人数较多,另还有锅锉、哦怒、阿木、多泥、卡别、海尼等自称单位。本民族内部各自称单位之间的互称和其他民族对哈尼族的称谓也不一致。如元阳的哈尼互称糯美、糯比、各和等;雅尼互称觉围、觉交,汉族又称其为僾尼;称豪尼为布都、称哦怒为西摩洛等。在汉文史籍中,哈尼族的历史名称有:和夷、和蛮、和泥、禾泥、窝泥、倭泥、俄泥、阿泥、哈尼、斡泥、阿木、罗缅、糯比、路粥、卡惰、毕约、惰塔等。可以看到这其中大部分与目前的自称和互称相近或相同。

哈尼族的自称和历史名称虽多,但其音义基本一致。主要的自称有哈尼、豪尼、黑泥、和泥,其哈、豪、黑、和都从"和"音,其义均为"和人"。历史名称和夷、和蛮、和泥、禾泥、窝泥、斡泥、俄泥、阿泥、哈尼、罗缅(自称和泥)、糯比(自称哈尼)等,其禾、窝、斡、俄、阿、哈亦从"和"音,含义仍为"和人"。可以说,哈尼族在两千多年来,基本上就具有一个统一的名称,即"和人"。1949年以后,根据本民族大多数人的意见,以人数最多的自称——"哈尼"为本族统一的名称。

哈尼语属汉藏语系藏缅语族彝语支,同彝语、傈僳语、拉祜语、纳西语比较接近。哈尼语又分为哈(尼)雅(尼)、碧(约)卡

(多)、豪(尼)白(宏)三种方言,方言的分布同有关自称单位分布的地区相当。方言之间差别较大。1949年以前哈尼族没有自己的文字,有些地方曾刻木结绳记事。1957年党和政府帮助哈尼族创造了一种以拉丁字母为基础的文字,在红河哈尼族彝族自治州试验推行,至今仍在使用。

二

哈尼族拥有悠久的历史,与彝族、拉祜族等同源于古代羌族。古代的羌族原本游牧于青藏高原。公元前384年至前362年,秦朝迅速扩张势力,进行大规模征服邻近部落的活动,居住于青藏高原的古羌人游牧群体受到攻击,流散迁徙,并出现若干羌人演变的名号。"和夷"就是古羌人南迁部族的一个分支,他们定居于大渡河畔之后,为适应当地平坝及"百谷自生"的地理环境和条件,开始了农耕生活。

哈尼族的古代历史,实际上就是一部漫长曲折的迁徙史。哈尼族不仅在定居大渡河畔之前有过"逐水草迁徙"的游牧生涯,而且定居农耕之后又因战争等原因被迫离开古老的农耕定居地而再度迁徙,直到进入云南亚热带哀牢山中。哈尼族的社会,正是在这个漫长曲折的迁徙过程中发展的。尽管汉文史籍对此记载不足,对哈尼族的具体迁徙路线没有明确记载,但我们仍能从老一辈历史学家、民族学家对哈尼族族源的研究,大量的田野调查研究,以及哈尼族社会中保存的大量口碑资料的研究中确认哈尼族迁徙的这一历史过程和历史事实。20世纪80年代,在云南亚热带哀牢山哈尼族社会中发掘出一部自古流传的哈尼族迁徙史诗《哈尼阿培聪坡坡》(阿培:祖先;聪坡坡:从一处搬到另一处，也有逃难之意）。这部史诗的发掘整理，极大地补充了汉文史籍对哈尼族迁徙及社会发展记载之不足。

由于哈尼族没有本民族文字，长久以来，哈尼族的整个文化全靠口耳相传的方式世代沿袭。正因为这样，哈尼族的口传史有着较大的可靠性和较高的史料价值。《哈尼阿培聪坡坡》就是其中一部较为系统、完整和较具典型意义的史诗。它是流传于哀牢山区一部长达5600行的哈尼族迁徙史诗。它详尽地记述了哈尼族先民在漫长的历史岁月中，经历艰难曲折，从遥远的北方向南迁徙的事迹。

《哈尼阿培聪坡坡》记述了哈尼族从北到南迁徙的完整路线，并记述了主要活动地区的地名。但是，由于古今地名的变迁及古今哈尼族语的巨大差异，很难弄清这一系列用古哈尼语记述的地名指的是今天的什么地方。但是史诗对哈尼族迁徙的大致方向来说基本上是对的，因为，哈尼族与彝族都源于古代羌人。这部史诗所记述的哈尼族南迁的路线及所记地名是极其宝贵的。正是这些古地名的存在和史诗对这些地名所示地区的具体而生动的描述，为我们考证、勘察和研究提供了基本的线索，并对进一步研究哈民族族源、迁徙，提供了极其珍贵的材料。更为重要的是，这部史诗不仅涉及哈尼族的族源与迁徙，而且直接涉及这个民族在迁徙过程中社会经济形态的发展与演变。

根据史籍记载，公元前3世纪活动于大渡河以南的"和夷"部落，就是今天哈尼族的先民，是古代羌人南迁的分支。从公元4世纪到8世纪的初唐期间，有部分哈尼族先民向西迁移到元江以西达澜沧江地区。在唐人文献里，哈尼族的先民被称为"和蛮"。公元7世纪中叶，"和蛮"的大首领向唐朝进贡方物，唐朝在给云南各族首领的敕书中就列入了"和蛮"首领的名字，并承认他们都是唐朝的臣属。"和蛮"，盛行"鬼主"制度。"鬼主"制度是一种部落首领与宗教祭师二位一体的氏族部落制。每一氏族有小鬼主，部落则有大鬼主。这正是迁到哀牢山区哈尼族当时的社会实录。"南诏""大理"地方政权建立后，其东部的"三十七蛮部"中，"官桂思陀部""溪处甸部""伴溪落恐部""铁容甸部"等，都生活在今天哈尼族聚居的红河地区。公元10世纪大理国时期，哈尼族开始进入封建领主制社会。元朝征服"大理"政权后，设置元江路军民总管府，隶属云南行省，加强对哈尼族和各族人民的统治。明朝在云南少数民族地区推行土司制度，哈尼族部落首领由明王朝授予了土职官衔，并受所隶流官的统治。清朝在云南实行改土归流，废除了哈尼族地区的一些土官，流官制度代替了部分地方的土司制度，但思陀、溪处、落恐、左能、瓦渣、纳埂、犒牾卡等地的土官仍被保留下来，土司仍然是这些地区的统治者。民国时期，国民党政府在红河南岸哀牢山区逐步改土归流，推行区、乡、镇制度。但是最终，土司区仍为"流官不入之地"，实行着两块牌子一套人马，土司制度仍然完好无损。新中国成立后，土司封建领主制度才最终被废止。

1917年初，哀牢山区金平猛丁土司区芭蕉河苗族因不堪封建政权和土司领主的层层压榨，揭竿而起。遭受同样苦难的金平、元阳、绿春的哈尼族、彝族、瑶族人民闻风而动，一时间，狂飙突起，起义之火顿成燎原之势，迅速席卷红河南岸。这就是哀牢山区规模宏大的反土司农民大起义——"多沙阿波"起义。起义领袖"多沙阿波"（哈尼语，意为多沙村的阿爷）是一位哈尼族女青年，名叫芦梅贝，元阳县多沙村人，当时仅18岁。她出身于一个贫苦的哈尼族猎户家庭，自幼随父狩猎于哀牢山中，饱尝了生活的艰辛和土司的压迫，小小年纪就以枪法神、力气大、聪明机智闻名乡里。起义之初，猛弄一带群众一致推举她为首领。在她的指挥下，义军很快占领了猛弄土司府，同年十二月下旬与各路义军会师于元阳、金平接壤处的马鹿塘。起义群众推选出各级将领，制作了一面大"蜈蚣旗"，旗上书一个大大的"义"字。并把义军编为若干"旗"，每旗发一面旗子。芦梅贝被公推为义军总头领，称为"多沙阿波"。当即，义军庄严盟誓："万众一心，抗捐抗粮，杀尽土司，百姓称王，有福同享，有难同当。"义军根据当时的形势决定分兵三路，主力由芦梅贝亲自率领，挥戈北上，攻打猛弄、新街等地。1918年1月，义军一举攻下了纸厂、雀山、桥头、戞娘、蚌戞、大伍寨等地，生俘驻守团长闵增元，并就地处决。红河南岸各地土司头人闻风丧胆，纷纷逃往红河北岸。愤怒的人们用火枪和大刀震动了整个红河南岸的哀牢山，沉重地打击了封建土司的统治。

正当红河南岸哀牢山区封建土司制度风雨飘摇之际，云南军阀、滇南卫戍司令发兵，并同各土司、地主武装联合反扑，镇压起义。面对强敌和恶劣的环境，义军坚持苦战了两年。经过50多次战斗，终因寡不敌众，起义失败了。反动土司对起义军和哈尼等族群众进行了血腥的报复屠杀，四处捉拿多沙阿波而不见踪影。但在哀牢山区却流传起这样一个故事：多沙阿波挥舞长刀突破重围，骑着白马上天去了……其实，多沙阿波在哈尼族群众的掩护下，隐姓埋名，直到中华人民共和国成立。芦梅贝，虽然当时仅是一位18岁的女青年，但她的行为代表了哈尼族人民的意愿，为民族的利益做出了贡献，理应受到人们的敬重，理应被称为阿爷。她的故事，妇孺皆知，至今仍在哀牢山区广为流传。

解放战争时期，不少哈尼族青年积极参加党领导下的地方游击队，他们发动群众，争取民族上层，开展武装斗争。1949年哈尼族各地人民武装积极配合人民解放军阻击国民党军队，围歼逃敌，解放了滇南、滇西南，迎来了哈尼族和各族人民的新生。

长期以来，英勇的哈尼族人民对帝国主义的侵略进行了不屈不挠的反抗斗争。1895年，法帝国主义强迫清政府割让哀牢山南部的"十五猛"中的猛蚌、猛赖、猛梭、猛乌、乌得等5个"猛"地区，蒙自的汉、哈尼、彝等各族人民于1900年奋起反抗，焚烧了侵略者在蒙自开设的洋关。法帝国主义以此为借口，竟出兵侵占十五猛中的猛丁（今金平县龙膊地区），哈尼族和各族人民操戈执矛，英勇击退了侵略军。1925年和1935年，法帝国主义又两次出兵侵扰中国红河、绿春、金平、江城等地，都受到哈尼族和各族人民的英勇反击。

三

利用山区自然条件开垦梯田，是哈尼族的特长和千年的传统。在西南高原之上，凡有哈尼族居住的地方，都有哈尼族开垦的梯田。梯田几乎成了这个民族的标志。作为人类劳动和创造的物质文化实体，梯田凝结着哈尼族悠久漫长的历史，沉淀着丰厚广博的文化，维系着复杂多样的生活。

哈尼族有着种植梯田的丰富经验，能根据不同的地形、土质去修筑，还善于利用"山有多高，水有多高"的自然条件，把终年不断的溪流涧水，通过傍山水沟引进梯田。梯田是建立在哀牢山自然生态系统之上的良性的农业生态系统，为哈尼族社会文化生态系统提供了基础。

实际上，哈尼族营造梯田的历史可以追溯到公元前3世纪，哈尼族最早的农耕定居地在大渡河畔，那时的"厥土青黎，厥田下上"就是梯田台地的形象写真。遥远而古老的梯田农耕经验和技巧，以及在漫长迁徙过程中吸收的各民族农耕经验和技艺，使哈尼族的农耕适应性举世无双。哈尼族在哀牢山的梯田创造过程，实际上就是古老农耕和平坝农耕文化的移置过程，它以浓缩的形式几乎经历了人类农耕发展史的全过程，使用了原始农业到传统农业的全部手段。终于，经过了隋、唐、宋、元、明、清等朝代，上千年的哀牢山区农业实践和世世代代的努力，哈尼族的梯田以一种奇迹般的、完全吻合于哀牢山区自然生态系统的姿态呈现于天地之间。

哈尼族在对哀牢山区整体自然生态环境的把握和长期农业实践的基础上，创造了一系列独特的农业生态文化。哀牢山区整体自然生态环境以"立体"为其显著特征，即立体地貌、立体气候、立体植被群落及其相互关系。

居住文化是农业生态文化中的重要组成部分。哈尼族有一句非常形象的谚语："要吃肉上高山，要种田在山下，要生娃娃在山腰。"可以说，哈尼族的农业生态系统，就隐含在这一谚语中，并得到了朴素而又形象的表达和反映。"要生娃娃在山腰"是对居住地的选择，基于对哀牢山整体自然生态环境的充分认识和把握，哈尼族选择半山居住。在哀牢山区，其低海拔河谷地带，炎热潮湿，瘴疠流行，毒蛇、蚂蟥、蚊虫、小黑虫（一种有毒的小虫，形小难见，来时形成雾状，人被叮咬，成片红肿，奇痒难忍，抓破溃烂，疼痛异常）猖狂横行。在旧时医疗卫生条件十分低下的情况下，人的生存和发展受到极大的威胁；而高山区，云雾蒸腾，阴雨连绵，冷而潮湿，又是猛兽出没之区，人畜存活难有保障；中半山，冬暖夏凉，气候适中，有利于人们生活，且在哀牢山区优良的生态环境中，既可上山狩猎采集以获副食，又易下山种田收获粮食。因此，半山居住地的选择是哈尼族对哀牢山整体自然生态环境的认识和把握的结果，反映出哈尼族的自然生态观。

村寨一般为数十户，多至三四百户。在红河南岸的哀牢山中，哈尼族建造被称为"土掌房"的土木结构住房,这种住房因为形似蘑菇,当地人俗称"蘑菇房"。这种住房有坚实的土墙、厚重的草顶。这草顶不仅遮风挡雨,更为重要的是使住房内冬暖夏凉、通风干燥。一般为三层楼房。由于哀牢山区湿度较大,地气严重,直接地面的房屋第一层不宜人居住,多用于关养牲畜;第二层则住人。住人房层中有火塘,在楼板上用土筑成方形,有的人家还在火塘边筑有灶台,供炊爨之用。该层内靠墙隔出数室供人居住,一般为房主夫妇及幼儿居住。第三层,堆放粮食及储藏食物,该层是为顶楼,蘑菇形房顶使其具有良好的通风效果,粮食及其他物品不易受湿,宜于保存。

哈尼族人家一般建有耳房,建有双耳房的建筑形成四合院。耳房建筑,对于哀牢山哈尼族来说具有非常重要的意义。首先,由于哀牢山区山高谷深,地势起伏,少有平地,即使村中也是如此,这对人们的生活生产造成诸多不便。耳房建筑在很大程度上解决了这一问题。耳房建筑为平顶,房顶铺以粗木,再交叉铺以细木和稻草,上加泥土夯实(如今则多用水泥抹顶)作为晒台。于是,晒谷、晾衣、乘凉、孩子游戏、妇女纺织往往都在晒台上进行。晒台成为人们生产劳动、日常生活和闲暇活动的重要场所,是梯田农业和居家生活重要的组成部分。其次,耳房一般都作为未婚儿女的住房。哈尼族社会盛行青年男女社交自由,凡成年的男女青年其自由社交父母均不干涉。于是居住耳房,更便于青年男女接待自己的朋友。也有的地方,在儿女成年未婚时,在住宅的旁边建盖小房(扭然)供儿女住。耳房则作为碓房(舂米作坊),或作为客房,或堆放农具等杂物。墨江一带多是土基楼房,平面屋顶,间间相连。西双版纳哈尼族住的则是竹木结构的楼房,旁设凉台,别具一格。

季节划分和农事历法是哈尼族对人类历法的一大贡献。在哀牢山区,哈尼族将全年分为三季,即"造它"为冷季,"渥都"为暖季,

"热渥"为雨季，每季四个月。冷季相当于夏历的秋末和冬季；暖季相当于夏历的春季和初夏；雨季相当于夏历的夏季和初秋。这与哀牢山区自然生态环境的整体季节相契合。在哀牢山区的具体生态环境中，具有"一山分四季，隔里不同天"的气候季节特点，但其整体自然生态环境大季节则是按降雨的集中特点分为干季和雨季的。哈尼族的季节划分，将整体大季节中的干季分为冷季和暖季，乃成为三季。哈尼族的这种季节划分，是在对哀牢山整体自然生态环境的充分认识的基础上划分的，非常符合当地的实际情况，也更贴切地体现和适应哈尼族农业生态梯田农耕的季节性和阶段性。譬如，当"渥都"（暖季）来临，正是夏历的早春二月到盛夏五月，这是哈尼族新一轮梯田农耕的开始，亦是最繁忙的季节。其二月间春意萌动，气候转暖，哈尼族农民着手备耕，浸泡和播撒谷种，并为梯田准备肥料。当"热渥"（雨季）到来，正是稻秧栽插、谷子生长以及稻谷成熟的时期。中秋时节，天气清凉，稻谷渐见成熟，农人在田边地角搭起窝棚（田间小屋）昼夜守护，防止野兽偷食和糟蹋庄稼。晚秋到来，已是九月，稻谷正届黄熟，于是全民出动，抓紧秋收，颗粒归仓。哈尼族一年只种一季水稻，至此，一年的各项主要农事活动即告结束。当"造它"（冷季）来临之际，哈尼族农民铲埂修堤、犁翻田土、疏理沟渠、放水泡田。此一时期的蓄水泡田称为"梯田过冬"，也称"冬水田"。整个冷季，是为农闲。在这一季节里，哈尼族过年"祭龙"、探亲访友、说亲嫁娶，任其自由。

哈尼族在"三季节"划分之外，又有物候历的划分。物候历将一年分为12个月，根据哀牢山气候变化、植被变化、动物（主要是鸟、虫等）变化的规律来确定月份及安排农事活动。哈尼族的物候历，生动形象，便于记忆，使用至今。如果没有对哀牢山区整体自然生态环境的认识和把握，创造和使用这种历法是不可思议的。

对自然生态环境和自然规律的认识及把握，还使哈尼族创造出了一套与物候历相配合的、较为准确合理、适宜山区梯田农耕生产生活的农事历法。哈尼族的农事历法基本上同于夏历，按自然界天象和哀牢山区物候变化轮回周期纪年，每年分为12个月，以月亮圆缺周期纪月，每月30天，一年360天；哈尼族的日，以十二生肖命名，推算方法同于夏历。哈尼族的历法，是对自然生态、自然规律的逐步认识而逐步发展的。据研究，哈尼族曾实行过"十三月历"，即将一年分为13个月，其中有两个月是各15天。哈尼族还实行过"十月历"，即每年分为10个月，每月36天。上述"十二月历""十三月历""十月历"都是每年360天，与现行公历（太阳历）的365.25天略有差异。对此，哈尼族不是采用隔年置闰的方式解决，而是每年五月和十月各设三天过年日，这样，一年就是366天。于是，哈尼族的重要年节，实为其农事历法的组成部分，同时又是一个周期梯田农耕始末的重要标志，如"六月年"为梯田农业栽插结束农作物生长的开始，"十月年"为梯田农业农作物收割的结束。

哈尼族的服饰具有鲜明的民族特点。衣服用自己染织的藏青色土布做成。在哀牢山区，金平、元阳、绿春一带的哈尼族常将所织布料染色之后再行剪裁制衣，而红河、元江等地的哈尼族则待缝制成衣后才染色。直到20世纪50年代，哈尼族服装的色彩才统一，无论男女老少均为蓝色和黑色。就整个哈尼族的服饰来看，虽色调单一，但款式和装饰却众多，呈现纷繁复杂的景观。哈尼族男子服饰，各地各支系大体相同，均为紧身短衣，宽松长裤，黑布包头。服饰纷繁实际上体现在妇女身上，各地妇女服装上身有长衣短衣、斜襟对襟、有领无领、有扣无扣、长袖短袖之分，下身则有长裤、中裤、短裤、超短裤、长裙、中裙、短裙之别。

哈尼族服装的装饰和发式，是审美的需求，亦是性别年龄的分野。男子头饰、服装装饰均简单,头缠包头,身穿布衣而已,最多银币做扣,以为装饰。妇女则不同,发式有单辫、双辫、垂辫、盘辫之区分,装饰物有年龄、婚嫁、生育、节庆的不同。哈尼儿童,不分男女,装饰在头,在自制的小布帽上钉有猪牙、海贝、银泡、银钱、虎豹牙、穿山甲鳞壳等饰物。少女及年轻姑娘编辫下垂,头缠包头,包头上饰以红线或成排银泡,衣襟、衣边、袖口、裤脚边镶绣彩色花边,佩戴银耳环、耳坠和项圈,胸饰为银链、成片银泡和成串银币,手腕戴银镯。已婚和生育后的妇女编独辫和双辫盘于头顶,覆盖包头巾,服装上银饰渐少,前襟、衣边、袖口、裤脚边仍镶绣彩色花边。老年妇女辫发盘顶,衣着朴素,几近全黑,无花边少银饰。节庆期间,哈尼族男女老幼均着新衣,姑娘们花枝招展,装饰盛于往日,走起路来,浑身叮当作响,十分引人注目。

另外,值得一提的是,哈尼族古无鞋袜,曾穿用一种木屐,这种木屐多为竹板所制,鞋底留有竹节或刻出凸棱用于防滑,十分适于田埂和田间泥路的行走,这是哈尼族服饰的独特部分。

哈尼族的传统节日众多,最主要的是十月年和六月年。哈尼族以农历十月为岁首,过十月年,就是过新年。节期五六天,多至半月。有条件的人家要杀猪、舂糯米粑粑。亲友互相拜访,有说亲的就趁这个节日请媒说亲,嫁出去的姑娘回娘家探望。六月年,红河地区称"苦扎扎",是哈尼族的农业祭祀活动,是哈尼族最重要的宗教节日之一。在六月过年,第一是因为按照哈尼族历法节令,这时春耕栽插大忙季节的农活已全部结束,人们希望天神来保佑禾苗成长使粮食获得丰收;第二是按照哈尼族传统文化"属羊的六月来到了,要讲羊月的古礼"。这古礼就是祭祀迎请天地之神。哈尼族古歌唱道:"秋房选在属龙的日子/龙是哈尼离不开的大神/秋房是天神地神的在处/每年的六月他们来到世上和哈尼过年。"由于哀牢山区各地气候有所差异,农业节令耕作时间亦有差异，因而，各地节期略有不同，节期有长有短，有的地方节期4天，有的则6天。

"苦扎扎"的内容主要有二：第一，迎请天神巡视人间。祭祀天神，祈求天神保佑农业顺利丰产，村寨平安；第二，娱乐天神，游行串寨，尽情狂欢。节日期间，哈尼族每个寨子都要架设磨秋、秋千，供人们与天地之神共乐。从节日的第三天开始，身着节日盛装的男女老少都聚集在磨秋场上，老年人围在一起唱酒歌（哈八），回顾历史，歌唱劳动，歌唱生活，祝愿庄稼和人丁兴旺成长；青年男女则撑磨秋、荡秋千、对歌跳舞，尽情狂欢。这几天，每个寨子的青年人都会组织串寨游乐队伍，穿着奇装异服，每到一寨就与该寨青年比赛撑磨秋、对歌、对舞等。连续几天，哀牢山区一起过节的所有寨子都人山人海，人神共乐，欢腾一片。有些地方在这天夜晚还要在家里点燃松明火把，打击什物，以示驱赶病魔出寨。

由于吸收了汉文化，红河地区的哈尼族，和汉族一样也过春节、端午、中秋等节日。

20世纪50年代，哈尼族的婚姻制度基本上是一夫一妻制，这在西双版纳体现得较为明显。一般哈尼族认为多妻不符合哈尼人的习俗，弃妻再娶要受舆论的谴责，还得给前妻及其舅家送礼赔不是。但婚后多年不育男孩而娶妾则被允许。青年男女在婚前可以自由社交，谈情说爱。结婚要征得父母同意，不少地区实行包办婚姻。墨江碧约人有"踩路"订婚的习惯，就是男女双方情投意合后，由双方老人同走一段路，如果在路上没有遇到兔子、狼等野兽，就算订婚了。结婚后两三天，新媳妇就回娘家，一直到要栽秧时才回夫家。红河一带结婚第二天回门后即落夫家。

哈尼族还保持父子连名制，普遍使用"父子连名"家谱。父子连名制家谱，其实质，是父系制家庭结构、血缘及财产继承关系的体现；其形式，是父亲名字的后一个字（音节）作为长子名字的前一个字。例如：黑嘎（父名）—嘎唠（子名）—唠筛（孙名）……这样，长久以后，就会形成一串长长的父子连名谱系。如元阳县麻栗寨李黑诸的一段家谱是：初末屿—末屿直—直托吾—吾里漂—漂马登—马登达—达都苏—苏末着—末着期—期米勃—勃吾苏—苏督—督采—采米……现在流传的父子连名家谱，一般在40代至55代左右。各地哈尼人的父子连名系谱，世系数量不等，名称也不完全一样，但系谱的最早几代，往往是相同的，从这里可以看出他们在来源上的联系。父子连名制的出现，反映了父权制的确立，它对探索哈尼族的社会历史有一定的参考价值。

哈尼族文学过去只有民间口头文学，有神话、传说、诗歌、故事、寓言、童谣、谚语、谜语等。神话、传说中有讲述万物来历的《创世记》；有叙述人类战胜洪水，繁衍生息的《洪水记》；有反映哈尼族历史迁移的《哈尼祖先过江来》等。诗歌可大体分为"哈八"（古歌），"阿欺枯"（情歌），"阿迷车"（儿歌）等三大类。其中，"哈八"历史最久容量最大，囊括了哈尼族的历史、传说、族源、民族迁徙、山地农耕、历法节令、人生哲理、道德情操、宗教信仰，等等。"哈八"多在婚丧、节日、祭祀以及其他庄重的场合吟唱，曲调庄重严肃。"阿欺枯"，只能在山间田野唱，歌唱爱情和生产，以爱情为主，男女对唱，歌声嘹亮，激情奔放。"阿迷车"虽属儿歌，但哈尼族男女老少均能歌咏吟唱。此类歌内容十分丰富，日月星辰、江河山川、一草一木均可叹咏，儿歌是哈尼人最早的启蒙歌，其中含有大量的生活经验、人生道理、审美意向、道德训诫。哈尼儿童一般都将其烂熟于心，倒背如流，受用一生。

哈尼族能歌善舞。乐器有三弦、四弦、巴乌、笛子、响篾、葫芦笙等。"巴乌"是哈尼族特有的乐器，用竹管制成，长六七寸，7个孔，吹的一端加个鸭嘴形的扁头，音色深沉而柔美。舞蹈有"三弦舞""拍手舞""扇子舞""木雀舞""乐作舞""葫芦笙舞"等。流行在西双版纳地区的"冬波嵯舞"，舞姿健美，节奏明快，气氛浓烈，具有浓厚的民族特色，是群众喜爱的一种舞蹈形式。

哈尼族的宗教信仰主要是多神崇拜和祖先崇拜。他们认为天地间存在着强有力的天神、地神、龙树神和具有保护神性质的寨神、家神等，必须定期祭祀，祈求保佑。而对于给人们带来疾病和灾难的各种鬼神，则要通过祭祀和巫术加以制约、驱赶。西双版纳的哈尼族每年要祭"龙巴门"（即寨门）。龙巴门被认为是神圣不可侵犯的，住在门内的人可以得到村寨保护神和同寨人的帮助，离开了龙巴门就是离开了神和集体，会孤立无援。

在红河南岸哈尼族社会中，神灵鬼魂无处不在，但却有主次之分。其主要的神有天神、地神、山神、寨神和家神。这些神灵是须臾不可怠慢的，要定时祭祀。特别是二月的祭龙（昂玛突）、三月的祭山、六月的祭水、七月的祭天都是规模很大的集体性祭祀活动。"龙树"被认为是人类的保护神，各地每年都要祭祀。每个村寨都有公共的龙树，有的地方如红河南岸一带还有家族自己的龙树。祭龙树的仪式很隆重，由祭师主持，杀牲献祭。人们自带酒食，到龙树林欢聚，饮酒唱歌，祝愿人畜兴旺、五谷丰登。各地也比较流行忌日的习惯。在西双版纳哈尼族地区，每年的羊日都是忌日，此外遇到不吉利的事，如寨内死人、野兽进寨、狗爬屋顶、发生火灾等也都认为是忌日，必须停止生产，有的还要搞祭祀活动，以为这样可以避免灾祸降临。

20世纪初，基督教传入部分哈尼族地区，佛教也曾在一些地区传播过，但信教的人不多，影响不大。1949年以后，随着生产的发展和文化卫生事业的普及，上述宗教活动逐渐减少。

四

  1949年以前，由于历史的种种原因，哈尼族的社会发展很不平衡。红河南岸的红河、元阳、绿春、金平和江城等县，处于封建领主经济向地主经济过渡的阶段。这些地区还残存土司制度。土司是土地的所有者和政治上的统治者，占有土地、山林、水渠等主要的生产资料。农民使用土地必须交纳各种封建负担，遭受沉重的经济剥削。土司每年不但向农民征收占产量6%至20%的官租，而且还要把一部分土地租佃给农民，征收等于产量30%至50%的地租。官租和地租是压在农民身上的最沉重的负担，每年要夺取农民一半以上的劳动果实。土司还掠夺好田作为私田，通过无偿劳役分配给农民耕种。此外，农民还要负担名目繁多的苛捐杂税，如街税、屠宰税、当兵款等。随着私有制的发展，土司占有的土地越来越多。如元阳犒牾卡土司共占有辖区水田的40%，达1000多亩，称为"官田"，经国民党政府"清丈"后，"官田"变为"私田"。过去专为各种差役设置的兵田、号令田、马草田、挑水田、看坟田、门户田等也多数改成了租佃关系。这种变化说明土司已由封建领主向封建地主转化。

  土司为了巩固其统治地位，在其辖区建立了一套统治机构。数十个村寨合为"里"，设"里长"，几乎所有的"里长"都是当地的地主。"里"下设"招坝"，管一坝或数村。土司署（衙门）内，设"司爷""管家""侍候""值班里长"。土司拥有武装，设"团长"（大队长）、"兵头"带领。还有法庭、监狱，设"班房老总"管监狱水牢。中华人民共和国成立前夕，红河地区的土司就有机枪100余挺，长短枪4000多支。土司对人民群众施行经济上的剥削和政治上的压迫，用吊打、杠木枷、坐软板凳、丢阴洞等酷刑，镇压人民群众的反抗。

分布在墨江、新平、镇源等靠近内地的哈尼族，由于受汉族经济文化的影响比较大，自明清以来就已陆续进入封建地主经济的范畴。生产力发展水平大致与当地汉族相当，土地的买卖、租佃关系已很普遍。地主阶级占有大量的土地，贫苦农民则受地租、债利、雇工等形式的残酷剥削。以墨江水癸寨为例，地主、富农集中了70%以上的土地，其中占全寨1/3以上的水田，已经流入其他民族的地主（主要是汉族）之手，贫雇农严重缺地或没有土地，雇工剥削率达50%—70%，高利贷剥削率一般为100%。

分布在西双版纳和澜沧一带的哈尼族，受傣族封建领主的统治。傣族最高领主"召片领"把山区的哈尼、布朗等族划分为"卡西双火圈"（即"12个奴隶区域"），作为对山区少数民族进行政治统治和经济剥削的行政区划。一个"火圈"包括几个到十几个自然村，由"召片领"加封哈尼等族头人为"大叭"管辖。各村又设"叭""鲊""先"等大小头人，除了征收棉花、花生、大豆等物品外，还征收各种杂派，如"招待费""门户钱"等。哈尼族猎得野兽，也得把倒卧地面的一半兽身献给领主。哈尼族头人凭借傣族领主给予的政治特权，通过派无偿劳动和强迫送礼等形式，对群众进行剥削，但剥削量一般不大。

在傣族领主的统治下，西双版纳不同地区的哈尼族，社会经济的发展也不平衡。居住在景洪县的景洪、勐龙和勐海县的西定等地哈尼族，还残存一定的原始农村公社土地所有制特点。每个村寨都有一定的土地范围，占耕地面积绝大多数的旱地属村寨公有，村寨成员均可自由开种，为数不多的水田、茶园属个体所有。居住在勐海县的格朗和、勐宋和勐腊县的易武、尚勇等地的哈尼族，土地私有制已有较大的发展，地主、富农不仅占有相当数量的水田、茶园，而且还有村寨附近的山林、荒地。地主、富农凭借较充裕的生产资料和生活资料，对贫苦农民进行雇佣、租佃和高利贷等多种形式的剥削。

哈尼族人民长期遭受剥削制度的压迫，过着十分贫困的生活，由于帝国主义的入侵和国民党的统治，贫苦农民长期过着"野果充饥肠，树皮当衣裳""头冷蓑衣盖，脚冷灶灰埋"的苦难生活，不少人被迫卖儿卖女，逃荒要饭。哀牢山坝溜地区，马良寨原有150多户人家，由于迁徙和死亡，到新中国成立时只剩下17户。

五

新中国成立之初，哈尼族地区各级党委、政府，在肃清国民党残敌、清匪反霸、安定社会秩序的同时，积极开展民族工作，疏通民族关系，加强民族团结，巩固人民政权。1950年至1957年，国家在红河地区发放了农业贷款160多万元，救济粮100多万斤、各种救济款90多万元，此外还发放了大批的衣物、农具、种子、耕牛，帮助哈尼等各族人民克服生活上的困难，逐步恢复和发展生产。

1951年4月，中央民族访问团来到红河地区访问，带来了党中央对各族人民的热情关怀，使哈尼族人民受到极大的鼓舞。到1952年初，盘踞在哈尼族地区的土匪、特务已基本肃清，社会秩序安定，从而为进行民主改革，发展生产创造了先决条件。

从1952年起，党和政府在哈尼族地区从不同情况出发，用了5年时间，分期分批进行以土地改革为中心的民主改革。靠近内地的墨江、新平等地区，由于社会经济发展与当地汉族基本上相同，从 1952 年到 1953 年，与当地其他民族一起进行了土地改革，彻底摧毁了封建土地制度。在元江县的大部分地区和建水县靠近红河的一部分地区，社会情况和民族关系等方面都比内地复杂，土改中这些地区采取一些不同于内地的、做法比较缓和的政策。红河、元阳、金平、绿春、江城和西双版纳等边疆地区，由于社会经济发展比较落后，民族关系与阶级关系交织在一起，民族上层与本族群众还有一定的联系，本着有利于巩固边疆秩序、有利于民族团结、有利于发展生产的目的，采用了自上而下的与民族上层进行协商和自下而上的发动群众相结合的方式，完成了民主改革。至于沿边一些少数发展更为落后的地区，当整个地区的封建统治阶级被打倒后，这些地区也就基本铲除了外来封建剥削，对于民族内部的阶级剥削因素和原始公社制残余，则在发展生产和组织互助合作的过程中，逐步加以解决。

土地改革运动，使哈尼族的生产关系发生了根本的变化。广大农民成为土地的主人，极大地解放了生产力，改善了人民群众的生活，同时大大加强了民族团结，巩固了边疆的社会秩序。土地改革结束后，党又引导广大农民走上互助合作和人民公社化的道路。

但是，"文革"十年，哈尼族地区和全国一样，政治、经济、文化等都遭到了极大的破坏。中国共产党通过艰苦的拨乱反正，国家终于又走上了健康发展的道路。

哈尼族地区民族区域自治的实施可以从 1951 年中央民族访问团帮助成立蒙自专区民族民主联合政府和元阳县民族民主联合政府算起。民族民主联合政府的成立，保障了各民族在人民政权中的平等地位，有利于各族人民的团结和发挥各族人民的力量进行各项经济文化建设事业。1952 年，中央人民政府政务院颁布了"民族区域自治实施纲要"，同年，哈尼族地区成立了红河哈尼族自治县人民政府，以

| 发现传统

及区、乡级的元阳县太和哈尼族彝族傣族联合自治区人民政府、元阳县麻栗寨哈尼族自治乡人民政府和1953年建立的西双版纳格朗和哈尼族自治区。自治地方政府的建立，使这些地区的哈尼族等人民的政治热情和生产积极性普遍高涨，太和区各族人民踊跃地交纳爱国粮；麻栗寨乡积极开展了生产救灾和对敌斗争工作。哈尼族地区民族区域自治的初步推行，对各方面都产生了良好的影响，使党的这项政策日益深入人心。1954年元旦，成立了红河哈尼族自治区，1957年与蒙自专区合并建立红河哈尼族彝族自治州。还建立了江城哈尼族彝族自治县、墨江哈尼族自治县、元江哈尼族彝族傣族自治县。哈尼族人民充分享受到民族平等和当家做主的权利。

在哈尼族地区实行民族区域自治，对于发挥哈尼族人民当家做主的积极性，发挥平等、团结、互助的社会主义民族关系，增强民族团结，稳定边疆，促进自治地方经济、文化事业的发展，均起到了巨大的作用。推行民族区域自治的实践有力地证明，实行民族区域自治是适合我国国情，解决我国民族问题的基本政策。六届全国人大二次会议审议通过颁布了《中华人民共和国民族区域自治法》。这部重要法律科学地总结了我国民族区域自治以来的丰富经验，进一步充实了民族区域自治的内容，健全了我国的民族区域自治制度，并用法律的形式固定了下来。它的公布与实施，对于进一步巩固国家的统一，发展平等、团结、互助的社会主义民族关系，加速民族区域自治地方经济和文化的发展，都发挥了巨大的作用。在哈尼族的自治州、县都制定了"自治条例"，并认真贯彻《民族区域自治法》、"自治条例"及有关的政策、法律、法规，并且全面正确行使自治法赋予的各项权利，用好用足中央和省对民族自治地方的优惠政策，根据当地实际制定出发展民族经济、科技教育、文化卫生、培养民族干部等各项事业的具体规定。民族区域自治的实行和发展，使哈尼族人民当家做主的积极性进一步提高，促进了社会主义民族关系。在哈尼族地区，各民族互相尊重、互帮互学、互谅互让，为实现各民族的共同进步和共同繁荣而奋斗。

新中国成立50多年来，哈尼族地区的政治经济建设取得显著成就，特别是党的十一届三中全会以来，经济社会及文化教育得到了跨越式的发展。

农业方面，新中国成立前，哈尼族地区生产力极其低下，以粮食种植业为主的原始、传统农业十分普遍，生产落后，民不聊生。从新中国成立起，广大哈尼族农民大搞农田基本建设，因地制宜地改坡地为梯田，改旱地为水田，修建水库，扩大灌溉面积。农业机械化程度有了较大提高，大部分地方实现了粮食加工机械化。各地新建了800余座电站，通电村社达到90%以上。农、林、牧、副、渔事业，也都有较大发展。党的十一届三中全会以来，哈尼族地区农业生产条件得到了极大的改善，农业科技推广网络逐步建立健全，对促进农业的长期稳定发展创造了条件。农村进一步稳定和完善以家庭联产承包为主、统分结合的双层经营体制，传统农业向现代农业转变，农村经济正向建立健全农业社会化服务体系、全面推进农村产业化方向发展。现今正大力进行社会主义新农村建设。

工业方面，过去，哈尼族地区的工业十分薄弱，仅有少量的矿业土法采冶和手工业作坊，现在已建立了冶炼、采矿、机械制造、化工、建材、能源、纺织、塑料制品、卷烟、食品加工等工业部门。

50多年来，为改变哈尼族地区的基础设施和基础产业落后的状况，党和政府狠抓基础设施和重点项目建设，特别是交通、水利、通讯、能源等关系国计民生和关系国民经济发展后劲的基础设施、基础产业大为改善，取得了巨大的成就。例如，1998年红河哈尼族彝族自治州公路通车里程11200千米，与1949年相比公路里程增加了80倍，从没有 1 千米柏油路发展到 1688 千米柏油路，2005 年，千米通车里程达 1.77 万千米，还建成昆明至蒙自高等级公路；实现了全州 13 个县市、县县、市市通柏油路，所有的乡镇和 85.4% 的行政村通了公路。全州累计建成水库 415 座，总库容 93062.1 万立方米；全州乡镇全部通电，行政村通电率达 89%；建成了程控电话、长途通信数字化，初步形成了光缆、微波、程控、无线寻呼、移动电话、图文传真在内的现代通信系统。

在哈尼族地区，特别在红河南岸山区，过去奸商盘剥，农民卖 5 斤棉花才能买回 1 斤食盐，外地商人的 1 根针就能换走 1 只鸡。新中国成立后，社会主义商业对发展经济、保障人民生活供应等方面，都起了巨大的促进作用。改革开放以来，各地积极发展商品生产，努力搞活流通，商业网点遍及城乡，繁荣了城乡经济，方便了生产和人民的生活。1979 年到 1998 年，红河州农民人均纯收入从 112 元提高到 1237 元，增长了 10 倍；城镇职工人均年工资由 1952 年的 422 元提高到 6599 元，增长了 15 倍之多。2005 年，农民人均纯收入达 1991 元，城镇在岗职工人均年工资增至 14819 元。

哈尼族的传统文化十分丰富多彩，中华人民共和国成立后，文化事业才真正地发展起来，50 多年来，已经形成了一个创作繁荣、演出兴旺、文化交流频繁、农村文化全面展开的良好局面。2005 年，在红河哈尼族彝族自治州已有文化事业机构 219 个，其中艺术表演团体 11 个，图书馆 15 个，群众艺术馆、文化馆 15 个，乡镇文化站 141 个，村文化室 1000 多个，博物馆、文物管理所 15 个。在全州已经形成了一个庞大的三级群众文化网络。元江哈尼族彝族傣族自治县，有文化馆、图书馆、文工团、电影院、国营书店各一个，文化站 10 个。卫星电视地面接收站 445 座，电视覆盖率达 98%，广播覆盖率达 100%。

民族教育事业也有了很大发展。以哈尼族居住区绿春县为例，

1949年以前只有一所小学，1952年有小学7所；2005年已有学校317所，其中中学10所、职业中学1所、小学145所、小学教学站159个、幼儿园2所。各级各类在校生38902人，其中中学生12095人，职业中学生833人，小学生24705人。80%的哈尼山寨都有了学校，99%以上的学龄儿童都已入学。现在，哈尼族不仅有本民族的大学生，而且有了硕士生、博士生。过去哈尼族医药卫生事业十分落后，有病找"贝马"（巫师）退鬼，或找为数极少的草医治病。中华人民共和国成立后，先后建立了县人民医院、县卫生防疫站、县妇幼保健站、县药品检验所等医疗、防疫、保健、药检机构。墨江哈尼族自治县，到2004年，有甲级卫生室45个，乡村一体化管理的卫生室141个，新型农村合作医疗参加合格率95.6%，到位资金867.5万元；投资400万元的人民医院住院大楼竣工。2005年绿春县共有医疗机构17个，村卫生室83个，初步形成了县、乡、村三级卫生保健网。哈尼族人民健康水平大大提高。

在中国共产党的领导下，哈尼族的政治、经济、文化等各项事业都发生了翻天覆地的变化，现在正向着更为健康的道路迈进。

（原载国家民委《民族问题五套丛书》编辑委员会编《中国少数民族》，民族出版社2009年版）

哈尼族的迁徙与社会发展
——哈尼族迁徙史诗研究

哈尼族历史悠久，文化丰厚，人口143万余人（2000年），聚居于云南南部及中、老、越、缅边境地带。由于没有本民族文字，长久以来，哈尼族文化全靠口耳相传的方式世代沿袭。当然，这种文化的传袭有着自己的内在机制和特殊内涵，是靠着一个文化阶层"摩匹"、师徒传授继替和一套独特的记忆系统加以维持的。[①] 正因为这样，哈尼族的口传史有着较大的可靠性和较高的史料价值。《哈尼阿培聪坡坡》（下简称《聪坡坡》）[②] 就是其中一部较为系统、完整和较具典型意义的史诗。

本文拟从这部史诗，对哈尼族的迁徙和社会发展问题试作初步探索。

一

《聪坡坡》是流传于红河南岸哀牢山区的一部长达5600行的哈尼族迁徙史诗。它详尽地记述了哈尼族先民在漫长的历史岁月中，经历

[①] 王清华：《哈尼族历史文化传承方式试探》，《边疆文化论丛》第三辑，云南民族出版社1991年版。

[②] 《哈尼阿培聪坡坡》（阿培：祖先；聪坡坡：从一处搬迁到另一处，也有逃难之意），云南民族出版社1986年版。

艰难曲折，从遥远的北方向南迁徙的事迹。

　　全诗分为七章，每一章叙述一个曾经居住过的地点。主要记述了最早的哈尼族居住地"虎尼虎那"（红石头、黑石头交错堆积）。这个地点在遥远的北方，由于人口增加，食物减少，他们南迁到水草丰盛的"什虽湖"边。而后由于自然灾害森林起火，他们又迁到龙竹成林的"嘎噜嘎则"。后来，由于与当地原住民族"阿撮"产生矛盾，又南迁到雨量充沛的温湿河谷"惹罗普楚"，与"阿撮""蒲尼"等民族交往甚密，但因瘟疫流行，人口大量死亡而不得不南渡一条大河，来到两条河水环绕的美丽平原"诺马阿美"，在此，哈尼族将农业发展到了一个较高的水平，生活十分美满，后受到当地一个叫作"腊伯"的民族的觊觎，他们妒其财富和土地而发动战争。哈尼族战败离开"诺马阿美"，南迁到一个大海边的平坝"色厄作娘"，为避免民族战争，又东迁到"谷哈密查"，得到原住民族"蒲尼"的允许，居住下来。当哈尼族人口繁衍、经济大大发展时，蒲尼出于惧怕而发动战争。这次战争规模巨大，哈尼族险些灭族灭种，战败南迁，经"那妥""石七"等地，最后南渡红河，进入哀牢山区。

　　这就是《聪坡坡》所记述的哈尼族从北到南迁徙的完整路线，并记述了主要活动地区的地名。但是，由于古今地名的变迁及古今哈尼语的巨大差异，使我们今天很难弄清这一系列用古哈尼族语记述的地名指的是今天的什么地方，因而迁徙的具体路线也就难以确定。

　　《聪坡坡》的搜集整理者，哈尼族学者史军超通过长期的哈尼族社会调查及研究后认为："史诗中提及的几个地名分别为：'石七'——今云南省红河州石屏县，'那妥'——玉溪地区通海县，'谷哈密查'——昆明地区，'色厄作娘'——大理地区洱海之滨，'诺马阿美'——四川省雅碧江、安宁河流域，'惹罗普楚''嘎鲁嘎则'——大渡河北岸之四川盆地与川西高原交缘地区，'什虽

| 发现传统

湖'——川西北高原与青海南部高原榫合之纵谷地区,'虎尼虎那'——巴颜喀拉山口两麓之黄河、长江源出地区。"① 这一说法对哈尼族迁徙的大致方向来说基本是对的。因为据研究,哈尼族与彝族都源于古代羌人。② 但是,对哈尼族古地名所指的具体地区,虽然史诗提供了大量的对具体地点地理环境、物产及风土人情的描绘,但从严格意义上说,则还需要细致严密的考证和具体的实地勘察。尽管如此,史军超以该史诗为线索对哈尼族族源的探索是极有意义的。

毫无疑问,《聪坡坡》所记述的哈尼族南迁的路线及所记地名是极其宝贵的。虽然这些地名所指的地区,还需要进一步考证,但正是这些古地名的存在和史诗对这些地名所示地区的具体而生动的描述,给我们考证、勘察和研究提供了基本的线索,并对进一步研究哈尼族族源、迁徙、历史和社会发展,提供了极其珍贵的材料。

但是,近年来,有人提出哈尼族的"土著说",认为,哈尼族根本没有经历过什么迁徙,今天的聚居地红河流域就是其发源地。其证据是"在距红河岸边100多千米的开远小龙潭发现了距今1500万年的腊玛古猿化石,在距红河岸边200千米的元谋发现了距今300万年的腊玛古猿新种和距今250万年的古人类化石;在红河岸边发现距今三至五万年的旧石器时代的人类活动遗址和旧石器。在距红河岸边几十千米的蒙自县红寨乡,发现了距今一万多年前的古人类化石和旧石器;在红河两岸的广大地区,发现了大量五千至一万年的新石器;在红河岸边发现了三至五千年左右的古人类化石;在红河两岸广大地区发现了大量青铜器"③。土著论者凭借腊玛古猿、元谋人以及有关稻

---

① 史军超:《滨海文化与高原文化的嫡裔》,《边疆文化论丛》第一辑,云南民族出版社1988年版。
② 参见《哈尼族简史》,云南人民出版社1985年版,第19页。
③ 孙官生:《哈尼族——云南红河流域的土著居民》,《古老、神奇、博大》,云南人民出版社1991年版。

谷、干栏型楼房的出土文物和新旧石器、青铜时代的考古资料为依据，论证哈尼族是从云南高原的古人类演化而来的。哈尼族既然是土著，就根本谈不上什么南迁。于是像《聪坡坡》这样的迁徙史诗，也就纯属无稽之谈了。

论证哈尼族之族源已超出了本文的研究范围（另有专文），但在这里必须指出的是，哈尼族在历史上是经历过南迁的。

尽管汉文史籍对哈尼族的早期活动记载甚少，但仍然给我们留下了可信的史料。哈尼族古称"和夷"（和，古音读俄）。"和夷"一名首见于战国时期的《禹贡》："蔡、蒙旅平，和夷底绩。"南宋毛晃的《禹贡指南》"和夷底绩"下注："和夷，西南夷。"清代胡渭的《夷贡锥指》说："和夷，渿水南之夷也。"据考证，大渡河曾名为"渿水"或"和水"，即与"和夷"有关，源出于大渡河西岸连三海与雅砻江并行由此而南注入金沙江的安宁河，古有"阿泥河"之称，明代此称仍存，就是因为历史上阿泥人（哈尼族先民）居住其地而得名。《尚书·禹贡》载："和夷"所居之大渡河畔"厥土青黎，厥田下上，厥赋下中，三错"。《山海经·海内经》说："西南黑水之间，有都广之野，后稷葬焉……爰有膏菽、膏稻、膏黍、膏稷，百谷自生，冬夏播琴。"黑水系指大渡河西南的雅砻江和金沙江。可见这一地带曾是哈尼族先民的聚居地，而且，有着发展较快的农业。但是现在，这一地带已经没有哈尼族了。唐代以后，汉文史籍对哈尼族的记载逐渐增多，但所记之哈尼族已大多居住在滇南红河下游与澜沧江之间的山岳地带，即哀牢山和蒙乐山的中间地带。

很显然，汉文史籍的记载存在断层，不够系统，但从哈尼族各历史名称的出现及其分布地的变换，仍充分反映了该民族历史上的迁徙流动情况。据研究，公元前4世纪即已开通的"西南丝绸之路"的灵关道（成都—大理），所途经的安宁河一带就是哈尼族先民早先曾居

| 发现传统

住过的地方：其步头路（从滇池经建水至红河，然后顺流而下出安南），唐代时已经大为畅达。① 西南古道的开通为哈尼族的迁徙提供了条件：古道由北而南，与哈尼族迁徙的方向大体一致，这绝非巧合。另据西方民族学家研究，距今七百年前（公元13世纪），自称阿卡人的哈尼族开始由中国云南迁往东南亚地区。直到19世纪末，还有阿卡人继续南迁，有的进入缅甸，有的进入越南和老挝，一部分阿卡人又从缅甸迁入泰国北部山区。② 据不完全统计，如今哈尼族在越南有1万余人，老挝有1万余人，在缅甸有6万余人，在泰国有3.5万余人。③ 据研究："东南亚越、老、缅、泰的哈尼族都是从云南南部迁去的，这是一个长期的、缓慢的、渐进性的迁徙过程。最早的迁居发生在公元8世纪以前，最晚的迁居一直持续到20世纪40年代末。由于这种不断的迁徙，最后形成了今天哈尼族跨几个国家而居的局面。"④ 由此可见，直到现代，哈尼族的迁徙活动仍未完全停止。

另外，在现实生活中，仍有难于尽数的事象表明着这个民族曾经历过艰辛迁徙和对北方祖先及古老家园的敬仰之情。如今，"居住在滇南哀牢山区的哈尼族，每逢建盖大房（扭玛）时，其建筑坐向总是坐西北向东南。即便受地理走向条件的限制，也力求背山面水或坐高向低，以便在大房后山墙上部安置敬奉祖先的'侯勾'，表示人心向着北方。男女家长设于大房中的床位的走向也几乎都是头朝西北方，表示对哈尼族祖先发祥地的崇敬。连儿女们安置于小房（扭然）中的

---

① 樊绰《云南志》卷一、卷六、卷七。
② [美] F. V. 格朗菲尔德：《泰国密林中的游迁者——阿卡人》，刘彭陶译，参见云南省民族研究所《民族研究译丛》第5辑，第17页。
③ 刘稚、申旭：《论云南跨境民族研究》，《云南社会科学》1989年第1期。
④ 申旭、刘稚：《中国西南与东南亚的跨境民族》，云南民族出版社1988年版，第258页。

床位头向也力求朝着西北方，否则即为欺祖之意，必将遭受不幸。"①丧葬的表现则更是崇仰北方祖先之地的典型范例：哈尼族人的正常死亡，必杀数头、数十头牛羊来祭奠亡灵。在哈尼族的观念中，为死者宰杀牛羊，比宰杀其他任何动物要贵重得多，因为牛羊有财富之意。以牛羊为财富的象征，是北方游牧民族的典型象征方式。但在如今居住于南方从事水田农业的哈尼族中存有如此事象和观念，应是别有一番意义的。而在为死者送魂的《指路经》中，更是明确指出祖先在"遥远的北方"。这种对悠远历史和古老家乡的"朦胧记忆"和崇敬，乃是历史和文化积淀而形成的心理定式。这种外化在事象上和积淀于心理中的无形"史料"，无疑对于证明哈尼族先民迁徙历史有着重要的不可忽视的意义和价值。这也是《聪坡坡》存在并千年流传的一个重要因素。

以上情况说明了哈尼族确实经历过由北而南的迁徙。同时，又从历史和现实的角度证明了哈尼族史诗《聪坡坡》对迁徙的记述并非无稽之谈、凭空杜撰，而是确有一定的历史根据的。从某种意义上说，《聪坡坡》至少在一定程度上补充了汉文史籍对哈尼族历史和社会发展记载的不足。

二

哈尼族历史上的迁徙活动，不仅涉及这个民族的族源，而且直接涉及其社会经济形态的发展与演变。

---

① 毛佑全：《哈尼族原始族称、族源及其迁徙活动探析》，《云南社会科学》1989年第5期。

发现传统

如前所述，《聪坡坡》分为七章。每章的核心内容较为明晰地透视出哈尼族社会发展的轮廓。现分述如下。

（一）人类诞生及原始渔猎生活

在第一章里，史诗说，人类诞生在水中。最早的人种有的"像水田里的螺蛳，背上背着硬壳"；有的"像干地的蜗牛，嘴里吐出稠稠的浆"；有的"走路像分窝的蜂群挤挤攘攘"；有的"走路像蚂蚁排成行"。后来人类发展了，"一代人用手走路"；"一代人蹲在地上动，一代人和我们现在一样"。在这里，我们似乎看到了一种极原始的人类进化观及这种进化的简单粗糙的过程。无论这种进化观念及过程如何原始、幼稚和迷离，但它是极可贵的。因为它给我们研究哈尼族和人类早期思维方式、行为方式提供了某种图景。那时人们的生活是这样的："摘回野果，先祖们又唱又跳。""遇到大象，先祖把它撵下深涧；遇着鹿子，就敲断它的脊梁；见着豹子，就扛起木棒吆喝；见着野猪，就拿起石头壮胆。"这是采集狩猎的原始群社会。

（二）母系氏族社会

第一章的末尾，第24代祖先诞生了，她叫塔婆，生了汉、彝、哈尼、傣、壮等21种人。她最宠爱的是哈尼人。从此以后，哈尼人住进了山洞，渔猎为生，学会用火。这位在哈尼族许多传说故事和父子连名谱系中都占据重要位置的塔婆，被称为"人类的始祖母"，在她之前的"人"是动物，她之后的人则是真正的人类。在这里已经反映出了母系氏族社会的痕迹。

在第二章中，哈尼人已迁到了"什虽湖"。在这里，姑娘遮姒将小动物饲养，畜牧业出现了。于是，"遮姒姑娘人人敬重/件件大事和她商量"。此后又有一位姑娘遮努，将草籽拿来栽种，"起名叫玉麦／谷子和高粱"。农业诞生了。"遮嫂姑娘有了主张／她指着十二种动物／定下了年月属相／一年分做十二个月／一月有三十个白天夜晚。"与农业息息相关的历法由女性创造发明出来了。

妇女是畜牧业、农业、历法，甚至是酿酒的发明者，所以"件件大事和她商量"。这反映着母系氏族社会中妇女在生产生活中起着比男人重要的作用，因而，地位突出，受到人们普遍的尊重。

（三）父系氏族社会

在第三章中，哈尼人已迁到"惹罗普楚"过着定居农业生活。"鹿子忘不了出生的岩洞／哈尼忘不了惹罗——那头一回安寨定居的地方／那头一回开发大田的地方。"定居和农业生产使哈尼族社会得到发展，表现最为突出的是人口的增多和父权制的确立。

"一家住不下分两家／一寨住不下分两寨／老人们时时为分家操心／头人们天天为分寨奔忙。""寨子里出了头人、贝马、工匠／能人们把大事小事分掌。"头人、贝马、工匠三种能人的传说和故事在哈尼族社会中广为流传，反映着哈尼族原始氏族社会中似曾出现过一种政、教、工艺合一的组织形式。当惹罗普楚发生瘟疫，哈尼族准备搬迁的时候，可以看出母权已经丧失殆尽，妇女地位急剧下降，呼声微弱："哈尼尊敬的头人阿波（爷爷）／你们的话女人从来不敢顶撞／你们叫哈尼离开惹罗的田地／是惹罗出了不懂规矩的媳妇／还是出了不肯出力的姑娘／你们叫哈尼离开惹罗的山林／是嫌媳妇摘回家的猪菜太少／还是嫌姑娘背回家的泉水不凉。"由此可见，哈尼族父权制在农耕定居生活中得以确立，男性已居于社会和家庭的主导地位。至此，哈尼族妇女的地位每况愈下。正如恩格斯在《家庭私有制和国家的起源》中所说："母权制的被推翻，乃是女性的具有世界历史意义的失败。"

· 33 ·

(四) 部落联盟制社会

在第四章中，哈尼族迁到"诺马阿美"，农业进一步发展，进入部落联盟制社会。"哈尼人口实在多/一处在不下分在四面/四个能干的头人/轮流把诺马掌管/最大的头人叫乌木/哈尼都听从他的指点。""哈尼的头人像树根一样出来/威严地镇守自己的地盘/头上的帽子像山巅高耸/手握木杖象征权力无边/哈尼的乌木说一句话/四个头人把头点。""头人们来到诺马议事/忙出忙进像蜜蜂打转/高高的寨堡站在大寨中央/权威的乌木坐在里面。"

这无疑是一个典型的由四个血缘亲属部落组成的社会组织：部落联盟。它是哈尼先民氏族结合成部落的进一步扩大，是因为战争或防卫的共同需要而结合成的。在这里，我们看到了联盟议事会和军事首长。部落联盟的存在，说明哈尼族先民部落之间的经济、文化的联系和活动地域都在扩大；另一方面也说明掠夺战争的频繁发生。关于此，在第四章中有较大篇幅的记述。频繁而野蛮的战争，极大地破坏了生产力，美丽的家园变成了血流成河的战场。而战败的哈尼人元气大伤，被人驱赶，再度迁徙。

(五) 社会发展的停滞

在第五章中，为了避免灭族的厄运，哈尼族先民化整为零，分三路向南奔逃，其中一路从此走失（据说，就是后来迁到西双版纳的阿卡人），哈尼族先民的势力更加孤单，只得在"色厄作娘"暂住，寄人篱下以求生存和恢复。当"佐甸的嫩竹一天天冒尖/哈尼的小娃一天天增多"，民族矛盾初露苗头时，哈尼先民主动离开了色厄作娘。紧接着在第六章中，哈尼人来到了新的地方"谷哈密查"。当时"谷哈密查"社会经济发展水平较高，已进入阶级社会，统治者（阿篇）

罗扎"出门上路坐着高轮马车／一把遮阳伞像鸡枞顶在上面／千万蒲尼（族名）见他要磕头／阿波阿匹（阿爷阿奶）也要弯腰"。这是对奴隶制社会奴隶主的写照。

由于"谷哈土地比天还大"，适合农耕易于发展，哈尼人决定长期居住此地。罗扎同意哈尼人的要求，但"要当我罗扎的帮手／谷哈密查的事情／样样由我阿篇掌管"。由于哈尼人"再走不得了／再累不得了／哈尼要和蒲尼同在／哈尼要给罗扎来管／不是我不想守住自己的羊群／是羊群放进别家的田园"。为了表示对外族奴隶主阶级的顺服和与蒲尼民族的和平相处，哈尼人埋下了自己的武器，所以"谷哈密查"意为"埋藏三尖叉的地方"。从此，哈尼人处在了外族奴隶主的统治下，可以说，已经沦为奴隶。

尽管"寨脚开出了块块大田／一年的红米够吃三年／山边栽起大片棉地／一年的白棉够穿三年"。但是"哈尼手杆再粗／也是罗扎的帮手／哈尼脚杆再硬／也是罗扎的跑腿／罗扎有碗口大的贪心／把哈尼的红米撮完／罗扎有盆大的狠心／把哈尼牵空了畜圈"。

残酷的统治，扼制了哈尼族社会经济的发展，苛重无比的剥削终于引起了哈尼人的不满和反抗，最后爆发了战争。但是战争以哈尼族的失败告终，不得不重新踏上南迁的途程。

（六）社会的恢复及发展

在第七章中，哈尼族摆脱了"谷哈密查"奴隶主的追击，南渡红河进入哀牢山区，开始开发不毛之地，重整经济。他们在半山安寨定居，在低山开挖梯田，并开始恢复社会秩序。

"哈尼像蜜蜂搬家分房／分家的头人抱着白鹏（哈尼族的神鸟）。""第一个能干的头人楚依／领着哈尼去到瓦渣。""罗纳头人也走出家乡／扎在两个不远的山冈。""第三个头人叫罗赫／在竹塘安下了寨房。"

从此,"尼阿多的哈尼各去一方"。

"尼阿多"是哈尼族渡过红河在哀牢山中建立的第一个寨子,这时成了哈尼亲属部落的联盟中心。部落联盟社会组织的恢复,必将促进哈尼族经济和社会的正常发展。但是《聪坡坡》到此已经结束,没有给我们提供这方面的情况。然而,据现今社会调查和汉文史籍记载,至公元10世纪大理国时期,哈尼族开始进入封建领主制社会;到20世纪40年代哈尼族封建领主制社会中出现了地主经济的萌芽;50年代初期进入了社会主义社会。

通过对《聪坡坡》的分析和研究,我们认为,它不仅仅是一部哈尼族的迁徙史,而且是一部形象生动、脉络清晰的哈尼族社会发展史。

三

哈尼族社会是在长期的迁徙流动过程中形成和发展的。因而,其社会发展的轨迹和社会文化的形成都具有特殊性。

(一)社会进程的周期性失衡

在哈尼族的整个社会历史发展过程中,在其初期,即从"逐水草迁移"到农耕定居阶段,社会发展的进程是平稳的也是正常的,《聪坡坡》中发明畜牧、农业、历法等的记述就是例证;汉文史籍《尚书·禹贡》《山海经》所载之大渡河流域农业景观,则更能说明问题。但是,哈尼族自从丧失了农耕定居的原居住地后,再也没有得到可供长期稳定发展的基地。这失去发展根据地的人群与社会便具有一种无根的性质，就是说整个社会发展所赖以立足的安定环境、生产积累等社会经济基础处于一种不稳定的状态。在这样的情况下，为了自身的生存与发展，哈尼族一再顽强地努力改变这种状况。在《聪坡坡》里我们看到，他们每到一地都试图站稳脚跟，建立生存和发展的根据地，但是这样的努力都归于失败。可当获得短暂的居留、安定的环境，哈尼族的社会就得到恢复和发展，就出现这样的盛况，"哈尼的寨子一个个增多／像灿烂群星闪烁在天边／最大最亮的水明星有一颗／诺合大寨又平又宽／诺合紧靠南罗山脚／它的财富滚滚不断／赶街的哈尼挤挤搡搡／背上的背箩鼓圆肚子／头人们来到诺合议事／忙出忙进像蜜蜂打转"。

这样的盛况在哈尼族所经历逗留的所有居住地都反复出现。且每次因丧失居住地而迁徙，人口就大量死亡，生产力大量破坏，社会发展进程便告以中断。这种严重的具有毁灭性的大破坏，在每一次背井离乡的迁徙中必定出现。周期性的大破坏，无情地摧毁着哈尼族每一次积累、恢复和发展起来的经济基础，社会发展进程因此受到极大挫折，甚而出现停滞。

据对哈尼族父子连名制谱系的研究，"哈尼族由母系氏族社会向父系氏族社会的过渡，可能在公元前三世纪至公元六世纪"[1] 到了唐代，哈尼族社会才出现"鬼主"制度[2]。"鬼主"制度"是一种部落首领与宗教祭师二位一体的氏族部落制。每一氏族有小鬼主，部落则有大鬼主"[3]。但是，直到20世纪50年代前，这种制度竟然还在西双版纳哈尼族社会中保持着。西双版纳哈尼族的"龙巴头"制度实质上就是"鬼主"制度。据调查，龙巴头每个家族有一个，是为小龙巴

---

[1] 参见《哈尼族简史》，云南民族出版社1988年版，第30页。
[2] （唐）张九龄：《曲江集》卷十二。
[3] 参见《哈尼族简史》，云南民族出版社1988年版，第30页。

头,九个小龙巴头可产生一个大龙巴头。龙巴头初为选举产生,后变为世袭。龙巴头既管理村寨事务,又主持宗教活动,是集政教于一身的人物①。从母系氏族社会向父系氏族社会过渡时间的绵长、"鬼主"制度和氏族部落社会的长期存在,可以看出哈尼族经济基础在周期性的失衡状态中,社会发展的进程异常缓慢。

(二)社会文化的多元性与适应性

长期的迁徙,使哈尼族得以接触众多的民族。在《聪坡坡》里,出现过众多的民族族名,其中不少族名和地名一样是用古哈尼语记述的,因而很难弄清究竟属于今天的哪些民族及其先民,但也有明确的与今天一致的族名,如:"矮山的汉族来了三伙/河坝的傣族来了三帮。"

在与众多民族交往的过程中,哈尼族文化逐渐出现了多样化的格局。在哈尼族文化中,有大量的汉文化因素。例如,如今聚居于哀牢山区的不少哈尼族就认为他们的祖先来自南京、江西等地,这种族源的认同,实际上是与汉族交往的结果。而在节日方面,哈尼族的传统节日是十月年、六月年、吃新米节,但由于吸收了汉文化,春节、端午节和中秋节也是他们的重要节日了。在哀牢山区,有很多哈尼族民间故事实际上是汉族故事的翻版,有很多歌曲调子来源于汉文化。傣族与哈尼族是两个民族渊源、种族语言不大相同的民族,但在接触交往中:"阿撮(傣族)教哈尼破竹编蔑/哈尼换上漂亮的竹筐/阿撮教给哈尼织帽子/笋壳帽轻巧又凉爽。"如今,哈尼族的干栏式楼房建筑,饮食上的"剁生"(一种生吃畜禽鱼肉的方法)就是吸收了傣族建筑和饮食文化的结果。甚至,栽种糯谷和糯食习俗据说也源于傣族

---

① 李开贤:《勐海格朗和乡哈民族情况调查》,云南省民族研究所编《民族调查研究》1988年第1、2期合刊。

的稻作文化。哈尼族文化有着较多的彝族文化特征。过去有人因此认为哈尼族就是彝族。其实，哈尼族与彝族同源于古代羌人，文化上自古就有许多相似之处，但在频繁的交往中，两个民族的文化相互吸收而更加贴近。如今，他们几乎有着共同的节日，极为相似的生产生活方式，长期以来互通婚姻、互学语言。因此哀牢山哈尼族中有这样的俗语"盐巴辣子一起拌，哈尼族彝族一娘生"，可见其文化相互吸收和交融的程度。

总之，在长时期的迁徙过程中，哈尼族不但传播了自己的文化，同时吸收了大量的各民族文化。

文化的吸收和交融，使哈尼族文化表现出强大的适应能力。这种文化的适应性表现得最为突出的是平坝农业向山地农业的移置。

哈尼族很早就进入了农耕定居生活。如前所述，大约在公元前3世纪，其早期居住地大渡河流域的农耕水平已达到相当程度。由于平坝的农耕经验，哈尼族在后来的迁徙过程中，总是寻找适于农耕的平坝。《聪坡坡》所述哈尼族曾经居住的地点，几乎都是平坝。在西南，大河流域谷地和湖泊平坝是较早的开发区域。所以哈尼族所到的适于农耕的地方，多有当地农耕民族居住。于是，哈尼族每到一地都能吸收当地民族的农业生产经验和技艺，使其原有的农耕文化得到充实和提高。以致当哈尼族最后被迫定居红河哀牢山区的时候，仍能以卓越的农耕技艺，在巍峨群山中开垦出山区独有的蔚为壮观的梯田田园。哈尼族梯田是哈尼族人民农业创造性的表现，也是其农耕适应性和将平坝农业移置深山的创举，而梯田文化则是哈尼族在长期迁徙流转过程中接触吸收其他农耕民族文化，充实发展自己取得的文明成果。

从某种意义上说，迁徙给哈尼族的文化适应性创造了条件。

综上所述，哈尼族是一个经历过长期迁徙的民族，它的社会发展和迁徙活动紧密相关。以迁徙为特征的历史活动几乎贯穿于哈尼族社会发展的始终，这就不可避免地造成社会发展的非稳定性。由于迁徙和定居的交替出现，经济生活平衡与不平衡的反复更迭，使哈尼族的社会发展出现周期性的破坏与重建，社会发展的进程因而受到极大的影响。另一方面，也正因为长时期的迁徙，使哈尼族有机会在广阔的地理空间与众多的民族接触交往，从而形成了具有多元性和极富适应性的哈尼族农耕文化。

所以，迁徙流动与社会发展的相互结合，是哈尼族历史的特色，也是《聪坡坡》这部史诗的特色。

（原载《云南社会科学》1995 年第 5 期）

哀牢山自然生态与哈尼族生存空间格局

一

哈尼族是一个古老的、跨中越、中老、中缅边境而居的山地民族。在中国云南，哈尼族有143万人，分布于滇南红河与澜沧江的中间地带，亦即哀牢山、无量山之间的广阔山区。哀牢山区是哈尼族分布最集中的地区，有70多万哈尼族居住其中，占哈尼族总人口的一半左右，本文所述的，正是哀牢山区的哈尼族。

滇南哀牢山是典型的亚热带山区，这里年平均气温为18℃—20℃，全年日照达2000小时以上，可谓"长夏无冬"。同时，由于这一地区山高谷深，海拔悬殊，因而又成为云南立体气候的典型分布地区；当哀牢山区海拔最高的白岩子山（2939.6米）白雪纷飞的时候，红河谷地却温暖如春，而海拔最低的红河出境处河谷（76.4米）已暑热难当。在哀牢山，民谚"一山分四季，隔里不同天"是对这一地区立体气候的生动注解。在哀牢山，海拔1800米以上的高山区，年平均气温11.6℃，全年日照1000小时，这类地区多云雾阴雨；海拔1400米至1800米的上半山区，年平均温度15℃，全年日照1630小

· 41 ·

时，这类地区雨量充沛、气候温和；海拔 600 米至 1400 米的下半山区，年平均温度 18℃，全年日照 2020 小时，无霜期，这类地区雨量充沛，气候较热；海拔 600 米以下的河谷，年平均温度 25℃，全年日照 2430 小时，无霜，雨量较少，气候炎热，蒸发量大。

复杂多样的气候类型和条件，造成了哀牢山丰富多样的植被生长发育环境，繁衍出丰富多样的自然生命，使热带、亚热带、温带、寒温带的不同植被在此多有分布。同时，这种复杂多样立体分布的植被及植物群落，为动物及动物群落提供了生存、繁衍的场所和条件。

哀牢山的自然环境不仅给多彩多姿的自然生命系统提供了得天独厚的生长繁衍条件，而且给哈尼族人提供了展示创造力的生存空间。哈尼族正是利用哀牢山区这种地貌、气候的立体性分布特征，建构生存空间格局和与之相适应的农业生态循环系统的。

在较为阴冷的高山区，保持着茂密的原始森林。由于云南亚热带山区受南面海洋性季风和海拔高低悬殊的影响，这里云遮雾罩，降雨充沛；另外，从炎热河谷的江河湖泊中蒸发升腾的水蒸气在此化为绵绵雾雨，淋淋洒洒，终年不断，在林中汇成数不清的水潭和溪流。低山河谷的江流湖泊均孕育于此间。这是天然的绿色水库，因此，哀牢山区具有"山有多高，水有多高"的特点。哈尼族人民对高山森林的保持是十分重视的，因为这是梯田农业的命根。

气候温和的中半山区，是理想的居住地。哈尼族在中半山区的向阳坡上建造房屋，形成村落。在村寨周围，房前屋后开辟菜园，修筑道路与各村寨连接。以高山森林为源泉，引入村中的人畜饮水，永远用之不竭。哈尼族有一俗话："要种田在山下，要生娃娃在山腰。"这是千百年来的生活经验的总结。哀牢山区的低海拔河谷地带，炎热潮湿、瘴疠流行，毒蛇、蚂蟥、蚊虫、小黑虫（一种有毒的小虫，形小难见，人被叮咬，立即红肿，奇痒难忍，抓破溃烂，疼痛异常）猖狂横行。在旧时医疗卫生条件十分低下奇缺的情况下，人的生存和发展受到极大威胁。高山区，阴雨连绵，冷而潮湿，又是猛兽出没之区，人畜存活难有保障，而中半山区，冬暖夏凉，气候适中，有利于人们的生活，定居其间是生活对立体气候的选择。

从村寨边至山脚河谷的整个下半山区，是层层梯田。这里气温较高，湿度较大，适于稻谷生长。哈尼族农民依着山势利用每一寸土地、每一个角落，使得梯田每层大小不一，错落有致，大者数亩之广，小者形如澡盆，重重叠叠，直挂山腰，犹如万练银蛇缠绕大山。在梯田间修有道路，行走方便，易于耕作。

值得注意的是，水是农业的命脉。在亚热带哀牢山区哈尼族的梯田农业中，水以奇特的方式贯穿于农业生态循环系统中。高山森林孕育的溪流水潭被哈尼族人民引入盘山而下的水沟，流入村寨，流入梯田，梯田连接，水沟纵横，泉水顺着块块梯田，由上而下，长流不息，最后汇入谷底的江河湖泊，又蒸发升空，化为云雾阴雨，贮于高山森林。哈尼族人民的梯田农业生态系统，是与亚热带山区自然生态系统密切吻合的，如此巧妙地适于自然、利用自然，变自然生态为农业社会生态是哈尼族勤劳智慧的结晶。

二

哈尼族村寨多建在半山的向阳坡地。村后是茂密的森林，村前则是万道梯田。高山区森林、中山区村寨和下半山区梯田在哀牢山立体地貌和立体气候带中的不同层次的分布，构成了哀牢山区独有的三位一体的空间格局，这是一种平衡的生存空间。居住半山温和的气候带中，是千百年来生活对自然的适应和选择，同时也是自然生态环境和农业生态环境对人的要求。

在这种三位一体的、立体的生存空间里，哈尼族村寨处于森林与梯田之间的中心地位，是有着其特殊的内涵和意义的。

第一，中半山区冬暖夏凉的气候环境宜于人的生活，这无须赘言。

第二，高山森林常年下流的泉水，为哈尼族村寨的人畜饮水（包括农田用水）提供了可靠的保证；高山森林中丰富的动植物，则给哈尼族提供了肉食和佐餐的菜蔬。正如哈尼族史诗所唱道的："再看山头和山脊/野物老实多啦；细脚的马鹿啃吃嫩草/大嘴的老虎追逐岩羊/狐狸在剑茅丛里出没/老熊在大树上擦痒/岩脚深深的草稞里/野猪眦着獠牙喘气/坡头密密的竹林里/竹鼠眯细眼睛把嫩笋尝/大群鹦鹉在小树上嬉戏/成对鹧鸪在刺蓬里鸣唱/披着黄衣的龙子雀/在树枝上跳上跳下/扇着黑翅的老鸹/在树顶上哈哈笑响/……"[①] 如此野物丰富的高山森林是哈尼族的肉食提供者，是哈尼族生存的重要组成部分。因而，直到20世纪50年代初期，狩猎仍是哈尼族集体的一项定期举行的重要活动。另外，历史上哈尼族很少种植蔬菜，直到今天所种蔬菜品种亦不多，无非将青菜、白菜、瓜、豆等种植于宅旁和地角，基本没有专门的菜地和菜园。长期以来，佐餐菜蔬多来自深山。在哀牢山，各种野菜四季不衰，特别在其高山区，可食用的野生植物块根、茎、叶、花、果，品种上百种之多，极大地补充了人工种植蔬菜的不足，是哈尼族佐餐菜蔬的大宗。因而，高山森林区是哈尼族生存的重要条件之一，它的存在，使哈尼族狩猎采集经济长期成为哈尼族农业经济的重要组成部分。

---

① 《哈尼阿培聪坡坡》，云南民族出版社1986年版，第199—200页。

第三，村寨前的整个下半山区辟为梯田，这不仅因为下半山区较热，气候适于稻谷生长，还因为是梯田农业管理的需要和人在山区农业生产中的心理需求。如前所述，哈尼族梯田用水来自高山区，并沿层层梯田，由上而下顺序灌溉，这贯穿于层层梯田的水，是梯田农业的命根。高层梯田是水的入口处，对此的管理成为梯田用水和农耕正常运转的关键。例如，梯田之水从高山遥遥而来，夹带碎石泥沙，于是在沟水入田处挖一坑沉淀砂石，在此清除石砂十分方便，有效地防止梯田沙化和堆积碎石。又如，哈尼族梯田的用水在漫长的历史进程和长期的梯田农业实践中形成了一种不成文的水规。这种水规是根据一股山泉或沟渠的灌溉面积，由这一面积内的田主依各自的梯田数量共同协商、规定其用水量，然后按泉水流经的先后，沟与田的交接处横放一块刻有一定流水量的木槽，水经木槽口流入各家梯田。这种约定俗成、代代不逾的水规，为维持梯田农业系统起到良好的作用。再如，哈尼族别出心裁的梯田农业的独特施肥方法——冲肥。冲肥有两种：一是冲村寨肥塘。在哈尼族各村寨，村中都有一个大水塘，平时家禽牲畜粪便、垃圾灶灰积集于此。栽秧时节，开动山水，搅拌肥塘，乌黑恶臭的肥水顺沟冲下，流入梯田。另外，如果某家要单独冲畜肥入田，只需要通知别家关闭水口，就可单独冲肥入田。田在村下，已见其功。二是冲山水肥，每年雨季初临，正是稻谷拔节抽穗之时，在高山森林积蓄、沤了一年的枯叶、牛马动物粪便顺山而下，流入山腰水沟。这时，正是梯田需要追肥的时候，届时，村村寨寨，男女老少一起出动，称为"赶沟"。漫山随雨水而来的肥在人们的大力疏导下，迅速注入梯田。高层梯田紧接村寨，自然就便于管理和居高临下地掌握梯田农业的命根——水。其次，在山区，田处于高山或处于低山，在人们的心理上有着不同的分量，在体力上也有着不同的感受。下山种田有一种轻松愉悦感，而且费时较少，体力耗费也少，可以有更多的时间和精力来从事农业生产,上山种田情况就大不一样,一是心理上感觉是种负担,二是体力、时间耗费太多,其劳动效率可想而知。因此,梯田在哈尼族三位一体的生存空间中处于村寨之下是很有道理的,是哈尼族生产生活实践的结果,它不仅满足了梯田农田水利等管理上的需要,而且适应了山区农业劳动者心理和体力的承受能力。

三

坐落于半山向阳坡地的哈尼族村寨,翠竹青青,绿树成荫;站在村中,抬头看是茂密的高山和森林,低头看是万道梯田;天高云淡,阳光和煦,好一派崇山峻岭之中的田园风光。这种三位一体、平衡和谐的生存空间是哈尼族认识、适应哀牢山自然生态环境,创造梯田农业生态系统的结果,同时也是其对生存的追求和其原有的农耕适应性的必然产物。

哈尼族很早就进入农耕定居生活,其种稻治田的历史非常悠久。大约在公元前3世纪,哈尼族已定居在大渡河流域[1],据《尚书·禹贡》载:"和夷"(哈尼族先民)所居之地"其土青黎,其田上下";哈尼族史诗对其古老的家园,有这样的描述:"在高高的山上/撒下了三升种/七月的蚂蟥上不了高山/十月的寒霜雪降不到坝子里/高山种地有收获/坝里种谷已饱满。"可见当时的农耕水平已达到相当程度。但是,由于人口的增加、疫病的侵袭和战争的威逼,哈尼族被迫离开

---

[1] 王清华:《哈尼族的迁徙与社会发展》,《云南社会科学》1995年第5期。

了古老的家园，进行了长期的、远距离的、曲折的迁徙。哈尼族迁徙史诗《哈尼阿培聪坡坡》就是对这一漫长迁徙过程的详细记述。由于定居农耕的经验，哈尼族在迁徙过程中总是寻找适宜农耕和农耕民族生活的平坝。这是农耕民族在西南高原地理环境中对生存的追求。平坝气候适中，土地平坦，既适于农业生产，又适于人的生活。在云南高原之上，平坝面积仅占总面积的6%，有大小坝子1440个，其中绝大多数海拔在1500—2000米。例如，最大的坝子——陆良坝，海拔是1834米；昆明坝，海拔是1887米；洱海坝，海拔1965米。由于云南特殊的地理位置，海拔1500—2000米的平坝，大多呈现"四季如春"的气候特点，而且在西南高原，大河流域谷地和湖泊平坝都是较早的开发区域。据《哈尼阿培聪坡坡》记述的哈尼族在迁徙过程中曾经驻留居住的地点，几乎都是平坝。在当时，这些平坝都有农耕民族居住。虽然哈尼族没能在这些平坝站稳足跟，定居下来，但每到一地都能吸收当地民族的农业生产经验和技艺，使其原有的农耕文化得到充实和提高。

对平坝气候的认识以及农业技能水平的提高，使哈尼族最后被迫定居红河哀牢山区的时候，仍能在地形复杂、气候多样、山大谷深的地理环境中找到中半山区这样的气候几乎同于坝子的居住地，并以其卓越的农耕技艺，在巍峨群山中开垦出山区独有的蔚为壮观的梯田田园。清嘉庆时的《临安府志·土司志》记述了当时哈尼族的梯田壮景："依山麓平旷处，开凿田园，层层相间，远望如画，至山势峻极，蹑坎而登，有石梯磴，名曰梯田。水源高者，通以略杓，数里不绝。"如今，哀牢山下段红河南岸的哈尼族山区，这种壮景更是锦上添花。呈长条环状的水田绕山而行，从山脚到山顶，埂回堤转，重重叠叠，包裹着座座大山。这种亚热带崇山峻岭中的层层梯田，以及梯田农业所达到的与内地汉族地区基本相当的农业水平[①]，是哈尼族人民农业世代创造性的表现，也是其对生存的追求、农耕适应性和将平坝农业移置深山的创举。对自然生态环境的认识和对农业生态的把握，终于使哈尼族在哀牢山立体地貌和立体气候中，创造性地建构出与自然生态完全吻合的适于人们生活益于农业耕作的三位一体的独特生存空间。它标明，这种以梯田农业为基础的、独特于世的生存空间及文化，是哈尼族在长期迁徙流转过程中接触吸收其他农耕民族文化，充实发展自己，并将自己原有的农耕适应性和技艺充分发挥所取得的辉煌成果。

（原载《云南社会科学》1998 年第 2 期）

---

① 王清华：《云南亚热带山区哈尼族的梯田文化》，《农业考古》1991 年第 3 期。

哀牢山哈尼族地区自然生态功能、生态服务系统及林权的演变

哈尼族是一个跨中、越、老、缅边境而居的古老民族，在中国境内哈尼族有143万多人，集中居住于云南南部，特别是红河南岸的哀牢山区，是哈尼族最集中的地区，人口约70万，占中国境内哈尼族总人口的一半左右。这一地区大河分割，群山阻隔，交通不便，世居此地的哈尼族利用哀牢山区的地貌、气候、植被、水土等立体性特征，创造出了与自然生态系统相适应的良性农业生态循环系统，并形成一整套梯田耕作与森林生态保护的传统管理方式和知识系统，保证了哈尼族在山大谷深地理环境中的生存和发展。

为了深刻地认识哀牢山区自然生态功能、生态服务系统与哈尼族梯田农耕生活的关系，了解哈尼族对生态功能、生态服务系统的利用和保护，我们选择了一个叫作大鱼塘村的哈尼族寨子作为调查点。

该调查点的确定，建立在广泛认识哀牢山哈尼族的基础上。它的特点是具有典型性，即与哀牢山大多数哈尼族寨子相类似：如村寨的小型聚落，居住半山区，从事梯田农耕，充分利用水资源的优势，有着较为完整的森林利用传统知识和森林保护措施，林权政策演变阶段明显，等等。

我们调查的问题主要是：一、哀牢山自然生态功能、生态服务系统对哈尼族生活的影响；二、哈尼族是怎样利用生态功能与生态服务系统的；三、哈尼族管理保护森林的传统知识系统；四、林权演变对森林和哈尼族生活的影响；五、各种森林保护措施的效果。

在调查中我们发现，哀牢山自然生态系统被哈尼族深刻认识并加以严格保护和利用，有着较完备的传统知识，特别是妇女对森林生态功能、植物特性的认识极为丰富，保护森林的热情极高。因而，无论是传统的森林生态保护管理，还是现今森林政策、森林管理措施的制定，都应重视妇女的意见，都应有妇女的参与，因为不同性别由于社会传统和文化视角的原因有着不同的知识系统，所有的知识都应为社会所用，都应服务于社会。

一　一般情况

哀牢山在元阳县境内被称为观音山，有西观音山（县城之西）和东观音山（县城之东）之分。大鱼塘村位于元阳县东部，东观音山北坡，西距县城 22 千米。

大鱼塘村属元阳县胜村乡爱村村公所，人口 816 人，共 119 户，全部为哈尼族。该村耕地面积 638 亩，其中水田 312 亩，旱地 326 亩。每年人均有粮 225 千克，人均纯收入 409 元。

大鱼塘村海拔 1800 米，有县乡公路由东往西从村头穿过。这条公路恰恰是一条地理分界线。公路以上是森林和部分旱地，公路以下就是村寨，村寨之下则为水田。

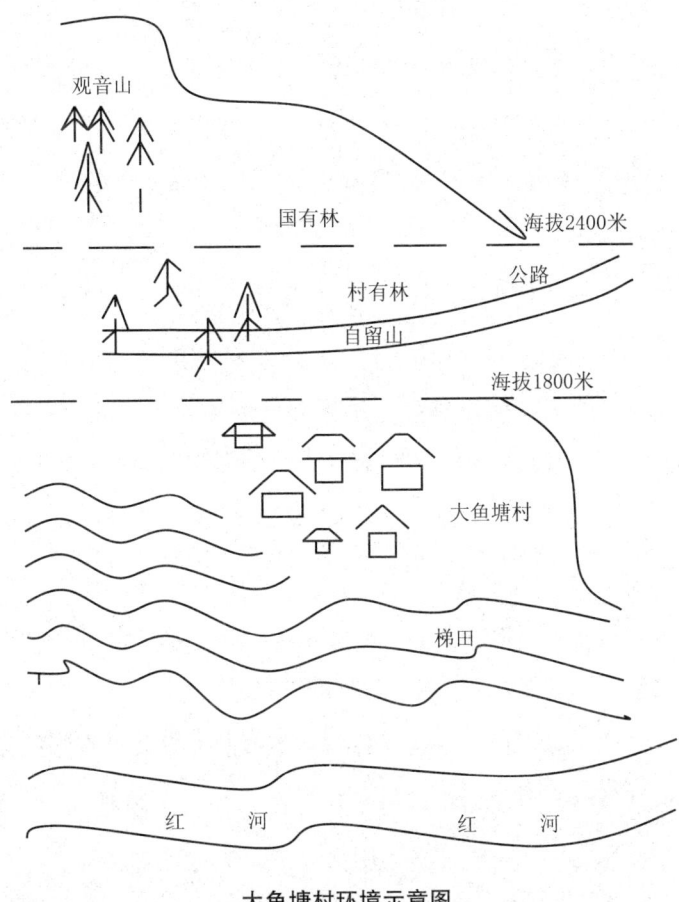

大鱼塘村环境示意图

从图可以看到，这是一种三位一体的生存空间格局，即高山森林、中山村寨、低山梯田。这种生存空间格局是对哀牢山自然环境的认识和选择，是由哀牢山自然生态环境决定的。

大鱼塘村地处滇南低纬度山区，受太平洋和印度洋两大气流的影响，具有明显的干湿气候特征。雨季期间，在这两大暖湿气流的影响下，气候温和湿润；冬春干季则受青藏高原大陆性干暖西风气流控制，气候多阴少雨，属亚热带山地季风气候类型。

大鱼塘村所处的观音山地区，海拔最高的白岩子山有2939.6米，海拔最低的红河河谷为700米，相对高差2200多米，立体气候明显。

海拔1200米以下地带高温低湿，气候干燥，属于半干旱的北热带、南亚热带气候；海拔1200—1800米，冬季多云雾，夏秋多雨高湿，四季如春，干湿分明，为湿润的中、北亚热带气候区；1800米以上地区，全年低温多雨，高湿少晴，气候温凉，为潮湿的南、中温带气候。

立体多样的气候类型使这一地区的森林植被也呈复杂多样的局面。随着海拔高低差的变化，植被立体分布并呈现不同类型。海拔800米以下地区，为稀树草坡；海拔800—1600米地区，为暖性松、杉及阔杂林；海拔1600—1800米地区，为落叶常绿阔叶林；海拔2500米地区，为山地常绿苔藓林；海拔2500米以上地区，为山顶苔藓矮曲林。

森林植被除了立体分布的特点外，另一特点是天然林多，人工造林少（这是因为长期以来，哈尼族将森林视为梯田农业的命根，世世代代加以保护，再就是这一地区长期交通不便，以及没有专门经营木材业的木材公司，因而天然林保护较好，无须人工造林）；再就是阔叶林多，针叶林少；防护林多，用材林少；成过熟林多，中、幼林蓄积量少。20世纪50年代中期，这里的森林覆盖率为56%，可以说，森林植被的保持较为完好。

二 森林生态功能与生态服务

森林植被的较完整保持，不仅因为哀牢山地势险峻、交通不便，还因为哈尼族对森林的极力保护。哈尼族认为森林是他们生存的命根，哈尼族称森林为"普麻俄波"，意为"丛林即村寨""丛林大寨子"，隐含着丛林就是家的意思。远古的哀牢山森林曾是哈尼族先民的"家"和巨大的自然庇护所。大森林给哈尼族先民提供遮风避雨、动植物食物等人赖以生存的物质需求。随着梯田农业的创造和发展，哈尼族对森林含养水的作用，调节气候、保持水土、防沙固沙、改良土壤、净化空气、防洪抗旱和维持其他森林动植物生存繁衍的功能均有深刻的认识。

（一）森林提供的水资源

如前所述，大鱼塘村所处之观音山地区的自然生态环境，是以气候植被的垂直立体分布为特征的。由于受到南面海洋性季风和海拔高低悬殊的影响，观音山的高山区，即海拔1800米以上地区，云遮雾罩，降雨充沛，另外从低海拔炎热河谷江河蒸发升腾的水蒸气在此化为绵绵细雨，淋淋洒洒，终年不断，在林中汇成数不清的水潭和溪流，纵横交错，泉水淙淙，这是一座天然的绿色水库。因而，哈尼族称这种森林蓄水作用为"山有多高，水有多高"。

据林业部门估算，观音山水源林至少可储水2950万立方米，即使扣除15%—20%的影响贮水量的地理因素，实际贮水仍可达2310万—2500万立方米。[1] 另据元阳县水资源调查资料，由于原始森林的庇护涵养作用，全县平均每平方千米产水量93.85万立方米，属水资源相对丰富地区。[2] 较为丰富的水资源常年为大鱼塘村及整个观音山地区人畜饮水和农田灌溉提供充足的水资源保障。

大鱼塘村区域海拔在1200—2000米，气温差异大，年平均温度为14℃，最高约20℃，每年有两三次寒潮侵入，全年有15—25天霜，

---

[1] 红河州建设环保局、水电局、林业局、林业科技咨询服务中心：《观音山自然保护区综合考察报告》，第20页。
[2] 同上书，第17页。

| 发现传统

年降雨量为1370—1500毫米，最多时年降水量年达1850毫米，年平均雾天174—180天，年日照量为2026小时。水源充足，雨量充沛，高山区适宜种植茶、棕、竹；半山区气候温和适宜种植水稻、玉米、黄豆；下半山有大片荒山，可以放牧。

大鱼塘村之东有马龙河，发源于观音山白岩子西坡，由南向北流入红河，流程25千米，集水面积135.5平方千米，年径流量12800万立方米；村之西面有大瓦遮河，发源于观音山五指山西坡，由南向北流入红河，流程22千米，集水面积81.1平方千米，年径流量6250万立方米。这两条河均为大鱼塘周围地区引水灌溉梯田的水源。

为充分利用森林水资源灌溉处于下半山的梯田，哈尼族在每座悬挂梯田的山腰，都挖出数道水沟，这些水沟像腰带缠住大山。平时，道道水沟接住了山体和森林中渗出的泉水；雨水季节，漫山流淌的山水被水沟接住，顺着大沟流入梯田。每道大沟的上源都通进高山森林中的水潭、小溪和河流。有的水沟长达数十里，直接水源，这样可保梯田用水长年不断。大鱼塘村与邻村所挖的大沟叫作"欧机落巴"，长12千米，能灌溉1000亩水田，大鱼塘水田仅312亩，水利资源十分充足。

大鱼塘的人畜饮水和梯田灌溉用水是充足的。在漫长的历史进程和长期的梯田农业实践中，哈尼族形成了一种不成文的水规。这种水规是根据一股山泉或沟渠的灌溉面积，由这一面积内的农户依各自的梯田数量共同协商、规定其用水量，然后按泉水流经的先后，在沟与田的交接处横放一块刻有一定流水量的木槽，水从木槽口流入各家梯田。这种约定俗成、代代不逾的水规，为维持梯田农业系统和水资源调节、合理使用起到了良好的作用。

大鱼塘没有工业，不存在工业供水。村中有两座水磨房（现有电碾坊一座），由流经村寨的水沟提供动力。大鱼塘从古至今没有水库、坝塘等蓄水设施，当地农民都说，只要观音山的森林存在，水就用之不竭。另外，此地土壤蓄水力强，地下水丰富。大鱼塘村中就有4个泉眼，村民在泉眼上建盖四口水井，长年提供全村充足的生活用水及人畜饮水（其他村寨的情况也大致如此）。而且，在下半山梯田中也有无数泉眼出水。例如，大鱼塘村高才贵家有5亩梯田集中于海拔1500米地带。在田头有一泉眼出水，可灌溉30亩水田，现由五家人协商管理使用。

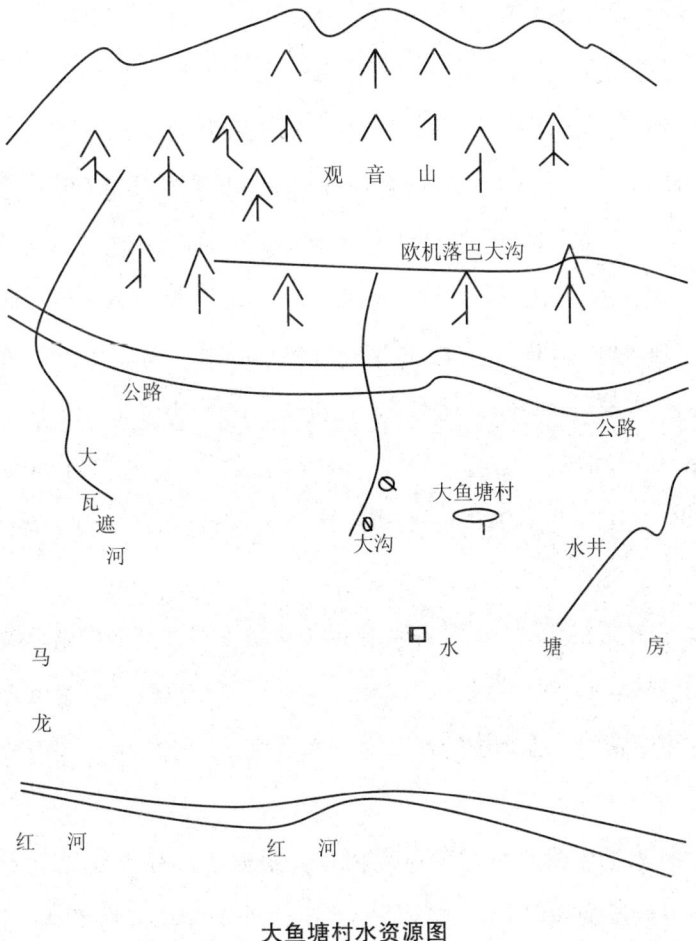

大鱼塘村水资源图

（二）森林与土壤形成、营养累积和循环

大鱼塘地区地质较为复杂，其土壤类型主要有燥红壤、红壤、黄棕壤和水稻土。燥红壤主要分布于海拔1800米以上地区，表土厚度为35厘米，黑红色，结构粒状，表土养分含量：pH值5.5，碱解氮25PPm，速效磷12PPm，速效钾100PPm，有机质2.8%；红壤主要分布在海拔1100—1300米，表土厚度为31厘米，紫红色，块状结构，表土养分含量：pH值5.3，碱解氮50PPm，速效磷12PPm，速效钾60PPm，有机质2%；黄棕壤主要分布在海拔1930—2878米，表土层厚度为24厘米，暗棕色，粒状结构，表土养分含量：pH值5.7，碱解氮25PPm，速效磷12PPm，速效钾60PPm，有机质2.8%；水稻土主要分布于海拔1600—1900米的地区，这里的水稻土主要有三种：①山砂田，淡灰色，粒状，pH值6.1，碱解氮176PPm，速效磷3PPm，速效钾95PPm，有机质2.5%；②砂泥田，棕黄色，粒状，pH值6，碱解氮110PPm，速效磷12PPm，速效钾120PPm，有机质1.15%；③烂泥田，黑色，粒状，pH值5.9，碱解氮322PPm，速效磷82PPm，速效钾410PPm，有机质6.07%。

该地土壤的形成过程主要有以下几种。

1. 脱硅富铝化过程：由于降雨量大于蒸发量，高温多雨多湿，土体中的硅酸盐矿物强烈风化，硅和盐基离子遭到淋失，溶解度低、铝氧化物不断聚积，土体中的铁多为含水氧化铁，使红壤不红而成黄红色，呈酸性反应。

2. 旺盛的生物积累过程：生物在土壤形成过程中起很重要的作用。在气候温和和湿度大的条件下，最适宜各种动植物繁殖、生长。这里土壤中动物的品种和数量很多，特别是蚯蚓、蚂蚁、白蚁等最多，它们频繁活动，能改变土壤保蓄性、通透性和吸收性。植物枯枝

落叶和根部分解产生二氧化碳和某些有机酸，引起土中一系列生化作用，同时根系还能调节土壤中微生物的组成和数量，可以促进和控制某些生化过程。根的机械穿插力，促进土壤结构的形成。死后的动、植物残体还原土壤后，使土壤增加了大量的有机质和灰分元素，产生"生物自肥作用"。

3. 腐殖化过程：腐殖化过程是土壤腐殖积累和生物富积的过程。由于立体气候的原因，随着海拔升高、气温降低，有机质含量高达12.44%。

4. 侵蚀过程：该地由于深切割中山的地貌，山地坡陡，加之雨水多而集中，侵蚀较强烈。由于水流冲刷和崩塌作用，山地上部的泥土带到下部，导致坡头土瘠薄，坡脚及河谷土层较深、肥沃。加之风力搬运，迎风坡和避风坡土层厚薄不一，迎风坡较薄，反之较厚。

5. 水耕熟化：水稻土是这里主要的耕作土壤，在人为耕作施肥和受水文情况的影响下，由于氧化还原长期交替进行的结果，发育形成淹育或潴育类型水稻土，部分低洼长期淹水地带形成潜育型水稻土。①

此地土壤的营养累积与循环，一是自然进行的，二是通过人为使用水资源等因素来进行的。高山森林土壤极少有人为因素的参与，其土壤仍在按当地的自然情况形成着、发展着，其土壤营养亦在正常循环着积累和淋失；人为因素也带来了一些负面影响：破坏了植被的荒山，土壤生物积累减少，侵蚀增强，土壤营养循环失调，土地日益变瘦；在人为因素最重的、变自然生态为农业生态的梯田中，土壤营养累积和循环则以一种独特的方式随水资源的使用而进行着。

在哈尼族的梯田农业中，水以奇特的方式贯穿于农业生态循环系统中，从高山森林中顺流而来的泉水，由上而下流过村寨，注入最高

---

① 整理自红河哈尼族彝族自治州土壤普查办公室、元阳县土壤普查办公室《元阳土壤》，1986年。

层梯田，高层梯田水满，流入下一块梯田，再满再往下流。泉水顺着块块梯田，以田为渠，自上而下，长流不息，最后汇入炎热谷底的江河湖潭，又蒸发升空，化为云雾阴雨储于高山森林。

这种农业生态和水利系统与当地的自然生态系统是吻合的，甚至可以说是天衣无缝的。

水是农业的命脉，这句话一般仅指灌溉。在哀牢山哈尼族梯田农业中，水不仅是农业灌溉之必须，而且是土壤营养累积与循环之必需。

农田土壤营养累积和循环，一靠土壤的自我修复能力，即恢复地力；二靠施肥。哈尼族的传统知识对自然生态的把握，使地力的恢复和营养的累积和循环均依靠水的巧妙使用来完成。

这可以从以下三个方面看出。

第一，梯田用水来自深山密林，原始森林中的大量腐殖物顺流来到田间；另外，当地民族的牲畜往往长年野放山林，雨水将人畜粪便冲至沟渠，顺水而来注入梯田，加上山水中固有的养分，因此，哈尼族梯田所用之水有较强的肥力。流水长年淌过梯田，这是一种自然的施肥和土壤营养的补充与循环。

第二，人为的施肥。梯田田埂十分高大，杂草丰厚，每年春耕，首先就是将杂草砍下深埋于田，沤腐以增加田土养分。然而，最为重要的施肥方法是"冲肥"。冲肥有两种。一是冲村寨肥塘和家庭肥塘。栽秧时节，开动山水，搅拌肥塘，肥力强劲的肥水顺沟冲下，注入梯田。二是冲山水肥。每年雨季到来，在高山森林中积蓄、沤了一年的枯叶、牛马粪便顺山而下，流入山腰水沟。届时，村村寨寨，男女老少一起出动，称为"赶沟"。漫山随雨而来的山水肥在人们的大力疏导下，迅速注入梯田。这种施肥方式为云南亚热带哀牢山区哈尼族梯田农业生态文化所独有，是巧夺天工的独特创造，是梯田水资源管理、利用和增强地力、促进梯田土壤营养循环、累积的特技，是哈尼族高山农业生产经验的集中体现。

第三，泡田休耕。每年秋收以后，哈尼族随即将收割后的梯田犁过，将谷茬、杂草翻于土下，耙平之后，放水泡田，称为泡"冬水田"。"冬水田"从秋收后泡到第二年的春耕，整整一个冬季。如前所述，由于梯田用水有较强的肥力，长时间泡田休耕有利于梯田土壤营养的累积和地力的恢复。再者，由于山高谷深，梯田上下，使用冲肥，田水长流，肥料较多地积于低山梯田中，因而，低山梯田肥于高山梯田。这样，在高山梯田泡"冬水田"恢复增强地力时，低山梯田则放干田水，翻田晒土，增加地力。

在大鱼塘村及其周围地区，没有工业企业，因而没有废气、废水等工业污染，空气十分清新。梯田农业生产中产生的稻草则用来盖房和喂牛，田中谷茬和田埂杂草不兴焚烧，不会产生烟雾污染空气，而是犁田翻入土中腐化成肥。

哈尼族村寨饮水或来自地下泉眼，或来自高山森林，砌有水井，有严格保护水井的村规民约，因而哈尼族饮用水常保持洁净。

哈尼族日常生活产生的废物、废水无非是垃圾灶灰、洗涤废水（洗涤不用肥皂、洗衣粉、洗涤精等化学物品，而是采用棍棒捶打洗涤），且这些废物废水都集中储于村中肥塘沤成肥料，不时冲入梯田。这样，可以说，哈尼族日常生活基本不造成环境污染。

尽管大鱼塘等哈尼族地区在 20 世纪 50 年代以后就开始推广化肥，但由于哈尼族的传统施肥更适应梯田农业，更有利于土壤营养的累积和循环，因此施用化肥的量很少。据调查，在大鱼塘所在的观音山地区，平均每亩田施化肥低于 0.46 千克，不足以造成水质污染，水质是清洁的，符合生活饮用和灌溉用水的标准。[①]

[①] 红河州建设环保局、水电局、林业局、林业科技咨询服务中心：《观音山自然保护区综合考察报告》，第 17 页。

（三）森林与动植物资源

1. 国家和省级保护植物资源

据有关部门统计，大鱼塘所处的观音山共有国家珍稀濒危植物和云南省重点保护植物 19 种。其中，国家级保护植物 12 种，占全国 389 种的 3.1%，占全省 154 种的 7.8%。省级重点保护植物 7 种，占全省 218 种的 3.2%。

2. 经济植物资源

按用途分有油脂类的红光树、石栗、灯台树、木油桐和多种樟科植物；纤维类的有锯齿叶黄杞、紫麻和多种榕树；淀粉类的有中华桫椤、董棕、山龙眼和多种壳斗科植物；食用类的有藤黄、蒲桃、甜果藤、猕猴桃、冷饭团、尼泊尔水冬哥、罗浮柿、槟榔青、野木瓜等；野生花卉类的有兰科、百合科、苦苣苔科、秋海棠科、凤仙花科等多种草本植物和木兰科、山茶科、杜鹃花科、茜草科等木本花卉；药用植物有野三七、刺黄连、马尾黄连、何首乌、野当归、鱼腥草、杜仲等；用材类的有红椿、大果楠、鹅掌楸、东京山核桃、红花木莲、亮叶含笑、重阳木等。

大鱼塘哈尼族对这些植物的认识和利用有着悠久的历史和丰富的经验。例如，锥栗树能蓄水，坚决不能砍；蒿类植物能杀虫；靛类植物能做染料；荨麻有毒，杉树速生，竹类多发；木姜子树可制香料；漆树可制漆制油；木棉树纤维可做褥子、枕头；重阳木果实可腌咸菜，木姜子果可做凉菜佐料，绞股蓝藤可做冬菜等，而且上举这些民族植物知识多为妇女掌握，因为它们与妇女劳动和日常生活有关。

3. 动物资源

据统计，这里的动物有爬行类 6 科 8 属 10 种，两栖类 7 科 7 属 14 种，鸟类 9 科 50 属 62 种，兽类 17 科 28 属 31 种，分属东洋界、古北界和这两界均有分布的三个大的动物区系类型,辖有西南、华中、华南、广布四个区和滇南特有分布亚区类型,整个动物区系以东洋界为主。区系组成东洋界104种,占动物总数的89%,广布(分布于东洋界、古北界)13种,占动物总数的11%。其中,属国家保护动物和省级保护动物的共26种。①

观音山森林不仅是当地动物的庇护所,而且是众多迁徙动物的过冬栖息地。例如,当地人称为"鱼雀"(据说是鱼变的)的候鸟,每年8月飞来,12月份飞走;野鸭,秋收后飞来集于森林中的水潭,10月份飞走;鹰,也是秋收后大群飞来,10月份飞走。

4. 食物资源(采集和狩猎)

森林曾经是哈尼族生存的避难所。据研究,哈尼族曾经过漫长曲折的迁徙从北方南迁进入当时人迹罕至的哀牢山区。对于哀牢山森林中情形,哈尼族史诗有这样的描述:

再看山头和山箐,
野物老实多啦:
细脚的马鹿啃吃嫩草,
大嘴的老虎追逐岩羊,
狐狸在剑茅丛里出没,
老熊在大树上擦痒;
岩脚深深的草稞里,
野猪龇着獠牙喘气,
坡头密密的竹林里,
竹鼠眯细眼睛把嫩竹尝;

---

① 红河州建设环保局、水电局、林业局、林业科技咨询服务中心:《观音山自然保护区综合考察报告》,第15页。

> 大群鹦鹉在小树上嬉戏,
> 成对鹇鸪在刺蓬里鸣唱;
> 披着黄衣的龙子雀,
> 在树枝上跳上跳下,
> 扇着黑翅的老鸹,
> 在树顶上哈哈笑响。①

哈尼族史诗对哀牢山植物和动物多样性的森林做了真实生动的描绘,在如此环境里,为了生存,哈尼族有过一个时期的采集狩猎经济生活。直到今天,采集仍是哈尼族饮食文化的重要组成部分。哈尼族蔬菜种植品种不多,基本没有专门的菜地和菜园。蔬菜种植多利用宅旁、地角和梯田间的小空地,青菜、白菜、瓜、豆为其主要。由于品种太少,加之季节关系,人工种植的菜蔬显然不敷消费。然而,在森林中,各种野菜、野果四季不衰,可食用的野生植物块根、茎、叶、花、果品种上百种之多,另有大量的菌类,极大地补充了人工种植蔬菜的不足。哈尼族妇女是可食野生植物的采集者,对于每一种可食植物的用途、性味、作用有着清楚的了解。

狩猎,直到20世纪50年代仍是哈尼族集体的一项定期的重要活动。狩猎保持着古老的传统。每当秋冬时节,村寨青壮年即组成10—20人的狩猎队,猎手们利用猎具,主要是长矛、大刀、钐刀、钢叉、火药枪、网套狩猎。一进山,就将网套置于野兽经常经过的地方,然后猎手们带着猎狗深入谷底,从三个方向一起围赶,被惊吓奔逃的猎物,大多顺路奔逃落入网套。逃网者,即刻被开枪击杀。由于森林中动物极多,因而哈尼族猎获的动物种类亦十分繁多,是过去哈尼族肉食的主要来源。狩猎是男人的事,因此男人们对各种动物的习性、活

---

① 《哈尼阿培聪坡坡》,云南民族出版社1986年版,第199—200页。

动常规和活动地点，了如指掌。随着社会的发展，哈尼族进入梯田农耕社会，以农业经济为主，狩猎采集经济仅为辅助。

5. 材料资源（木材、薪柴和饲料）

大鱼塘所在的观音山地区现已被划为自然保护区。保护区总面积为 16409.9 公顷，其中，林业用地面积 15797.1 公顷，占保护区总面积的 96.3%，活立木总蓄积 2212120 立方米，其中，有林地蓄积 2202530 立方米，占 99.6%；疏林地蓄积 9430 立方米，占 0.4%，散生木蓄积 160 立方米。主要树种是栎类、硬阔、软阔、杉木、桤木，这些都是极佳的木材原料，且数量巨大，20 世纪 70 年代以前，由于公路不通，交通闭塞，加之哈尼族将森林视为梯田用水的命根，因而蓄积量巨大的森林木材仅极少部分经过村寨长老批准用作盖房，其余绝大部分得到了保护。

柴薪，哈尼族用量很大，家家都有火塘，日烧柴都在 20 千克以上。按照哈尼族风俗："男人不背柴，女人不犁地"。长期以来上山砍柴背柴都是妇女的事，由于妇女力小和村规民约的限制，哈尼族所砍之柴，要么是灌木丛，要么是修树枝，对茂密的贮量巨大的森林几乎没有破坏性影响。划定保护区后，妇女到森林中，只得拾干柴枝和砍倒伏死树，称为"砍死不砍活"。

哈尼族饲养牲畜，牛、猪为主要。牛长年野放山林，自行啃青，仅农忙及冬季喂以粮食和稻草；猪的饲料，除苞谷、粗糠外，则大多来自山林。森林之中猪菜极多，常见的有酸汤叶、芋头叶、野荞叶、水芹菜、萝卜叶、岩色岩能（哈尼名）、哈白勒泽（哈尼名），等等。关于野生植物饲料的知识亦多为妇女掌握。

6. 观赏娱乐资源

大鱼塘村的村寨设置与哀牢山区所有的哈尼族村寨一样是设在半山的，村后是高山区森林，村前则是下半山梯田，这种高山森林、中山村寨、低山梯田三位一体的空间格局不仅有利于生产生活,而且它构成了一种独特的景观,令人心旷神怡,是开展旅游业的绝佳胜地。当地哈尼族虽还没有旅游观念,但以山为乐的娱乐活动则自古有之,一脉相承至今日。

哈尼族青壮年喜欢串山打猎,以此为最大乐事;哈尼族老年人则喜坐在较高之处,观赏梯田美景和云海的壮阔;哈尼族儿童喜欢到河谷中捉小鱼到梯田中放养,秋冬之季在泡了田水的梯田中捉螺蛳、抓鳝鱼和泥鳅。直到今天,哈尼族人家来了客人,若客人年轻,青少年仍会邀约客人到田里捉螺蛳,在田棚里与客人一起煮食螺蛳,这曾是哈尼族的一种独特的待客方式。

在大鱼塘村的调查中,哈尼族无论男女老少,普遍认为,山是美的,森林是美的,云海是美的,梯田是美的,掩映在古木修竹中的村寨是美的。因此,哈尼族的诗歌、故事、寓言以及神话传说,总是离不开山、林、云海、梯田、村落;由于哈尼族没有本民族文字,他们对森林生态功能及生态服务的认识、对梯田的农业生产、山区生活知识系统的传承,长期采用的是示范身教、口耳相传的方式。尽管如此,哈尼族还是将悠久的历史文化、丰富的森林和梯田知识较完整地传承了下来,其文化精神和科学价值亦较为完整地得到保存。

三 不同性别的生态知识系统

从以上论述可见,哈尼族对哀牢山自然生态功能、生态服务系统的认识是深刻的。正是凭着这种认识,哈尼族维系了在哀牢山区的生存与发展,维系了上千年的梯田文明。

然而，在哀牢山我们看到，哈尼族女性和男性对具体的生态功能，特别是生态服务系统的认识是不尽相同的。这是由于男女社会分工不同所形成的不同性别的不同的知识系统。

在传统的哈尼族社会中，男女社会分工遵循着一个大原则，就是"男主外，女主内"。而在具体的社会分工中，哈尼族女性不仅承担着全部家务劳动，诸如，管理家政、纺纱织布、染布、缝衣、背水做饭，服侍公婆，培养儿孙以及采集。如前所说，采集在哈尼族的社会生活中占有重要的地位。到山上采集野菜树果、牲口的青饲料大多为妇女负责，因为在哈尼族的分工中，这属于家务劳动。哈尼族妇女对家庭生活、老少和睦、健康和发展，负有重大的责任，而且在梯田农业生产中也承担着重要的劳动。

哈尼族梯田农业耕作，早已形成稳定的耕作程序模式，既先种育秧田，再将秧苗移置梯田中，其耕作程序有：挖头道田、修水沟、铲埂、修埂、犁、耙、施肥、放水、泡谷种、撒种、拔秧、背秧、栽秧、薅草、割谷、脱粒、背谷回寨、晒谷、归仓、泡冬水田等 20 多道工序。在梯田耕作中，男女分工大体是，男人：挖田、修水沟、铲埂、修埂、犁、耙、放水、施肥、割谷、脱粒（打谷）、背谷回寨、泡冬水田；妇女：泡谷种、撒种、拔秧、背秧、栽秧、薅草、施肥、割谷、脱粒、背谷回寨、晒谷、归仓、泡冬水田。

哈尼族的农业已形成稳定的良性的农业生态系统。这一系统是完全地适应哀牢山自然生态环境的，是靠水资源的充分、合理使用及精细的田间管理来实现的。也就是说，这一系统的管理核心是：一、水资源的管理；二、农田耕作的管理。

在水资源的管理方面，尽管哈尼族俗话说："男人不背柴，女人不管水。"但实际上，对森林水资源这个梯田农业的命根，全体哈尼族无论男女老幼都有深刻的认识，都有义不容辞的责任，都得积极地参与保护和管理。哈尼族梯田水资源来自高山森林，对于森林的管理，哈尼族进行生态意义上的划分和保护。高山森林为水资源，村寨后山森林为神树林，村寨周围森林为村寨林或风景林，这些森林严禁砍伐。为保证森林的恒久保持，长期以来哈尼族制定了一系列村规民约和行之有效的护林措施。

在农田耕作的管理方面，妇女是其全过程的参与者。例如积肥，哈尼族村寨都有村寨肥塘和家庭肥塘，所积的绿肥来自深山的各种植物，所积的农家肥来自家禽牲畜粪便和家庭生活废料垃圾灶灰之类，这些肥料由妇女积蓄和管理。再例如育秧田，长期的农业实践，使哈尼族在生产过程中最重撒种和育秧。秧田和种子田的管理十分精细，因为它决定着梯田稻谷的健康成长，就如人之胚胎，先天足，则后天壮。在秧田和种子田中要施用绿肥。绿肥由妇女沤制，绿肥所用草类很多，但蒿类植物是必备的，因为其性苦辣，即可肥田，又能杀虫。育秧田为妇女管理，称"母亲田"，因为没有秧苗就没有梯田稻谷。从泡种、撒种到拔秧，每道工序每一环节，妇女都严格管理养护，因为这和施肥一样，几乎决定着梯田农耕的成败。

哈尼族妇女在家庭、梯田农业生产及农耕管理系统中的劳动，实际上和广泛的社会生活联系在一起，特别重要的是和哀牢山自然生态环境联系在一起，这是她们认识和掌握生态功能和生态服务系统的直接原因。但由于"男主外，女主内"传统思想观念和劳动分工的指向，哈尼族女性和男性对生态功能，特别是生态服务系统的认识是不尽相同的。

例如，他们对树木功能的认识就有所不同："麻栗树"，男人认为具有神性，且有蓄水功能；妇女则认为麻栗树果可以做粮食，是很好的淀粉植物。"水冬瓜树"，男人认为是做木器的好材料，且有蓄水功能；而妇女则认为做烧柴最好，特别是做引火柴。"蓝靛"，男人认为是药材，有消炎作用；妇女则认为是可以染布的好染料。"竹子"，男人认为是编织竹器的好材料；妇女则认为竹子有蓄水功能，竹根下出的水最甜，对人的健康最为有益，是家庭最好的饮用水。"飞机草"（紫径泽兰），男人认为是"废草"，是其他植物的天敌和杀手，它生长的地方其他植物不能存活和生长，而且繁殖力强，耗尽地力和水分，所以男人们恨不得将飞机草消灭干净；妇女则认为飞机草是非常好的烧柴，特别是现在建立了"自然保护区"不让砍柴的情况下，飞机草是最方便的替代物，更为重要的是，飞机草可以沤肥料，而且这种肥料具有杀虫的作用。

另外，哀牢山区有大量的可食植物，如前所述，仅可做菜蔬的植物就有上百种，做猪食的更多，妇女对此了若指掌，而男人知之甚少。

在其他方面，如水资源的使用和管理、农业耕作、梯田养鱼等，妇女都有着独特而完整的生态知识。

上述数例，可以看到在对待生态功能和生态服务系统上，男人和妇女的认识角度是不同的，强调的是性别社会分工所关注的领域。尽管男人和妇女对生态系统的多重功能大多是有认识的，但从各自的立场和角度而有所侧重，形成各自侧重的甚至完全不同的具有强烈性别色彩的知识系统。

哈尼族妇女的生态知识是哈尼族对哀牢山自然生态功能和生态服务系统认识和掌握的重要组成部分。然而，在现实生活中她们的知识往往被社会忽视，以致造成一定的对生态功能及生态服务系统的危害。例如：为了生产生活及出售的需要，男人们砍伐竹子编制竹器，使竹子锐减，蓄水功能减弱，饮用甜水减少；再如，蓝靛被当作药材连根挖去，使哈尼族的传统染料短缺；总之，由于重视男性的知识系统，忽视女性的知识系统，对自然生态和人们的生活造成了一定的损失。

| 发现传统

　　妇女的知识系统被忽视是因为长期以来，哈尼族奉行"男主外，女主内"的传统生活原则。社会规定妇女主要管理家务，在社会生活中很少有发言权，社会生活的一切由男人决定，很自然，男人们从自己的知识系统和利益出发，所做的决定往往就忽视了妇女的知识系统。一句话，这种"忽视"是由妇女社会地位低下所致。

　　据调查，哈尼族妇女的社会地位经历了一个由高到低的发展过程。历史上，她们的地位是崇高的，这可从几个例子看出：1. 哈尼族公认农业是妇女发明的，哈尼族每个家庭都有家谱，而家谱的第一代祖先是女性叫"奥玛"，她就是农业的发明者。2. 哈尼族是一个曾经经历过漫长迁徙最后定居哀牢山区的民族，哈尼族认为，在迁徙过程中，是一个叫作"戚妪然咪"的女性，拯救了民族的危亡。她的故事至今在哀牢山广为传扬。3. 哈尼族崇拜的太阳和月亮，是众多自然神灵中的最重要者。他们称太阳为"奴玛"，称月亮为"芭拉"，这是古代传说中两个女人的名字，说明女人在过去具有神圣地位。直到今天哈尼族称观音山为母亲，称观音山之水为"乳汁"，绝非偶然。这是对历史上妇女崇高地位的认可。

　　历史上哈尼族妇女是以自己的聪明智慧赢得人们的尊敬和社会地位的。她们的知识被广泛应用，如农业生产知识。但是，公元10世纪，在中央王朝政策的推行下，土司领主制在哀牢山建立，封建的男尊女卑、三从四德侵入哈尼族社会，哈尼族妇女地位骤然下降。仅从哈尼族"媳妇"一词的变化就可看出其地位的演变。"媳妇"哈尼族原称为"扣玛"，意为"甜的母亲"，后称为"克玛"，意为母狗。"扣"和"克"虽仅一字之差，一音之转，却铸成了哈尼族媳妇可悲的命运和数百年恶劣的影响。直到今天，在哀牢山的部分哈尼族地区仍存在妇女不得与男人同桌吃饭、有长辈和客人在场不得坐凳子的习俗。可见妇女社会地位的低下。

妇女社会地位低下，其知识系统自然不受重视，乃至于被忽视。

所以，尽管哈尼族有着一系列森林生态保护的传统和措施，但妇女知识系统的长期被"忽视"，是哈尼族传统森林生态保护的重大缺憾和损失。所以我们说，无论传统的森林生态保护管理还是现今森林政策、森林管理措施的制定，都应该重视妇女的意见，都应有妇女的参与。这不仅有利于森林生态的保护，也有利于妇女社会地位的改变和提高。

四　林权演变与传统森林管理

可以说，哈尼族生存的一切，都是依赖哀牢山自然生态功能和生态服务，依赖哀牢山森林而存在的。正因为如此，哈尼族称观音山森林为母亲，观音山水资源为"母亲的乳汁"。每一个哈尼人都知道，没有森林便没有水，没有水就没有梯田，没有梯田就没有哈尼族生存之基；没有森林就没有植物和动物，便没有菜蔬和肉食的提供；没有森林便没有木材建盖房屋……总之，没有森林便没有哈尼族的一切。因而，哈尼族视森林为保护神，这是哈尼族世代生息于哀牢山的切身体会，是哈尼族对哀牢山自然生态功能及生态服务的深刻认识。

森林是哈尼族生存的命根。于是，自古以来，无论什么样的朝代，什么样的政府，什么样的林业政策，都不能动摇哈尼族对森林的崇拜和保护森林的信念。

（一）历史林权及传统管理

20世纪50年代以前，大鱼塘村所在的红河南岸哀牢山区处于封建领主制社会，土地山林的所有权属于土司，他拥有划分、使用、买卖、支配山林的一切权力。土司占有的山林从未明确划分给各村寨管理，但为了梯田生产及生活的需要，村寨附近的"龙树"林（神树林）、风景林及高山的水源林自发为村寨共有，集体管理。

为了森林的恒久保持，哈尼族这种自发的长期形成的森林管理方式从三个方面进行：

1. 制定村规民约进行管理。哈尼山寨都有专门的森林管理员，每届村长都对森林的完好负有责任；"龙树"林、村寨林、风景林、水源林，严禁砍伐，若有违反要进行惩罚，罚其栽树、罚其打扫寨子、修理道路等。而且每村都制定有管理森林的村规民约。大鱼塘村关于森林的村规民约有如下几条。

（1）"龙树"林及村寨附近的山林，任何人不得伐木、砍柴、开荒、放牧、烧山。如任意砍伐树木或不慎失火者，要杀牛、杀猪祭神，并请全寨人到家大吃一天，作为惩罚。

（2）本寨属区的其他森林，寨民确因盖房需要木料，经村民会同意，可限量砍伐。若超量则视情况罚款。

（3）各村寨之间不能"越界"开荒、砍木料、砍柴、割草以及进行其他林副业生产。违者加倍罚款或没收全部林产品。

（4）每家轮流当一年"龙头"，负责保护水源林，不准任何人砍伐，有权对违反者进行杀猪、杀鸡"祭龙"的惩罚。

（5）村民认为珍贵的树木，如鹅掌楸、楠木、红花木莲树、黄心树、董棕等，村民不得砍伐，若确实需要，必须向土司购买或用实物换。

专人管理和村规民约，长期以来，有效地保护了森林。

2. 森林认识的社会化及其保护森林教育。在哈尼族的文化传袭过程中，森林始终是一个重要的文化主题，在远古的传统和历史中，森林是哈尼族的避难所和庇护所，是食物和其他生存必需品的提供者，可以说，森林就是哈尼族的家。因此，哈尼族称神树林为"普麻俄波"，就是丛林即村寨的意思。当梯田在哀牢山区发展起来以后，哈尼族文化更是将森林与山川、万物、农时节令、气候变化、梯田用水联系起来。以传说、故事、诗歌、民谣、谚语、儿歌等形式广泛地向社会传播，向广大的人民群众和年轻一代进行教育，这种世代不逾的文化传承和教育，在每一个哈尼人的心灵深处都形成"森林情结"，以至哈尼人都对森林怀有深深的敬意和深厚的感情。

哈尼族的许多民俗活动，有力地促进了森林认识的社会化。例如，哈尼族孩子一出世，父母就要在寨脚的树林旁栽上三棵小树，将婴儿的胎盘埋在树底，用洗婴儿的水浇灌树根。孩子长大，树也长大，人丁兴旺，树即成林。这种民俗活动，强调的是林木与人的关系。

实际上，在哈尼族的文化传承和现实生活中始终都反复强调森林对于人们生产生活的重要性。森林是梯田的命根，梯田是哈尼人的命根，早已成为哀牢山哈尼族的共识。

3. 森林的神圣化。在哈尼族的传统信仰中，很早就有植物崇拜。哀牢山区的每一个哈尼族村寨附近都有一片茂密的椎栗（哈尼语称"辣摆辣八"）树林，村寨旁则有棕榈、竹林、杉树等，这些树是生命的象征，护佑村寨的神灵。他们认为，村子旁没有这一类树木，死去的人就不会活转来，活着的人很快会死去，每次祭祀，他们都采集三枝九叶完好的"辣摆辣八"树叶，在土陶罐中熬成浓汁，敬献神祖。这种对树木的崇拜，对森林无形中起到了很好的保护作用，随着对哀牢山自然生态系统认识的加深，并建构出与自然生态系统相吻合协调的梯田农业生态系统后，哈尼族对森林与梯田用水的关系更加明确，森林的重要地位更加显现，于是对森林树木的敬意加深，崇拜趋于热烈。一年一度的"祭神树"活动,其规模之大,气氛之庄严,着实令人肃然起敬,这是用宗教的力量,从人的心灵深处不断强化对森林的神圣感情。

哈尼族中的每一个人都希望森林神树永存,在哈尼族的"祭树歌"中这样唱道:"自从阿妈生下我们,神树就保佑着寨人;哈尼寨头的神树,是一天也离不开的神树。"而且,哈尼族还将哀牢山的各种植物,特别是树木,列出"家谱"(即每种树木自成体系,并与某一神灵的家庭相连),强调神灵栽种,使其神圣化。

用宗教信仰的力量,不断强化人们对森林的神圣感,对于森林保护起到了重要的作用,以至于到今天,在哈尼族社会中无人敢动被规定为"神林"的一草一木。

哀牢山自然生态环境,特别是森林得以长期较完整地保存,确实有赖于哈尼族对自然生态环境的深刻认识及一系列包括文化参与的保护措施和传统。

(二)林权变化与管理

20世纪50年代以后,大鱼塘村及哀牢山哈尼族通过和平协商土地改革后进入社会主义社会。山林收归国有,但划分了村有林和私有林。村有林即原来的"龙树"林、村寨林和水源林,私有林是寨民房前屋后及附近的小片森林。管理方式基本沿袭传统管理。

1958年实行"人民公社化",所有山林全部归"公社"即收归国有,每村按户定期轮流看护森林,乱砍滥伐者,按村规民约处罚。1962年调整农村体制,下放林权,又划分国有林、村有林、私有林。1966年,又组织农业生产合作社,私有林折价入社,实收归国有。设立公社林业站,配专人管理森林,直到1982年。在1958年至1982年这段时间,虽林权多有变动,但森林管理的方式基本还是沿用千百年来形成的传统管理方法。但在这段时间内，由于盲目的生产运动以及激进的经济改造，对哀牢山区的森林生态系统造成了严重的破坏。这种大破坏最厉害的有两次。

第一次，1958年"大跃进""大炼钢铁"，哀牢山的所有地区砍树炼钢，许多山头被全数砍光，森林遭到大破坏。第二次，1972年在"农业学大寨"运动中，毁林造田，滥砍滥伐，森林又遭厄运。例如，大鱼塘村所在地的胜村乡在面对县城的大山上挖出"农业学大寨"五个字，每个字占地200多平方米，五个字就占林地1000多平方米。而且在当时还规定每人一亩的任务毁林造"大寨田"。在这两次运动中，哈尼族传统的森林管理方式被当作落后迷信予以扫除。

1982年，据元阳县统计，元阳森林覆盖率已从1957年的56%下降到20.8%。森林的破坏，使自然生态功能及生态服务系统紊乱，自然灾害频繁发生。例如，1974年5月，大鱼塘一带山洪暴发，冲垮水沟6条，冲毁田地695亩；1976年8月，大鱼塘一带山洪再度暴发，冲垮大小水沟65条，梯田486亩，田棚四间，学校教室一隔，住房一间，冲坏水井6眼，高压电杆13棵，竹林30亩，小桥梁4座，公路3千米，房塌压死2人。

森林破坏，生态功能和生态服务系统紊乱，使人畜饮水出现困难，梯田用水短缺，有些地方出现严重的泥石流和山体滑坡灾害。例如，1989年7月，西观音山一带发生滑坡泥石流，冲毁房屋171间，田棚36间，桥涵7座，75千瓦电站一座，毁林2000多亩，冲毁农田2686.5亩，造成9人死亡，7人重伤，死亡耕牛12头，生猪8头，家禽226只；1989年9月，元阳县城滑坡，不得不搬迁县城，耗资上亿元。

(三)"三定""两山"林业政策与植树造林

1982年年底,大鱼塘与云南全省同步推行林业"三定"(稳定山林权、划定自留山、确定林业生产责任制)和"两山"(自留山、责任山)工作。稳定了林权,划定了林界和自留山、责任山,山林权属划为国家、集体、私人所有三种形式。

1. 私人所有(自留山)。大鱼塘所属的胜村乡有宜林荒山荒地33934亩,共划定19200亩给村民做自留山。大鱼塘村划定250亩给村民;在划定自留山的同时,制定了山林界线,确定了责任山,由村社向村民签订承包合同书,收益分配,视其情况分成或付给护林报酬。

2. 集体所有(村有林)。大鱼塘所属的胜村乡有集体森林31140亩,大鱼塘村有890亩。

3. 国家所有(国有林)。除了私人所有和集体所有的林地外,其余为国有林。

由以上所划林地可见,实际上自留山林和集体林面积并不大。据村民说,自留山其实就是从前的自留地,加各家房前屋后果木。如大鱼塘村有119户人家,共有自留山250亩,户均2亩左右,被调查的村民高才贵家仅有0.5亩自留山。集体林,据村民介绍,基本上就是原来的"龙树"林、村寨风景林、水源林。

林权划定后,哈尼族村民自觉保护国有林和集体林,因为它们是哀牢山的主要森林,是梯田农业的命根,具有良好的生态功能和生态服务体系。而且,在自留山和责任山上,村民们都积极地植树造林,例如高才贵家就与村中8户人家组成联合体,在承包的700亩荒山上种植了杉树20多万株;如今,大鱼塘的250亩自留山(旱地)全部种上了树。这些树大多数是"水冬瓜"树。因为水冬瓜容易成活,且有蓄水作用。根据规定,在自留山上种的树,归农户所有。集体林则恢复哈尼族传统的森林管理方法，封山育林、加强保护。哀牢山的生态效应和生态服务系统开始恢复。

（四）自然保护区建立及森林保护

由于当地群众一直将观音山比作母亲，把观音山的水源比作哺育他们的"乳汁"，加强管护、合理开发利用观音山的自然资源是当地人的深切希望。

1988年，大鱼塘所属的元阳县将观音山的国有林地区建成自然保护区，林业部门在保护区设立了林业站，配备了46个护林员负责管理森林。与此同时，各乡、村在原有的村规民约的基础上，结合当地实际又制定了一些护林奖惩措施。"一般规定，从封山之日起，不许进山砍树、修枝、开荒、放牧，凡修枝一棵罚款3.6元，砍树一株罚款36元，抗交者拉牛猪抵偿。"[1] 这些措施无疑对保护森林起到良好作用。

1994年5月，云南省人民政府批准元阳县观音山自然保护区为省级自然保护区。保护区总面积为16409.9公顷，其中村寨集体林地面积为4456.9公顷，村民自留山不在保护区内。

保护区的管理，实行"四定""四无""一奖"的承包管理责任制。"四定"即：定管理范围、定任务、定人员、定报酬；"四无"即：无山林火灾、无乱砍滥伐、无毁林开荒、无乱捕滥猎；"一奖"即：实现"四无"，保护森林有功者给予奖励。

保护区根据"四定""四无""一奖"责任制的要求，推行个人、家庭承包管护与委托保护区周围乡、村群众承包代管相结合的管理形式，通过与保护区签订管护承包合同，按合同要求进行管理和保护。保护站管理人员定期检查承包人员的工作，经常巡视山林情况，并配

---

[1] 红河州建设环保局、水电局、林业局、林业科技咨询服务中心：《观音山自然保护区综合考察报告》，第22页。

合森林派出所处理保护区内发生的林政案件。

到1998年年底,元阳县全境森林覆盖率恢复到25%,哀牢山自然生态功能和生态服务系统得到较大恢复,特别是梯田用水基本得到恢复,人畜饮水已得到保障,气候调节系统正在恢复,洪灾、旱灾正在逐年减少。一句话,哀牢山的整体自然生态系统正在恢复健康。

但是,自然保护区建立及严格管理使森林及生态功能逐步恢复的同时,当地哈尼等民族的传统生活方式却受到了制约,如上山采集狩猎被禁止等,特别值得注意的是烧柴紧缺。由于国有林划为自然保护区,禁止入内砍柴修枝;村有林基本属于村寨神林,禁止动用一草一木;自留山(私有林)面积太小,树木稀少,且很多为近年来才植的小树,不能砍伐。所以当地村民的烧柴成了问题。被调查的大鱼塘村民说:"原来烧柴来自老林(国有林),自划分了林权,烧柴只能到自留山中修枝、割草和到田边地角割飞机草(紫径泽兰),烧柴实在困难。"但问起对建立自然保护区的看法,村民一致反映:"很好,因为没有森林就没有水,没有水就没有梯田,没有梯田就无法生活。烧柴问题总会有办法的。"

如今,大鱼塘等哀牢山哈尼族村寨还没有专门的薪炭林。我们建议:1. 在自留山上大力发展速生多发薪炭林;2. 发展沼气池、节能灶;3. 充分利用水能,发展小水电。这将是解决哈尼族薪柴的必要之举。

五 结语

综上所述,哀牢山区的自然生态是一个完整而独特的系统,哈尼族的梯田农业则是符合哀牢山自然生态系统的。千百年来,哈尼族的生产生活都是依赖、维护、利用生态功能和生态服务系统而存在的。

在哀牢山的自然生态系统中，森林是其核心。没有森林便没有这里生态系统的一切，也就没有梯田农业生态及当地人们的梯田农耕生活及文化。哀牢山森林权属虽几度变迁，但哈尼族传统的森林管理方式一直在起着保护森林的积极作用。在林权变迁的过程中，盲目的生产运动对森林破坏极大，是沉痛的教训，应使人们永远铭记。

大鱼塘村是哀牢山区具有典型性意义的哈尼族村寨，同时它所在之地的生态功能、生态服务系统也是具有典型意义的，因此对它的调查、分析、研究，对于深刻认识哈尼族的传统生态知识以及哈尼族的梯田农业文明的发生、发展都是极有意义的。

如今，现代化的森林管理手段和方法的确立，应该充分吸收哈尼族传统管理方法的优秀部分，特别是妇女知识系统中的优良部分。这样，才能使哀牢山区的自然生态系统得到完全的恢复，才能使哈尼族的梯田农业生态系统得到正常的运转、梯田文化得到健康的发展。

（原载《西南边疆民族研究》第四辑，2006年12月）

元阳哈尼族"地名连名制"试探

在汉藏语系的许多民族中，人名的连名制是司空见惯的，有的民族盛行父子连名制，有的甚至盛行母子连名。然而，"地名连名制"尚未见报道。1983年11月，我到红河南岸哈尼族聚居区进行社会历史调查，偶然发现地名连名的现象。现将调查的结果整理出来，并对此谈一点粗浅的看法，就教于各位前辈与同行。

哈尼族是汉藏语系藏缅语族彝语支的一个民族，有若干支系。其中，居住在云南省红河哈尼族彝族自治州元阳县南部的黄草岭、俄扎公社一带的哈尼族腊咪支系，至今尚保存着较为完整的"地名连名制"。在我走访的哈尼族其他支系中，这种连名制已不存在，抑或是已很不明显。

现将黄草岭一带的地名连名表列于下：

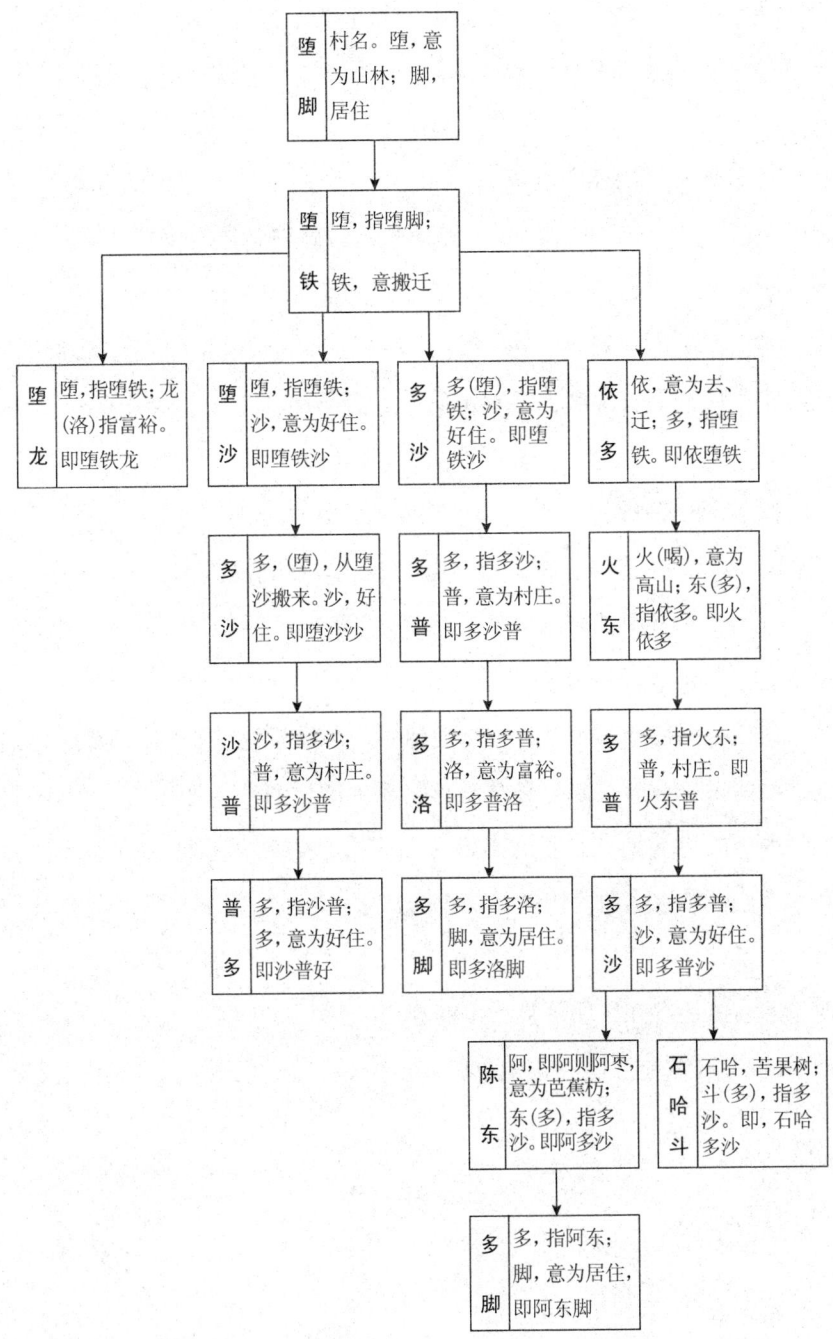

黄草岭一带的地名连名图

说明：箭头所指，表示下村由上村分出。

从图中可以看到，一母寨分出若干子寨，这些子寨又繁衍出新的子寨，子寨名称都带有母寨名称的一个字。① 如"堕沙"，"堕"指的是母寨堕铁，"沙"意为好住的地方，"堕沙"就是堕铁沙，意思是从堕铁搬到好住的地方。再如"多沙"，"多"是"堕"的音转，指母寨堕沙，"多沙"即堕沙沙，意为从堕沙搬到好住的地方。

表中地名有许多是相同的，这并不奇怪。因为，每个地名中的一字（或音节）是指母寨，另一字往往指的是地形地貌或人们的希望，而哀牢山区的地形地貌都基本相似，人们又都希望过上六畜兴旺、幸福美满的生活。如此，地名当然会相同。例如：

1. 堕铁——多沙（多，指堕铁；沙：好住之地）；
2. 多普——多沙（多，指多普；沙：好住之地）。

这两个例子中就有两个"多沙"，这两个"沙"表示了人们相同的希望。

由于相同的地名很多，易于混淆。为了区别这些相同的地名，当地人就将某一地名与它的母寨或与它相距最近的寨名连称。于是，出现了这样的口头地名：堕铁多沙、侬多多沙、阿东多沙、哈播多沙、和顺多脚、侬多多脚，等等。

除了以上较为完整的地名连名以外，在黄草岭西部的俄扎一带，地名连名虽还存在，但零乱，不能连贯。

例一：（哈脚：哈，沟也；脚：居住）

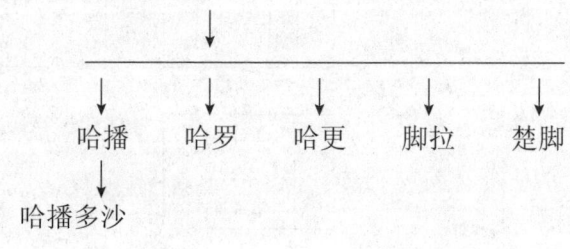

---

① 此图表系笔者整理调查材料后制成。每一地名的含义，都在元阳县地名办公室核对过。

例二：则洞——多（洞）沙。

例三：归多——多壳（现名黄草岭）。

例四：苏皮——皮寨（"寨"为汉音汉义）。

例五：闷洛——洛塘（"塘"为汉义，即牛滚塘）。

黄草岭一带的地名连名保持得较为完整，这与崇山峻岭、交通闭塞有关，而俄扎一带和其他几例残破的连名地点，多处于旧时的交通要道上。如"哈播"和"多壳"，过去就是重要的交通要道和街子。另外，从苏皮——皮寨、闷洛——洛塘这样的连名，已能看出汉文化已渗入他们的地名中。从上述各例中，可以窥见"地名连名制"残存的状况及其逐渐消亡之一斑。它证明，至少在哈尼族历史上，地名连名制曾经盛行过。

"地名连名制"究竟是怎样产生的，在什么样的条件下产生的？它的内在联系和意义是什么？它又是如何走向消亡的？这里试做如下粗浅分析。

看来，地名连名制的产生是与氏族制度密不可分的。在氏族制度下，每一氏族在发展中分为若干女儿氏族，这些女儿氏族与母亲氏族组成胞族；若干胞族组成为部落；若干部落又组成为部落联盟。这样，就形成一个具有内在联系的人类共同体。这个共同体协同一致，能够解决和处理内部的矛盾和外部的冲突。氏族分裂、演变和组成一个社会共同体的过程，是由什么造成的呢？无疑是由人口的繁衍、增长所直接造成的。同样，人群的增长和氏族的扩大，使得居住地——村寨的膨胀，膨胀的村寨势必要分裂。一方面，氏族分裂出女儿氏族；另一方面，原有的村寨也分裂出女儿村寨。对这些女儿村寨来说，原来的老寨就是母寨。这些分裂出来的氏族，其内在的联系必定是血缘的联系，而外在的联系及其形式又是什么呢？可以说，这外在的联系是地名相连。

每一氏族都有自己的名称，其居住地也会有自己的地名，正如每一个人有自己的名字一样。在哈尼族传说中，有以动物命名的氏族。据传说，古代有一哈尼族妇女生了二十四个儿子：长子龙，次子鹰……全是动物；还传说，卢家的祖先是龙变的，孙家的祖先是猴子变的……①这些传说中的动物，无疑是哈尼氏族的图腾，也是氏族的名称。母亲氏族分离出的女儿氏族可以和母亲氏族共同崇拜同一图腾，共用一种名称。但母亲氏族居住的老村寨分离出女儿氏族居住的女儿村寨，大概就不能共用一个寨名了，因此就必须另取新名。又为了标志子寨与母寨之间的隶属关系和血缘关系，便出现了地名相连的形式。

一定的形式是为一定的内容所决定的。父系制家庭的财产继承关系产生了父子连名制；氏族制度下，母亲氏族与女儿氏族、母寨与子寨之间的一定的血缘关系和隶属关系产生了"地名连名制"。虽然，在氏族制度时，各村寨、各氏族还不存在奴役和被奴役的关系，但社会生活中的协同一致却存在于人们共同体中，如参加公共事务，实行血族复仇，等等。在残存"地名连名制"的哈尼族地区，凡是从母寨分出来的儿女寨，经常要打听母寨"祭日子"的时间（在哈尼族山寨，"祭日子"是不定期的，由民主选举出来的"龙头"临时规定），以便和母寨同时举行祭祀活动。哈尼族每年祭一次"大龙"②，但各地祭龙的时间很不统一，有时甚至相差两个月。然而，地名相连的寨子，却是同时祭龙的。这就是古代氏族制度下协同一致的遗风，也就是母寨与子寨的内在联系和关系的表现。这样的内容，就决定了连名的必要性和其形式。

---

① 哈尼族本无姓氏，盛行父子连名。明洪武十五年，朝廷赐给哈尼族头人姓氏，自此，哈尼族渐有姓氏。

② 这是哈尼族一年一度的宗教节日，称为"昂玛突"，意为祭大力寨神。汉译为"祭龙"。

有人可能会说，没有连名，这种联系也可以维系，谁还记不住自己是从哪个寨子分出来的呢？但是，照此说来，父子连名制岂不也是多余的？因为，谁还能记不住自己的父亲，谁还会忘记自己的长子呢？

事情并非如此简单。在没有文字的原始时代，寨子在不断地分裂，人类在不停地繁衍，自然扩大的氏族、家族体系的联系以什么形式清晰地加以体现，用什么方法有效地加以记忆，关系到维系血族组织、确定财产传承关系的大事。于是，就产生了地名的连名制和人名的连名制这些表现血缘联系和财产继承关系的表现形式和制度。

如果没有这种地名连名制，不用说上百上千个有内在关系的地点，仅仅就我们列举的黄草岭那一小片寨子的内在关系和相互联系，我们都难以搞清。在许多地方，地名连名制已消失了，今天看来，这些地点是一个个孤立的村落。其实，这说不定是由于"地名连名制"消失而使我们的视线也相应模糊的结果。所以，连名制是历史上（特别是氏族制度下）人们的一种特殊记忆方式，在这种方式下面，包含着丰富的历史内容。

地名连名制是在氏族制度下产生的。随着社会的发展，氏族制度崩溃了，地名连名制赖以存在的基础毁坏了，连名村寨间的内在和外在的联系均受到无情的冲击，地名连名制不可避免地衰落了。民族间频繁的相互交往也给予"地名连名制"极大的冲击。先进民族对后进民族、有文字的民族对没有文字的民族、统治民族对被统治民族，在政治上、经济上都造成了强烈的影响，文化的渗透更是到处可见。现在，元阳县的哈尼族地名，很多就是汉彝、汉哈尼、瑶哈尼语掺半的。如前面所列举的苏皮—皮寨，闷洛—洛塘，其中的"寨""塘"就是汉字汉音。再如，哈尼族居住的冷水寨，原来称为"母集"（瑶语），后来被汉族商人改为冷水寨。这也促使地名连名制的外在形式进一步消失。

综上所述，地名连名制产生于氏族制度下，是以原始时代的氏族联系为其内容的。在今天，地名连名制几乎完全消失了，但人名的连名制特别是父子连名制还在许多民族中存在并盛行着。这是因为它们之间的内容不同，形式也有差异。地名连名制是原始氏族联系的一种体现，因此，随着这种联系的松弛和消亡，它便失去了基础而随之消亡了；而父子连名制是一种血缘财产继承关系的产物，只要这种财产继承关系存在，它就会存在下去。地名连名制和父子连名制的外在形式是由它们各自的内容决定的，但无论其差异如何，都是没有文字工具的人们的一种特殊的（曾经是普遍的）记忆方式，在历史上曾起过重要作用。

地名连名制的出现应早于父子连名制，因为前者产生于氏族分离和村寨分裂之时，而后者产生于父系制家庭建立之后。所以，从某种意义上说，地名连名制可能曾给予父子连名制以启示，使其连名制的形式在表现财产继承关系中得以发展。

（原载《云南社会科学》1984 年第 5 期）

哈尼族父子连名制谱系试探

哈尼族是汉藏语系藏缅语族彝语支的一个民族,像汉藏语系的许多民族一样,盛行着父子连名制。然而,哈尼族的父子连名制又不完全等同于汉藏语系其他民族的一般的父子连名制。可以说,它不是纯粹的父子连名制,它有着自己特殊的内容。因此,哈尼族的父子连名制家谱的形式就扩大了范围和意义。

现在略举几例不同地区的哈尼族家谱[①],来看看这种连名形式除财产继承关系以外的重要意义。

例1:元阳县麻栗寨李黑诸家的谱系:

奥玛(天女)—阿卑(大地)—奥黑—黑拖—拖马—马肖—肖尼—奥尼(鬼)—尼卑—阿卑—苏来乌—乌特里—特里早—早阿耶—(早米耶)—阿耶洽—洽提息—提息里(天地开朗)—里包倍(生长茅草)—包倍乌(大蛋)—乌浩然(安春鸟)—浩然初(鸟孵蛋)—初末呜(哈尼的祖先)……

初末呜,是哈尼族地区人民普遍认为共同的男性祖先。李黑诸家的谱系,从初末呜到李黑诸共四十一代(略)。哈尼族本无姓氏,明洪武年间,朝廷赐给哈尼族头人姓氏,自此,哈尼族渐有姓氏。然而哈尼族盛行父子连名制,因此姓氏不列入谱系。李黑诸列入家谱即黑诸。

---

① 本文所列谱系引自《哈尼族简史》,云南人民出版社,1984年。

例2：金平县金临乡高陇山家的谱系：

（在初末呜之前，尚有奥玛至浩然初共二十一代，从略）初末呜—末呜则—则学吾—吾里漂—漂马登—马登达—达都苏—苏末着—末着仰—仰期—期少—少里—里哦—哦约—约尖—尖都—都入—入马—马漂—漂山—山薄—薄溪—溪若—若颇—颇吾—吾普—普撒—撒拉—拉台—台诸—诸买—买臬—臬山—山补—补然—然门—门扎—扎贵—贵见—见冬—冬陇—陇山（即高陇山本人）。

例3：西双版纳勐海南糯山乡姑娘寨王姓家族谱系：

孙米窝—窝铁咧—铁咧宗—宗米耶—米耶擦—擦梯色—梯色勒—勒普波—普波屋—屋乌牙—乌牙操—操莫唉（初末呜）—莫唉咀—咀堂旁—堂旁芒—芒夯堂—夯堂邹—邹利鸟—鸟其拉—拉堂宝—宝斯赖—赖龙包—包耶—耶当—当蔡—冒哥—哥且—且当—当仓—仓耶—耶撒—撒迪—迪鳖—鳖歇—歇弟—弟拉—拉义—义娘—威宰—宰切—切登—登靠—靠染—染楼—楼丝—丝朱—朱靠—靠究—究桑—桑勐—勐开。

该谱系共五十一代。从操莫唉（初末呜）以下是四十代。

哈尼族谱系中有的地方如该谱系中的当蔡——冒哥，父子名字没有相连，据调查和分析当为两种原因造成，一是该家族无子继承，以女婿或家族其他人的名字续之；二是长期口耳相传，可能有所遗忘或漏记。

哈尼族是我国大西南较为古老的少数民族，有130万余人，绝大部分集中分布于云南南部红河、澜沧江之间的哀牢山和蒙乐山的山岳地带。这广阔地区山高谷深，气候复杂，是多种民族聚居和杂居区。不同的自然地理环境和社会环境，使居住于这一广大地区的哈尼族语言有别，风俗异趣、文化形态千差万别，社会发展极不平衡，呈现出纷繁复杂的景观。然而，无论各地哈尼族在政治、经济、文化形态上有多么大的差异，他们都公认“初末吗”为自己共同的祖先。以上列举的谱系清楚地反映出这一点。这是一般父子连名制的特点。这一特点包含了一般父子连名制的内容及意义，即体现出了父系制家庭财产继承关系及血缘关系。把握这一特点，对于研究哈尼族的族源、迁徙，氏族和部落的形成、集聚、分化，都有着重要意义。

例如，通过估算谱系的各代代距，可以推知哈尼族父系制确立的大体时间。从各地的谱系看，自哈尼共同的男性始祖——初末吗到现在大体都四十多代。如以四十代计算，以每代二十五年估算，那么，大约在距今一千年左右，哈尼族父系氏族社会就已经确立了。

再如，通过各地、各哈尼族不同支系的谱系对照，即从共同的祖先——初末吗依次往下对照，就可以看到某一地区、某一支系是在某一代的某一祖先那儿分出去的。

然而，哈尼族谱系中的这一特点，仅是一般父子连名制的特点。哈尼族谱系中所呈现的另一个特点，决定了哈尼族谱系不是纯粹的父子连名制谱系，它具有比父子连名制更为深广的内容和意义。

我们从各地的哈尼族谱系中看到，初末吗是哈尼族公认的共同的男性祖先，而这个共同的男性祖先之前的若干代谱系（元阳、金平的是二十一代，其他地方的略少），哈尼族认为是人鬼不分、天地混沌的年代。这就绝不是父子连名制的内容。那么，这段谱系所代表的“人鬼不分、天地混沌”的年代，究竟是什么年代？它的内容是什么？是什么样的社会？

上面我们根据哈尼族谱系推算，距今一千年左右，哈尼族的父系氏族社会就已确立，哈尼族共同的男性始祖“初末吗”可以说是这一社会确立的标志。“初末吗”以后的四十多代谱系也确实体现了父系制血缘财产继承关系的实质。

众所周知，父系氏族社会是从母系氏族社会演化发展而来的。那么，毫无疑问，"初末呜"之前那段谱系所代表的年代是母系氏族社会。从金平、元阳的谱系看，第一代祖先是"奥玛"。在哈尼族传说中，奥玛是最大的女性天神，她是农业生产的发明者。这反映了那个"人鬼不分"的年代，妇女在社会生产中的重要地位。在哈尼族的谱系中，第一代祖先是女性，之后又有个共同的男性始祖，这正好说明人类社会发展中父系氏族社会代替母系氏族社会这一社会发展规律。另外，"奥玛"和"初末呜"之间的各代"人鬼不分"的祖先，在哈尼族神话传说中有的是神，如"奥玛"；有的是动植物，如第二十代祖先"乌浩然"（安春鸟）。这"安春鸟"无疑就是氏族的图腾。原始人是奉图腾为祖先的，神更应该是人的祖先。在氏族社会，人类把自己的祖先神化是不足为怪的，这也是母系氏族社会的一个重要内容。

综上所述，哈尼族的父子连名制谱系，既有汉藏语系民族一般父子连名制的特点，又有着自己的特点，它是一种颇为独特的谱系。这一谱系包括两个方面的内容：一是谱系前半部分的母系氏族祖先或作为祖先的图腾的连名，体现着母系氏族的血缘关系；二是谱系后半部分的父系氏族社会的父子连名，体现着父权制家庭血缘财产继承关系。从整个连名的形式上看，这是历史上人们的一种特殊的记忆方式，在这种方式下面包含着丰富的历史内容。从某种意义上说，母系氏族社会已存在连名制，父系氏族社会无疑继承了这种连名制，使其连名制的形式在表现财产继承关系中得以发展，形成父子连名制。

（原载《云南社会科学》）1987 年第 2 期）

哈尼族摩匹"师徒连名制"试探

最近两年，我们在哀牢山末端红河南岸哈尼族聚居区进行社会历史调查，发现在哈尼族"摩匹"（智者、巫师）的口诵词中，有不少古老残破的各地摩匹师徒连名谱系。它的存在证明，"师徒连名制"至少曾经在哈尼族摩匹这一特殊阶层中普遍盛行过。

现仅举两例谱系于下：

（1）哈脚（地名）摩匹：

补里伟惹—惹车车呼—呼给革喝—喝斗斗渣—然□□梅—梅所所矮—矮给给梅。

（2）红河地区摩匹：

缀马—马窝—窝脱—脱奎—奎手，

下面转师：

匹火—火门—门守—守威，

又转师：

威黑—黑罗—罗斗—斗戛—戛沙—沙赫，

再转师：

哈窝—窝脚—脚窝—窝门—门偷。

从所举谱系可以看到，哈尼族摩匹的连名谱系，就其形式而言，除第二例多次转承别师外，并无独特之处，与父子连名制的形式如出一辙。但是，内容却大不一样。父子连名制体现着父系制家庭血缘财

| 发现传统

产继承关系，而"师徒连名制"则体现着哈尼族精神文化的传袭和摩匹社会地位的继承关系。

摩匹是哈尼族历史文化的直接保持者和传递者。目前，已搜集整理出版的哈尼族史诗，如《创世纪》《哈尼先祖过江来》《舍心兄妹传人种》《古老时候的人》等和正在搜集整理尚未出版的大量诗歌、传说、故事等，大多出自摩匹之口。哈尼族没有本民族的文字，其民族发展的历史、民族风习传统、民族文学艺术都靠口耳相传、代代沿袭，其主要的文化传承人就是摩匹。摩匹既掌握民族文化、传授民族历史，又熟知哈尼族的一切礼仪，懂得医术，等等，因此，在哈尼族社会生活中具有较高的地位。在古老的传说中，摩匹与"首领"具有同等的地位；而在现实生活中，无论是在个别家庭的婚丧嫁娶、村寨的祭祀活动中，还是在本民族主要的节日和重要集会上，摩匹的地位往往是至高无上的。在一切重要的场合，摩匹都郑重其事地以说唱的形式讲述哈尼族的历史和各种规矩。然而，这只是一般性的传播知识。摩匹把真正所掌握的历史文化知识传授给自己的徒弟。摩匹的徒弟，主要来源于哈尼族社会。元阳县麻栗寨的大摩匹朱天云就收了 30 个徒弟。在哈尼族寨子，几乎都有摩匹，他们都收有徒弟。仅元阳县的哈尼族大小摩匹（师傅和徒弟）就有 2000 余人。然而，真正学成摩匹被授予摩匹称号者，几乎要耗尽毕生精力。

哈尼族历史悠久，文化积淀深厚博广、蔚为壮观。仅以诗歌为例，这些诗歌形式多样、内容博大、包罗万象，可大体分为三类：一是"哈八"（酒歌），可称为史诗；二是"阿欺枯"（情歌）；三是"阿迷车"（儿歌）。其中，"哈八"容量恢宏，囊括了哈尼族的历史、传说、族源、族性、人生哲理、道德情操、宗教信仰等。在盛大的场合，哈尼摩匹以演唱的形式、悲壮苍凉的歌调，唱颂着神的诞生、开天辟地、大神补天、人类出世、领袖摩匹工匠的产生，以及种子、牲畜、庄稼的起源；其哈尼族迁徙史诗《哈尼先祖过江来》叙述了曲折漫长、扶老携幼、沿途征战、颠沛流离、九死一生的苦难历程，诗中所举历史地理名称、山川风貌、民族关系等，包含着巨大的历史内容和丰富的文化价值。此外"风俗歌"唱出了火的发现、年月日的来历、安寨定居、嫁娶哭丧、十二月生产调，等等。

从浩如烟海的诗歌中，我们可以看出哈尼族文化的丰富性。而作为摩匹，必须全盘继承和传递哈尼族政治、经济、宗教、风俗礼仪、文学艺术、医药等如此丰富的文化。因此，真正学成摩匹者，为数甚少。

从哈尼族社会总体上看，摩匹是一个文化阶层；从具体看，各地摩匹师徒间的关系形成一个个传统的组织，有一套师徒继替、地位传授的制度。每一组织中有若干小摩匹（徒弟），统属于一个大摩匹。这个大摩匹是在上一代大摩匹生前经过严格考试选定的继承人。考试的方式是，徒弟们轮流到大摩匹的面前，由大摩匹任意点出史诗的篇章、家谱，或是点出某一宗教仪式、婚丧礼仪等，由应试人一字不漏、轻松流畅地背诵。据说，史诗和家谱的背诵中稍有停顿、咳嗽，即告考试失败。各种礼仪更要做得一丝不苟、毫无差错。继承此业，才华超人、品行优良都是必需的。成为大摩匹者，将从死去的大摩匹那儿继承一个布袋和一把尖刀，作为权力的象征。布袋和尖刀十分神圣，平时挂在摩匹家里的中柱上，谁也不能乱动，待到寨里自己所管地带发生丧葬等大事时，大摩匹就带着尖刀和布袋率领其他摩匹前往。哈尼族寨子一般都有摩匹，有的大寨子有若干个大摩匹及所率徒弟。如元阳县果统寨有六个大摩匹，把寨子分为六片，各大摩匹分管一片。每片的摩匹要掌握本片每一户人家的家谱,本片若有婚丧事等,大摩匹率徒弟前往活动,其他片的摩匹不能随便干预,越片活动。到哈尼族传统的节日和宗教祭祀活动时,各片摩匹都集中参加,届时由最有威望的大摩匹主持其活动。

由此可见,摩匹是民族文化的直接传承人,是哈尼族原始宗教的主持人,是人与神之间的媒介,又是驱赶病魔、治病救人的医生。要成为这样的人,是要通过拜师学习的,而学成者又极少,在这极少的学成者中,又有才华品行的高低层次之分,品学兼优出众者,才能继承大摩匹的衣钵。

哈尼族精神财富的传递和摩匹社会地位的继承关系产生了"师徒连名制"。这一制度曾经在哈尼族社会摩匹这一特殊阶层中盛行过。它的存在对哈尼族历史文化的传承有着重要意义。"师徒连名制"的内容还基本存在,而其连名的形式已经消失了。从上面列举的残缺不全、零星破碎的摩匹谱系就可见其一斑。"师徒连名制"形式的消亡,有着历史和现实两方面的原因。

其一,历史上的原因。摩匹这一阶层,产生于社会分工、阶级分化之时,其性质相当于中国历史上的"巫""祝""史"一类人物,专门从事于占卜打卦、预测凶吉、记述历史等文化活动,是统治者的附庸,社会地位很高但极不稳定。在哈尼族史诗中,就有摩匹被打击逃亡的描述。这种极不稳定,忽升忽降、忽荣忽辱的地位,直接影响着摩匹师徒间的关系,师傅的突然坠落就会断绝徒弟的继承。第二例谱系的多次转承别师就反映了这种情况。这样不停地转师,转来转去,谱系自然混乱模糊,也就失去了连名谱系的意义。同时,师徒连名不完全以血缘,更不以财产继承关系为纽带,本身就带有极大的松散性,任何内部的动荡和外来的冲击都会使它解体。哈尼族在历史上经历了漫长的迁徙的历程,史诗《哈尼先祖过江来》就详细描述过这种颠沛流离、战乱频仍的状况。迁徙到滇南哀牢山和蒙乐山的山岳地带后，在山大谷深、"蛮烟雾瘴"的自然环境中，哈尼族社会在缓慢地向前发展。元代，中央皇朝在哈尼族地区建置了土司制，奴隶制萌芽阶段的哈尼族社会发生了历史跳跃，进入了封建领主制社会。这对哈尼族社会、政治、经济、文化等各方面都带来了极大影响。明代，汉族王朝的势力更深入哈尼族地区，洪武年间，皇朝赐给哈尼族土司头人以汉姓，汉姓开始在哈尼族广大地区流行。汉姓的流行可以说是一次哈尼人名字的改革（哈尼族本无姓氏，盛行父子连名制），这无疑对连名制是沉重冲击。19世纪初，鸦片战争爆发，英法帝国主义侵入云南，并在民族地区建立教堂，为了传播基督教，建立了各类学校并推行拼音文字。这些外来文化无孔不入，严重冲击着哈尼族传统文化，影响着哈尼族社会。历史的跳跃性发展，社会性质的突然改变，汉文化的冲击，西方文化的影响，这一切都迫使哈尼族传统文化发生质的变化，再加上从元明以后，哈尼族历史文化开始较为系统地记入云南地方史志，使哈尼族传统文化的传递方式也发生根本的变化。这样，作为哈尼族文化保持者和传递者的摩匹，其社会地位发生根本性的动摇，作用日渐减小；而作为后继者的部分年轻哈尼人，羡慕外来文化，追求外部生活，轻视本民族文化，从而使摩匹阶层陷入后继无人的境地。

其二，现实中的原因。新中国成立后，哈尼族社会性质发生了根本变化，人民政府在哈尼族地区逐步普及了教育，并推广了新制定的哈尼文字，医疗卫生等各种先进文化进入了哈尼深山。新型的科学文化成了年轻一代的精神食粮。

"师徒连名"从来就是松散的结构体，随着文化内容的变化和传递方式的转换，以及摩匹地位的沉沦等一系列历史风暴的涤荡，逐渐消亡，势必荡然无存。

"师徒连名制"消亡了,它曾经在历史上盛行于哈尼族摩匹阶层中,并对哈尼族历史文化的传承起到了重要作用。这种连名制内容及师徒承袭的精神财富本身就是民族文化的内容,而其形式,同父子连名制的形式一样,是哈尼族文化中一个特殊的记忆方式。

(原载《民族学与现代化》1987年第2期。与杨叔孔合作)

哈尼族非物质文化遗产
《斯批黑遮》研究

哈尼族是我国西南边境一个跨中、越、老、缅、泰而居的民族，是一个历史悠久、文化丰富、豁达乐观的民族，在中国境内哈尼族有143万余人，绝大部分居住于云南南部，其中红河南岸哀牢山区，居住着70万哈尼族，从事着梯田农业。长期的深山生活使这个民族形成了自己的风俗习尚和人生态度。

在哈尼族的整个人生过程中，死亡作为人生旅途的终点，占着极其重要的位置，于是，哈尼族社会中的丧葬活动及其仪式比之于其他人生活动礼仪，显得更加重要和隆重，祭词《斯批黑遮》[①]尽管仅在丧葬过程中背诵和使用，然而它所包含的内容是巨大而深广的。正因如此，有人称它为哈尼族社会生活的百科全书。这是哈尼族社会中一项重要的非物质文化遗产。本文拟从这部文献所反映的风俗礼仪，试探哈尼族朴质的宇宙观和人生观。

一

《斯批黑遮》是红河南岸哀牢山区摩匹（祭师）世代相传的宗教祭词。"斯批"是哈尼族摩匹中的最高等级，他们精通古今，熟

[①] 李期博等搜集整理：《斯批黑遮》，云南民族出版社1990年版。

悉哈尼族风俗礼仪,是哈尼族历史、文化的传承者,集体性宗教活动和丧葬仪式的主持者。"黑遮"是哈尼族宗教祭词的总称。因而,《斯批黑遮》不仅是摩匹用于殡葬的祭词,也是高等祭词的总名。这部祭词长一万余行,但目前出版的《斯批黑遮》仅5000行,收录了丧葬祭词的最重要也是最古老的部分。《斯批黑遮》分为五章,各章意象纷呈、内容交错,直接涉及哈尼族社会主要的生活习俗层面。现概而述之。

(一) 宗教习俗

在第一、三、五章中,主要叙述了哈尼族原始宗教,特别是祖先崇拜习尚。其中,第一章着重叙述摩匹在社会生活中的地位和作用。"官人善解纠纷/贝马(摩匹)能驱鬼魔"在这里我们看到摩匹的地位和作用在官人之下。然而历史上(唐代以前),哈尼族社会中曾实行过"鬼主"制度①。这是一种部落首领与宗教祭师(摩匹)二位一体的制度,那时的摩匹实际上是集政教于一身的人物。时过境迁,尽管《斯批黑遮》中的摩匹已经仅仅是宗教活动中的主持者,但由于摩匹所具有的知识和诸多社会职能②,他们在哈尼族社会中仍然是极其重要,不可或缺的人物。所以,摩匹的行为,特别是与宗教生活有关的行为,在很大程度上直接代表和反映着人们的行为。"贝马出门规矩多/水井生日不出门/寨子生日不出门/寨神生日不出门/自己生日不出门/儿女的生日不出门/属兔这天不出门/……属龙这天也不好/……属蛇这天日子也不好/……"总而言之,在哈尼族日常生活中,忌日之多,难以尽数。"忌日",哈尼族称为"竜",是哈尼族宗教生活的主要组成部分,每年除了固定的"竜"外,凡看到、听到不吉利的事

---

① 中国少数民族简史丛书:《哈尼族简史》,云南人民出版社1984年版。
② 王清华:《哈尼族社会中的摩匹》,《民族社会学》1991年第4期。

情，就要"竜"。一年之中固定的或临时性的这类宗教活动极为频繁，蔚然成风。第三、五章则以较大篇幅叙及带有浓烈原始宗教色彩的祖先崇拜习俗，表现出强烈的祖先崇拜情绪。"死去的老人呀／保佑你的子孙好吃又好在／走路步子稳当／干活手杆不酸／姜块一样芽眼多／韭菜一样割了又发芽／笋子一样节节高／竹梢一样出墙来。""你睁开两眼好好看／你竖起两耳认真听／保护你的好儿女／家孙外孙一样亲／你把福气赐儿孙／保护家人百样兴。"整个第五章几乎都是对死者和祖先的乞求："保佑你的儿女／秧苗根基深／苗棵长得旺／年年好收成／你曾住过的大房子／三天一次不断来／三晚一回不要停／来守祖先的候勾（敬奉祖先的竹灵台）／威嘴（祖先名）一样守庄稼／石批（祖先名）一样护果实／……对你留下的儿孙／白天要相帮／晚上要相助／保佑他们无灾又无难。"

祖先崇拜是哈尼族宗教生活中较为突出的部分。哈尼族盛行父子连名制，父子连名制的实质体现着血缘继承关系，是原始父权制的产物，由于其形式是以父亲名字的后一个字作为儿子名字的前一个字，例如：黑嘎（父名）—嘎唠（子名）—唠筛（孙名）……于是长久以后就形成数十代人连为一串的谱系。汉藏语系藏缅语族的许多民族历史上没有本民族的文字，他们的文化靠的是口耳相传、代代沿袭，靠的是记忆和特殊的记忆方法。父子连名家谱就是一种特殊的记忆方法。在这些民族的家庭中，一般有一个父子连名的谱系。特别对于没有文字的民族，父子连名家谱这种便于记忆的家庭发展结构方式就成为其血缘财产继承关系和维系家族的重要特征，亦是其祖先崇拜的重要根据。哈尼族的无论哪一个支系，无论哪一个家庭，都有一个从古至今的祖先宗谱，以父子连名制的方式代代流传。家谱中的所有故去的先人都是活着的人的崇拜对象。

在哈尼族家中虽无祖宗偶像，但家家户户都有一处祖先神灵居住和享祭的地方——"候勾"。"候勾"有位置的意思,是用竹篾编成的一块长约50厘米、宽约35厘米的篱笆,有的地方编成一只竹篮。"候勾"设置在堂屋两侧的屋角,在左侧者,为自家祖先神位,在右侧者,为外祖母即母亲家祖先神位。哈尼族一般尽量将神位朝向北方,特别是自家祖先神位,意思是朝向祖先居住的古老家园"诺玛阿美"(传说中的地名,据研究系指大渡河一带)。哈尼族崇拜民族的共同始祖,也崇拜自家的代代祖先。他们认为,祖先虽然居住在遥远的北方,但灵魂不灭,随处可在,有时近在咫尺,随时守候家宅和田地。

哈尼族的祖先崇拜,除在丧葬活动中有突出的表现外,集中体现于年节祭祖和平时家庭的祭祖活动中。哈尼族的所有年节中都有祭祖活动。例如一年一度的"苦扎扎"节、"昂玛突"节,都有专门的祭祖项目。哈尼族以十月为岁首,"十月年"(哈尼语称"扎勒特")的主要活动就是祭祖。农历十月第一个属龙日是哈尼族的除夕日,夜晚家家户户要将油灯点到天亮,意思是把路照得通明透亮,好让祖先回家过年。在祭祖先的"候勾"上,要敬供糯米粑粑、鸡肉、猪肉等新鲜食品,供祖先品尝。除家庭祭祖外,有的地方还举行公祭,摆设盛大的"街心酒宴"。中老年人相聚一起吟唱祝福酒歌,歌颂祖先的功绩和美德。节日里,亲友互访,已婚妇女回娘家要从夫家带一包"供品"供奉祖先,参加祭祖。"供品"是糯米饭或糯米粑粑、一瓶白酒、两块肉(有时一生一熟),送到娘家后,向"候勾"祭献,以此表示不忘自己的祖先和血统。

哈尼族对祖先的崇拜,由来已久。祖先崇拜源于人们相信人有灵魂。据调查,灵魂观念是从人们患病时产生的幻象和人睡觉时的梦境等"经验"中派生出来的。哈尼族深信人有灵魂,并且灵魂不灭,即人死后灵魂虽与肉体分离,但灵魂不死,生活于另一个世界,并与活着的人们及现实世界保持着关系,暗中监视和保护着人们。哈尼族认为,死去的人们(主要指祖先),活着时是生活特别是梯田农耕生活的创造者,死去后则是生活及生产的保护者。报答祖先的养育之恩和祈求祖先的保护之力,是哈尼族祖先崇拜产生的原因,也是其在梯田农业发展中经久不衰的原因。

哈尼族的祖先崇拜较为鲜明地体现在丧葬和平时家庭的祭祖活动中,但凡逢年过节、生育取名、婚嫁之时,都必祭祖,求祖保佑。这种习尚至今仍存在并充分反映在《斯批黑遮》中。

(二)人生礼俗

整个第二章可视为一篇内容独立而完整的篇章,它的叙述意在说明"万物在繁殖/万物在衰老/有生必有死/天地日月星/也要死一回。"这个哲理说明事物都有一个从诞生到衰亡的发展规律存在。然而更为引人注目的是叙述了帝孟(古人名)从孕育、出生、恋爱、婚配直到衰老死亡的全过程。在这个过程中贯穿着一系列人生礼仪习俗,实际上这就是哈尼族社会人生的缩影。

哈尼人的一生,有许多有关个人的礼仪,其中要数出生取名、结婚、死亡之礼最为重要。哈尼族老人常说:"人的一生要开三次花"指的就是人生的三大要事及其相应的礼仪。对于这三大礼仪习俗,该章有着细致入微的描述。例如取名礼俗,"孩子取名要趁早/过了三晚做记号/到了七天名取好/请来邻居好伙伴/叫来同宗各父老/寨里的孩子/阿爸阿妈的亲朋/一寨之主的局麻(头人)/欢欢喜喜聚拢/为新生的婴儿送蛋来/蒸一甑糯米饭/为婴儿做记号/杀只肥母鸡给婴儿来取名/蛋黄擦嘴唇/米饭鸡蛋搓脚心"。在哈尼族命名礼俗中,要请摩匹为新生儿取出父子连名的名字、为其祝福、举行一系列具有象征意味的仪式。比如请一同宗小男孩在婴儿面前挖地三下，表示该婴儿长大以后能干大田，勤劳勇敢。若是女婴，虽不用父子连名，仅取一个象征吉祥的名字，但也要请一个女孩子到婴儿面前用柴刀砍三下，还要游戏般地头顶撮箕在"田"里捉鱼，表示日后女儿手快脚勤、聪明伶俐。结婚礼仪在哈尼族人生三大礼仪中最为重要，它标志着一个人的正式成人。哈尼族婚礼有着极其复杂烦琐的迎亲、抢婚、请客、拴线过门、祭祖认亲、象征性劳动等一系列仪式。其中，象征性劳动仪式最为意味深长，它与哈尼族梯田农业及勤劳的本性、劳动的美德息息相关。象征性劳动仪式是在新娘"过门"后的第二天清晨举行。届时，全村男女老少都拥到新郎家门口。主持这一仪式的是村中的长老。摩匹则一直在念颂祝福新婚夫妇幸福吉祥的祷词，并请求神灵保佑其安康如意，子孙满堂。时刻一到，新郎将早已准备好的、里面装着食物、各种粮种和镰刀的背箩给新娘背上，自己则扛起一把锄头。在村民的簇拥下，他们走出家门，走出村子，来到自家的梯田里。在众目睽睽下，新郎在田里挖出一小片，新娘从背箩里取出种子种下，或用竹筒汲水浇灌，或放开水口浇上一阵。之后，新郎新娘双双坐于田埂。新娘从背箩中拿出烟筒，装上烟丝递给新郎，又给他点上火。接着，又从背箩中拿出用芭蕉叶包着的饭，等新郎吸够了烟，就剥开叶子将饭递过去。新郎吃完饭，两人就收拾东西回村，象征性劳动仪式结束。象征性劳动仪式是实际的梯田农业生产中夫妻生活情景的模拟。这种"模拟"出现在婚礼中，据说已有上千年的历史了，它不仅表示着哈尼族夫妻在今后梯田农业生产中的共同劳动、互敬互爱，而且表示着哈尼族劳动的美德，表示着一个成年人对哈尼族梯田农业的责任，表示着哈尼族的人生态度。

在哈尼族的人生礼仪中，要数葬礼最为隆重。哈尼族人死了，要回到祖先那里去。"死去的老人身死魂不亡／他不知道祖先从哪里来／

死到阴间路迷惘/老人死后要找祖先/讲述祖先由来不能忘/按照祖先的来路去寻根。"这是哈尼族丧葬时，摩匹所念的《指路经》（第四章），它将指出祖先由来的足迹，送死者的魂灵到哈尼族最早的故乡。在哈尼族的人生观念中，灵魂是不死的，"人生在世一辈子，死在阴间得永生"。正因为灵魂不灭，所以死并不可怕；正因为灵魂不灭，死亡仅是跨向另一世界的门槛，所以要举行盛大的人生礼仪——葬礼。在哈尼族葬礼中，有着一系列名目繁多的仪式，从前述的念《指路经》、背家谱、"安慰亡灵""洗身穿衣""制作棺木"到"阿舅钉棺"等等，不一而足。每一仪式都体现着哈尼族注重今生、灵魂不灭和豁达乐观的人生观念。

像这样的礼仪习俗细节在该章中逐一叙到。总之，在哈尼族的人生礼仪中，要数丧葬最为隆重。哈尼族葬礼分为三等，高等葬礼杀牛多、耗时长，是官人和摩匹的葬礼，这种葬礼现已失传。在目前各地哈尼族社会中所行最广的是中等葬礼"莫撮撮"。"莫撮撮"意为为死者跳舞。在莫撮撮葬礼中，除了杀牲祭祖、洗尸安魂等活动仪式外，就是规模浩大、通宵达旦的舞蹈。亲临这种葬仪现场，你不会感到死亡的悲伤，作为一种葬礼，它有着深沉的内涵，表明哈尼族超然达观的人生态度。

（三）农耕及定居习俗

《斯批黑遮》第四章就是《指路经》，它将指出祖先由来的足迹，送死者的魂灵到哈尼族最早的故乡。哈尼族最早的故乡及祖先居住的地方在哪儿呢？《指路经》说："哈尼人诞生在诺玛阿美/诺玛阿美是最早的建寨处/是最初栽下寨神树的地方。""诺玛阿美"究竟是今天的什么地方，还尚待考证，但它是哈尼族的"诞生"地，是最早安寨定居的地方，是祖先居住的故乡，死者的魂灵必须到达那里。《指路经》实际上是一部哈尼族的迁徙史。

哈尼族是一个经过长期迁徙流转的民族,尽管汉文典籍对于哈尼族由北而南的迁徙少有记载,但从对哈尼族族名和居住地变换的记述可以大致看到迁徙的史影和大致的方向。据研究,哈尼族与彝族同源于古代羌族,系从西北高原逐步南迁的民族。哈尼族史诗《哈尼阿培聪坡坡》[①]则较为详尽地记述了哈尼族长途迁徙的全过程。

哈尼族是个经历长期迁徙流动的民族,然而却很早就进入农耕定居生活,《尚书·禹贡》载:哈尼族早期的居住地"厥土青黎,厥田上下,厥赋上中三错"。因为自然灾害和民族矛盾,哈尼族被迫南迁,而在长期的迁徙岁月中,他们一直在寻找适宜农耕的理想居住地,每到一地,建房立寨,开辟农桑。《指路经》说:"寨子祭扫干净了/要立寨基石/东边西边立一个/中间竖一石/山寨如石稳当当/……寨神树在村上边/寨神住在树林中/寨后的寨神树高大笔直耸云间。"哈尼族的安寨定居,是关系到农业生产、子孙繁衍和民族存亡的大事,其风俗礼仪就显得十分庄重和繁细。从选寨址、定方位、奠基地、栽神树、建寨门到立房屋、安火塘等一系列定居农耕生活的礼仪习俗都是确定不逾的。同时,这些礼仪习俗都与其悠远漫长的历史和苦难深重的迁徙息息相关。房屋的朝向就是一例:哈尼族在建房时,就力求坐南朝北,即使受到地形环境的限制,也力求居高临下,并使敬献祖先的"候勾"朝向北方。[②]这种习俗实际上就是对北方祖先的崇敬。哈尼族的村寨一般建在半山腰,在下半山开辟梯田,在上半山保有森林,以保证农业水利及人畜饮水。居

---

① 史军超等搜集整理:《哈尼阿培聪坡坡》,云南民族出版社 1986 年版。
② 毛佑全:《哈尼族原始族称、族源极其迁徙活动探析》,《云南社会科学》1989 年第 5 期。

住山腰是生活的选择，人们既可下山种田收获粮食，又可上山狩猎以获副食，这种农业经济与狩猎经济相互结合的生活习尚，在《指路经》中的安寨定居习俗中均有反映，由于它源于历史和现实的生产生活，所以具有相当的广泛性。

二

《斯批黑遮》自始至终贯穿着哈尼族的自然宇宙观和人生观。"事物有万万千／生灵有万万千／样样都要先孕育／孕育成熟才诞生。"（第二章）在这里，我们看到了一种自然、朴素的宇宙观：世界万物的产生，都有个孕育演化的过程。关于世界的产生，哈尼族认为，远古之时，世界本无天地，乃是一派混沌。天神为了给自己找一个住处和好玩的地方，创造了天地。后来天地间出现了水珠和空气，水珠集为水潭，水潭出现气泡，气泡变成一个蛋，蛋中又出现一只青蛙，于是生命诞生，万物开始滋生繁衍。很显然，这种宇宙万物演进的过程和内容都是极其原始、粗糙的；然而，它却是唯物的。"万物诞生后／长大并成熟／万物成熟后／样样要求偶／求偶开始了／万物在繁殖／万物在衰老／有生必有死／天地日月星／也要死一回。"（第二章）在这里，哈尼族朴素的唯物主义宇宙观得到了系统的表述：世界万物皆有一个从孕育、生长到消亡的发展过程，这是一种不可抗拒的规律。于是，既然"世间事都有生死／头上的天脚下的地也会死"，所以"你去了别难过、别懊恼／死亡不是你开头／死亡不是你收尾"（第二章）。如此这般，由世界推及人生。

哈尼族注重今生，不重来世，他们的人生观念是质朴而没有受到其他宗教和文化影响的，没有轮回转世，死后升天到极乐世界的观念。尽管哈尼族将世界分为三个层次，即上层为神的世界，中层为人间世界，下层为灵魂阴间世界，但天上诸神管理自己及人间，并有最大的神司管着；人间的人和事有头人和摩匹管理着；阴间世界实际上是人间世界的翻版，有祖先管理。当然三个世界是相互连接、亲密友好的，但各个世界有各个世界的事要做。如前所述，哈尼族认为，人降生于世，最终要回到祖先生活的阴间去。因而人世仅是人生旅途的一段，应该不辞劳苦，辛勤工作，换得子孙满堂，完成人间使命。所以在现实生活中，哈尼族"像土狗一样不怕烂泥，像牛一样有使不完的力气"，他们生活认真，辛勤劳作，终于在一代又一代人的劳动实践中，创造了举世罕见的亚热带山区梯田农业文明。在哈尼族的迁徙史诗中，则大量描述了哈尼族先民颠沛流离、艰难曲折、拼命抗争以求生存的伟绩，其中就有激励人们重视人生，与辛劳和邪恶抗争之意，同时也意在说明人世的艰辛。所以，当人完成人世旅途时，"为你从头洗到脚/洗去你一身的汗水/冲走你一世的烦恼/洗去你一生的债务/冲去你一世的疲劳"（第二章）。另外，在哈尼族的人生观念中，灵魂是不死的。"人生在世一辈子，死在阴间得永生。"（第二章）"老人死了不会变成鬼/你活着是个聪明人/死后灵魂不会变憨人/你来守祖先的供桌/你来住祖先的候勾。"（第三章）正因为灵魂不死，所以才有不同世界的划分，由此可见，注重今生和灵魂不灭是哈尼族人生的基本观念，是建立在其自然宇宙观之上的，也是《斯批黑遮》所示的主题意旨。

三

　　《斯批黑遮》是哈尼族的一部宗教文献，它以说唱念诵的方式在哈尼族宗教主持者摩匹中世代相传，并以同样方式出现和使用于哈尼族丧葬活动中。作为一部流传千年的丧葬祭词，它深刻地反映出哈尼族自然崇拜、多神崇拜和祖先崇拜这种原始宗教的内核。同时，由于它的内容涉及哈尼族社会生活的各个层面，特别是涉及哈尼族社会文化习尚的主要部分——宗教生活（精神的）、农耕定居（物质的）和人生礼俗（现实人生的）三个方面。因而，在相当程度上展示出了哈尼族社会生活的概貌。这种精神、物质和人生礼俗的相互交融，源远流长的历史文化与丰富多彩的现实生活的相互辉映是哈尼族文化的特色，也是《斯批黑遮》的特色。

　　万物有生有死、注重人世、灵魂不灭这种带有强烈唯物主义基调，同时交错着浓重唯心主义色彩的观念始终是《斯批黑遮》和哈尼族社会精神生活的主旋律。正因为宇宙万物皆有生死，所以人死不可避免，也不足为撼；正因为注重今生，所以哈尼族久经迁徙苦难而不悔，终于在深山密林创造出梯田奇观；正因为灵魂不灭所以死不足惧。死亡和声势浩大的、比其他任何人生礼仪隆重的葬礼，只不过是宣告死者人世旅途的结束和在另一世界生活的开始。哈尼族的取名、结婚、丧葬三大人生礼仪，代表着哈尼族人生最重要的三个阶段，即人生的开始、人生的兴旺和人世人生的结束，它反映着哈尼族朴素的唯物主义思想。同时从三大人生礼仪所举行的仪式中，我们一方面看到了与梯田农业有关，注重劳动之美，注重今生的人生观念；一方面又看到了人世结束，但灵魂不灭，人生并未结束的豁达乐观的人生观念。于是，哈尼族的人生礼仪就仿佛是一个多棱镜，它反映和透视出哈尼族多彩的人生及多样整合的人生观念。这种人生观念是哈尼族迁徙历史、深山定居创造梯田农业和社会发展演进的产物，是哈尼族富于忍耐的民族性格，宽厚能容的民族胸怀及豁达乐观的民族气质的体现。

综上所述，《斯批黑遮》源于生活，经千年流传而具有了史诗的韵味、现实的广博和哲理的内涵，因而它不仅可称之为哈尼族社会文化的百科全书、重要的非物质文化遗产，而且可称之为深沉的哈尼族人生启示录。

（原载《云南民族大学学报》2007 年第 1 期）

一个典型的封建领主

——元阳猛弄土司调查

云南哀牢山南部末端，红河两岸，很早就是著名的土司区，据清嘉庆《临安府志》载：这片哈尼族彝族聚居的地区有"十土司及十五掌寨"，在十土司中，在今天元阳县南部的猛弄是排不上号的，它只是十五掌寨中较为边远和落后的小掌寨。然而，到1943年，猛弄土司白日新死的时候，猛弄衙门两旁已经挂上了赫赫醒目的四块招牌："猛弄司署""第一集团军边疆游击联合司令部""昆明行辕第一纵队第三支队""建水县猛弄乡乡公所"。昔日的小掌寨已变为"江外十八土司"的总头目，并以其野蛮的统治，著称于红河南岸并一直延续到新中国成立前。

一 历史概述

猛弄从前是傣族土司的领地。这种传说并非毫无道理。猛弄一词系傣语，意为大坝子，猛弄以东（今金平）的猛丁、猛梭、猛喇早先也是傣族土司区。如今，在原猛弄土司区的谷地，还居住着为数不少的傣族。

两百多年前，猛弄土司姓昂，傣族。地盘不大，仅有多壳一带

（今黄草岭）。后来，昂土司死，遗下一妻昂氏、一个女儿和两个小儿子。这时，有一个叫白崇惹的青年人，从金平那边流落到多壳。昂氏看他聪明英俊，就将他招为女婿，取名白昂，他为后猛弄土司白兆麟之八世祖。白昂不但赢得了昂氏的信任，担任了师爷，而且获得了土司的实际权力。在昂氏将死之时，白昂打发昂氏兄弟到金平去打猎，昂氏临死，儿子不在身旁，就把土司大印交给了这个女婿。昂家兄弟回来后知道此事，愤怒至极，但大权在握的白昂，反将昂氏兄弟赶出境外。

白昂曾将衙门搬到哈播，后又搬到猛弄区北部的猛品，最后才搬到地势险要、风光秀丽的"哦哈白特"山下（今攀枝花区所在地）高大威严的猛弄土司衙门修建在古木参天的山坡上，门前那120级台阶，加上一对大石狮子，令人望而生畏。猛弄土司家的祖宗神龛上一直供奉着白昂。这就是传说中的猛弄白氏土司的最初发家史。

清嘉庆《临安府志》载："猛弄寨长白安，自雍正十三年投诚，后传六世至文光。"这条史料证实，传说中的白昂（安）确有其人。既然如此，这个外来的白崇惹（白氏究系何族，待考）上昂家的门当女婿，带昂家的姓，改名白昂，是顺理成章的，也是傣族的习惯。而且，传说中的"两百多年前"，与史载的年代基本吻合。《道光云南志钞》载："……文光死、子明继。"《新纂云南通志》"土司考"载："猛弄寨长白明其先白安……后传侄士正，士正死，子文龙继，文龙死，子如美继，如美死，子锦继，锦死，子文光继，文光死，子明继。按光绪间有自兆麟者袭职。民国十七年白日新承袭。"传说中的白兆麟八世祖白昂的年代，与史载吻合。可以说，猛弄白氏的祖爷是白昂。到新中国成立为止，整个白氏统治时间为250年左右。

临安府辖区内的"十土司"都是明洪武年间正式授封和加封的世袭地方官，十土司虽然名义上隶属临安府，但实际上则是独霸一方的土皇帝。"十五掌寨"，据清《临安府志》卷十八"土司志"载："诸猛亦险要区也，综其地，东界开化，南界交趾，西界溪处，北界纳楼、纳更纵横四百余里，万岭插天，三江绕径，鸟道蚕丛，人迹罕至，明为沐氏勋庄，国朝顺治十七年，吴三桂请并云南开荒田，给与藩下壮丁耕种，康熙七年，奉旨圈拔，迨后叛逆伏诛，始一例变价归附近州县征收，诸猛与建水相连，因归建水。猛各设一掌寨，督办钱粮。"

"十五掌寨"由此演变而来。猛弄掌寨经过八代两百多年的惨淡经营，到白兆麟时，已成为"江外十八土司"中举足轻重的大"土司"了。

1912年，白兆麟在建水遇刺身亡时，继承人白日新还未出世，猛弄土司的权位由白兆麟之弟白兆雄暂代。白兆雄是个颇有政治头脑的人物。当时袁世凯掌握中央政权，习惯于"投诚"的"江外土司"，纷纷拥护袁氏，唯白兆雄冷眼旁观，不表态度。1915年底，袁氏复辟称帝，土司们更是拍手称快，积极拥袁。而护国战争爆发，猛弄土司独树一帜，拥护唐继尧、蔡锷，反对袁世凯。这一顺应历史潮流的举动，得到了云南地方军阀的赏识，唐继尧将年仅三岁的猛弄土司继承人白日新认作干儿子。这样，猛弄土司有了后台，攀到了大靠山。

白兆雄是以"野蛮的统治者"著称于红河南岸的。残酷的剥削和压迫，终于迫使苦难深重的各族人民起来造反了。1917年初，金平县巴蕉岭苗族揭竿而起，猛弄土司统治下的哈尼族、彝族人民闻风而动，响应起义。猛弄一带的起义群众一致推多沙村的卢梅贝为领头人。起义军很快攻占了猛弄土司衙门，白兆雄逃走。起义军士气大振，推卢梅贝为总头领，尊称其为"多沙阿波"。"多沙阿波起义"，震动了整个红河南岸，各土司纷纷逃到红河北岸。土司制度岌岌可危。正在这个时候，云南地方军阀唐继尧指派了滇南卫戍司令区发兵镇压了"多沙阿波"起义。

"多沙阿波"起义失败后，猛弄土司对义军和群众进行了疯狂的报复和屠杀。猛弄土司得了个"野蛮统治者"的名声。

民国建立后，国民党政府在红河南岸逐步改土归流，推行区、乡、镇制度。1923年，猛弄被改为猛弄乡，属建水县，尽管如此，土司区仍是"流官不入之地"，实际上是两块牌子一套人马，土司制度仍然完好无损。1928年，白日新从昆明读书回到猛弄，叔父白兆雄将自己暂代的土司权力交给了他。白日新继承了猛弄土司权位．在叔父的帮助下，对内依然袭用封建领主制，加强关税制，推行愚民政策，培植亲信，打击异端，积极扩充军队，进一步强化了土司政权。这一切都是为了防患于未然。对外，继续与云南地方军阀攀结，在昆明建公馆，与之密切交往。猛弄土司不止一次地送给军阀大批的珍贵土特产——鹿茸、熊掌、虎皮、银耳等。据说白日新还与龙云等人结为拜把兄弟，死死抓住了这个大靠山。这个唐督军的干儿子、龙云等人的拜把兄弟终于被"正式"封为"世袭猛弄司"，甩掉了"掌寨"的帽子。猛弄土司"名正言顺"了。声称"决意反土归流，推行区、乡、镇制度"的国民党地方军阀，居然抬出封建的爵位，拉拢民族头人，作为自己的统治基础、权力和制度的补充。

抗日战争期间，国民党滇军第一集团军总司令卢汉在红河南岸元阳、绿春一带布防，1939年后，日本帝国主义侵占越南、老挝，滇军见势不妙，将军队撤到红河北岸驻防，打算放弃南岸。"江外十八土司"见状，极为恐慌，为了不让自己的地区受敌寇侵占，便一起到蒙自面见卢汉，要求扩大土司武装。国民党地方当局，立刻将各土司委命为抗日游击司令，授以"上校"军衔；委任白日新为抗日游击联合总司令，并授以"少将"军衔。猛弄土司白日新一跃而成"江外十八土司"的总头目。1940年，白日新以"联合总司令"的名义，在猛弄司的庙堂中建立了一所"军事干部训练班"，不但选拔本司内的青年入学受训，还网罗其他土司区的青年入学。此训练班先后吸收了学员一百多名。猛弄土司白日新，企图通过此训练班为自己培植统治势力，向各土司区安插自己的亲信，以便完全控制江外十八土司区。

1941年，国民党派出"宣慰团"到红河南岸慰问江外土司，白日新常随其后，尽力攀结。结果，得到了大批枪支弹药。

猛弄土司白日新自继承土司权位后，在政治上、经济上、军事上和"外交"上，均施行了一系列严厉的措施，不但巩固了土司领主制，而且将自己的势力渗透到各土司区内。但是，这个雄心勃勃的年轻土司，没有完成自己的"大业"，1943年，在与其他土司的明争暗斗中，中毒身亡，年仅三十一岁。白日新死后，他的遗孀白张惠仙代行土司权力直到新中国成立。

二　政治制度

明清乃至新中国成立前夕，在云南许多边远之地，仍不同程度地存在土司制度，但由于经济的发展和汉文化的冲击，大多数土司制已呈现出支离破碎的局面。在红河南岸的"十八土司"中，猛弄土司的政治制度像它的经济制度一样，保持得尚为完好。它那密如蛛网的层层政权机构像一个密封的黑罩，紧紧地扣住了边疆各族人民。

猛弄土司的政权系列：

（衙内官员）侍候—管家—老总—马头。

（基层官员）里长—招坝—伙头—三伙头。

（武装系列）团长—班长—什长。

土司，在这种金字塔般的政治机构中，具有至高无上的权力。

各级土司官吏的职责如下。

（一）衙内官员

侍候：统率土司亲兵，执行重大的军事任务，负责传令、通信并担任土司衙内的警卫和侍候土司。侍候中有心腹侍候，权力很大，有监督大里长、管家和管家所管之粮、银、库积之权。管家：总理府内一切财务和日常事务；总管征收财、粮、银、税及各种杂派、贡赋和财务伙食开支。管家分为大管家、二管家和一般管家。老总：管理监狱，看守犯人。马头：为土司府管理，喂养马匹。另外，在府内系列中，还有师爷一职。师爷分为两种：一为内师爷，掌管"司署"印章，负责治下的文件往来，是为土司亲信；二是外师爷，掌管"乡公所"印章，负责对"上面"的文件往来，亦为土司最信任者。

（二）基层官员

猛弄土司下辖六个里（行政单位），以藤条江为界，分为内三里和外三里。

永善里：碧播、草果洞、岩际一带；敦仁里：阿猛控、保山寨、洞浦一带；安玉里：夕欧、大山、戈它一带；崇尚里：普甲、俄浦、松树寨一带；乐大里：哈播、三台坡、堕碑一带；永顺里：哈更、河顺、大牌、南林、树皮、堕谷一带。

每里设一个里长。里长一般由土司亲信中选拔，常住土司衙内，管理全里的各种事务。里之下设招坝（相当于村主任）、里老（相当于副村主任）。较小的村子只设"中头"，由附近大村的招坝、里老管理。猛弄司有36个招坝、36个里老。

招坝之下有伙头、典客和三伙头。伙头和典客负责收取贡赋、钱粮；接送和招待土司和上面来的人。三伙头专门负责传锣送信，召集村民开会和催捐派款之事。在国民党统治时期，各村还增设过甲长。

（三）土司武装

土司武装分为两种。

1. 保卫团，由土司亲信组成，负责警卫土司内府。设团长四人，主管和制定作战计划。

2. 保山团，各村寨组织的军队，由各家各户出丁组成，一般是二丁抽一，富裕之家如不愿当兵，可以出钱买丁充任。如若无钱之户，独子照样要当兵。保山团设有团长18人，主管带兵打仗、镇压人民。团长一般领兵100—160人；团长之下有班长、什长。班长领兵12人，什长领一寨之兵，数目不定。

保卫团属于常备军，士兵常年服役；保山团则是平时生产，战时作战，一般情况下，随时有巡山、守寨之任务。

土司政权机构中的所有官员，除土司和少数招坝是世袭领职的而外，其他内外官员一律由土司亲自任免。所有官员一旦上任，就可免除一切杂派，府内官员更是威风十倍，衣锦相随；里长以下的基层官员，在替土司催捐逼粮的过程中，可以利用权力盘剥人民，中饱私囊。里长更是有见十抽一的合法权利。因此，在土司区，"贿赂公行，官以钱买"，许多富裕之家、土司亲朋，为了保住自己的既得利益和能够继续发财致富，都争相贿赂土司，买官来做。在猛弄土司区，买里长一职须半开1000元；管家一职须用300元；团长值200元；老总须钱50元；侍候出50—100元可以买到；招坝须15—18元；甲长7元，另加一只公鸡。这些土司官员虽然没有专门的"俸禄"和"份地"，但里长不仅有见十抽一的权力，而且可以划几个寨子，为自己摊派杂税,增加收入;招坝新上任,可以在自己辖区内每户派一个白工。上行下效,各级官员都在征税之时,加派杂税,搜刮民脂民膏。

在猛弄区,没有任何成文的法律,一切以土司的意志为转移。刑罚极为苛重,一般重大诉讼、仲裁都由土司亲自处理,较小的案件可由管家全权处理。无论大小民事诉讼,只要告到土司府,无论何人(被告或原告)均要先交一份"磕头钱"给土司,"磕头钱"一般是鸡、鸭、猪肉加上几个半开。

土司的政治与法律的唯一目的,就是维持土司封建领主制赖以生存的经济基础。但这种政治和法律又阻碍了经济的发展,使土司区的经济呈现出畸形的状况。

三　经济制度

(一) 一般情况

在猛弄土司区,生活着哈尼、彝、苗、瑶、汉等民族。千百年来,勤劳勇敢的各族人民开发了这一地区。

在方圆七十千米的河谷地,有大片的水田。夕欧河、乌拉河水长年不断,山泉小溪纵横流淌,使这片优良的谷地盛产双季稻,且适于多种热带经济作物生长。此谷地主要居住着傣、彝人民,其生产水平较高,铁制农具普遍使用,不仅数量较多,而且种类齐全,除犁、斧、镰、锄、刀外,还有中耕的薅锄、脱粒的木谷床等。较大的农具有犁、耙等。一般水田三犁三耙,中耕除草两次,并普遍施绿肥及人粪。他们十分注意选种及精心培制小秧田。

在半山区，主要居住着哈尼族，从事着梯田农业。这一地区"山有多高、水有多高"，哈尼族人民利用山区的这一特点，开挖了许多水沟，使山泉顺水沟注入梯田。在这一地区还有不少旱地，此种土地主要以刀耕火种进行生产，半山区人民已经使用铁制工具，但数量较少。许多农户靠租用富户的农具进行生产。除了少量铁犁、耙、锄外，没有什么大型农具。尽管如此，哈尼族还是将其农业发展到了一个较高的水平。但由于土司、地富的各种盘剥，哈尼族处于贫困状态中。一般人家一年要缺三个月至半年的粮，粮食食尽，只得到山上挖山茅野菜充饥。在半山区，男女已有明显的分工，男子主要从事田间的犁田、铲埂子、割谷、薅秧；女子主要是插秧、薅秧、打谷子、上山背柴及一切家务劳动。

在高山区，主要居住着苗、瑶两族。在这里，大多数高山区人民处于原始游耕的状况，从事着"刀耕火种、轮歇耕作"的生产方式，没有明显的男女分工。生产作物主要是旱谷、苞谷，打猎和采集作为生活的补充，生产力极为低下。

猛弄土司辖区内的各族人民，居住条件十分低劣。房屋为土木结构，使用火塘，饮食粗劣，营养和卫生条件极差。在旧社会，病疫流行，饥寒交迫，人民生活痛苦不堪。

村前屋后，辟有少量菜园，种植着品种较少的菜蔬。饲养家禽很普遍。猪、鸭、鸡饲养给农户提供了肉食。大牲畜较少，牛、马、骡主要饲养于招坝等富户之家。

手工业还没有脱离农业，商品经济更是极端落后。

（二）剥削方式

土司不但是本区政治上的最高统治者，而且是土地山林的所有者。在承认土司土地和山林的最高所有权的前提下，各阶层占有不同数量的田地。土司可以向任何土地占有者征收占产量的6%至20%的"官租"。土司还直接掌握大量的私田，亦称官田。土司往往将这些私田租给农民种，收取占产量50%的地租。一般地租分为两种：一是包租（定额租）；二是分租，即按产量的多少来分成。

农民在承受"官租"和"地租"外，还得承受各种各样的苛捐杂税。当土司头目下来征兵派款"检查工作"时，每户必须交2.2斗谷子来供给他们吃，此称为"客谷"。每一个招坝区，每年必须交给土司一头肥猪、18—30斤棉花，其次要上缴木耳、树花、香菌、芋头、干青菜、干笋、南瓜、冬瓜、辣子、鱼、鸡、鸭蛋、生胶、虾、蜂蛹、熊胆、熊掌、麂子、蓝靛等二十六种物品，称之为"针花钱"。五花八门的"贾丕"（杂税）吸干了劳动人民的血。杂税的名目令人气愤，诸如：征兵税、飞机款、公路款、军米款、草鞋钱、灯火钱、十三会款（每年正月十三日，土司大小头目集中开会的经费）等等。超经济的剥削，更是令人啼笑皆非、痛苦异常。如：吃水要交水钱；烧柴要交柴钱；月亮出来，土司也要每月收一次"把拉拉然"（小月亮钱）；在村子里读书，也要交给土司一份读书钱。

除了实物地租、各种税款之外，服劳役（白工）也是令人难以忍受的。白工分为两种：一是长年白工，一个寨子一个寨子地轮流负责给土司家割马草、送烧柴，在"官田"中服劳役等；二是临时白工，土司临时召集百姓来开荒、抬木头、背砖头、盖房子，土司家的婚丧嫁娶更是要派大量白工去参与。

在封建土司的统治下，生产力本来就十分低下，再加上这一系列苛刻无比、沉重异常的剥削压迫，广大人民真是生活在水深火热之中了。

（三）地主经济

在猛弄土司的统治下，地主经济刚刚萌芽，就显得奄奄一息。

猛弄土司对于外来资本和外族地主经济进行了严厉的打击和排斥，一系列苛重的过境税和市易税使外地商人望而却步。对于猛弄地区的地主经济，土司更是忍无可忍。在清光绪十五年（1889年），猛弄土司曾发出土地"执照"，明确规定各业主的土地可以自由典当、买卖；封建土司只是每年向各业主收取一定的钱粮和各种杂派、贡赋。土地兼并出现了，但发展极为缓慢。尽管如此，土司还是对这种新的经济因素进行了无情打击。1941年，土司白日新企图将治下的所有土地重新收归己有，就利用政治力量，开始重新清丈土地。猛弄土司治下的一里一坝、一家一户的姓名、土地坐落处都进行了详细登记，并造了土地清丈簿，由土司统一掌管。1942年，土地清丈结束，重新发行一种"领佃凭照"，废除以前的土地"执照"，一下子所有土地收归了"猛弄业主，紫青堂白氏"所有。以前的土地拥有者顿时成了土司的佃户，土地占有权被剥夺了，家家户户（包括头人）每年必须向土司交定额地租（每十石产量的田交六斗谷子），封建地主经济受到沉重打击。不仅如此，猛弄土司还常以派"独户款"的办法勒索富户，即指定某家交一笔数目可观的款项，如不按期交割，土司就要没收其田亩，还用横加罪名的办法，使富户倾家荡产。如猛弄所辖的哈马寨之杨礼成，兼并土地致富，土司就以偷马贼之罪名将其逮捕，没收了杨氏的六十石产量的田。尽管如此，新兴的地主经济因素还是顽强地发展着。如新中国成立前夕，洞浦寨已有三户地主，占有水田144亩，占全寨水田的21%。土地的兼并集中，主要是在那些拥有特权的土司亲朋故旧、叔表舅姨以及各级官员阶层中悄悄进行。特别是在各级基层官员中表现得较为突出。例如，哈播一带有八户地主、两户富户，这十家就兼并了3025石产量的田，他们不是土司亲朋，就是土司官员。其中兼并最多的是二十年来先后担任土司团长、里长、大管家的马中德，他拥有1500余石产量的田。再如，树皮乡有地富六户，只有一户没有当过招坝、里长；哈马乡有十一户地富，都是土司故旧和官吏。总而言之，自光绪十五年（1889），猛弄土司颁发土地"执照"，允许土地典当买卖以来，土地兼并虽屡遭打击但仍然在缓慢进行着。从整个猛弄土司区来说，土地兼并不是普遍现象，只是在那些交通要道、经济发展略快的地方出现少量的兼并现象，而在大多数经济落后、田地较少的地方，土地兼并就很少发生。猛弄土司区的土地兼并，是在承认土司的最高土地所有权的前提下的土地兼并，因此，这些兼并了一定数量土地的地富，依然要按一定的土地数量，上交给土司一定比例的"官租"。

地主对农民的剥削主要有以下三种形式：雇长工、短工；放高利贷；出租少量土地收取地租。在猛弄土司区，租佃关系不太突出，地主只是出租少量瘦田给农民耕种，多数好田是雇长工和短工耕种。放高利贷有两种形式：一是放谷子，放一石收取五斗、八斗、一石等数量不一的高利；二是放钱，每放十元，收取四到五元的利息。

可见，地主经济虽然微弱，但对农民的剥削是十分苛重的。

（四）手工业、商业与市场

在猛弄土司区，手工业几乎完全没有从农业中分出。因此，商品经济也较为落后。广大哈尼、彝族人民都具有纺织、洗染的技能；在编织竹具竹器方面更是得心应手。饲养家禽、建造房屋已有相当的水平。但是这一切产品，主要是自用而很少流通市场。

铁匠、木匠、石匠是享有很高威望的"能人"。但由于本地不出产铁，外地商人运来出售的铁块又十分昂贵，广大人民急需铁制工具而买不起铁，铁匠因此常常无事可干，只能对旧有的铁制工具修修补补，收入很低，无法维持生计。因此，只得把主要精力和劳力放在农业生产上。木匠更是常常无事可干。虽然猛弄区原为茫茫林海所掩盖，可谓古木参天，浓荫蔽日，木材十分富有，但"普天之下，莫非王土"，一切山林自然属于土司的，连烧柴都得交烧火钱，广大人民生活于森林中而不得用木材，木匠自然就无事可干，也就不可能专事木活了。石匠很少打制石器，而只是帮人盖房，然而，在土司区，房屋多是土木结构的简陋住房，更何况贫困不堪的彝、哈尼族人民哪能随时造房，石匠哪里会天天有事干呢？在如此条件下，这些工匠只能专事农业以求温饱，业余做工作为生活的补充。

　　贫苦的各族人民的商业活动十分稀少，且是以物易物，只有万不得已时，才抱只母鸡到街子上换点盐巴等生活必需品。不但民间贸易和交换低下，就连猛弄土司对于搞商业也是陌生的。猛弄土司不会做生意，连一队马帮也没有。在猛弄区，连个固定的店铺也没有，仅有少数汉族行商来往于各个街子。猛弄区的生意，完全由外地小摊小贩来做。

　　猛弄区有为数很少的小街子，在这些街子中，以多壳（现名黄草岭）最为热闹和著名。多壳街是远近闻名的集镇，每十二天赶两次街，属鼠日赶大街，属马日赶小街。赶大街时最为热闹，一连三天，街上熙熙攘攘，拥挤不堪。各地商人云集街上。个旧、建水的商人驮来黄烟、铁块，换回大烟、生猪等；屏边商人驮来盐巴；从越南来的商人更是成群结队。由于当地人民购买力极低，因此，多壳街主要是商人与商人在此成交。在通往本区的所有关口和道路上，猛弄土司都设兵把守。这些通道和关口，实际相当于海关。凡从这些关口通过的商人都被视其货物的优劣多少，收取重税，连一般小贩都得交一元半开的"过关税"。在街子上，土司设有税收代理人。这种人相当于包税人。市场交易税由这个代理人包收，每年向土司上交一定数量的税款（据说是一千元半开），其余的归这个税收代理人。税收代理人往往以加税的方法来发财。这样，这个油水很重的职位就常使其他官吏

"眼红",于是,税收代理人就被定期更换,轮流坐庄,大家分肥。正因为如此,每个税收代理人在任期内都巧立名目,任意加税,这样的所作所为,给予商业沉重的打击。以上所述,可以清楚地看到,在猛弄土司领主制度下,手工业受到压抑而找不到出路,商业受到重税的盘剥而濒于窒息。

四 统治手腕与愚民政策

猛弄土司先辈的野蛮统治,引起了多沙阿波起义。年轻的猛弄土司白日新的统治,披上了"温情脉脉的面纱",其目的是要人民"俯首帖耳""心悦诚服"地接受统治和剥削。例如:猛弄土司每到收租时节,就在衙门中安大锅煮饭,准备不少鸡鸭鱼肉,用来招待送官租来的农民;最先送来租粮的人,可以得到一笔数目可观的奖金或物质奖励。每逢年节,土司往往去一些寨子走走,以示慰问。猛弄土司严禁赌博、反对偷抢。在猛弄区的多沙丫口、堕碑丫口等重要交通要道设卡驻兵,扬言防止拦路抢劫者。尽管这些做法的主要目的是加强防范,保住自己的利益及收取过往客商的关税,但客观上有保护民族利益的成分。猛弄土司对比较聪明和勇敢的青年,特别是出身较低,智慧和胆略较高的青年,总是表现出特殊的重视,往往把他们破格提拔为里长、招坝和团长。这使猛弄土司身价百倍,不仅得到了"任人唯贤"的美名,还赢得了百姓的某些好感。

猛弄土司更是不遗余力地在本区内推行愚民政策。长期以来,猛弄区几乎没有什么学校。直到20世纪40年代,猛弄区只有两所私塾,一所在哈播,是一个姓黄的建水人办的;另一所在岩际。这两所私塾专门召集土司基层官员的子女就学，百姓的子女就是有钱也一律不收。猛弄土司严禁学生到外地读书，连各级官吏的子女也不例外。如果有人偷偷到外就学，土司知道后会派人追回；若坚持不归，就有生命危险，而且连家人也将受到株连。可见，在猛弄区，文化教育十分落后。加之这些地区的民族多数没有自己本民族的文字，贫苦农民世世代代都是文盲。

（原载《民族学与现代化》1986年第4期）

哈尼族社会中的摩匹

在哈尼语中,"摩匹"意为智慧的长者,而目前这一称呼,一般汉译为"巫师"。其实,就哈尼族摩匹所具有的职能和内涵而言,是远远超出了巫师的范畴的。由于其社会责任和作用重大,长期以来,摩匹在哈尼族社会中享有较高的威望和地位。在古老的传说中,摩匹和"首领"具有同等的地位;而在现实生活中,无论是个别家庭的婚丧嫁娶,村寨的社会活动,还是在本民族的主要节日、重要集会上,摩匹的地位往往极为突出,甚至是至高无上的。这种显要的地位无疑是与摩匹在历史和现实社会中所具有角色及所起的作用密切相关的。

一 摩匹的历史地位及社会职能

哈尼族摩匹产生于何时,其地位和职能如何?一直是个悬而未决的问题。这是因为哈尼族长期僻处哀牢深山,汉文史籍在唐代以前对其历史及文化少有记载,而本民族又无文字可供研究者探研所致。但是,如果我们从哈尼族极其丰富的口碑历史、传说、世代相传的家谱,以及现实生活中残留的原始遗迹里进行深入细致的探讨,还是可以窥视这一问题的历史面貌和内核的。对于这一问题的解析,有助于我们了解其对哈尼族整体社会的影响和意义。

在哀牢山哈尼族地区，广泛流传着《三个神蛋》的故事。这个故事讲述的是关于"嘴、其、克"即官人、摩匹、工匠的来历。大体意思是，天神烟沙的鸡下了白、花、红三个蛋，被太阳晒了三天，从白蛋中生出头人，从花蛋中生出摩匹，从红蛋中生出工匠。哈尼族史诗《十二奴局》中叙述道："没有头人寨子不稳，没有摩匹夜间不宁，没有工匠百业不兴。"这三种哈尼族的"能人"各司其职，从此社会升平，人民安居乐业。这个故事似乎在说明摩匹产生于阶级分化、社会分工之时，同时，说明三种能人由神降生，地位相等，可见当时其社会组织形式似乎是政教工艺合一的。

在哈尼族的原始意识中，存在着三个世界。一是神的世界，主宰着人间的一切；二是人的世界，由头人、摩匹、工匠司管理；三是鬼的世界，是鬼魂归宿之所。对于鬼魂世界，哈尼族指路经《诗白那白》和《黑遮其汪夺》是这样描述的：（一）鬼的世界有三个寨子，分为上、中、下三寨，上寨为头人和摩匹居住，中寨为一般百姓居住，下寨为冤枉鬼居住；（二）道路有三条，上边的路只给头人、摩匹走，中间的路给一般百姓走，下边的路给冤枉鬼走；（三）水井有三口，上面的水井是头人和摩匹的，中间的水井是一般百姓的，下边的水井是冤枉鬼的；（四）湖泊有三个，上边的湖是头人和摩匹的，中间的湖是一般百姓的，下边的湖是冤枉鬼的。[①] 这鬼的世界基本上就是人间的翻版。它在说明摩匹与头人具有同等的地位，反映出哈尼族古代社会政教合一制度的史影。

哈尼族在历史上曾实行过"鬼主"制度。"鬼主"制度就是一种政教合一的氏族部落制。正如我们所知道的那样，哈尼族父子连名谱

[①] 孙官生：《古老、神奇、博大》，云南人民出版社1991年版，第67页。

系是哈尼族最重要的史料，实际上它就是一部哈尼族社会结构网络和社会发展史纲。因为哈尼族父子连名家谱都与本支系，甚至整个民族的谱系相连，所以每户的家谱都长达六七十代，而且，每个单独的家谱都能上溯到哈尼族公认的男性祖先——初末吗。据考证："搓莫耶（初末吗）是七世纪即唐代中期时人，他是父权制建立后和蛮（哈尼族）部落的一个首领，被当作哈尼族的共祖。"[①] 唐张九龄《曲江集》卷十二载："敕安南首领归州刺史爨仁哲，潘州刺史潘明威，僚子首领阿迪，和蛮大鬼主孟谷悟……卿等虽在辟远，各有部落。"和蛮大鬼主即哈尼族大鬼主。哈尼族盛行祖先崇拜，认为祖先是村寨和部落的保护神，而鬼主则是祖先的化身。哈尼族家谱上这个共同的祖先初末吗其实就是一个大鬼主，说不定还是一个集众多部落即部落联合体的大鬼主。鬼主能够沟通天、地、人三者的关系，具有人神参半的特殊身份，实际上它就是哈尼族摩匹和"咪谷"（头人）的前身，同时也是集政教为一身的部落首领。而前述哈尼族传说、故事、史诗中所描述的头人、摩匹、工匠由神降生，地位平等，三位一体，各司其职，其实仅是对部落制下政教合一首领（鬼主）的职能的一种形象化的分解而已。而哈尼族"指路经"对鬼魂世界的描述倒是接近当时的社会实际的，它把头人和摩匹单独放在一起，说明"住在上边寨子的"是集首领和原始宗教祭师二位一体即政教合一的人物，同时指明了这曾经二位一体的人物已经开始分化为头人和摩匹两种身份有别的人物。据调查，现居住在云南西双版纳的哈尼族，新中国成立前大多尚处于原始社会末期农村公社阶段，该社会中的"龙巴头"，以前就是政教合一的人物。龙巴头每个家族有一个，是为小龙巴头；九个小龙巴头可产生一个大龙巴头。这使我们想起古代哈尼族先民的"鬼

[①] 《哈尼族简史》，云南人民出版社1984年版，第30页。

主"制度。龙巴头初为选举产生,后变为世袭。龙巴头既管理村寨事务,又主持宗教活动。但自傣族土司统辖其地并封了头人后,龙巴头的职权范围缩小了,即主要主持宗教活动,也附带管理一些政事,与头人的关系则成为政权上龙巴头服从头人,民族的传统习俗上,头人服从龙巴头。[1] 龙巴头身份和政治关系的变化,是政权性质变化的结果。从哈尼族神话传说、家谱、汉文典籍的零星记载,以及具有原始遗存性质的现实生活的考察研究中,可以看到哈尼族历史上的粗略的社会组织形式,及其政教合一制度。摩匹就是产生于存有这种组织和制度的原始氏族部落时期,并作为"鬼主"即首领高居于哈尼族社会中。随着社会的演变,特别是宋大理国政权以降的元末明初,中央王朝在哈尼族居住地区推行土司制度,哈尼族氏族部落制度式微而以民间隐蔽的形态存在着;土司领主政治地位的确立,鬼主(已经开始分化为咪谷和摩匹)便从最高政治权力中剥离出来;氏族部落政教合一制度被领主专制制度的代替,鬼主也就进一步分化成头人咪谷和宗教祭司摩匹了。于是,这个产生于哈尼族原始氏族部落时期,其主要社会职能为掌握政治权力、主持宗教活动、指导生产生活的政教合一的人物,从此失去了往日初民社会显赫的政治地位,其职能范围亦随之缩小。当然,这对摩匹而言,无疑是历史的悲剧,也是历史的必然。

二 摩匹的现实社会职能

尽管如此,时至今日,摩匹仍然是哈尼族社会中举足轻重、不可或缺的人物,仍然是集多种社会职能于一身的人物。那么,摩匹在哈

---

[1] 李开贤:《勐海县格朗和乡哈尼族情况调查》,云南省民族研究所编《民族调查研究》1988年第1、2期合刊。

尼族现实社会中究竟具有什么样的职能呢？

(一) 文化的保存与传播

这是摩匹最重要的社会职能之一。

哈尼族历史悠久，文化积淀深厚博广，蔚为壮观。仅以哈尼古歌"哈八"为例，就可见其一斑。"哈八"历史最久，容量最大，囊括了哈尼族的历史、传说、族源、民族迁徙、山地农耕、历法节令、人生哲理、道德情操、宗教信仰等。"哈八"类中的史诗，往往鸿篇巨制，贯通古今。如"创世史诗"中的每一种都上万行，内容从宇宙初始、神的诞生、开天辟地、大神补天、人类出世、首领摩匹工匠的产生，以及种子、牲畜、庄稼的起源一直沿袭到今天；"迁徙史诗"的每一种都在五千行以上，如《哈尼阿培聪坡坡》就有5600行，极其详尽地叙述了哈尼族从北方"逐水草迁徙"到进入云南南部哀牢山区的漫长而曲折的迁徙历程；"叙事史诗"中的每一种，也是数千上万行，以历史事件或风俗演变为叙述对象，极尽详细，来龙去脉点滴不漏。巨大容量的史诗中所举的历史地理名称、山川风貌、民族关系等，包含着大量的史实和丰富的文化价值。而"哈八"类中的"风俗歌"也是内容纷繁，无所不包。举凡火的发现、年月日的来历、安寨定居、嫁娶哭丧、占卜起卦、四季生产等与现实社会生活相联系者，尽在其中。哈尼族丧葬祭词《斯批黑遮》是每一个摩匹必须精熟的宗教经典，这是一部哈尼族自然人生观的大典，叙述了哈尼人一生该做或不该做的事，内容广博，哲理深邃。

"哈八"是哈尼族诗歌中最古老的部分，却仅是浩如烟海的哈尼族诗歌的一部分。但仅此，我们已能触摸到它所涉及的广阔的社会层面，已能感知到哈尼族文化极大的丰富性。

"哈八"是哈尼族最古老的诗歌，所用语言是古哈尼语，一般人不仅不会吟唱，而且不经翻译成现代哈尼语几乎不能听懂。因而，吟诵"哈八"者，都是被称为哈尼族歌手的摩匹。哈尼族没有本民族的文字，无法用文字记录和传播本民族悠久的历史和丰富的文化，容量巨大的"哈八"就充当了"记载"和传播哈尼族历史文化的重要工具。摩匹则是继承和掌握"哈八"的人。千百年来，摩匹一直就是哈尼族历史和文化的保持者和传播者。目前已搜集整理出版的数十部"哈八"类史诗、风俗诗及故事传说集和正在搜集整理尚待出版的大量历史、风俗、农耕技艺、诗歌、传说、故事等，大多出自摩匹之口。

1981年，元阳县召开摩匹座谈会，到会的20多个摩匹，都能背诵数万行的创世史诗、叙事史诗；都能讲述数百个神话、传说、故事、童话；能唱情歌、山歌、生产调；等等。他们提及了数目巨大的篇目，内容涉及哈尼族远古到现代的所有社会生产生活层面。一句话，作为摩匹，须全盘继承哈尼族政治、经济、宗教、风俗礼仪、山地农耕、文学艺术、医药卫生等丰富的文化，再把这些丰厚的精神财富传递给自己的徒弟，并向大众传播。

（二）主持宗教活动

如前所述，在哈尼族的原始意识中，存在着神、人、鬼三个世界。摩匹则是这三个世界相互沟通的媒介。他能帮助人们向上天神灵祈福，又能为死去的人们指路归宿。再由于摩匹蜕变于政教合一的首领，具有相当的组织能力和活动能力，并精通宗教活动的各种仪式，于是，长期成为哈尼族宗教活动的主持人。

哈尼族至今保留着原始自然崇拜的多神信仰，认为万物有灵，灵魂不灭。在哈尼族社会中，神灵鬼魂无处不在，但有主次之分。其主要的神有天神、地神、山神、寨神和家神。这些神灵是须臾不可怠慢的，要定时祭祀。特别是二月的祭龙（昂玛突）、三月的祭山、六月的祭水、七月的祭天都是规模很大的集体性祭祀活动。在这些集体性祭祀活动中，摩匹主持活动和仪式的能力得到淋漓尽致的发挥，届时，其地位十分显耀。笔者曾数次参加过哈尼族一年一度规模最大的宗教节日"祭龙"。在这一隆重的历时较长（3—7 天）的祭祀活动中，有一系列不同时间、不同地点、不同内容和方式的祭祀仪式，诸如"封寨门""祭龙树""迎龙进寨""陪龙守夜""街心酒宴""祝贺新生"等。这一系列祭祀仪式在摩匹的主持和参与下，进行得神秘莫测，庄严肃穆，有条不紊。在"祭龙"活动中，虽有一个由寨民选举的"龙头"（咪谷），然仅是一种绝对权威的象征。由于其活动的宗教性质，真正的权力在摩匹手中，只有他能够与寨神对话，能够传达人们在这一活动中所祈求的风调雨顺，人畜平安，子嗣发达。

另外，盛大的宗教活动，往往还是摩匹传播哈尼族历史、文化的重要场所。在这些活动上，摩匹要唱"哈八"，追溯历史和颂扬哈尼族英雄人物的丰功伟绩。

（三）指导农业生产

哈尼族从事农业的历史非常悠久。《尚书·禹贡》对其农业就有记载，经过长期的迁徙、农业文化的交流及实践，哈尼族积累了丰富的农业生产经验，使其农业，特别是红河南岸哀牢山区的梯田农业达到和内地及平坝农业相媲美的极高境界。哈尼族曾创造过"十三月历""十月历""十二月历"以及物候学等一系列与农业息息相关的历法，并有独特的季节划分和节令推算方式。哈尼族的农事历法基本上同于夏历，按自然界天象和哀牢山区物候变化轮回周期纪年，每年分为 12 个月，以月亮的圆缺周期纪月，每月 30 天，一年 360 天；哈尼族的日，以 12 生肖命名，推算方法同于夏历。哈尼族的历法，是对自然生态、自然规律的逐步认识而逐步发展的。上述"十二月历""十三月历""十月历"都是每年360天，与现行公历（太阳历）的365.25天略有差异。对此，哈尼族不是采用隔年置闰的方式解决，而是每年五月和十月各设三天过年日，这样，一年就是366天。于是，哈尼族的重要年节，实为其农事历法的组成部分，同时又是一个周期梯田农耕始末的重要标志，如"五月年"为梯田农业栽插结束、农作物生长的开始；"十月年"为梯田农业农作物收割的结束。[①]

历法、农时节令对于具体的农业生产是至关重要的。但是，对于大多数哈尼族群众来说，掌握如此复杂的历法绝非易事。长期以来，人们往往主要依据某种树木发芽、某种山花开放和某种鸟的到来判断季节变化。然而，在哈尼族社会中，摩匹则是熟悉、掌握、精通历法和农时节令的"能人"。他们所唱颂的《哈八·十二月生产调》，将历法与物候结合为一体，以通俗易懂的方式从宏观整体上指导着哈尼族的农业生产。在具体的农业实践中，摩匹则在关键的农时节令做示范性指导。比如"切卡"（下种日）就是一例。"切卡"当天，摩匹先杀、吃一只鸡，再将两只鸡于水沟边杀掉祭水，鸡腿打卦，祈祷丰收。之后，摩匹就去自家地里下种。第二天，寨民各家就开始下种。由于自然崇拜宗教观念的影响，这种指导农业的方式往往伴以一定的祭祀活动。

（四）主持人生礼仪

哈尼族的人生礼仪繁多，其中最重要的有三项，即命名礼、婚礼和葬礼。哈尼族老人常说，人的一生要开三次花，指的就是这三项人生礼仪。

[①] 王清华：《梯田文化论——哈尼族生态农业》，云南大学出版社1999年版，第10页。

发现传统

　　哈尼族的命名礼，在婴儿出生后第十三天举行。按哈尼族十月太阳历，刚好一个十二生肖周。如是男孩，举行的是父子连名仪式。父子连名是汉藏语系藏缅语族大多数民族所盛行的一种命名制度。它的基本形式是将父亲名字的后一个字（音节）作为儿子名字的前一个字。例如：黑嘎（父名）—嘎唠（子名）—唠筛（孙名）……这样，长久以后，就会形成一串长长的父子连名谱系。这是一种联系家庭家族血缘关系和财产关系的制度。哈尼族父子连名制度命名仪式的关键在于准确无误地背诵家谱。对于一般哈尼族男人来说，都能机械地死记硬背下自家的家谱，但对于家谱博大的内涵和极端神秘及复杂性，则往往不甚了了。而摩匹对本民族的谱系，特别是对所管区域内各家各户的家谱，都能倒背如流。另外，因关系到婴儿的顺利成长，也需要摩匹为其祈祷与祝福。

　　哈尼族婚礼的情况也是一样的。一系列烦琐不堪的仪式，诸如为新婚人"合婚占卦""拴线过门""敬祖""祝福"等都有其特殊的含义和预定的程序，而这一切都得按照古老的、祖先规定的成法来进行，不得有任何偏差。所以，主持这样的人生礼仪，就非通古博今的摩匹莫属了。

　　更非摩匹莫属的是主持葬礼。哈尼族认为，人死是因为死者已走完了人世间的旅程，到另一个世界去了。由于摩匹是沟通神、人、鬼三个世界的人物，没有摩匹的指路，死者是不能够到达祖先们所在的另一个世界的。所以，没有摩匹在场，葬礼是不能举行的。哈尼族葬礼分为三等：高等葬礼，杀牛多、耗时长，为"达官贵人"、地位显赫者的葬礼（今已失传）；中等葬礼，年过六十或家庭富裕者均可举行；一般葬礼，则为平常人家举行。在哈尼族社会中，不同等级的葬礼，有不同的仪式程序，而摩匹对这一切了如指掌。

现行哈尼族葬礼，一般举行三天，摩匹为全权主持人。摩匹必须为守灵、制棺、选择坟地、挖坑下葬等活动做出安排；要为葬礼选择规定进行各项事宜的时辰；总结死者一生的功过、背诵家谱、指出通往阴间的道路。所以，在哈尼族人生终结的礼仪中，摩匹所充当的角色，是其他任何人不可替代的。

在这些最重要的人生礼仪中，作为主持者，摩匹得到了哈尼族群众极大的尊重和爱戴。当然，在其他人生礼仪和民间礼俗如逢年过节等活动中，摩匹亦为其仪式主持人。

(五) 行医治病

过去，哈尼族认为疾病的起因是鬼神作祟。于是，摩匹由于与宗教的关系，从很早的时候起就担当起治病救人的职责。正因为原始宗教的影响，对病因的认识和医疗卫生水平的落后，摩匹给人治病往往采用念咒驱鬼、献祭除魔的方式。摩匹治病过程中常使用的咒语为摩匹独有，概不外传。在长期与疾病做斗争的医疗实践中，哈尼族摩匹对植物、动物的医药用途和价值有了一定的认识，草医即得到了发展。此后，摩匹给人治疗就采取驱鬼除邪和药物治疗双管齐下的方法。通过调查，笔者认为这实际上已经是精神和药物结合的疗法了。对当地常见的流行病和地方病，摩匹的治疗方法尤见效果。有的摩匹懂得气功，会拔火罐和使用针灸，对风湿病、肿痛症、外伤骨折有着丰富的治疗经验。

上述摩匹的主要社会职能，几乎涉及哈尼族社会的所有社会层面。这些职能的存在和所产生的作用，正是摩匹受到人们尊敬和爱戴、其社会地位较高的原因所在。

三 哈尼族社会中的文化阶层

综上所论,可以看出摩匹产生于哈尼族原始部落社会中,曾作为政教合一的首脑执掌最高权力,主持和指导着人们的社会生产生活。但在哈尼族由原始社会向阶级社会过渡以及宋、元、明初土司领主制度普遍建立的激烈的社会变迁中,摩匹丧失了他的最高权力,地位也随之降低。然而,摩匹凭借着自己所掌握的历史文化和诸多别人不能替代的社会职能,仍能在哈尼族社会中发挥巨大的作用。所以,从摩匹古今社会地位和所具有的社会职能看,将摩匹界定为"巫师",其内涵是远远不够的。从社会学的观点来看,摩匹在哈尼族社会中是一个集多种角色于一身的角色,是一个"角色丛"。再从其职能范围看,摩匹所从事的主要是主持宗教活动、指导农业生产、主持人生礼仪、担当文化传承和治病救人,这些职能具有很强的文化性和精神性。可以说,摩匹是集多种学问(包括巫术)于一身的哈尼族知识分子。

从哈尼族社会总体上看,摩匹早已形成一个文化阶层,仅哀牢山区的元阳县就有大小摩匹2000余人。这个文化阶层在哈尼族整体社会结构中,无论在政治、经济、文化的框架上都起到了承上启下、相互弥合、维持平衡的作用。它举足轻重,不可或缺。具体而言,各地摩匹之间形成了一个个传统的组织。每一组织中有若干小摩匹(徒弟),统属于一个大摩匹,有着一套师徒继替、地位传授的制度。真正成为摩匹者,并非易事,需要长期的学习、不懈地努力。哈尼族摩匹的学习方式是:徒弟每天晚上到师傅家,聆听师傅讲述历史、风俗、规矩，背诵史诗篇章，背诵本片各户的家谱，学习各种礼仪法则等；遇到本片人家有婚、丧、祭、病等事和传统节日、宗教活动时，师傅则带徒弟前往。摩匹向大众传播知识时，徒弟仔细聆听模仿；摩匹做各种仪式时，徒弟充当助手，认真模仿试做。总之，摩匹的学习也是言传身教，只不过这种言传身教具有专门化性质。一个摩匹的学成往往是旷日持久的，十年、二十年、三十年不等。摩匹学成的考试十分严格，其考试方式是，徒弟们轮流到大摩匹面前，由大摩匹任意点出史诗的篇章、家谱或是点出某一宗教仪式、婚丧礼仪等，由应试人一字不漏、轻松流畅地背诵。据说，史诗和家谱的背诵中稍有停顿、咳嗽，即告考试失败。各种礼仪更要做得一丝不苟、毫无差错。要想成为摩匹，继承前辈、拥有知识、才华超人、品行优良都是必需的。经过长期的学习和严格的考试，成为大摩匹者，将从死去的大摩匹那儿继承一个布袋和一把尖刀，作为权威的象征。这布袋和尖刀十分神圣，平时挂在大摩匹家里的中柱上，谁也不能乱动，待到寨子里自己所管地带发生大事时，大摩匹就背上布袋，带上尖刀，率领小摩匹前往。成为大摩匹，将与死去的大摩匹连名，继承其地位，它表明：这个人从此可以主持各种宗教仪式和人生礼仪；可以充当人与神之间的媒介；可以驱赶妖魔，治病救人；可以收徒施教，传授知识，可以在盛大的节日、集会和宗教活动中向大众传播文化；同时表明，这个人成了哈尼族的知识分子，成了专门化的哈尼族文化传承人。

据调查，过去，摩匹是为世袭，即子承父业，许多人家至今仍称摩匹世家，知识传授、地位继替在家内进行。例如元阳县洞埔村朱小和家就世代为摩匹，他家的家谱既为父子连名谱系，又是摩匹师徒连名谱系。但是，随着社会的发展和农业文化的积累，哈尼族摩匹阶层逐步向广大的社会层面铺开，摩匹的徒弟就主要来源于哈尼族社会。元阳县麻栗寨的大摩匹朱天云就收有徒弟三十余人。在哈尼族的各个寨子，几乎都有大摩匹，他们都收有徒弟。有的大寨子有若干个大摩匹及所率徒弟。如元阳县果统寨有六个大摩匹，把寨子分为六片，各大摩匹分管一片。每片的摩匹必须掌握本片的农事活动、宗教祭祀、文化传扬、婚丧嫁娶、婴儿出生、驱鬼祛邪、医疗卫生，还必须掌握本片各户人家的家谱。一旦有事，大摩匹即率小摩匹前往活动，其他片的摩匹不能随便干预、越片活动。到了哈尼族传统的节日和重大的宗教祭祀活动时，各片摩匹都集中参加，届时由最有威信的大摩匹主持其活动。这种摩匹的统属关系和组织形式，很容易使我们想起哈尼族历史上的"大鬼主"与"小鬼主"。毫无疑问，这是哈尼族先民"鬼主"制度的遗传，摩匹"师徒连名"的本质正是"鬼主"制度的演变发展，而其"连名"的形式，应脱胎于"父子连名制"，这从摩匹世家的既是父子连名家谱，又是师徒连名家谱就可以看出其渊源。

在摩匹这一文化阶层的传统组织中，不仅存在着大小摩匹间的师徒上下关系，有着一套技艺传授、地位继替、所辖地域等的严格规矩。而且在其内部还存在着另一种等级关系：在哈尼族社会，摩匹分为三个等级，即"斯匹"、"煞匹"和"擦匹"。斯匹为全能的摩匹，精通摩匹在社会生活中的一切职能，但仅主持重大的具有全民性的活动；煞匹为一般的摩匹，主要主持村社和家庭的各类公祭和私祭活动；擦匹为低等摩匹，仅从事打卦占卜，问病决疑活动。

总而言之，在长期的历史发展过程中，摩匹从政教合一的原始部落首领演变为哈尼族文化的直接传承人。在哈尼族社会中，摩匹是作为一个阶层而存在的，这个阶层就其性质而言是文化的，这是由它所具有的社会职能决定的，也是在哈尼族的历史进程和社会变迁中形成的。于是,在哈尼族社会化的"口耳相传,言传身教"的文化传承中,摩匹就成为一个特殊的阶层专门负责文化的保存和代代相传。

摩匹是哈尼族的知识阶层,他们在哈尼族历史发展和现实生活中一直发挥着其他力量不可替代的重要作用,对哈尼族文化的继承、创造、保护和传播做出了卓越的贡献。

(原载《学术探索》2008 年第 6 期)

哈尼族"昂玛突"实录

哈尼族有四大节日,"昂玛突"是其中最盛大的节日。旧时汉称"昂玛突"为"祭龙",实为风马牛不相及。"昂玛突",哈尼语意为"祭寨神"。

哈尼族一年一度的"昂玛突"是在农历腊月的第一个属牛日开始的,一连三天,甚为隆重。

1984年1月,笔者在滇南红河南岸哀牢山末端哈尼族聚居区进行社会、历史调查,有幸参加了元阳县俄扎乡哈播村的"昂玛突"节日活动。

哈播村位于元阳、绿春两县交界处,北距元阳县城87千米,南距绿春县城29千米。公路擦村而过,交通便利。"哈播"意为竹子,因竹多而得名。全村197户1148人,全部是哈尼族,自称腊咪人。

哈播村的"昂玛突"活动在元阳县被称为最地道的。

1984年1月8日(属牛日),天刚蒙蒙亮,有四个青年在村前山坡的树林中,用新竹篾加固一个羊圈似的竹围子,并将竹围内外的空地打扫得干干净净。这是该村哈尼族的"圣地",每年此时,由寨民轮换负责加固竹围墙和清扫,平时,闲杂人等、牛马禽畜禁止入内。

在直径约三米的竹围子正中,有一棵手指粗的小树。这就是汉称的"龙树"(哈尼族对此树没有专门称呼,故暂用旧名)。据说,树大招风，容易被风刮倒，"龙树"一倒，全寨将遭不测，大祸就会临头。因此，"龙树"要小，要严加保护，以防发生事故。"龙树"长大后，在其旁边新植小树。这样，多年来，寨前山坡就成了"龙树"林。哈尼族认为，树可通天，是天地间的桥梁。

　　上午9点钟，由村中走来一行五个老人，他们面孔严肃，神态庄重地走向"龙树"林。走在最前面的是"咪谷"（"咪"为地，"谷"为献祭人，"咪谷"意为村寨头人、祭神主持人。咪谷有大小之分，小为助手），他十分小心地端着一个圆竹凳，这是接神用的让神坐着回寨的重要物件；走在第二位的是"小咪谷"，他抬着一张竹桌，这是祭神时放物品用的；第三个是"贝玛"（哈尼语称"摩匹"：哈尼族的知识分子，精通天文地理、占卦医药，过去曾为哈尼族政教合一的首领），他身后是两位锣鼓手，其中一人胸前挂着鼓，背上背着一个背箩，内装碗筷什物；另一人一手提着饭锅和一面锣，一手拎着一个鸡笼，笼内有一只公鸡。

　　这一行人除了"贝玛"以外，其他四人均为全寨集体选举产生的，一般是寨中每户出一个人，召开会议推举。特别是"咪谷"，还必须具备如下条件：（一）办事公正不阿，从未有过偷盗、抢劫、乱伦行为；（二）夫妻康健、有儿有女者。只要具备以上条件，无论年纪大小均可当选、连任、辞职（家庭不顺时往往提出辞职）。"贝玛"是专门从事宗教祭祀活动的，主要从师学成。哈尼族村寨都有大小"贝玛"多人。大"贝玛"专门负责全寨性的宗教活动的祭祀。按哈尼族的规矩，从"昂玛突"之日起，这四位被选举出来的人物加上"贝玛"就是村寨的"上层首领"。他们不仅在"昂玛突"活动中主管一切，权力至高无上，而且在一年之中的所有宗教祭日，他们都是当然的负责人。在过去，他们就是村寨的行政长官，管理寨子的一切事务。

这时,"咪谷"等人已来到林中,在竹围子的门口(缺口处)他们一字排开下跪,连磕三个头,起身后,"咪谷"首先跨进竹围,将竹凳子端端正正地放在"龙树"前的小祭台前,这祭台是一尺见方、竹篾编成的。其他四人依次跨入竹围子。按规定,除了他们五人外,任何人不得进入竹围子,否则就是冒犯神灵,不但进入者会遭横祸,而且全寨都将会有不测之灾。这时,"小咪谷"将竹桌放在竹凳前,鼓手则从背箩中取出八个小碗,放三个在小祭台上,分别装上米、酒、盐,这是献给寨神的供品。另外五个碗是"咪谷"等五人吃饭用的,放在了竹桌子上,以备和寨神共进早餐。各种物品摆定后,他们横排成一行,面对"龙树"虔诚站立,在"贝玛"的指导下,他们的双手合为捧水状上下摆动着,心中默默祷告。"贝玛"此时则大声祈祷:"寨神你回来吧,保佑你的百姓。寨神你回寨子吧,我们等了一年了。麻雀、喜鹊也一起回来,守护村寨,看管水井……""贝玛"念完一段词,五人便下跪,连磕三个头。"贝玛"又念,如此三次。

祭祷完毕,鼓手与锣手从笼子里取出鸡,用清水洗净鸡脚,将鸡递给"咪谷"。"贝玛"从怀里取出匕首,也递给"咪谷"。"咪谷"将鸡宰杀,鸡血献在祭台上,拔下一些鸡毛插在祭台边,接着五人又一字排开,磕头三次。之后,鼓锣手生火,用锅将鸡煮熟,先拿到祭台献神,接着将鸡在竹桌上砍碎,就和寨神一起享用(餐桌的主位放着接寨神的竹凳,桌上有一碗酒、一双筷,这是寨神用的),这只鸡,是由寨民每年轮流捐献的。这时候,有一个中年男人和他的两个孩子跪在竹围门外,他们就是今年这只鸡的主人。他们有权分享祭品,以求神的保佑。"咪谷"看到他们,夹一小块鸡肉递出门放在中年人手上,又给小孩一人夹一块,父子三人急忙将鸡肉放进嘴里,连连磕头,口称感谢,慢慢退去。"咪谷"等五人吃完鸡,又一字排开,连磕三个头,口里念念有词:感谢寨神光临。之后,"咪谷"留在"龙树"旁陪着寨神,其他人则随"贝玛"走出竹围。"贝玛"选中近旁的一棵笔直的大树,在树下置放一个竹篾的小祭台。在祭台上放上一碗酒、一碗盐巴辣子,最后放上一小截装满米的竹筒,在米上插入一个鸡蛋,又将一个银圈套在鸡蛋上。然后"贝玛"蹲在祭台前,大段大段地念祷告词,内容无非请求寨神不要嫌弃村子穷,寨民们已经等了一年了,请快回寨,保佑寨子和老百姓平安长久、五谷丰登之类。这一活动称为"浦吉查",意为祭大门。哈播村没有大门,但"龙树"林就在村头,进村的路从旁通过,选取大树作为象征性的门户,不仅有世俗的意义,而且树能通天,更是神进村的自然门户。据"贝玛"说,寨神就是通过这扇大门进入寨子的。

与此同时,在哈播寨的后面,即寨尾,正在进行着与寨前形式差不多,但内容大不相同的"浦阿达"(意为叫寨魂、祭后门)祭祀活动。在寨后的一块小平地上,栽了一根才砍来的竹子。这根竹子象征寨子的后门,在竹子下面放着一张竹桌,桌上放着一碗酒、一碗米、一碗盐巴辣子。一个年轻小"贝玛"蹲在桌前念咒语,他的声音很大,非常严厉。这是在驱寨中的哑巴鬼、吊死鬼、脏鬼等一切鬼怪。"浦阿达"就是驱寨中一切不吉利的东西出寨,阻止寨外一切不吉利的东西进寨的意思。在小"贝玛"的身旁聚集有一群寨中父老,他们在生火烧水,一等"贝玛"念完咒语,就将一只公鸭、一只母鸡和一只公鸡宰杀,煮熟后放在竹子前献一献,即分吃祭品。祭后门与祭大门的不同在于:祭大门为开寨门,引寨神入寨;祭后门为关寨门,吃完祭品意味着后门关上了,什么邪顽妖魔鬼怪都不存在于寨中了。村后的祭祀结束,父老们便集中到寨前"龙树"和"大门"那儿去了。

上午11点半,村头"龙树"林中已经聚集了不少人,他们是寨中各户的男性家长。每年的"昂玛突",他们都要来参加这祭大门、与神共餐和接神回寨的活动。"贝玛"还在象征大门的大树下念经。

这时几个中年人从村中拖来一头小猪和两只小鸡。"贝玛"念完经磕完头，亲自动手杀死猪、鸡。锣鼓手就地生火，将猪、鸡煮熟并砍碎用碗盛好，抬到大树下小祭台上献一献，接着开始用餐。"贝玛"等四人已回到"龙树"前与"咪谷"一起用饭，其他的人们在竹围外面席地而坐就食。他们的饭是各自从家中带来的，菜就是刚才宰杀烹煮的小猪和小鸡。吃完饭，全体人向"龙树"磕头。然后毕恭毕敬地站在竹围外看"贝玛"等人掷骰子。两颗骰子上刻着记号，掷骰后如果两颗的记号不相合，那就要重新磕头，"贝玛"要大声祈求祷告，请寨神原谅寨民往日可能有的某些失误、失礼，求寨神宽大为怀，原谅寨民。然后，再掷骰子，直到掷合为止。掷完骰子，"贝玛"又开始"打鸡卦"。"打鸡卦"是用鸡的股骨预测祸福吉凶、解答疑难的一种占卜方法。占卜时将预先削好的竹签顺着股骨小孔的方位插入。鸡骨上的小孔有多有少，有斜有正，而且每一小孔的方位都有特定的标志和含义。依据插入竹签的倾斜程度和所指方位，判断鸡骨卦所表示的凶吉祸福，以及鬼神的要求等。"贝玛"打完鸡卦宣布，今年新选的鼓手合乎神意，是个合适的鼓手了。其他几人今年的连任，也合乎神意。下一步就看道路是否畅通了。

　　此时已是下午3点20分，村中送来一头肥猪。同来的一对青年男女拎着一个竹笼，内装一公一母两只鸡，男的还背着装满碗筷、食物的背篓。这是一对年轻夫妻，今年的"昂玛突"刚好轮到他们参加献神。这两个青年的参加，和"昂玛突"的历史与根源大有关系。关于他们与这个节日有这样一个广为流传的故事：在很久以前，哈尼山乡四处升平，人民安居乐业，稻谷年年丰收。但是哀牢山出了一个妖魔，由于它力大无比，人们不敢与之为敌。妖魔规定，哈尼山寨各家轮流，每年腊月送两个童女供他享用，轮到谁家，谁家就得送，不管你家有无童女，如果不送，就叫你家破人亡。这样，逼得人们去抢、去偷童女来满足妖魔的欲望。哈尼山乡安乐平静的生活被彻底打破了。这一年，轮到一家寡妇送童女，这寡妇没有女儿，只有一个儿子，名叫山金。山金聪明胆大、力大无穷、雄心勃勃，自小就立志要亲手杀死妖魔为民除害，恢复山乡的升平。他有一身好武艺，只等着机会到来。现在，机会来了。当夜，山金约来了他的女友，安慰了焦急的母亲，穿上了早已准备好的女装，就与女友来到寨前。妖魔一见这对美女，心花怒放，忘乎所以。当它把他俩搂入怀中时，山金的尖刀已经刺穿了妖魔的心脏。妖魔死后，山金披上妖魔的黑披风在寨前走来走去并大叫："我是妖魔，从今以后我不要童女了，你们杀猪来祭我吧！"人们惊恐万状，从门缝中偷看，果然看见"妖魔"披风飘动走出寨外，慢慢消失。从此山乡恢复升平。后来，人们知道了真相，山金便成了人们心目中的英雄，成了寨子的保护神。于是每到腊月，哈尼人就举办"昂玛突"。"昂玛突"这天，必须请一对年轻夫妻参加，而男青年则学山金男扮女装，使一对"童女"出现在人们面前。如今，这样的青年夫妻依然要每年请到，只是男的已不再男扮女装了。今天参加祭神的年轻夫妻，不仅扮演了故事中的人物，而且得到了一次祈求神灵的机会。据说，他俩已结婚一年，还没有生得孩子，此次"昂玛突"，正好对神表示虔心，望得一子。因此，他们给与神共餐的宴会送来了两只鸡，并给祭了一整天神的"咪谷"等五人送来了饭、开水等。在与神共餐的宴会上，他们还要充当招待，给乡村父老们盛饭斟酒，并接受他们的祝福和食品的赏赐。

那对年轻夫妻到达"龙树"林后，"咪谷"等五人一字排开，给寨神磕了三个头，最后由"贝玛"掷了一回骰子：结果满意。鼓锣手就极有节奏地敲响锣鼓。在"贝玛"的指挥下，几个中年人将那头肥猪按翻在地，"咪谷"手持尖刀把猪杀死，猪被抬来献在"龙树"下。其他父老则在不远处燃起一堆火来，等猪抬进火堆，人们七脚八手地用木棍、锄头等物将猪毛刮去。锣鼓声震动山谷，人声鼎沸，喊声不断。猪一烧净，即刻开膛破肚，而后取出猪肝，递给"贝玛"。这是看"猪肝卦"，以预测今日道路是否畅通和神的最后态度如何。看卦用的猪肝应包括大、中、小三片肝叶和苦胆等部位，以各片肝叶的纹路走向、成色和胆汁的饱满情况来占卜吉凶祸福。"贝玛"将猪肝摊在一只大碗底上，边察看纹路边向人们讲解神的意志。他说，道路已经开通，神对人们的虔诚十分满意，决定回寨，与民同欢。

人们欢呼数遍后，砍下猪头，掏出内脏，将其洗净砍碎放在锅中烹煮。青年夫妻送来的鸡，也宰杀献神后另锅烧煮。肥猪的身子则按全寨的户数分切，平分给各家。据说，寨中各家可得一条二两重的猪肉。这是神赐给的肉，人们俗称"龙肉"。等到晚上各家关门过节时，要将分到的"龙肉"放到锅里与现杀的鸡一起煮，煮熟后与糯米粑粑、茶水、酒等物一起先祭献寨神和自家的先祖，然后合家分尝"龙肉"，这样可求得寨神、祖先的庇荫和护佑。

下午五点半，"咪谷"等五人与在场全体父老向"龙树"跪拜三次，然后"咪谷"宣布与神共享的宴会开始了。"咪谷"等五人在竹围"龙树"下与神共一桌，其他的乡村父老则在竹围外围成一圈一圈地席地而坐。那对年轻夫妻忙着给人们盛饭斟酒。每斟一次酒，"桌"上最年长者就给他们每人一小块肉，他们必须双双跪接，磕头称谢。给"龙树"下的五人斟酒，则是跪着从竹围缺口处往里递，并仔细聆听"咪谷"给他俩的祝福。

吃完饭，全体向"龙树"跪拜三次。这时"咪谷"双手端起"龙树"前的圆竹凳，据说寨神已经"坐"在凳子上了。"咪谷"小心地走出竹围，"小咪谷""贝玛"随后，鼓锣手则庄严地敲响鼓锣，父老们跟随其后。

这时，夕阳西下，炊烟笼罩寨子，已是晚7时多了。听到鼓锣声，寨民们老少男女纷纷赶来，夹道跪拜，其场面十分壮观。"咪谷"等五人被村民拥到"咪谷"家。众人散去，鼓锣手则站在大门处敲鼓锣。两个"咪谷"和"贝玛"将神送进卧室，连圆竹凳一起置于墙角上方点着一盏小油灯的竹架上，然后回到堂屋，唤来鼓锣手一起面对卧室磕三个头，希望寨神安心住下。接着"咪谷"家摆桌宴请村中长老。入夜，客人散尽，"咪谷"等五人到卧室的火塘边，守护寨神。

第二天（1月9日，属虎日），天还没亮，寨子已是人声鼎沸。各家各户将饭桌抬到巷子中间，那桌子高低、大小不一，一张接一张像长蛇阵一样沿着弯曲的巷道摆好。数了数，有90多张。按理说，哈播村有197户人家，如果每户一张桌子，应有197张。经打听方知，由于巷道不够长，这种被称为"倮边坝，岸马支卓坝"（街心酒）的宴会分两天进行。哈播村子大，以寨中水塘自然分界，分为上、下二村，今天上寨摆出桌子，全寨都来宴饮，明天下寨摆出桌子，也是全寨都到。

天亮后，"咪谷"等人先到小"咪谷"家吃早饭，饭后已是上午10点。于是，他们一行在锣鼓声中走向巷心。寨子再次沸腾，人们奔向巷道，纷纷跪拜。待"咪谷"等五人在第一张桌子前落座后，各家将早已准备好的食品，用小竹桌抬到"咪谷"的桌子旁。"师长"（临时选出的办事者，他们坐第二张桌子）们从各家呈献的小竹桌上选取一部分菜肴和一杯酒，堆放在"咪谷"的桌子上。然后"咪谷"要选一小块肉递给呈献食物的人，那人跪接吃下，连连感谢后，就抬着竹桌回到自家的饭桌前，把竹桌上的菜肴移上桌子，安静坐着等待"咪谷"宣布开饭。寨中今天摆桌子的各户就这样按顺序向"咪谷"呈献食品，并接受寨神的赐予。如果在过去的一年，某家生了孩子，即增加了人口，而这个小生命由于去年"昂

> 发现传统

玛突"时还未出世，那么今年的"昂玛突"，这家人要来向"咪谷"报到，禀告家中新增人口。其方式是：生有小孩的人家也像其他各户一样用竹桌呈献食品，但在各种菜肴之外，另有一个煮熟的鸡蛋。"咪谷"一见，自然明白是怎么回事，必定亲手拿起鸡蛋剥去蛋皮，一面听取新生儿父母的陈述；一面将鸡蛋分为两瓣，观察蛋内情况，然后郑重预测婴儿的前途，祝福婴孩身壮力强、长命百岁。听取对婴儿的祝福时，背着婴儿的父母一直跪在地上磕头不止。最后，"咪谷"将鸡蛋一半留下，另一半分作两份，发给这对夫妻，男的双手跪接，女的用衣襟来接，吃完蛋，磕头称谢而去。所有人家呈来的酒菜，都由"咪谷"等人过目并取走一部分，人们也都回到自家桌旁，并将食品移到桌上。此时已是午后1点钟，"咪谷"起身说，寨神已经回寨，现在将与大家同享快乐，希望在新的一年，寨民都安居乐业、身体康健、家庭和睦，然后宣布开饭。顿时，欢呼声震动山岳，人们全体站立，举起酒碗，祝寨神快乐、"咪谷"健康、寨子兴旺。大呼三遍后，坐下用餐。"昂玛突"宴会上的菜肴是颇为奇特的，以野味为主。鳝鱼、泥鳅、螺蛳、鱼等是妇女捉来的，各种兽肉、鸟类则是男人们猎来的。这些食品，都是人们在这一年中捕捉、猎获烤干或腌好储存，专门在这一天上桌的。据说，谁家今天摆出的野味多，说明这家人最勤劳、最节俭。每张桌上的菜都有十多种，人们都在比赛菜的多少，以显示自家的勤劳和对寨神的诚意。由于宴席是分两天摆出的，今天上寨人摆出，类似请客，下寨人则随便入座，因而每一桌吃酒的人越多越好，人多说明这家人缘好。外来客人更是受到特殊宠遇，成为各家拼命争取的对象，落座谁家，谁家就感到莫大的幸运。据说，过去有的人家，在村里人缘差，"昂玛突"时自家桌上没有客人，就认为被寨神抛弃了，只得偷偷把桌子搬回家去，免得丢人现眼。值得注意的是，在长龙般的酒宴席上没有妇女在座，姑娘们则在自家桌旁充当招待。但是，在长龙般的宴席末尾处的空地上，有一列十多张桌子的宴席，这是为各家庭的主妇和老年妇女准备的。她们今天都穿着新鲜干净的服装，有的老妇人穿着式样古朴的服饰，这些服饰极像清朝贵妇穿的，据说这种服装是皇上给的。今天妇女们十分兴奋，她们边吃边唱，唱的都是古老的歌谣，有的老妇人还吹着用芭蕉叶卷成的喇叭。在哈尼族地区，妇女地位十分低下，平时在家是不准坐凳子的，更不能上桌吃饭。今天妇女们得到特殊的礼遇，受到人们的尊重。

下午3时许，"咪谷"等五人退席。他们在全体寨民的欢呼声和锣鼓声的伴随下，前往去年"昂玛突"时请到"龙树"林参加祭神的年轻夫妻家做客。据说，由于去年的献祭及"咪谷"的祝福，他家已生得一个胖小子。"咪谷"一行走后，人们依然落座，喝酒猜拳，对唱古歌。妇女席上，老妇人们敲锣打鼓，结成一个圈子跳起古老的哈尼族舞。下午5时，长龙酒宴开始从头撤席，边吃边撤，撤到最后，天已黑尽。老妇人们还在跳舞，但是已被围得水泄不通。这时，男青年们开始围圈跳起有力的"乐作"（意为大家跳）舞，顿时，整个寨子欢声震天，群情激奋。姑娘们也拉起圈子跳了起来。老年男人回到家中，依然摆桌喝酒，唱起"哈八"（酒歌）。外面的舞声和屋内的歌声一直继续到深夜，有的村寨则一直欢乐到天明。

第三天（1月10日属兔日）仍然是"街心酒宴"，席由下寨寨民摆出。下午3点20分，"咪谷"宣布"昂玛突"结束，要送寨神回去了。接着"咪谷"等退席，从长龙般的宴席旁走下去，人们垂手站立，目送端着圆竹凳的"咪谷"一行。"咪谷"等人一直走到妇女们的宴席末尾处的空地。这里直对村口，地势较高，可以看到远处茫茫的群山,每年都是在此送寨神上路的。这时"贝玛"在空地上设一个小竹坛,坛上放一碗酒、一碗米、一碗辣子盐巴。"咪谷"等五人一字排开下跪,"贝玛"口念祷词,意思是祝寨神一路顺风回去,多多关照、保佑寨子和百姓。祭祀完毕,寨神就送走了。

当晚的欢乐歌舞与头天一样,一直持续到天明。

(原载《山茶》1994 年第 3 期)

哈尼族婚礼实录

哈尼族的婚姻习俗，对外人而言，始终带有几分神秘色彩，特别是那些道路难达、外人罕至的深山僻野，其神秘莫测的气氛越加浓烈，原始浪漫的情调越加近乎传说。

1984年1月6日，笔者为参加哈尼族腊咪人车阳成家的婚礼，来到红河南岸哀牢山腹地元阳县俄扎乡则洞村。

这是一个仅有45户人家（全部是哈尼族腊咪支系），位于元阳、红河、绿春三县交界处的小村寨。茫茫的群山、无底的丛林将它深深包裹，由于公路不通，山道蛇行，出去进来极为艰难，来到这里，给人留下的是深刻的与世隔绝之感。

则洞村风景秀丽，大片竹林将村寨掩映其中。"则洞"，哈尼语的意思是苦竹，真是别有韵味。进村时已近傍晚，车阳成家全然没有"讨媳妇"的景象，匆匆吃过晚饭，笔者便赶到距离则洞三千米的"多沙村"。这是新娘子所在的村子，有42户人家，亦是腊咪人。新娘家也没有嫁姑娘前的忙碌场景，一家人正围着火塘烤火。

晚10点，突然全寨的姑娘都聚集到了新娘的家门，并边唱边跳起舞来，其欢乐的气氛迅速弥漫开来。

这时候，有几个姑娘抬了几篮子酒菜进家，主人慌忙在堂屋中放了两张用竹篾编成的饭桌，并在桌上铺上芭蕉叶，姑娘们便把菜一样一样地堆在桌子上。这些菜肴都是姑娘们自己做的，一般为自己的拿手菜，是专门做好端来为新娘饯行的，俗称"打平伙"。酒倒好后，就开始吃饭了。吃这餐送行饭的全是女人。老妇人们坐在首席，姑娘们则围着桌子端坐，而更多的姑娘则因凳子不够而围绕站立，她们喝酒吃菜，欢声笑语，气氛十分热烈。

此刻，已是夜间 12 时许，月朗星稀，山峦大地像刷了一层水银。吃罢饭的姑娘们蜂拥出屋，在屋前的平地上，手拉手围成一个大圈，将新娘子围在中央，跳起了哈尼"乐作"舞。她们掌声整齐，脚步一致，随着有力的节奏，慢慢转动，接着婉转的歌声便飘然而起：

月亮圆又圆，圆得像鼓圈；天地都明亮，地上暖又暖；年头最粘手，马尾最松软；擂棒把鼓敲，棒敲马儿跑；心爱的阿妈，看我把篾弹；阿奔来领头，罗妥身儿大；围我篱笆跳呵，跳。

这是哀牢山区女儿们唱得最著名的《月亮歌》，接着又唱《芭蕉花》：

芭蕉花，层层叠，相匹对，紧相依。花芯儿，白又嫩，一串串，靠着在懒睡，蜜蜂儿，快快来采吃。

姑娘们边唱边跳，清亮而动情的哈尼歌谣响彻整个寨子，回荡在深山幽谷。

突然，姑娘们发出一声喊，拥着新娘跑回屋中。这时的屋中，新娘的父辈们刚开始吃饭，姑娘们将新娘围在中央，互相紧抱一团，大哭起来。这样的哭，一开始仿佛是假的，因为从她们脸上还可看出刚才舞蹈的兴奋和难以进入情况的羞涩。但不久，哭声渐渐充满了屋子，声音中泣涕涟涟。富于感染力的哭声，使闻者心酸鼻痒。

"她们的小伴要嫁人了，她们心中难过，大家舍不得分离。"一个老年男人告诉笔者。老人的话在猛烈的哭声中，显得十分微弱，但使我深深感动。是的，从此，哈尼少女那天真烂漫和自由自在的生活随着嫁人而结束了。

这哭声，随着时间的延长，在这深山峡谷的小寨子中，更加悲伤，更加撕心裂肺。笔者不懂哈尼话，但这情感之声是人类共通的，是任何人都听得懂的。难分难解的拥抱，真挚的情感，以及那动人的哭声，终于使在场的老年男女流泪并哽哽咽咽地哭起来。同时，妇人们边哭边上前，拼命将姑娘们拆散，一个个被拖出人团。有感情过于浓烈者，拖出来又扑进去，一连若干次方止。终于哭声渐息。

人群散开，新娘整理衣装站起身来寻找自己的母亲。这时她听到母亲的哭声。这哭声从卧室中传来，便扑进里屋，抱住母亲痛哭，母女俩多年的情感如今以哭的方式表达。良久，母亲掏出几元钱递给新娘，新娘先是推开不要，后来还是将钱边哭边塞在怀里。这时，一女伴将新娘拖开，新娘到了外屋又扑到坐在桌旁的父亲怀里，边诉边哭。父亲掉泪了，用颤抖的手抹去泪水，掏出十元钱塞给新娘。接着又哭爷爷、奶奶、伯伯、叔叔、哥哥等，他们也都塞给新娘一些钱。

哭够了，姑娘们对新娘进行了一番必要而真诚的安慰和祝福，就散去了。这时已是凌晨3点多了，大喜的日子即将到来。

天亮了，薄雾像青纱一样将山寨笼罩，公鸡引颈高啼。作为晒台的平房顶上已有姑娘在梳妆打扮，泉水塘边人们在汲水、洗菜，忙碌的一天开始了。

炊烟从新娘家的窗里冒出来，袅袅升上天空与迷雾混合在一起。屋内，火塘和炉灶在燃烧，新娘一家在忙着准备酒席所需的一切。屋外，全寨的姑娘们都穿着一新互相依偎站成一群。这时，屋内有人喊："吃糯米饭喽!"姑娘们都拥进屋子，主妇将一团一团的糯米饭分发给姑娘们。吃完糯米饭，姑娘们拥着新娘出去了。笔者问："她们要去哪里?"有人回答："不知道!"笔者赶紧出门，街道上除了嬉笑打闹的小孩，姑娘们早已无影无踪。笔者在村中的小巷找了一遍，始终找不到她们的踪影。

这时，7点30分，在进村的小路上，来了一伙衣着崭新的男人。走在后面的壮年人背着一只背箩，一只塑料酒壶露在外面。这是男方请来的一支婚姻公证人队伍。他们径直走进女方的家门，女方的堂屋内早已坐着两位老人。他们是女方请来的公证人和贝玛（哈尼语称摩匹：智者）。男方公证人一进屋，就在每个人的面前放了酒碗。人到齐了，贝玛就开始背诵男女双方的家谱，背完后认为这桩婚姻合适。接着为男女双方祝福并求上天加以保佑。贝玛唱吟完后，双方的公证人做了最后的商谈，取得了一致意见。这时男方公证人从背箩中取出塑料酒桶，给在座每个人的碗里倒满了酒；又从背箩中取出一大包芭蕉叶包着的糯米饭，递给女方公证人，表示男方的心意像糯米饭一样香甜可口。接着又将十一元钱递给女方公证人，这是新娘的吃奶钱（称奶水费）。

"为什么交十一元?"笔者问。

"随便多少都行，三元、两元也行。"

笔者向哈尼大爹打听，他告诉笔者，这个姑娘是用350元娶的，在半年前订婚时已交了三分之二，前几天已将全数交清，所以这十一元钱只是意思意思。

这时，主人拿来一只鸡。女方公证人就到里屋——新娘父母卧室的墙角，放一张竹桌，桌上放两只小碗，一只装米、一只装酒，然后将鸡杀死，意思是告诉祖先，他们的后人结婚了。

这只鸡很快被洗剥煮熟拿到堂屋，公证人们就围桌喝酒。贝玛先取下鸡爪,仔细察看。这是看鸡卦,他发现两只鸡爪拳得很相似,满意地点点头,认为这对夫妻配得很合适。这时男方公证人迅速将鸡头扭下来,递给贝玛。这是看鸡头卦,他先看鸡眼,看见是睁着的,点点头说声"好"。随即谨慎地剥开鸡头皮,细观整个颅骨的颜色。哈尼族认为,头骨的光滑洁白、无裂缝为吉,倘若在鼻孔上方、后脑、头盖骨等部位颜色发红或有红斑或有裂纹就为凶卦,表示人们的相聚(包括婚姻)貌合神离,暗藏杀机。看完鸡头卦,贝玛将鸡脑吃进嘴里,说"不错,很好"。

大家都松了一口气。据说,如果鸡卦不吉,不是婚期延长,就是婚事告吹。贝玛的话音才落,女方公证人就手持尖刀走出门去。门外早有三四个青年将一头肥猪按倒在地,公证人走过去,毫不犹豫,朝猪脖子上捅了一刀。猪死后,青年们把它抬到屋后,点燃干草烧猪,边烧边刮去猪毛,然后抬到水边开膛破肚。

屋里公证人等喝完酒吃饱饭,就来到屋外墙角吸烟筒。这时一个青年将刚从猪肚里取出的热气腾腾的猪肝拿来递给贝玛。这是看猪肝卦。猪肝包括大、中、小三片肝叶和苦胆等部位,以各片肝叶的纹路走向、成色和胆汁的饱满程度来预测、判断全家甚至全寨居民一年的祸福凶吉。这时贝玛将猪肝扑在一只大碗底上,托碗细看,并用一只筷子在猪肝上指指戳戳,然后当众宣布,今日道路畅通,可以接亲。又说,不久这对新夫妻将生一个孩子,是男是女,肝卦不告诉人。人们欢呼起来,女方公证人又连杀两头小猪和一只鸡。把小猪的头连着前右腿切下,并和鸡的右腿一起送给男方。据告知,明天男方请客时,仍然要如此送腿来,不过送的是左腿,意为男左女右。

约10点钟,新娘家门口已摆出十张桌子,准备开宴请客了。这时候,终于看见姑娘们拥着新娘露面了。原来新娘一直躲在一个女友家,全寨姑娘都在那里陪着她。据说,新娘是不能见到双方公证人的，这是本地的风俗习惯。其实，这和哈尼族古老的历史有关。据调查研究，哈尼族没有经历过奴隶制社会，是从原始部落直接进入封建领主制社会，即领主制是在封建中央王朝的干预下产生的。因此，当封建因素直接进入原始社会肌体后，哈尼族原来的婚姻中渗进了封建婚姻的包办性质，因而使哈尼族的婚姻出现了奇特的现象，即婚前的社交自由和婚姻的包办。在婚前，哈尼青年男女的社交自由往往产生浓烈的爱情，由于婚姻不能自主，就形成了一个奇特的社会默许的"扎哈培"习俗，即婚前向情人告别。婚期将近，新娘要和曾与她相好的小伙子一起筹备米酒、腊肉、腌鸭蛋、花生米、糯米饭等上好的食品。出嫁前一两天，新娘要约上几个最要好的男、女伙伴，与情人一起或是到野外过去常玩的地方，或是到一个寡妇家同吃"离别饭"。届时青年们团团围坐，对唱山歌，新娘子则扑在情人的肩上尽情哭泣，诉说别情。直到天亮，两人互送礼物，以示纪念。这一告别活动，任何人不得干涉，新郎亦不例外。正因为儿女婚姻完全是家庭父母的事，而且，这种事违背儿女的意愿，所以商谈婚姻之事，儿女就远远地躲开。新娘更不愿直接看到这种婚姻的交易，自然要躲藏起来。也有一些老人说，躲起来表示不愿出嫁，说明对娘家的深深眷念。

姑娘们拥着新娘进屋不久（约上午11点30分），接亲的队伍便来了。一位身着新衣的老妇人走在前面，后面跟两名盛装的俏丽的姑娘——男方的接亲女伴。女伴之后是表情严肃的新郎。新郎名叫车阿三，穿一身蓝色干警服，白球鞋，草绿军帽（哈尼男青年当时一般都如此打扮，姑娘则穿民族服装）。新郎身后是一个小男孩，这是新郎的陪客。接亲队伍到达后，公证人就得回避，据说接亲人不能直接碰到公证人。由此可知，在包办婚姻侵入哈尼族社会时，是怎样地受到人们的反对和仇视。

接亲的人被邀到屋中坐定，喜宴便开始了。屋内外所有的桌上都铺好了芭蕉叶，妇女忙着上菜，没有汤汁的菜一堆一堆放在芭蕉叶上，有汤汁的则用碗端来放好，用小碗斟酒。在这里，男女有别，各有专桌，儿童也有专门的席位。当屋中女方父亲、舅舅及村中父老一动筷，所有的客人不分男女老少就开始喝酒了。

中午12点正，新娘身穿绣有花边的黑色哈尼新装、头戴银珠串、耳穿银耳环、胸前挂着叮当脆响的银胸饰从里屋走出，新郎慌忙起身相迎。随后他们在堂屋中向父母及村中父老们跪拜，新郎身旁有一个他带来的小男孩，新娘身旁则有一个她请来的小女孩，四个人整齐地跪着。新娘的母亲把一块黑布盖在新娘的头上，然后，把客人们送给新娘的衣服、布匹都堆在新娘的头上。父老们则向这对新人说教关于今后夫妻生活应注意的事项，并纷纷向他们祝福。接着，分别给他俩钱，三元、五元、十元、二十元不等，新郎、新娘起身用衣襟接下礼钱，两个小陪客也分别得到一点赏钱。说完感谢的话，新郎等四人出门，由一个妇女领着，顺序给每桌客人磕头。妇女将两只碗放在屋外第一桌上，客人们就将礼钱放在一只碗里，在另一只碗里也放上一点钱（一般是一毛钱，也有两毛的），这是给帮忙者的赏钱。给了钱，客人们还用筷子夹肥肉之类的食物给新郎、新娘，他们用双手接下口称感谢后将其吃掉。这时那妇女又将一只大碗递向客人，该桌年长者就把每样菜都夹一点盛满一大碗。这碗菜随即被拿走，供帮忙者吃饭时食用。这份食物，每桌都必须提供。给客人磕头时，客人可以随意地开新娘、新郎的玩笑，提出各种各样甚至荒诞不经的问题，让他们回答，回答不了，就让他们一直跪在那里不让起来。

除小孩们的桌席，新郎等四人必须如此这般地跪拜。从中午12点一直到傍晚，他们不停地给一桌一桌的客人磕头。四个人的腿都跪得肿起来，手腕都因支持不住而用胳膊肘撑着身体。他们跪着，身体实际上已经扑在地上，其状痛苦不堪。

天黑了，所有的桌子前都磕过一遍头了，新郎等四人来到了新娘家房子的平顶上与所有等在那里的女伴们共进晚餐。姑娘们饿了一天，正狼吞虎咽地吃着。新娘、新郎累了一天，根本吃不进饭，他俩互相偷眼望着，互相同情着，双方都不说话。此时，本村的姑娘们对男方接亲队那两个打扮俏丽的姑娘十分殷勤，都将好菜夹给她俩，使她俩的饭碗堆得尖尖的。

突然，新娘奔下房来，跑到屋内扑到母亲怀里恸哭起来。她边哭边唱，声音凄楚动人，具有撕心裂肺的力量：

生我养我的妈呀，养育我多么艰难！可我还没有到出嫁的年龄，为什么把我像牛马一样卖掉？虽不隔山、不离海，却不准与亲人见面。阿妈哟，我死也死在你身边。求你把我留下吧，我一定乖乖听话，好好侍候你，终身做个老姑娘。

不知是命里带来的，还是娘胎里带来的，自从娘胎里掉下来，我们姑娘从来不算人。不是命里带来的，也不是娘胎里带来的，是阿妈生错了我，阿妈不该生姑娘。

这《哭嫁歌》新娘唱了很长时间，唱了一段又一段。主要的内容是，控诉包办买卖婚姻，为妇女社会地位低下、人格卑微鸣不平；感谢父母的养育之恩，等等。同时，母亲也悲悲切切地哭唱，内容主要是告诫女儿怎样对待公婆、丈夫、兄弟姐妹，如何忍辱负重、懂规矩。

新娘哭完母亲，又哭父亲、爷爷等亲人。

晚上9点，女方公证人把上午杀的那两头小猪的头和右腿以及鸡右腿放进背篓，再放一包糯米饭，背起背篓由男方公证人陪着走出家门。一出家门，女方公证人就将背箩取下交给男方公证人，帮他背好后，全体客人都拥过来大声呼叫："好、好！"每大呼一次，男方公证人就喝一碗酒。这种呼叫声是对这桩婚事的承认。在欢呼声中，男方公证人及随员就离村回寨了。

这时，新娘被她的家人们拥到了门口。突然，新娘的哥哥将新娘背起冲出门去，向村外飞奔。村中的青年人发狂一样追赶，姑娘们哭声震天，小伙子们则大声呼叫，一时间，整个村子乱作一团。人们追上了新娘，姑娘们一下子将其紧紧抱在一起大哭，形成一个大人团。小伙子兴高采烈，狂呼猛叫，用力将这个人团朝山下推，朝新郎寨子的方向推。山道曲曲弯弯、陡而又险，小伙子们的乱推乱搡，使抱成一团的姑娘们开始向坡下滑去。这正好是通往新郎寨子的路。新娘被围在核心，身不由己，泪如泉涌。她双手紧紧按住包头，还有无数姑娘的手按在她的头上。据说，如果新娘的包头被挤掉，那就是大不吉利的事情，甚至男人就会为此遗弃新娘。因此，姑娘们尽管拼命阻挡，不让自己女伴与自己分离，紧紧抱住新娘，不想她离开，但仍希望自己的姐妹幸福、吉利，为她保护包头。

刚出村，躲在路旁林子里的青年袭击了这一团乱糟糟的人群。他们将稀泥、土块，甚至牛屎投到人群中去，说是以此表达对新娘的挽留之情。出了村子，道路更险，姑娘们在路上筑成一道道人墙。新娘失声哭着，抱着脑袋，前面在堵，后面在推，十分难受。但尽管艰难险阻，人群毕竟缓慢地向新郎所住的则洞村进发。

在新娘出门时，新郎却要忙着进到新娘父母的卧室，先给新娘的母亲擦去眼泪，甜甜地叫一声"阿妈"，然后给这位阿妈倒一碗开水，双手递上后，又忙着给岳父换烟筒水，并将烟筒装上烟，双手递给岳父，喊一声"阿爸，阿和苏（吸烟）"，接着又给岳父倒上一碗酒。再接着，跪下给两位老人磕一个头。做完这些，新郎冲出房门，飞奔出村挤入人群，把新娘从姑娘们怀中夺过来，护着向山下走去。姑娘们还是一阵又一阵地扑上来，他不得不将姑娘一个个推开、拖走，再护着新娘往前走。终于，人群走到了双方寨子中间的一块平地，人群停住了，也安静下来了。人们找地方坐好，姑娘们认真梳理自己被挤乱的发辫，小伙子东倒西歪地在吸烟。新娘在几个姑娘的护卫下闭目养神，新郎则在无目的地走动，吸着一支烟，好似在盘算着什么。这时月明星朗，大地如银，人们在这儿休息，养足了力气，据说还要投入新的战斗和拼搏。

夜晚12点钟，人们重新出发。此时，新娘寨子的大多数人开始回村，仅留下十多个姑娘与两个老妇人（这两个妇人背着新娘的东西：新被子一床、酒一壶、一包糯米饭）加上男方的接亲队慢慢向则洞村走去。

则洞的男方家，早在等待新娘的来临。家中已摆下了几桌宴席，村中父老和亲戚围坐桌边，只要新娘一到就开始吃饭。在离新郎家门口3米外，插了两根竹子，竹子之间拴着绞在一起的一黑一白两根线，此为新娘必过之门。一位德高望重的贝玛在此"门"前蹲候多时了。只听孩子们叫道："来了，来了，新娘来了！"早就等在此处的新郎的嫂嫂点燃一支火把，与新郎的孃孃一起在许多儿童的簇拥下走上盘山小道去迎新人。

送亲的队伍见到火炬前来，颇有些慌乱，姑娘们首先将新娘团团包围，将一顶斗笠戴在新娘头上，并把脸遮得严严实实，然后才向火炬迎去。姑娘们推出几个泼辣胆大的在前，手拿树枝向火炬扑去，拼命扑打，希望将火炬扑灭。如果扑灭火炬，男方迎亲就告失败，姑娘们就可以理所当然地以胜利者的姿态将新娘重新带回自己的村寨，新娘将重新成为她们的伙伴。既然有如此后果，迎亲者必定十分谨慎，严加防范。举火炬的嫂子亲身经历过结婚，是富于经验的。因此，对姑娘们的行动，她早有防备。当姑娘们冲来时，她身子一扭跑下山坡，在那里又晃动火炬，引队伍前进。姑娘们一次又一次冲锋，均告失败。等她们看到火炬熄灭时，才发现已经到了新郎家门那两棵竹子前了。姑娘们急忙重新用斗笠将新娘遮得严严实实，而且姑娘们的衣服、头饰与新娘差不多，几乎一模一样。在新娘的前面还站着一位姑娘，她戴着和新娘一样的斗笠。这是姑娘们的诡计，企图以假乱真蒙蔽对方，据说，在没过门（那个竹门）以前，新娘被对方看到，就不值钱了。

这时，无数火把点燃了，竹门被照得如同白昼。竹门旁放着一张桌子，上面放着一碗米、一碗水，在桌旁有一个竹笼子。这时，男方有人递给贝玛一只小公鸡，女方队伍中则递来一只小母鸡。贝玛将两只小鸡放进竹笼，唱起祝词来：

十五的月亮圆圆的了，山里的花朵红红的了。男大当婚女大嫁人，今天就是好时候了……

念着，贝玛从桌上米碗里抓一把米撒进竹笼子，看两只鸡是相伴啄食，还是相敌斗架。如果相伴啄食就为吉利，相敌斗架就是凶恶。其实两只小鸡都被关着，饿了一天，见到米，就啄食起来。贝玛宣布吉利。这时，新郎在老人的指点下，绕过竹门走到贝玛身旁，新娘也被推到了竹门前与新郎隔线站定。贝玛从竹笼中将鸡捉出，公鸡递给新郎，母鸡递给新娘，郑重宣布交换小鸡。新郎将公鸡递在新娘的右手上，新娘则将母鸡递在新郎的左手上。交换完毕贝玛从二人手上拿过鸡来杀掉，并用鸡毛蘸桌上碗里的水，边诵词边洒向这对新人，意在消除两个人之间所有的隔膜，祝愿他们和睦相处，白头到老。哈尼族认为，若不清除新婚夫妻间的隔膜，难得有儿女。祭毕，贝玛宣布"过门"。新郎、新娘四只手一起抓住拦在胸前的黑白棉线，一用力，线断了，新娘被新郎一下子就扯进"门"来。顿时，欢声雷动。人们簇拥着这对新人走进家门，一直来到堂屋的墙角，跪下给祖先磕头。哈尼族的祖宗牌位没有任何摆设和记号，多是在墙角上方极不显眼处用篾搭一个一尺见方的小平台，逢年过节或祭日可放少许祭品。

磕完头，新郎的嬢嬢拉着新娘走进公婆的卧室，拉着她的手摸摸床、桌子、凳子等，意思是让她认识一下这个以前陌生今后要长期生活的家。摸完后，新娘随嬢嬢又来到祭祖宗的墙角与新郎一起再磕头。起身后来到桌旁，嬢嬢将一碗放有两片鸭蛋的饭递给新娘。新娘对于这套礼节早已耳闻目睹，所以她接过碗来，吃了一口饭，然后将碗和筷递给了新郎。这一礼节意在告诉新娘今后应该怎样对待自己的丈夫。新郎用力地嚼着和咽着饭。之所以如此用力，是因为这饭是半生不熟的，这又意味着生活需要付出艰辛和汗水。终于吃完了这碗饭，放下碗筷，分开人群，新郎、新娘由嬢嬢带着走出房门，来到房门外左侧单独的一间小房子里。这里就是新房了。

这间大房外的小房，过去就是新郎车阿三的住房。哈尼族所有的小伙子都有这样的一间住房。哈尼青年婚前社交是自由的，在此房中常常可以接待自己的异性朋友而不打扰家中老人。新娘、新郎以及送亲的姑娘们都进了新房，屋内挤得水泄不通。一篓糯米饭从人头上递进来了，姑娘们开始分吃。外面，男方全家及来客也开始吃饭，新郎走出新房来应酬客人。按照哈尼族风俗，新婚之夜，新郎与新娘是不能同房的。据说，新婚之夜夫妻同居，以后的家庭生活不会长久。这一夜新娘和那十多个姑娘同居新房。

第二天天刚亮，新娘在新郎的带领下，背着竹水筒到村边的溪泉边汲水，当着全村男女老少的面将水背到男方家。从此，则洞村就承认新娘子是本村的成员了。背完水，新郎将家里早就准备好的装有食物和各种种子的背箩给新娘背上，新郎自己则扛上一把锄头，在村民的簇拥下，他们俩走出村庄，来到自家的山地里。新郎在地里挖上几个坑，新娘从背箩里拿出苞谷种，种子分别点在坑里，新郎用土把种子埋好，将竹筒里的水浇上。然后小两口坐下，新娘忙从背箩里拿出烟筒，装上烟递给新郎，又给新郎点上火，接着又从背箩中拿出一包用芭蕉叶包着的饭，等新郎吸够了烟，就将剥开叶子的饭递了过去。新郎吃完饭，两人就收拾东西回村了。这种象征性的劳动仪式，表示今后夫妻在共同劳动生产生活中的互敬互爱。

在新婚夫妻到地里进行象征性劳动生产的同时，新郎家杀掉了一头大肥猪、两头小猪。其中一头小猪，从头连着左腿被切下，切下的这一块今晚将送到女方家。据说，这半小猪和头天女方家送来的半片小猪合起来就是一个整体，意为分居两个村子的两家人从此合为一家人了。

接着依然是贝玛看猪肝卦，预测这对新夫妻的前途。宴席在家门口摆开，男女分桌，男左女右，孩子们则自带碗筷席地而坐，互不混淆，井然有序。村中干净、伶俐、大方的妇人出来做招待员，新郎、新娘和各自的小陪伴依然给每张桌子的乡亲父老、亲戚、客人们磕头，回答难言的问题，接礼钱，道感谢……一切如头天女方家请客的场面。

天黑后，新婚夫妻和小陪伴与女方送亲的姑娘们一起吃饭。饭后，男方公证人将装有连着半边身子的小猪头、糯米饭、酒的背箩递给女方公证人。这时，男方的接亲队、女方送亲的姑娘们以及新郎、新娘开始上路了，则洞村的父老乡亲站起身为这一行人送行。这一项活动就是"回门"。

回到女方家已是晚上 9 时许，新婚夫妻先拜会女方父母，然后拜会寨中女方的所有亲戚，并给每家都送上一包糯米饭，表示对血缘祖根的孝敬，称为认亲。

夜里 12 时许，新婚夫妻在男方接亲队的陪伴下返回则洞村。当夜，夫妻同房。

至此，红河南岸哈尼族腊咪人车阳成家的婚礼结束了。它为时两天三夜，男方则洞村和女方多沙村的所有居民都感到腰酸背痛，疲劳至极，笔者也不例外，但仍然觉得心满意足。因为这是传统人生礼仪，每人都要扮演一次男主角或女主角。

（原载《山茶》1994 年总第 83 期）

哈尼族火文化的现代启示

哈尼族是我国西南边疆一个跨中、越、老、缅、泰而居的民族，是一个历史悠久、文化丰富的民族。在中国境内哈尼族有143万余人，绝大部分居住于云南南部，其中红河南岸哀牢山区居住着70多万哈尼族，从事着梯田农业。长期的深山生活使这个民族形成了自己博大深厚的文化。火文化就是哈尼族文化中的重要组成部分。所谓火文化，就是人们在特定环境中认识火、使用火、保护火、防范火，以及火的崇拜、火的教育等所构成的以火为核心的文化系统。

哈尼族的火文化是在久远的历史发展和哀牢山梯田农业创造过程中形成和发展的。在哀牢山区，由于其地理气候环境的特殊性，哈尼族居住条件的特殊性、生产生活方式的特殊性，使得哈尼族对火的认识极为深刻，防火意识极为强烈，防火措施极为独特，防火教育经久不衰。在哀牢山区哈尼族的梯田农业社会中，火文化一直起着积极作用，与哈尼族整体文化一起维持着上千年的梯田文明和人们的生存与发展。随着社会、经济、文化的发展，哈尼族的传统火文化不仅需要得到发扬，而且其防火意识和手段也需要得到现代提升。这样，才能适应发展的社会和新的生活。

一　哈尼族的生存空间及防火意识

哈尼族是一个有着长期迁徙历史的民族。据研究，哈尼族远古的聚居地是在中国西北，后逐步向南迁徙进入云南南部，跨中、越、老、缅、泰而居。上千年的历史岁月中，哈尼族在这亚热带的山区创造了与自然生态系统相吻合、相适宜的举世罕见的梯田农业生态系统，并建构了同样举世罕见的"三位一体"的生存空间格局。在这种生存空间格局中，为使其民族长治久安，哈尼族的防火意识日益加强，传统的火文化得到发展。

（一）生存环境与防火意识

哈尼族的防火意识与其居住的环境密不可分。哈尼族所居住的亚热带山区以红河南岸的哀牢山区最为典型，也是哈尼族最集中的地区。红河南岸山高谷深，是纵贯云南绵亘千里的哀牢山南部末端。这一地区江河横断，支流众多，有李仙江、藤条江等数十条河流，加上红河干流的纵横切割，使得山峦起伏、沟壑交错，是一个典型的大河流域和小流域交错的组合地区。大河流域是一个完整的生态系统，小流域则是以大河支流形成的一个个局部生态系统。这种生态系统的特征是气候和物种的极端多样性。这里山体断面多呈"V"形发育，地势高下悬殊十分显著，海拔最高的西隆山3074.3米，最低的红河出境处河谷仅76.4米，总体地势高差竟达到2997.9米。因而，从山脚到山顶，热带、温带、寒带气候依次排列，形成了气候立体性分布的典型的亚热带山区。当地民谚"一山分四季，隔里不同天"，说的就是这种立体气候。同时，红河南岸哀牢山区纬度低，距海近，太平洋季风和印度洋季风北上首当其冲，亚热带季风气候十分突出，总体气候分为雨季和干季。雨季多雨，干季多风。实际上，在哀牢山区，哈尼族将全年分为三季，即"造它"为冷季，"渥都"为暖季，"热渥"为雨季，每季四个月。冷季相当于夏历的秋末和冬季；暖季大约相当于夏历的春季和初夏；雨季大约相当于夏历的夏季和初秋。这与哀牢山区自然生态环境的整体季节相契合。从哈尼族的季节划分可以看到，哀牢山的雨季只有四个月，而干季竟达八个月之久。在如此长的时期，哀牢山区处于山火高发期，而且这一时期也是人们居家生活和农闲备耕时期，各种活动频繁，如集会、宴请、礼亲、祭祀、烧荒、砍柴等，这些活动用火多，更是容易引起火灾。据调查，哀牢山的火灾也的确多发于这一时期。一旦发生火灾，小则家宅被毁，大则群山燃烧，其情其景，令人惊心动魄。因此，长期以来，哀牢山一进入干季，人们防火的警惕性倍加提高，防火的意识格外强烈。

哀牢山区的地理环境和气候状况，使居住于此的人们对水火无情有着深刻的认识。因为这种天灾人祸直接威胁着人们的生产生活以及生存和发展。

（二）梯田农业与防火意识

哈尼族利用哀牢山区的立体地貌、立体气候、立体植被水土等特征，创造出了与自然生态系统相适应的良性农业生态循环系统。

在高山区，保持着原始森林。哈尼族人民十分重视对高山森林的保护，视森林为梯田农业的命根。中半山是他们理想的居住地。哈尼族在中半山的向阳坡上建造房屋，形成村落。在村寨周围种植树木，在房前屋后开辟菜园，并修筑道路与各村寨连接。以高山森林为源泉，引入村中的人畜饮水，永远用之不竭。而且，居住此间，既方便上山狩猎采集，又方便下山种田。从村寨边至山脚河谷的整个下半山，是层层梯田。这里气温较高、湿度较大，适于稻谷生长。哈尼族农民依着山势开梯田。在梯田间修有道路，行走方便，易于耕作。

高山森林、中山村寨和低山梯田构成了三位一体的生存空间和农业生态格局。

在这种格局中，森林居于至高无上的重要地位。因为对在哀牢山区从事梯田农业的哈尼族来说，森林是绿色水库，是水的发源地和储存地。水是农业的命脉。在亚热带哀牢山区哈尼族的梯田农业中，水贯穿于农业生态循环系统中。高山森林孕育的溪流水潭被哈尼族引入盘山而下的水沟，流入村寨，流入梯田，梯田连接，水沟纵横，泉水顺着块块梯田，以田为渠，由上而下，长流不息，最后汇入谷底的江河湖泊，又蒸发升空，化为云雾阴雨，贮于高山森林。这种独特的山区梯田农业水利工程是集千百年勤劳智慧、生产经验于一体的显著成果，保障了山区农民的人畜饮水、梯田灌溉、梯田养鱼、梯田施肥等构成的农业生态系统的有效运行。

因此，从事梯田农业的哈尼族对森林的保护犹如保护自己的眼睛。自古以来形成了一整套森林保护的措施，如禁止乱砍滥伐等，其中防火为重中之重。森林火灾被哈尼族视为最大灾难，一旦森林被毁，山水枯竭，就意味着梯田农业的毁灭，意味着人畜饮水的枯竭，意味着人的生存和发展断绝。因此，哈尼族对森林火灾的防范意识最为强烈。

（三）居家建筑与防火意识

在红河南岸，哈尼族依据哀牢山地势建立了自己的三位一体的生存空间，即高山森林、中半山村寨和下半山梯田的三位一体。在气候温和的半山区，哈尼族村寨星罗棋布，都坐落在向阳坡的凹塘里，背靠着森林茂密的大山，左右低山环绕，村前视野开阔，万道梯田尽收眼底，风光秀丽，冬暖夏凉。

将村寨建立在半山腰，不仅冬暖夏凉适宜人的生活，而且既可上山打猎以获肉食，又方便下山以事农业。选择中半山作为居住地，是哈尼族对生存、发展与自然生态环境关系的深刻认识，同时也是他们对生活环境与生产环境关系的理性安排，所体现的是梯田农业生态的特殊需要，是人与自然和谐相处的最佳选择。

由于哀牢山区的气候和所提供的物质条件，哈尼族的建筑是一种较为独特、美观且适宜哈尼族生活的建筑。哈尼族居住在半山，可以就地取材，建造一种被称为"土掌房"的土木结构住房，这种住房因为形似蘑菇，当地人俗称"蘑菇房"。这种住房有坚实的土墙、厚重的草顶。这草顶不仅遮风挡雨，更能使屋内冬暖夏凉，通风干燥。这草顶是哈尼族住房建筑的显著特点和重要组成部分。草顶主要是由稻草构成的，稻草是哈尼族建筑的重要用材，哈尼族每一两年更换草顶，使其功能如初，完好如新，益于人的生活。这就需要大量适于建筑的长棵稻草。为了这种社会物质生活的需求，哈尼族梯田农业所选的稻谷中，无论高山、中山、低山河谷的稻种，都必须具备高棵的特点。在哀牢山区，哈尼族所种稻谷的棵高一般在1.5米以上，这样就可以产生大量的稻草，以满足建房换顶需求。可见选择这样的稻谷品种是与哈尼族的居家建筑息息相关的。高棵稻谷所提供的大量稻草产生于哈尼族梯田农业中，可见哈尼族梯田与哈尼族生活是互为利用的生态关系。同时，我们应该看到这种住房的草顶是极易引起火灾的。哈尼族村寨的布局是以村寨中心平地（可为广场）为中心，老住户居中，新住户居外，长久以后，住房一层一层，重重叠叠，远远望去，家家户户，草顶相连，煞是美观。但往往一家失火，全村就是一片火海。因此，在村寨中预防火患甚于洪水猛兽。

从哈尼族住房的布局看，哀牢山哈尼族的居家建筑，一般为三层楼房。由于云南亚热带山区湿度较大，地气严重，直接接触地面的房屋第一层不宜住人，多用于关养牲畜；第二层则住人。住人房层中有火塘，在楼板上用土筑成方形，有的人家还在火塘边筑有灶台，供炊爨之用。该层内靠墙隔出数室供人居住，一般为房主夫妇及幼儿居住。第三层，堆放粮食及储藏食物，该层是为顶楼，蘑菇形房顶使其具有良好的通风效果，粮食及其他物品不易受潮，宜于保存。哈尼族人家一般建有耳房，建有双耳房的建筑可以形成四合院。耳房建筑，对于哀牢山哈尼族来说具有非常重要的意义。首先，由于哀牢山区山高谷深，地势起伏，少有平地，即使村中也是如此，这对人们的生活生产都有诸多不便。耳房建筑在很大程度上解决了这一问题。耳房建筑为平顶。房顶铺以粗木，再交叉铺以细木和稻草，上加泥土夯实（如今则多用水泥抹顶）作为晒台。于是，晒谷、晾衣、乘凉、孩子游戏、妇女纺织往往都在晒台上进行。晒台成为人们生产劳动、日常生活和闲暇活动的重要场所，是梯田农业和居家生活的重要组成部分。其次，耳房一般作为未婚儿女的住房。哈尼族社会盛行青年男女社交自由，凡成年的男女青年其自由社交父母均不干涉。于是居住耳房，更便于青年男女接待自己的朋友。也有一些地方，在儿女成年未婚时，在住宅的旁边建盖小房（扭然）供儿女住。耳房则作为碓房，或作为客房，或堆放农具等杂物。哈尼族的居家住宅是哈尼族家庭社会的中心及主要的活动场所。在其中有灶台和长年不熄的火塘。耳房也有火塘，为青年人围火玩乐的活动场所。总之，人的生活离不开火。哈尼族的居家生活随时充满火的温暖，又似乎随时受到火的威胁。

从哈尼族的居家建筑可以看出，一方面，哈尼族居家建筑依其梯田农业而存在，对处于哀牢山区地理环境中的梯田农业的完整性给予补充。于是这种居家建筑便与梯田农业浑然一体，不可分离；另一方面，哈尼族居住在半山区是梯田农业生产和哀牢山生活的必然选择，是全部生活的中心及主要的活动场所。然而，正如我们所看到的，哈尼族的建筑最怕的就是火。一旦失火，全村草顶就是火海一片。家园被毁，人即离所。村寨失火，往往引起森林大火，因为在哈尼族三位一体的生存空间中，村寨位于中间，假若村寨失火，上危及森林，下危及梯田，最严重的就是引起森林大火。森林一旦烧去，"绿色水库"就会遭到毁坏，人畜饮水和梯田用水都将消失，人的生存即告危机。因此，哈尼族对村寨的防火最为重视。

二 火的崇拜与对火灾的防范

哀牢山的自然地理气候环境，以及哈尼族三位一体生存空间的建立，使哈尼族的生存和梯田农业得以顺利和健康的发展，最终成了云南亚热带山地农业的典范，成为世界自然文化遗产的申请地。千百年来的梯田农业劳动实践和哀牢深山生活使哈尼族深深地认识到火对生活的重要性和它对生活的危害性。在这种深刻认识和互动中形成了哈尼族对火的崇拜，具有了对火灾的防范措施。对火的崇拜，在哈尼族的自然崇拜中占有重要位置并经久不衰。这是因为火与水与人的生活息息相关，更与哈尼族的梯田农业息息相关。而对火灾的防范亦有着同样的理由。

（一）火的崇拜与山地农耕

哈尼族对火的来源与使用，与其他民族的说法有相同之处也有相异之处。相同之处是：传说，最初他们不会用火，靠采集和集体狩猎所得的野果生肉充饥，披树叶兽皮御寒；栖息在岩穴或巢居高树，以避风雨及野兽、蚊虻的侵扰。狩猎的工具只有棍棒和石斧。在一次狩猎中，用石斧掷击野兽，误中硬石，碰出火花。这星星之火燃遍林野，烧死野兽。人们第一次吃到烧熟的兽肉，感到其味香美可口，从此，才将火种保存下来。同时也知道了击石取火的方法，后来又发明了钻木取火。① 相异之处是："火来自两个方面，一是从蓝天白云间掉下来的，二是一种称为'福叔'的动物送给人类的。因而民间有'火是福叔之火'的说法。'福叔'是一种飞鼠类，皮毛相当厚实，干净华丽，摩擦能产生电火花，'福叔之火'大概是对这种现象的解释。"② 其实，这与钻木取火有关。但无论何种解释，火的发现和使用源于遥远的古代是无疑的。火对哈尼族（全人类）的生存和发展起到了重要作用，对哈尼族在哀牢山区发展农业、创造梯田文化也起到了重要作用。

汉文历史文献和哈尼族史诗记载，哈尼族很早就在大渡河一带从事过农业，这种农业很可能是水田稻作农业。迁徙进入哀牢山区后，作为农业民族，哈尼族仍然进行农业生产活动。由于环境的变化，这时哈尼族所面对的是高大的群山和茂密的森林，只得以刀耕火种的方式进行农业开发。这正如日本学者在其著作《始于云南的道路——探寻倭族之源》中所说："由于不断的政治动乱而频繁辗转逃亡，逃往山区的很多部族由于环境的变化，不得不从水田农耕转向砍烧地旱稻农耕。"③ 直到今天，哈尼族在新开梯田之前，仍以刀耕火种的方式耕种一段时间的山地以便梯田的修造。通过一项调查发现："在金水河

---

① 中国科学院民族研究所云南少数民族社会历史调查组编：《哈尼族简史简志合编》，1964年，第22页。
② 李期博：《哈尼族民间神祇浅析》，《边疆文化论丛》第三辑，1991年10月。
③ 尹绍亭编译：《云南与日本的寻根热》，《云南社会科学论丛》之二，第158页。

(哀牢山区金平县境内）两岸开地，先用刀耕火种的办法开山地，将树砍倒烧光便播种作物，然后再进一步改成水田。"① 这实际上体现了哈尼族在哀牢山区从事过的两种农业形态：刀耕火种农业和梯田稻作农业。

在哀牢山区，哈尼族的刀耕火种农业是梯田农业的前奏。火对刀耕火种的农业来说，其重要性可想而知。因此，哈尼族对火一直怀着深深的敬意和崇拜之情。但水火无情，火一旦失去控制，对居住于深山密林的人们来说灾难就降临了，它意味着森林大火铺天盖地，田园家宅将毁于一旦，生命财产将面临严重威胁。

（二）火的崇拜与居家生活

长期以来，哈尼族一直对火怀着敬畏的心理，一方面他们认为火是慈悲的，给人带来了温暖和熟食，应当很好地保存和尊重。例如建村立寨的"丈克勒"仪式。"丈克勒"意为"驱逐鬼怪，清扫寨基"。哈尼族建村立寨是社会生活中的一件大事，一般是一个姓氏，也有多个姓氏的集体行动。"丈克勒"仪式活动从所择吉日的傍晚开始，凡参加建寨的各户，要派出一至二名男性成员，按长者在前，幼者随后的秩序，象征性地背着被褥和铺席，举着火把，敲着锣、鼓，鸣放着火枪，浩浩荡荡，向选中的寨址走去。到达新寨址的中央，就地点燃一堆篝火，这是为延续祖宗烟火的寨心。这堆火自点燃之时起，至寨子全部房屋建好时才能熄灭，而且要派专人守护添加柴草，因为它是全寨人温暖和光明的始发者和源泉。点燃篝火，人们围火而坐，说着吉祥如意的话，评论寨址的种种好处，吹奏着牛角号和竹筒号，使寂静的山林充满热闹的气氛。杂木清除后，全寨人集体挖造蓄水井，建

---

① 中国科学院民族研究所云南民族调查组、云南省历史研究所民族历史研究室编印：《云南省哈尼族社会历史调查》（哈尼族调查资料之一），1964年，第6页。

盖公房，建防火水沟，树立磨秋桩，制作牛皮大鼓等。公共设施制全，寨子即告建成。此后各家建房置屋，不在话下。例如，哈尼族每家的火塘，都被视为家的中心、兴旺的象征，任何人不得跨越火塘；火塘之火长年不熄，意味着红火的生活经久不衰；每年的各种节庆，家庭主妇都要对火塘祭祀一番，以求火神给家庭带来安康和睦，给老年人带来温暖，驱除病疼寒冷，给年轻人带来健壮和力量，给孩子们带来活泼快乐，更祈求给家里带来丰衣足食。平日里家人互相提醒：保护火种，防止失火。另一方面他们认为火是恐怖的，因而对火，常保持谨慎小心的态度，虔诚地对待。哈尼族认为火由火神司管着。哈尼族称火神为"迷"，人要管住火，必须管住火神。管住火神的办法有两个，一是"把它封闭起来，不让它到处跑动，或者把火神的眼睛弄瞎，"[1] 二是进行祭祀。祭祀有两种，一种是驱除火神。例如，冬末春初，正是风高物燥时，"各村选择一个恰当的日子，在村外山路上宰杀一只羊和一只公鸡祭奠，各户派人共食。同时，各户用一片芭蕉叶包一块木炭送到村外。芭蕉叶表示水，木炭表示火，意即水镇火，驱除火神，以求村物安然无失"[2]。另一种是祈求火神。例如，在"昂玛突"祭祀活动中要祭火神，祭祀时由"大小咪谷带三位老人和祭品：红公鸡一只，生鸡蛋一个，一包糯米鸡蛋饭，七种野生植物，在寨头右边的一座小圆山上，盛满水的土罐一个，求无论来自雷电闪鸣引起的火苗，还是来自地上的地神掌管的野火，不烧房屋和人畜庄稼"[3]。火对于居住在寒冷阴森、野兽出没的深山密林中并曾从事刀耕火种山地农业的哈尼族来说，无异于生命之神，它是与哈尼族的生存直接相关的。因而对火的作用和威力的尊重、畏惧产生了对火的崇拜，并

---

[1] 李期博：《哈尼族民间神祇浅析》，《边疆文化论丛》第三辑，1991 年 10 月。
[2] 毛佑全：《哈尼族文化初探》，云南民族出版社 1991 年版，第 137 页。
[3] 李克忠：《一个文化范例的诠释》，首届哈尼族文化国际学术讨论会论文，1992 年 12 月。

由此产生了一系列祭祀活动。其目的就是让火善意地服务于人，而较少恶意地伤害人，以保证农业生产顺利进行，人畜健康地发展。

（三）哈尼族的防火措施

哈尼族对火的防范可分为物质和精神两个方面。物质方面主要是对山林和村寨住宅之火的防范；而精神方面主要是防火意识的加强和提升，即对火的祭祀和火文化的传承。

1. 物质方面

哈尼族对森林山火的防范有着较长的历史传统，所采取的方式主要有四种。

一是在开挖梯田之前，就在每座大山的山腰挖出几道大沟，这些大沟上源直通高山森林，下源则绕山盘岭，有的更是跨州连县而达各处梯田。这些大沟犹如山的腰带，它们既是梯田的灌溉系统，又具有防火沟的作用；大沟既将森林隔开，长年流淌的水又随时可以用来救火。可以说哈尼族的梯田农业水利系统同时就是哈尼族的森林消防系统。在长期的历史发展中，哈尼族的这套森林消防系统对哈尼族森林的安全、哈尼族社会的安定以及哈尼族梯田农业的正常运转起到了极其重要的作用。这套森林消防系统为哈尼族所独有，是哈尼族火文化中较为独特的部分。

二是村寨处于半山，紧靠高山森林，这有利于人们对森林和水源的保护和管理。高山森林是哈尼族的"绿色水库"，常年下流的泉水，为哈尼族村寨的人畜饮水及梯田用水提供了可靠的保证。此外，高山森林中丰富的动植物，则给哈尼族提供了肉食和佐餐的菜蔬。正因为如此，哈尼族视高山森林为衣食饭碗。对于高山森林的保护和管理，哈尼族有着约定俗成千年不逾的规定。哈尼族将森林分为水源林、村寨林和"龙树林"，这三种林子是任何时候都不许砍伐、不能打猎、

| 发现传统

烧荒和烤火的，否则乡规民约将予以严厉制裁。制裁的方式很多，例如罚款、罚粮、罚清扫街道等。如今，对砍伐森林者和导致失火者的惩处，有更加明确的经济手段和严厉的行政手段。哈尼族村寨，都有一名森林管理员，该管理者系村民推举产生。他虽然仅是兼管，但具有强烈的责任心，并为村民所信任。这个人过去多为"咪谷"（相当于今天的村主任）担任，每年村民都凑一些米、钱给他，作为报酬。另外，在约定俗成的和明确规定的禁令之外，哈尼族还运用神灵的力量保护山林：哈尼族将村后有蓄水作用的山林划为神山、神林，常年加以保护和祭祀。哀牢山哈尼族一年数次的大规模祭山和一年一度的节日"昂玛突"，都有借助神灵保护森林的意义。人力和神力的结合，有效地保护了森林。这样也就有效地保护了水源。直到今天，哀牢山哈尼族村寨以上的高山森林仍基本完好地保存着，使梯田用水和人畜饮水得到了保证。

三是哈尼族村寨都修有蓄水井，而且各家各户都有水沟通入。高山森林中常年下流的泉水，沿着水沟分流入水井和各家各户。引水渠道常年贯通，井中之水常年溢满，流水不腐，常保洁净，哈尼族人的饮水和生活用水全取于其中。流入家家户户的山水最后汇入村中的大水塘再流出村寨注入梯田。在哈尼族人的心目中，水井是神圣的，是生命之源，是村寨的心脏，是与高山森林、低山梯田连为一体的，因而对水井的保护和管理，是全寨子的事情。而流入各家各户的水沟其功能有冲洗院落、"冲肥"[①] 和防火，各家的水沟由各家自己管理。

[①] "冲肥"。哈尼族的梯田冲肥有两种。一是冲村寨肥塘。在哈尼族各村寨，村中都有一个大水塘，平时家禽牲畜粪便、垃圾、灶灰积集于此。栽秧时节，开动山水，搅拌肥塘，乌黑恶臭的肥水顺沟冲下，滚滚而来，流入梯田。另外，如果某家要单独冲畜肥入田，只要通知别家关闭水口，就可单独冲肥入田。二是冲山水肥。每年雨季到来，正是稻谷拔节抽穗之时，在高山森林积蓄、沤了一年的枯叶、牛马粪便顺山而下，流入山腰水沟。这时，正是梯田需要追肥的时候，届时，村村寨寨、男女老少一起出动，称为"赶沟"。漫山随雨而来的肥在人们的大力疏导下，迅速注入梯田。

哈尼族村中的蓄水井和各家各户的水沟流水，是哈尼族村寨重要的防火设施，是村寨内的消防系统，在哈尼族的村寨的消防中起到了积极作用。

四是正如我们所知道的，哈尼族住宅建筑是以三层的主楼和两边的耳房组成的。这两边的耳房的房顶是泥土建成的平顶，它既是独特的晒台，更是哈尼族别出心裁的防火带。实际上，这耳房的土顶晒台就是户与户之间的"防火墙"，使各家的住房草顶相互远离。哈尼族三层住宅中主楼是最重要的所在。一层关牲畜，二层住人，三层储藏粮食。人、畜、粮毫无疑问对哈尼族是最为重要的。在人居住的第二层，哈尼族设置有火塘。火塘是哈尼族家庭的核心，不仅是日常炊爨、烤火集会的所在，而且火塘长年不熄。所以对它的防火保护也至关重要。哈尼族人家的火塘在二层地板上用土筑成一方形土台，周围有硬木围绕。这个土台将火与地板隔开，是重要的防火措施。当然，对于火塘的防火还有许多的精神力量，如以祭祀为手段的防火措施，以此来保证火塘的安全。

2. 精神方面

哈尼族非常重视强化人们的防火意识，这种强化主要表现在对火的崇拜和防范火灾危害的教育上。

哈尼族对火的崇拜已如上所述。一系列的祭祀火神的仪式不仅是针对火神的，而且是针对人的，即这些祭祀和崇拜实际上是一种社会化的教育，祭祀和崇拜仪式的反复进行，在哈尼族人的心目中和精神上留下了永久的记忆。例如上述的在哈尼族的原始宗教观念中，认为芭蕉叶具有水的神性和神力，因而在驱火神的祭祀活动中，各家各户都用一块芭蕉叶包一块代表火的木炭送到村外，意为以水来镇火。这种意识就是在一次一次的祭祀活动中形成的。又如，一年一度、年复一年的祭寨神（"昂玛突"）活动中的祭火神仪式，更是不停地在强化人们的防火意识。

哈尼族防范火灾危害的教育有两种：一是社会化的教育，二是生活化的教育。

社会化的教育。在现实生活中对火的危害的教育是耳传身教，随时随地的，如哈尼族在节日来临时，要对村中水井进行彻底的维修，清洗水井。届时要将水井淘干，清除井壁青苔杂草、井底沉淀之物，修补井台、护栏等。在这个过程中，年长者要对年轻者进行爱护水源、尊重水井、爱惜水井、保护水井、节约用水和保护森林、保护村寨以及防火的教育。这种社会化的教育，早已形成制度，代代传承。而在重要的节日庆典和社会集会上，哈尼族老人要向大众演唱"哈巴"（古歌），所演唱的史诗都有敬火、祭火、防火的内容，这种大众化、社会化的火文化的教育，使得哈尼族全体人民的防火意识不断深化和提高。

生活化的教育。在哈尼族的居家生活中，时刻灌输着火的厉害和危险的家庭教育。在哈尼族社会中，谈火色变，火的厉害几乎所有的人都有深刻的体会，即使是小孩子，一听到失火都会吓得脸色突变，浑身发抖。作为一个家长，在所有的家庭教育中，最突出的就是火的教育，水火无情，几乎是所有的父母对家庭和儿女的最重要的告诫。在外出活动中，如上山打猎、砍树、开荒等活动中，哈尼族不仅要在事前进行祭祀活动，而且在从事这些活动的过程中，人们对火的使用和防范都倍加小心，相互之间都在不停地提醒。

祭祀仪式和社会文化传播是哈尼族火文化教育的独特方式，也是哈尼族火文化传承的独特方式。种类繁多的祭祀仪式，在一代又一代的哈尼人心中深深地种下了防火祭火的种子；而代代不息的教育在哈尼族人的精神中结成了牢不可破的防火情结，越来越强化着人们的防火意识。

哈尼族的火文化中有着深刻的防火意识、防火手段，其中对火的认识、火的崇拜和防火教育是其核心内容。在长期的历史岁月中，这种有着独特民族特征的火文化在哈尼族所居住的山区，在其生产生活中一直起着积极的作用，可以说从某种层面上保持了哈尼族的生存与发展。

三　哈尼族传统防火手段的现代提升

哈尼族强烈的防火意识和火文化传统是在长期的哀牢山生活和梯田农耕实践中形成的。哀牢山区的自然地理气候环境，哈尼族所建立的三位一体的生存空间格局，以及森林这个梯田农业和人的生存的命根，使得哈尼族对火的认识极为深刻，对火的崇拜极为虔敬，对火的防范也就极为严厉。因此，哈尼族在哀牢山区建立了较为独特的行之有效的森林防火体系和村寨防火体系，而且在物质和精神两方面都显示出其传统防火知识的丰富性和深刻性。强烈的防火意识和有效手段，保障了哈尼族长期在哀牢山区的生存与发展。随着社会的发展，哀牢山区哈尼族的火文化内容也随之丰富，防火的方法和措施也得到了一定程度的发展和现代的提升。

在森林防火方面。自20世纪50年代以后，国家在哀牢山区逐步建立了分水岭自然保护区、五台山自然保护区、西隆山自然保护区、观音山自然保护区，除了传统的水沟防火体系外，在一些重要的山脉地段建立了防火沟，在一些重要的山头设立了防火瞭望台，而且有由政府林业部门组建的护林队。例如，1988年，元阳县将观音山的国有林地区建成自然保护区，林业部门在保护区设立了林业站，配备了46

个护林员负责管理森林。与此同时，各乡、村在原有的村规民约的基础上，结合当地实际又制定了一些护林防火的奖惩措施。1994年5月，云南省人民政府批准元阳县观音山自然保护区为省级自然保护区。保护区的管理，实行"四定""四无""一奖"的承包管理责任制。"四定"即：定管理范围、定任务、定人员、定报酬；"四无"即：无山林火灾、无乱砍滥伐、无毁林开荒、无乱捕滥猎；"一奖"即：实现"四无"，保护森林有功者给予奖励。这些办法和措施使哀牢山哈尼族地区的森林防火工作上了一个新台阶，既实现了哈尼族传统防火体系与现代自然保护区防火体系的对接和有机结合，更有效地防治森林火灾。进入21世纪的今天，我们应不断吸收传统的和现代的防火经验，加强森林防火的组织系统，引进和使用更为先进的防火技术手段。

在村寨防火方面。在村寨中，哈尼族传统的防火设施——水井、水沟、晒台"防火墙"常年保持完好，有的村寨还在村公所、学校、仓库等地方安放了消防灭火器。可以说，哈尼族村寨火灾的防范手段和措施有了很大提高，对传统的村寨火灾能够有效防范。但是，现在随着哈尼族人口增加，房屋密度加大，村寨不断扩大，火的使用量和失火的可能性都相应地增大，加之电进入了深山，进入了村寨，增加了火的内容、利用和火患，而且在深山村寨，输电线质量、用电技术水平以及村民的用电知识较低，使得村寨防火的形势极为严峻。

因此，哈尼族村寨的用火和防火能力必须有新的改变和提升。第一，应该运用现代建筑材料，如水泥、石棉瓦等改变哈尼族传统住宅"蘑菇房"的草顶。尽管这个草顶有冬暖夏凉、通风干燥，以及美观大方、具有浓厚的民族特色等好处，但它的防火性能实在太差，是哈尼族村寨火灾的最危险点。当然，这种改变只应是材料的改变，应该使哈尼族的建筑保持原来的式样风格、民族特色，应该仍然具有原来草顶所具有的冬暖夏凉和通风干燥的功能，这是现代建筑技术能够做到的。第二，应该改变烧火塘和火塘常年不灭的方式和习惯。一直以来，政府和学者希望哈尼族改变烧火塘的习惯主要是基于节约木材、保护森林的考虑，而现在所说的改变是基于防火。哈尼族的火塘尽管在建筑时做过防火处理，但它毕竟是在木地板上四面敞开的常年不熄的火堆，它的火灾危险性是随时随地存在的，为了不失火，人们需要在使用火时小心翼翼，时时刻刻保持高度的警惕性。实际上，现在的许多哈尼族村寨使用火塘的生活习惯正在逐渐改变，有的地方已使用沼气，有的地方已使用炉灶。改变火塘，对哈尼族村寨的防火意义重大。第三，在建设社会主义新农村的形势下，在大力进行村容村貌建设的同时，应该考虑防火而合理设置消防安全设施，使传统防火设施和现代消防技术结合，使哈尼族村寨的防火能力得到一个新的提升。

在精神层面上，仍然要发扬传统的火文化教育。哈尼族的火文化教育，往往是在社会活动、民间集会、逢年过节时进行的，这些时候正是民族文化展示、传承和传播的时候，因而，发扬民族传统的火文化教育，正是大力发扬和传播民族传统文化。哈尼族火文化教育中的"火崇拜"及各种祭祀活动，不仅在今天是极为宝贵的民族传统文化，而且对于加强和提高人们的防火意识仍然起着极为重要的作用。与此同时，特别是今天，更要加强现代的消防意识、消防知识的宣传和教育，使哈尼族的火文化教育和现代的消防教育紧密地结合起来，这将有力地加强哈尼族地方的火灾防范，也将有力地推动民族火文化的发展。

（原载《西南边疆民族研究》2007年第5辑）

哈尼族的宗教信仰

哈尼族是中国西南一个跨中、越、老、缅而居的古老民族，人口143万，以开造梯田闻名于世。

梯田雄伟高壮的形象，历来笼罩着神秘的光环。哈尼族以无穷之力创造了它，犹如在浩瀚的群山中塑造了一座座巨大的偶像。尽管哈尼族一直没有形成一神独尊的宗教观念也没有专门的偶像崇拜，但是，对于梯田这个"偶像"，哈尼族真是倾注全身心力，他们把一生的劳作和汗水全部奉献给了它，同时把心灵中的美好愿望也全部寄托于它。于是，梯田成了人神交流的圣坛，哈尼族虔诚信仰的归依之处。

由于哀牢山区环境的封闭性，哈尼族的宗教观念，没有受到外来宗教如佛教、道教、基督教的严重影响，因而，哈尼族的原始宗教较为完整和复杂地保持着。实际上，它的内容十分丰富，形态多样，几乎囊括了原始宗教所有的内容和形态，诸如自然崇拜、动植物崇拜、图腾崇拜、鬼魂崇拜、祖先崇拜、灵物崇拜、精灵崇拜等。崇拜就要进行祭祀活动。哈尼族原始宗教的所有内容和崇拜形态几乎都与梯田农业崇拜和祭祀相联系，其中，自然崇拜和祖先崇拜表现得最为突出。

一　自然崇拜

哈尼族的自然崇拜十分宽泛，上至天、日、月、星、风、雨、雷、电，下至地、高山、石岩、森林、泉潭、江河、瀑布等，都是自然崇拜的对象。哈尼族认为，这些自然崇拜的对象既是客观实体，又虚无缥缈，是神灵的居所。

例如对天地的崇拜。在哈尼族的观念中，自然界以天地最大，在实际的观感中天地也确乎最大。天有天神，地有地神，哈尼族称天神为"摩咪"，称地神为"咪收"。天神"摩咪"是天上诸神中至高无上的大神，司管着日月星辰、风雨雷电诸神，也是世间最大的主宰，保佑着农田水利、村寨人家、人体安康、六畜兴旺，也惩治人间的一切邪恶。总之，"摩咪"神力无边，是世间最大的保护神。另一天神是"摩咪"的助手"威嘴"，他司管农业，被哈尼族奉为农业的保护神。地神"咪收"，据说是大天神"摩咪"的女儿，分管人间，住在人间各个村寨中，她保护村寨、田土和人畜的安康，是一位美丽的女神。

哈尼族对天地的崇拜是最虔诚的，对天地之神永远怀着极深的敬畏之情。但是，对于天地的祭祀比起其他祭祀活动来并不显得特别隆重。其实，哈尼族对天地之神的敬仰已融化在梯田文化中，对天地之神的虔诚祭奉已表现在梯田农业的祭祀中，并主要集中体现在两个重大的节日中。一为"苦扎扎"节，二为"昂玛突"节。这两个节日为全民性的节日，规模浩大、气势恢宏，哈尼族对天地之神的崇拜之情，分别显现其中。

再如对水的崇拜。哈尼族梯田农业的最大特色是利用哀牢山区的

| 发现传统

立体气候、立体地貌及"山有多高,水有多高"的自然环境对水资源进行充分而有效地使用。可以说,没有对高山水资源的利用,就没有哈尼族的梯田。水是生命之源,是哈尼族梯田农业的命根。哈尼族古歌唱道:"田坝再好/没有水栽不出谷子/儿子再好/没有姑娘生不出后代。"① 水给人们带来了一切,但它又是神秘幻化、难以驾驭的。哈尼族长期以来的对水的虔诚渴望和极度尊重,以及对水的神秘莫测的担忧,造成了他们对水的畏惧心态。在哈尼族的观念中,对水的控制、驾驭、利用,都必须得到神的认可和支持,因而必须虔诚地祭祀水神。

哀牢山区的哈尼族,在每年最隆重的农业祭祀节日"苦扎扎"和"昂玛突"期间都要专门祭祀水神,称"合倮削",地点在泉井和泉潭边。"苦扎扎"祭水神时,由"咪谷"(头人)在泉井边杀一只白鸡,摆上松枝、锥栗叶、米饭等供品祭祀祈祷,求水神保护梯田和人畜,风调雨顺、水量均匀。有的地方祭祀之后,妇女要到泉井旁举行背新水仪式(红河县洛恩一带),祈求泉水长流不息。对水的崇拜深刻地影响着哈尼族的社会与文化。

哈尼族的自然崇拜、万物有灵信仰是坚固的。哈尼族认为,世界万物都有生命,世界万物都有神性,它们影响甚至支配着人的生活。

二 祖先崇拜

哈尼族对祖先的崇拜,由来已久。哈尼族深信人有灵魂,并且灵魂不灭,即人死后灵魂虽与肉体分离,但灵魂不死,生活于另一个世

---

① 《哈尼族古歌》,云南民族出版社1992年版,第324页。

界，并与活着的人们及现实世界保持着关系，暗中监视和保护着人们。哈尼族认为，世界由三个部分组成：上层高天、中层人间和下层地下。上层高天为诸天神居住着，下层地下为诸鬼魂居住着，它们都监督、帮助、惩罚中层人间生活的人们。哈尼族认为，死去的人们（主要指祖先），活着时是生活特别是梯田农耕生活的创造者，死去后则是生活及生产的保护者。

哈尼族的祖先崇拜主要表现在丧葬活动及对祖灵的长年祭拜活动中。在哀牢山腹地红河、元阳、绿春一带，老人死后要唱挽歌"米剎威"，这是一种对死者和祖先的强烈怀念和崇拜。"米剎威"歌词动人，表达着哈尼族强烈的祖先崇拜情绪。例如其中一段唱道：

> 你是我们的老祖根，
> 一大群子孙在为你守灵，
> 一大群子孙在为你送葬。
> 从今以后，
> 你就要离开火塘和篱笆，
> 你就要离开门槛和寨门，
> 你就要弃下栗木橡子和杉木柱子，
> 你就要到开阔明朗的山梁上，
> 在那里享受早上温暖的阳光。
> 好生看守自家的子孙，
> 让山上的牛羊无人偷，
> 田里的谷穗壮得像马尾。[1]

---

[1] 毛佑全：《哈尼族文化初探》，云南民族出版社1991年版，第92页。

哈尼族老人死了，毫无例外地要请摩匹来念"指路经"，为死者指引回到祖先那儿的途径。"指路经"所指的道路，是沿着哈尼族的迁徙路线一直向北，要到达叫作"诺玛阿美"的哈尼族最早居住地为止，那里居住着哈尼族的所有祖先，是哈尼族永远不能忘记的地方。因此，有的哈尼族村庄停灵时，死者的头必须朝着北方，表明对祖先的崇敬。

灵魂不死的观念是祖先崇拜的基础，哈尼族丧葬祭词《斯批黑遮》说："人生在世一辈子，死到阴间得永生。""老人死了不会变成鬼/你活着是个聪明人/死后灵魂不会变憨人/你来守祖先的供桌/你来守祖先的候勾。"[①] 在哈尼族的家中都有敬供祖先的类似神龛的地方："阿培候勾。""阿培候勾"是用竹篾编成的一块长约50厘米，宽约35厘米的篱笆，有的地方编成一只竹篮。"阿培候勾"设置在堂屋两侧的屋角，在左侧者，为自家祖先神位，在右侧者，为外祖母即母亲家祖先神位。哈尼族无论哪一个支系，无论哪一个家庭，都有一个从古至今的祖先宗谱，以父子连名制的方式代代流传。哈尼族崇拜民族的共同始祖，也崇拜自家的代代祖先。他们认为，祖先虽然居住在遥远的北方，但灵魂不灭，随处可在，有时近在咫尺，随时守候家宅和田地。

报答祖先的养育之恩和祈求祖先的保护之力，是哈尼族祖先崇拜产生的原因，也是其在梯田农业发展中经久不衰的原因。

---

① 《斯批黑遮》，云南民族出版社1990年版，第98页。

三 结语

哈尼族的民间信仰，较为完整地保存于哀牢山浩瀚丛林和哈尼族社会生活中，丰厚而博大。其所包含的自然崇拜、动植物崇拜、灵物崇拜、图腾崇拜、祖先崇拜等，由来已久，发轫于遥远的古代。但随着迁徙的结束，哀牢山定居生活的实现和梯田农业的产生及发展，哈尼族几乎所有的原始宗教的崇拜形态与祭祀方式都逐渐集中围绕于梯田农业崇拜与祭祀来进行，出现了各种崇拜中均有梯田农业崇拜的现象。这是因为，梯田农业已是哈尼族最基础也是最主要的生产部门，是哈尼族赖以生存和发展的根本。于是，梯田农业崇拜和祭祀成为哈尼族宗教生活的中心，梯田也成了哈尼族心目中的巨大"偶像"，哈尼族把心中的一切美好的愿望都寄托于它。梯田的宏伟形象和博大的文化包容性及深邃的内涵，使它成了人神交流的祭坛，成了哈尼族宗教文化的圣地。

（原载《中国社会科学报》2014 年 4 月 16 日）

第二部分

联系一个地区——云南红河及周边

"联系一个地区"就是建立一个长久的研究基地。它是研究者的学术扎根地，也是研究出发点。

哈尼族是云南独有的 15 个民族之一，又是一个跨中、老、越、缅、泰而居的民族。哈尼族所居之哀牢山和无量山，自滇西巍山南部，由云岭山脉分出，纵贯滇南全境。哈尼族分布区域处于汉、彝、白、傣、拉祜等族分布地的中间地带，并有苗、瑶、回、壮等族分布其间。哈尼族大片聚居于海拔在 800 米至 2500 米的半山区，与立体地貌中立体分布着的其他民族和睦相处。从古到今，他们都有着千丝万缕的联系，文化上也表现出"你中有我，我中有你"的格局。

笔者最早联系的地区是元阳县，后扩大至红河南岸，再扩至红河哈尼族彝族自治州，再扩为云南全省、中国西部及中、越、老、缅跨境哈尼族地区。这个扩大过程是随着哈尼族研究的深入而进行的。

因此，笔者联系的地区是云南红河及周边。

民族区域自治在云南的成功实践·导论

在人类社会文明进程中,作为人们共同体的民族是一种社会历史现象,有着自身的发展规律,产生于国家产生之前,消亡于国家消亡之后。民族问题不仅是民族自身发展的问题,也不仅是民族之间相互关系的问题,而且是涉及阶级、国家等各方面关系的重大问题。当今世界,同一民族生活在若干国家,一个国家包括若干民族的现象相当普遍,世界上几乎所有国家都存在着民族问题。如何处理民族事务,使国家稳定团结并健康地发展,是多民族国家极其重要的重大问题。在当今世界上,可以说每个国家都有自己处理民族事务的方式和模式。

1947年5月1日,在中国共产党领导下的蒙古族地区就建立了中国第一个省级少数民族自治地方——内蒙古自治区。新中国成立后,少数民族聚居的地方开始全面推行民族区域自治。云南是中国民族区域自治实施较早的地方,至今已有60年了。民族区域自治在云南省政治、经济、社会、文化等各个方面一直发挥着重要作用,不断巩固和发展着这里的经济,形成了社会稳定、民族团结、边疆稳定的良好局面,引起了人们的高度关注。本导论的主旨:通过分析一些中外处理民族事务的模式,阐述对中国民族区域自治制度的认识以及民族区域自治在云南的成功实践。

一　国外有关处理民族事务的模式分析

历史的经验一再证明，民族事务处理的好坏，直接影响着多民族国家的发展，直接关系着多民族国家的兴衰存亡。无论什么性质的多民族国家，要求得到国家的稳定和发展，必须高度重视民族问题，认真处理民族事务。

美国、苏联、印度是世界上的大国，都是多民族国家，他们处理自己国家民族事务的一些政策和方式值得我们关注。

（一）美国的印第安保留地[①]

美国是一个多民族的移民国家。根据2000年人口普查的数据，当时美国的人口总数为2.814亿，其种族构成是：白人占75.1%，非洲裔美国人占12.3%，亚洲裔美国人占3.6%，印第安人和阿拉斯加原住民占0.9%，夏威夷及其他太平洋岛民占0.1%，其他种族的人占5.5%，归属两个以上种族的人占2.5%。美国的民族关系经历了从激烈冲突到相对稳定的变化过程。在这一过程中，政策的制定和调整起着关键性作用。美国民族政策的核心是各民族成员享有宪法规定的平等的个人权利；任何种族、民族的群体不能要求特殊权利（印第安人除外）；各民族文化可以在统一的美利坚国家认同下得到保护，但各民族成员对其权利的要求不能违背构建美国公民国家的目标。

[①] 转引自杨恕、李捷《当代美国民族政策述评》（《世界民族》2008年第1期）；杨恕、曾向红《美国印第安人保留地制度现状研究》（本文系国家社科基金重点项目资助成果，项目批准号为06AZZ003）。

美国的"民族政策"是美国政府为协调民族关系、调控民族发展而制定的法律、规定和措施的总称，是以联邦宪法、联邦法律、州法律、总统行政命令、法院判例为基础组成的。

针对印第安原住民，美国采取了较为特殊的政策，即印第安人除了享受与其他少数民族同样的权利以外，还享有保留地内的自治权利。

美国印第安人保留地制度（American Indian Reservation System）已经存在了一百多年，是美国政府印第安人政策不断变化的产物，是19世纪30年代美国政府为了将东部印第安人迁至西部，并将白人社会与印第安人这两个文化类型截然不同的群体隔离开来所采取的措施而形成的，[1] 这一制度在19世纪50—80年代得到了迅速推广。

截至2005年，美国共有联邦承认的印第安人部落（Federally recognized Indian tribes）561个，保留地（reservations）275个，这些保留地分布在美国的26个州。就印第安人在美国的分布状况来看，他们主要集中在密西西比河以西的地区，25%的印第安人集中在西北部，其中加利福尼亚州是美国印第安人口最多的州，紧随其后的是俄克拉荷马州、亚利桑那州、新墨西哥州。印第安人保留地的面积总共为5570万英亩，约占美国国土面积的2.4%。在这275个印第安人保留地中，既有联邦保留地，也有州保留地，其中州保留地主要集中在东部，以纽约州最多；而联邦政府保留地主要分布在西部。印第安人保留地在面积上相差甚远，其中面积最大的保留地为俄克拉荷马州的纳瓦霍部落领地，面积为15.4万英亩，最小的保留地面积仅为100英亩。而且其中相当一部分土地是由非印第安人所有，甚至许多保留地上印第安人完全被非印第安人所"包围"，这就是"印第安人保留

---

[1] 邓蜀生：《美国历史与美国人》，人民出版社1993年版，第302页。

地的幻象。"

1824年，美国政府设立了一个专司印第安事务的机构——印第安事务办公室（Office of Indian Affairs, OIF），1947年更名为印第安事务署（BIA），其主要职责是协调美国政府与印第安人之间的关系，具体从事的工作包括对保留地事务、土地的管理及向印第安人提供各种服务。在印第安人保留地制度的制度设计中，印第安事务署隶属于内务部，最高行政长官为内务部长，直接负责印第安事务署工作的领导人为主管印第安事务的内务部副部长。

根据国会的授权，印第安事务署全面具体地行使联邦政府对印度安人的托管权。印第安事务署的工作方针为："印第安事务署的职责在于监督和管理由美利坚合众国托管的5570万英亩美国印第安人、印第安人部落及阿拉斯加土著人土地。在美国，有561个部落被联邦承认。开发土地，租赁这些土地上的财产，给这些土地上农业发展项目提供指导，保护他们的水权与土地权，发展和管理基础设施，促进经济发展，均属于这一机构的职责。此外，印第安事务署还为将近4.8万名印第安学生提供教育服务。"[1] 在这些宏观的管理活动下，印第安事务署还囊括了印第安包罗万象的日常活动，如规范和管理印第安人土地的出售和转让，在印第安人保留地上开展社会福利项目、控制印第安人灌溉地表水资源的使用、管理和批准印第安人组建企业的工作、运营印第安人学校、为印第安人或其部落购买所需土地、监管印第安人的捕鱼和狩猎活动、根据《印第安人博彩管理法》（Indian Gaming Regulatory Act）管理印第安人在保留地开设赌场的活动、管理和向印第安事务署发放国会为印第安事务所拨的专款、管理印第安人个人的金融账户，等等。总之，这一机构几乎对与保留地上印第安人

---

[1] 美国内务部官方网站：http://www.doi.gov/bureau-indian-affairs.html。

生活所有方面相关的一切事务都有管理权。

在美国印第安人政策史上，美国政府处理印第安事务的模式可概括为"父权主义"（paternalism）、监护人—被监护人（ward-guardian）和托管者—受惠人（trustee-beneficial）。这三种不同模式在美国—印第安人关系史上的不同时期产生了不同影响，其中"父权主义"曾经最为流行也最具影响力。这种态度的内涵在于，在对待印第安人的问题上，美国政府应该像父亲一样手把手地教给印第安人文明的生活方式，引导他们信仰基督教从而进入"文明"社会。这一论调几乎在整个19世纪的美国—印第安人关系中居于主导地位，直到19世纪80年代美国政府推行以《道威斯法》（Daws Act）为标志的"份地"（allotments）分配政策，"父权主义"才渐渐地为"监护人—被监护人"和"托管者—受惠人"的关系模式所取代。联邦政府行使托管权的主要目的在于确保印第安部落和印第安人的生存和福利，包括使其能够保护印第安人的土地和资源，提高其自治能力。

20世纪60—70年代，受印第安人争取"红色权利"（red power）运动的推动，美国的印第安政策逐渐走向允许印第安人自决和自治，印第安部落开始逐渐行使着原本就属于他们的自决与自治权，但是这种自决与自治仍是不充分、不完备的。例如，印第安人部落政府作为美国社会中一种独特的政府组织形式，行使着属于自己的民事司法权和一部分刑事司法权，但这种司法权受到了美国联邦政府和各州政府不同程度的侵蚀，特别是各州对印第安事务包括在保留地刑事司法权的介入越来越多、越来越深，使印第安人保留地上的自治主体——印第安部落政府的刑事司法权日益弱化。有法学家指出："联邦政府在削减印第安人土地和部落主权上所拥有的广泛权利，使印第安人部落很难避免依附于联邦政府提供的指导和馈赠。"

然而，在美国的印第安保留地制度和托管政策下，长期以来，保留地上印第安人的生活水平和生活质量远远落后于进入城市的印第安人。尽管进入 20 世纪以后,印第安人的平均寿命有了明显的提高,但由于缺乏医疗设施、生活水准低下及酗酒、吸毒等现象泛滥,保留地上的印第安人人均寿命只有美国白人平均寿命的 2/3。① 在印第安人保留地,失业率极高。2003 年,印第安人合格劳动力中的失业率达到了 49%,约为美国全国平均水平的 10 倍;在多山地区的印第安人保留地上,这一数字甚至高到 70%;即使拥有工作却仍然生活在美国卫生贫困线以下的印第安人有 32.5%。② 因此,有美国学者感慨:"红种人(对印第安人约定俗成的称谓)仍然是我们国家中最为贫困、经济条件最为凄惨的一群人,他们的生存处境不仅与其他美国人相去甚远,而且与城市贫民窟中生活的人比起来也相形见绌。"③

印第安人在当前美国社会中的经济与社会处境,反映的正是美国为印第安人事务所设置的制度框架——印第安人保留地制度所存在的内在矛盾。

在美国的印第安人保留地制度的设计中,联邦政府对印第安人的托管权建立在所谓的印第安人还不具备全面管理自己财产和生活能力的基础上。在实际操作过程中,托管原则经常发展成为极端的"父权主义":运用美国现代社会的标准来衡量印第安人的文化传统,为了使印第安人走向"文明",联邦政府运用强制手段同化印第安人,并试图通过解散印第安部落、分配印第安人的共有土地、使印第安儿童走出自己的土地接受美国主流社会的教育等措施,企图使印第安人接受白人的文化和生活方式,让他们消失和湮没在美国主流社会的汪洋

---

① Stephen L. Pevar, The Rights of Indians and Tribes 3rd, p. 3.
② 以上数据均来自美国内务部印第安事务署文件: 2003 Indian Population and Labor Force Report, http://www.doi.gov/bia/laborforce/2003LaborForceReportFinalAll.pdf。
③ R. Strickland, "Genocide at-Law: An Historic and Contemporary View of the Native American Experience", *University Kansas Law Review*, Vol. 34, No. 713, 1986, p. 716.

大海中。

美国印第安人保留地制度困境的深层根源在于美国政府在印第安人自决和美国联邦政府"托管权"之间左右摇摆的态度。这种态度的根本就是美国政府根深蒂固的种族歧视。说到底，美国印第安保留地制度是美国种族歧视和民族同化政策的结果，实施百年来，印第安民族文化得到了较好的保护，但是民族社会长期停滞而得不到发展。

（二）苏联的加盟共和国

苏联地域辽阔，民族众多，在广袤的土地上生活着不同语系、不同宗教习俗、不同经济社会发展层次的100多种民族，构成了复杂的民族关系，是一个由众多加盟共和国组成的国家。

1917年11月7日，俄国十月革命推翻沙皇统治，建立起世界上第一个社会主义国家。1922年12月30日，由俄罗斯联邦、南高加索联邦（今阿塞拜疆、亚美利亚和格鲁吉亚三国前身）、乌克兰、白俄罗斯四国结成苏维埃社会主义共和国联盟，简称苏联。1924年，中亚民族国家疆界划分后，组建了土库曼斯坦、乌兹别克斯坦、哈萨克斯坦三国，并加入苏联。1929年、1936年塔吉克斯坦、吉尔吉斯斯坦两国分别加入苏联。1940年摩尔多瓦由自治共和国改为共和国后加入苏联。1940年，波罗的海三国（立陶宛、拉脱维亚、爱沙尼亚）恢复苏维埃政权，并加入了苏联。

十月革命后，列宁十分重视民族事务，坚持和发展了马克思主义民族理论，针对民族问题提出许多精辟的论述，并亲自主持起草过许多决议、提纲和文件，为消除民族歧视、确立各民族政治、经济、文化平等关系做出了积极的努力和贡献，使苏联的民族工作和社会发展取得了显著的成就。建立了15个加盟共和国、20个自治共和国、8

个自治州和 10 个民族区，一共 53 个按照民族区域原则来划分的行政主体。使绝大多数民族（其总数几乎占全国总人口的 98%）都有自己的民族区域机构——加盟共和国、自治共和国、自治州和自治区，其范围通常与有关民族共同体的重要分地区相符。大力开发民族地区资源，加速发展原来较落后的共和国经济，缩小各地区经济发展的差距；加快发展民族文化教育，使原来没有文字的 40 个民族有了本民族文字；苏联有 76 种民族文字，有 47 种语言上演戏剧，有 89 种语言出版书报杂志，有 67 种民族语言播送广播和电视节目；有 75% 的非俄罗斯民族学生用本民族语学习；在培养干部和干部民族化方面，成绩也非常骄人，20 世纪 40 年代，少数民族干部就占全苏党员总数的 32%，在高层领导干部中，非俄罗斯族占有一定的比例。

应该说，这时苏联的加盟共和国自治制度、民族事务的处理和民族政策是正确而成功的。各民族的团结，使苏联迅速强大起来，成了国际共产主义运动的中心，并成功抗击了纳粹德国的进攻。

但是，在斯大林时代后期，严重地违反和破坏了列宁制定的有关民族问题的方针和政策，试图"简化"国内的民族结构，忽视了一系列小民族的存在。特别严重的是，在第二次世界大战期间，斯大林借口某些民族中的个别人物的背叛（同德国侵略者合作），撤销了一批民族国家的构成体，根据所谓"国家任务"强行把 17 个民族从世代居住的地方迁往荒无人烟的中亚和西伯利亚一带，总数达 322.6 万多人。在迁移过程中，由于许多人是突然接到命令离开的，没有思想上和物质上的准备，不少人冻死、饿死在途中；到了新定居点后，又由于条件恶劣和不适应当地气候，被当作与劳改犯差别不大的"特殊移民"，使他们的心灵和肉体备受折磨，留下了难以消除的创伤。斯大林去世后，虽然部分民族恢复被撤销的自治单位并返回家园，但他们原有的故里早已迁入其他民族的新居民，随之而产生的新问题也十分棘手。①

20世纪80年代后期,苏联民族矛盾空前激化,族际关系出现了前所未有的紧张局面,民族动乱一波未平,一波又起。流血事件不断发生,要求独立的呼声来自各加盟共和国。1990年3月11日—5月4日,波罗的海三国率先打出了独立的旗子。1991年年底,苏联解体。

对于苏联来说,民族问题上的重大失误造成极其严重的后果。究其主要原因。一是忽视民族问题的长期性、复杂性和重要性。斯大林讲,由于"制造民族纠纷的主要势力,即剥削阶级已被消灭,民族问题已不复存在"②。勃列日列夫则宣布民族差别已经消失。戈尔巴乔夫上台后先讲:"苏联已经一劳永逸地消灭了民族压迫和民族不平等的各种形式和表现。"直到1990年他才承认,过去,"我们没有意识到这个问题的意义,没有及时看到这期间所包含的危险性",面对突如其来的民族问题"我们对发生的一切毫无准备"③。二是用阶级斗争的方式解决民族矛盾。苏共中央强调:"用阶级观点来分析和对待民族关系问题。"④ 在20世纪30年代的大清洗运动中,许多少数民族干部和群众因"资产阶级民族主义"的罪名遭受迫害和镇压。"二战"期间,数百万少数民族从世代居住地迁往中亚和西伯利亚地区,其中整个民族被迁移的有11个⑤。从而加剧了民族矛盾,为后来的民族危机埋下了"伏笔"。三是没有始终坚持民族平等的原则。片面强调民族共性,忽视甚至否定了各民族的特殊利益。高度的中央集权,以具

---

① 参见[苏]亚涅克利奇《被流放的民族》(王攸琪译,中国社会科学院民族所,1987年印);[苏]布加伊《论30—40年代苏联驱逐民族出境问题》(于洪君译,《民族译丛》1990年4期);高发元、范祖锜《苏联民族问题考察报告》(《民族学》1991年第1期)等。

② 《斯大林文选》,人民出版社1978年版,第88、89页。

③ 转引自陆南泉等主编《苏联兴亡史》,人民出版社2002年版,第801、802页。

④ 赵常庆、陈联璧主编:《苏联民族问题文选选编》,社会科学文献出版社1987年版,第269、291页。

⑤ 参见李宗禹等《斯大林模式研究》,中央编译出版社,第187页。

有法律效力的指令性计划指标，基本上剥夺了各加盟共和国处理本地区和本民族经济的权力，以干部委任制，剥夺了各加盟共和国人民自己选举和选择本地领导人的权力，使各加盟共和国的自决权和自治权大打折扣，甚至被剥夺。而大俄罗斯沙文主义的恶性发展，导致民族分裂主义的出现和激化，更使民族危机日益加剧。四是民族地区发展长期滞后。苏联长期以来没有把主要精力放到发展经济上，更没有采取强有力的措施帮助落后民族去发展经济和文化。结果，在20世纪60年代以后，苏联的经济发展缓慢，各个民族特别是后进民族群众的生活水平不断下降。1991年，苏联各加盟共和国居民的生活水平都有明显下降，降幅最大的格鲁吉亚、吉尔吉斯斯坦分别达到26%和25%，降幅最小的白俄罗斯和乌兹别克斯坦也达到14%；全苏有1/3的人口（1亿左右）生活在官方公布的贫困线以下①。这一状况，使苏联失去了应有的吸引力和凝聚力。

（三）印度的部落民和表列部落制②

印度是个多民族国家。尽管印度政府没有做过民族识别工作，也不承认国内有主体民族的存在，但"经过数千年的迁徙、融合、同化和交流，形成了当今印度社会民族构成的格局"③。印度的民族成分主要有印度斯坦族、泰卢固族、孟加拉族、马拉地族、泰米尔族、古吉拉特族、坎拿达族、马拉雅拉姆族、奥里雅族和旁遮普族等十大民族，分别占总人口的46.3%、8.6%、7.7%、7.6%、7.4%、4.6%、3.9%、3.9%、3.8%和2.3%。除这十个大民族外，其余大约6%的

---

① 参见江流、陈之华主编《苏联演变的历史思考》，中国社会科学出版社1994年版，第97页。
② 摘引自熊坤新《印度宪法规定和践履中的民族政策》，《中国民族报》2006年10月27日；贾娅玲《印度少数民族政策及其对我国的启示》，《湖北民族学院学报》（哲社版）2007年第2期；贾海涛《印度民族政策初探》，《世界民族》2005年第6期。
③ 陈峰君主编：《印度社会述论》，第186页。

小民族在印度被称为"部落"。

印度宪法没有明确规定少数民族的概念。但是印度政府按种姓和部落将一些群体划分为特殊群体，其划分的依据是语言、聚居地区、文化以及人口数量等方面。与此同时，政府也将这些群体视为不同于一般社会群体的特殊群体——表列部落，通过法律、政策以及其他方式对这些群体实行特殊保护，并在一定场合给予特殊照顾。因此"印度的部落民和表列部落即为少数民族"[①]。

印度政府将部落民分为两类：一类是表列部落（Scheduled Tribes），即被政府列在名单上的部落；另一类则是未被列入表列部落中的其他人。2005年印度中央统计局数字显示，印度总人口约为10.9亿，其中少数民族约占8%。

印度宪法最早使用"表列部落"一词并沿用至今。现行印度宪法解释：所谓表列部落就是指在宪法342条中所界定的那些部落、部落群体或者是零散群体组织等。1950年宪法宣布14个省的212个部落为表列部落，在1976年的宪法修正案中，这样的共同体数目达到550个。[②]

1950年1月20日生效的印度宪法，是印度独立后在政治、经济、文化等各方面对其民族政策所进行的一次调整，并依据宪法对各民族的权利给予法律上的保障，使印度人民逐步摆脱了英国殖民统治的枷锁，走上了民族独立发展的道路。其中有三个方面的民族政策最为引人注目。

一是平等权政策。宪法明确规定了各民族的平等权、宗教自由权和保护少数民族发展文化和教育的权利。要求保证少数民族的平等权

[①] 贾娅玲：《印度少数民族政策及其对我国的启示》，《湖北民族学院学报》（哲社版）2007年第2期。

[②] ［印］弗吉尼厄斯·卡卡：《印度的民族自治要求与自治体系》，安蕾译，王铁志、沙伯力编《国际视野中的少数民族区域自治》，民族出版社2002年版，第349页。

利，禁止因宗教信仰、种族、种姓、性别和出生地等原因对某些人予以歧视，保证各类群体在公共事业中享有平等的就业机会。

二是保留权政策。宪法要求保证少数民族有保留自己的语言、文字和文化的权利，赋予他们根据自己的语言和宗教信仰建立并管理本民族教育机构的权利，取消贱民制度（不可接触制度）。宪法还指出，国家将特别注意落后阶级人民的教育与经济利益，尤其是表列种姓和表列部族的教育与经济利益，并保护他们免受社会歧视及各种形式的剥削；规定禁止在政府资助的教育机构中存在歧视现象，国家还应该做出特别的努力，以促进表列种姓和表列部族的进步。以宪法规定为基础，印度中央政府与各邦政府根据表列种姓和表列部族在总人口中的比例，在所有由中央政府和邦政府运营的教育机构和各类组织中，为他们保留相应比例的名额（表列种姓15%，表列部族7.5%）。这种特别优待或补偿性的政策就是人们所熟知的"保留权政策"。

三是成立专门机构对少数民族事务进行管理。印度宪法还规定，要分别为少数民族和表列种姓、表列部族各设置一位政府特派员（Commissioner），并要求他们定期提交报告。据此，中央政府成立了"表列种姓、表列部族特派员公署"，并先后成立"少数民族事务委员会"和处理少数民族事务的"最高工作小组"。此外，印度政府于1953年建立了一个"落后阶级委员会"，负责调查全国处境不利的人群的情况，接受中央政府有关落后阶级问题的政策咨询并提出相应的建议。

印度宪法赋予表列部落在政治、经济、文化、教育等方面一系列特别的权利。

1. 印度少数民族的政治权利保障

印度政府通过法律来规定和保障少数民族政治上的权利。宪法规定表列部落有权要求在政府部门中工作，在中央的一级、二级职员中，必须为部落民保留一定数量的职位。保留职位的比例根据部落民在部落人口中所占的比例来确定。而且中央政府可以直接雇佣部分部落民在中央政府担任一定职务，并在晋级考试中为部落民保留7.5%的名额。部落民除了可以在政府中任职，还可以在国会人民院以及各邦议会的议席中享有一定数量的席位。在国会人民院全部542个议席中，有40席保留给表列部落，各邦议会3997个议席中，有303席保留给表列部落。① 印度宪法和法律赋予了其部落民参与国家政治事务的权利，保障印度少数民族在政治上享有平等权，体现了国家民族平等的原则。国家给予少数民族参政议政的权利，不仅为少数民族的发展提供了较大的空间和平台，同时也有效地化解了印度社会的民族矛盾，维护了国家的稳定。

2. 印度发展少数民族教育的法律及政策措施

印度政府通过制定法律及相关政策来大力发展少数民族教育事业。为了提高教育的普及率以及消除对部落民的不公平待遇和剥削，印度宪法第46条规定：国家要特别注意落后阶层人民的教育，尤其是低种姓和表列部落的教育。根据1991年人口普查表明，印度表列部落人口中大约42.02%为工人，工人的识字率只有29.6%，而全国识字率为52%，部落民中超过3/4的妇女是文盲。造成该现象的主要原因是印度部落民中初级教育的低入学率和高辍学率。在印度部落地区，部落民接受初级教育的人数较少，大部分学生往往在未完成初级教育时就辍学，从而导致了接受高等教育人数的不成比例。为了解决这一问题，印度宪法规定，印度中央政府和各邦政府要根据表列种姓和表列部落人口在总人口中所占的比例，在所有由中央政府和邦政府运营的教育机构和各类组织中，为表列部落保留7.5%、表列种姓保

---

① 田建明：《印度是怎样帮扶少数民族发展的》，《中国民族报》2006年12月8日第5版。

留15%的名额。另外,中央政府还通过立法保障入学率、降低入学分数、设置奖学金、实行入学优待等政策鼓励和发展部落民的教育。政府对部落民的教育投资较大,在每个五年计划中的教育经费几乎占每个计划经费的一半。①

3. 印度保障少数民族就业的法律及政策

印度宪法对保障部落民的就业权利提出了明确的要求,规定"要保证各个部落群体在公共事业中具有平等的就业机会,不论宗教、种族、种姓、性别、出生地,任何人都享有平等的就业机会,不得被歧视。"印度政府实施了一系列推动部落民就业的部落辅助计划。例如国家农村就业计划。该计划通过在农村地区修建持久耐用的社区基础设施,加强政府对农村的投入,一方面使农民获得额外的就业机会,获得工资性收入,保证贫困人口的最低粮食需求;另一方面也可以改变农村落后的经济、社会基础设施面貌。②

4. 印度对于少数民族地区资源开发的利益保护政策

对于水和森林等资源的开发与利用是印度少数民族矛盾集中的焦点。由于商业开发只注重对资源的索取,忽视环境保护,往往对当地部落地区的山林、土地和河流造成污染,引起了部落民的不满,进而激化了民族矛盾。而作为开发的商业机构关心的是商业价值,往往忽略了对资源的合理利用。在土地、森林开发后,部落民利用自然资源的权利通常会受到限制,甚至是被剥夺。为此,印度政府确立了以下原则以保障部落地区资源开发的权益:(1)部落民有权根据部落地区的情况主导当地的资源开发,任何人不得以任何发展的名义对部落民强加要求或标准;(2)所有开发的项目都应基

---

① 田建明:《印度是怎样帮扶少数民族发展的》,《中国民族报》2006年12月8日第5版。
② 王晓丹:《印度的农村建设》,《中国社会科学院院报》2006年7月11日第3版。

于部落民的自身需求，应当尊重部落民对土地、森林等的使用权；（3）应当避免向部落地区引入过多的非部落民族，以防止开发时剥夺部落民对当地自然资源的支配权利；（4）在资源开发过程中，应当注重保护部落民对资源的传统使用权益，不得影响部落地区的自然环境。

5. 印度促进少数民族地区农村发展的政策

印度政府制定了一系列部落辅助计划，以重点推进少数民族地区农村的发展。印度中央政府和邦政府为发展部落地区的经济，在部落民人口占所在地区人口一半或者一半以上的邦制定了部落地区辅助计划（TSP）。部落辅助计划根据部落地区部落民所占的比例，通过各邦或联邦政府制订实施部落辅助计划，保证 TSP 基金的专门用途，以达到促进表列部落社会经济发展的目的。

6. 印度少数民族的社会保障政策

印度政府通过相关的法律和相应的帮扶项目来提高少数民族成员的社会保障水平。印度政府不仅通过宪法废除农业奴隶制、制定最低工资法来保障农业工人、部落民的利益，而且还通过制定其他法律来完善社会保险制度，保障国家雇员和其他产业工人的权益。譬如，《雇员国家保险法》《雇员准备基金和其他专款法》《煤矿准备基金和奖金计划法》《养老金支付条例》和《1971 年雇员家属抚恤金计划》等，这些法律法规都对国家雇员和其他产业工人应享受的权益做出了详细的规定。此外，印度政府还在部落地区设置了低价商店并发放购物卡，以保证部落民和贫困人口的基本生活需要。针对一些特殊的弱势群体，印度政府还制定了特殊的社会保障制度。譬如，对丧失劳动能力的老年农民发放津贴，以满足其最基本的生活需要；无房的贫困农民可以获得政府的建房补助，以得到基本的居住条件；对贫困子女的教育由中央和邦政府给予补贴；对部落贫困人口购买粮食实行低价政策。① 为了解决边远、落后部落村庄的表列部落人口基本口粮问题，特别是消除儿童由于饥荒和营养不良被饿死的现象，印度政府还推行了 VGB 项目（Village Grain Banks）。该项目为建立粮食储存设备、计量设备提供基金，并保证部落地区每个家庭有 100 千克的粮食储藏。政府实施的乡村扶贫政策使得印度落后地区、部落地区每个家庭每年至少能够获得 150 美元的收入。这些专项扶贫工程使得印度的贫困发生率由 1980 年的 44.5% 降至 1990 年的 36.0%，到 2000 年贫困发生率已降至 26.1%。②

总而言之，印度是个多民族国家，其部落民和表列部落治理很有特色，政府对少数民族和少数民族地区在政治、教育、就业、资源开发与保护、农村建设以及社会保障等方面采取了多种政策和相应的帮扶计划，取得了较好的成效，对我们有一定的启示和借鉴意义。

二 中国民族区域自治制度③

中国共产党以马克思主义为指导，结合中国民族问题的具体实际，经过长期探索和实践，将民族区域自治作为解决中国民族问题的基本政策。中华人民共和国成立后，把民族区域自治制度作为国家的一项基本政治制度。

民族区域自治是在国家统一领导下，各少数民族聚居的地方设立

---

① 任大鹏：《印度的农业和农村发展政策》，《世界农业》2002 年第 11 期。
② 财政部农业司赴印考察团：《印度：农村问题放首位》，《中国财经报》2006 年 6 月 15 日第 4 版。
③ 资料来源：1. 来源于 www.hudong.com；2. 中央政府门户网站 www.gov.cn，2005 年 5 月 27 日访问；3. 新闻办网站：中华人民共和国国务院新闻办公室《中国的民族区域自治》2005 年 2 月。

自治机关，行使自治权。实行民族区域自治，体现了国家充分尊重和保障各少数民族管理本民族内部事务权利的精神，体现了国家坚持实行各民族平等、团结和共同繁荣的原则，体现了民族因素与区域因素、政治因素与经济因素、历史因素与现实因素的有机统一。民族区域自治制度的实施，充分保障了我国少数民族当家做主的权利，推动了民族地区的安定团结、繁荣发展，有力地维护了民族团结、社会稳定和国家统一。

（一）中国国情与民族区域自治制度的基础

中国自古以来就是一个多民族的国家。"从很早的古代起，我们中华民族的祖先就劳动、生息、繁衍在这块广大的土地之上……中国是一个由多数民族结合而成的拥有广大人口的国家。"①

民族区域自治是马克思列宁主义关于民族问题的理论与中国民族工作的具体实践相结合的产物。民族区域自治是无产阶级在统一的多民族的国家中解决民族问题的一项重要政策。列宁认为："如果不保证每一个在经济上和生活上具有比较大的特点以及具有特殊的民族成分等等的区域享受这种自治，那就不可能设想有现代的真正民主的国家。"② 民族区域自治完全符合中国民族的历史条件和现实情况。中国50多个民族在长期的历史发展中，早已形成以汉族为主体的既杂居又聚居的局面。在长期的历史发展中，中国各族人民共同开发和建设了伟大的祖国，共同创造了光辉灿烂的民族文化，使中国很早就成为统一的多民族的国家。近百年来，国内各民族更是团结一致，共同战胜了国内外敌人，获得了解放。上述条件形成国内各民族团结合作的

---

① 毛泽东：《中国革命和中国共产党》，《毛泽东选集》第2卷，人民出版社1991年版，第621—622页。

② 《列宁全集》第20卷，第30—31页。

基础。

远在先秦时期，对不同的文化群体，就有了"东夷""西戎""南蛮""北狄"所谓"四夷"的划分。公元前221年，秦王朝实现了国家的第一次大统一，随后建立的汉朝进一步发展了统一的局面。秦汉在全国推行郡县制，统一法律、文字、历法、车轨、货币和度量衡，促进了各地区和各民族的交流，奠定了中国统一的多民族国家的基本格局。尽管在旧的社会制度下，民族之间不可能有现代意义上的平等，民族间也不可避免地发生矛盾、冲突甚至战争，但长达两千多年的统一多民族国家长期存在，极大地促进了各民族之间的政治、经济和文化交流，各民族密切交往、相互依存，共同创造中国历史，形成了中华民族多元一体的格局，不断增进各民族对中央政权的向心力和认同感，成为实行民族区域自治的历史基础。

近代中国屡遭帝国主义侵略和压迫，国家和民族处在生死存亡的危急关头，各族人民陷入被压迫、被奴役境地。中国各族人民为争取民族独立和解放、维护国家主权统一，团结一心、共御外侮，进行了艰苦卓绝的斗争。在反抗外来侵略的斗争中，各族人民经历了共同命运，更紧密地结成了休戚相关、生死与共的关系，更深切地体会到：伟大祖国是各民族的共有家园，只有国家的主权统一和领土完整，各民族才能实现真正的自由平等和发展进步；各族人民只有更加紧密地团结和联合起来，才能维护国家主权统一、领土完整，实现繁荣富强。这种休戚与共的关系和深刻体会，形成了实行民族区域自治的政治基础。

在长期的历史发展过程中，不仅长期统治中原的汉族不断向边疆扩张，而且不少少数民族也不断进入内地，甚至入主中原，民族的迁徙流动，逐渐形成了中国各民族大杂居、小聚居的分布格局。汉族作为中国人口最多的民族遍布全国。少数民族虽然主要居住在广大边疆地区，但在内地县级以上行政区域也都有分布。这种你中有我、我中有你、相互依存的人口分布状况，以及少数民族聚居的地方发展水平相对落后，但面积广大，自然资源丰富，与汉族地区优势互补的经济社会状况，形成了实行民族区域自治的现实基础。

因此，在中华人民共和国成立之前，中国共产党领导蒙古族和回族人民，于1941年分别在关中地区的正宁县建立了回民自治乡，在城川县建立了蒙古族自治区。1947年建立了第一个省级的民族自治区——内蒙古自治区。在中华人民共和国成立后，全面实行了民族区域自治制度。到目前，中国共有民族自治地方155个，其中包括5个自治区、30个自治州、120个自治县（自治旗）。民族自治地方面积占国土总面积的64%，实行区域自治的少数民族达到44个，自治地方的少数民族人口占全国少数民族人口的76%。此外，还建立了1400多个民族乡，作为民族区域自治的补充形式。

（二）基本法律制度

1949年9月，具有新中国临时宪法地位的《中国人民政治协商会议共同纲领》就明确规定："各少数民族聚居的地区，应实行民族的区域自治，按照民族聚居的人口多少和区域大小，分别建立各种民族自治机关。"1952年，政务院发布《中华人民共和国民族区域自治实施纲要》，对民族自治地方的建立、自治机关的组成、自治机关的自治权利等重要问题做出明确规定。1954年，第一部《中华人民共和国宪法》颁布实施，规定"各少数民族聚居的地方实行民族区域自治"，并进一步明确了自治地方和自治权。此后的1975年《宪法》、1978年《宪法》和1982年《宪法》都明确规定了民族区域自治制度。1984年，作为实施宪法规定的民族区域自治制度的基本法律——《中华人民共和国民族区域自治法》正式颁布实施。这部重要法律科学地总结了我国实行民族区域自治以来的丰富经验，进一步充实了民族区域自治的内容，健全了我国的民族区域自治制度，并用法律的形式固定了下来。它的公布与实施，对于进一步巩固国家的统一，发展平等、团结、互助、和谐的社会主义民族关系，加速民族自治地方经济和文化的发展，都发挥了巨大作用。2001年修改后的《中华人民共和国民族区域自治法》明确规定："民族区域自治制度是国家的一项基本政治制度。"

根据宪法和有关法律规定，民族自治地方的自治机关是一级地方国家机关，均受中央和上级国家机关领导，实行民主集中制的原则。民族自治地方的自治机关，除行使一般地方国家机关的职权外，还依照宪法和法律规定的权限行使自治权，根据本地方实际情况贯彻执行国家的法律、政策。自治区、自治州、自治县的人民代表大会中，除实行区域自治的民族的代表外，其他居住在本行政区域内的民族也应当有适当名额的代表。自治区、自治州、自治县的人民代表大会常务委员会中应当有实行区域自治的民族的公民担任主任或者副主任；自治区主席、自治州州长、自治县县长由实行区域自治的民族的公民担任；依法定程序制定自治条例和单行条例，管理地方财政；在国家计划的指导下，自主地安排和管理地方性的经济建设事业；自主地管理本地方的教育、科学、文化、卫生、体育事业，保护和整理民族的文化遗产，发展和繁荣民族文化；依照国家的军事制度和当地的实际需要，经国务院批准，可以组织本地方维护社会治安的公安部队，自治机关在执行职务的时候，依照本民族自治地方自治条例规定，使用当地通用的一种或者几种语言文字，等等。

宪法和法律还规定，国家在民族自治地方开发资源、建设企业的时候，应当照顾民族自治地方的利益。国家从财政、物资、技术等方面帮助各少数民族加速发展经济建设和文化建设事业。国家帮助民族自治地方从当地民族中大量培养各级干部、各种专业人才和技术工人。

(三) 中国民族区域自治制度的特点

1957年，周恩来在《民族区域自治有利于民族团结和共同进步》中谈了中华人民共和国成立后采用民族区域自治制度的一大理由："我国和苏联的情况很不同。在我国，汉族人口多，占的地方少，少数民族人口少，占的地方大；在苏联，俄罗斯人口多，但占的地方也大。中国如果采取联邦制，就会在各民族间增加界墙，增加民族纠纷。因为我国许多少数民族同汉族长期共同聚居在一个地区，有些地区，如内蒙古、广西、云南，汉族都占很大比重，若实行严格的单一民族的联邦制，很多人就要搬家，这对各民族团结和发展都很不利。所以我们不采取这种办法，而要进行民族区域自治的政策。"①

因此，根据中国民族历史发展和经济社会的实际，采取了最适当的民族区域自治制度，而不采取联邦制。民族区域自治是民族自治与区域自治的正确结合，是经济因素与政治因素的正确结合，不仅使聚居的民族能够享受到自治权利，而且使杂居的民族也能够享受到自治权利。从人口多的民族到人口少的民族，从大聚居的民族到小聚居的民族，几乎都成立了相当的自治单位，充分享受了民族自治权利。

根据《中华人民共和国宪法》和《中华人民共和国民族区域自治法》的规定，中国民族自治地方的建立只限定于少数民族聚居地区；自治地方的行政级别跟其他非自治地方一样，只是名称上有所不同，分别为自治区、自治州、自治县三级，相当于非自治地方的省、市、县三级；民族自治地方的名称，除特殊情况外，按照地方名称、民族

---

① 汪晖：《东方主义、民族区域自治与尊严政治——关于"西藏问题"的一点思考》，《天涯》2008年第4期。

名称、行政地位的顺序组成，如广西壮族自治区、临夏回族自治州、岫岩满族自治县等；民族自治地方的建立、区域界线的划分、名称的组成，由上级国家机关会同有关地方的国家机关和有关民族的代表充分协商拟定，按照法律规定的程序报请批准。

民族区域自治制度是我国各民族一律平等政策的结果，是适合中国国情的历史性创新，突出表现为以下四个主要特点。一是民族自治与区域自治紧密结合。民族区域自治既不是单纯的民族自治，也不是单纯的区域自治，而是根据少数民族聚居的实际状况，将民族自治与区域自治结合在一起。民族自治地方的行政区域内，既有自治民族又有其他民族，在一个大的民族自治地方内，又可以建立小的民族自治地方，如内蒙古自治区内建立有其他民族的自治旗，新疆维吾尔自治区内建立有其他民族的自治州或自治县。二是马克思主义各民族一律平等原则与中国民族关系实际紧密结合。根据民族聚居区的大小建立省、市、县三级自治地方，如内蒙古自治区、四川凉山彝族自治州、湖北芷江侗族自治县等；一个民族可以在其聚居的几个地区分别建立自治地方，如宁夏回族自治区、甘肃临夏回族自治州、河北孟村回族自治县等；几个杂居同一地区的民族联合建立自治地方，如贵州黔南布依族苗族自治州、云南双江拉祜族佤族布朗族傣族自治县；对因人口较少且聚居区域较小而没有实行区域自治的少数民族，建立民族乡作为民族区域自治的有益补充，使各少数民族人民充分享有自治权利。三是国家集中统一与民族地区平等自治紧密结合。民族区域自治地方的政权机关，既是自治机关，又是一级地方政权机关，既充分行使自治权，又必须维护国家的统一，保证宪法和法律在本地方的遵守和执行，维护和发展平等、团结、互助、和谐的民族关系。四是不单纯为自治而自治。着眼于有利于国家发展和各民族共同繁荣，充分考量历史因素、政治因素和经济因素，在民族自治地方中划入或保留了一部分汉族和其他民族居民，不打乱经济联系紧密的历史格局，如在青海、四川、云南均建立有藏族自治地方，以有利于民族地区的发展。

60多年来的实践证明，在中国共产党的领导下，在马克思列宁主义、毛泽东思想、邓小平理论和"三个代表"重要思想、科学发展观的指引下，中国的民族区域自治制度及其实践获得了巨大成功。采用民族区域自治来解决中国的民族问题，是符合中国国情和各民族共同利益的正确选择。实行民族区域自治，增强了中华民族的凝聚力，对发挥各族人民当家做主的积极性，发展平等、团结、互助、和谐的社会主义民族关系，巩固国家的统一，促进民族自治地方和全国社会主义建设事业的发展，都起了巨大作用。但是，由于受历史基础和地理条件等诸多因素的制约和影响，少数民族分布较集中的西部地区，经济和社会发展水平较东部发达地区还相对滞后，仍然需要继续坚持和完善民族区域自治，不断提高民族地区的经济和社会发展水平，努力实现全面建设小康社会的宏伟目标。

三　民族区域自治在云南

云南有26个世居民族，是中国民族种类最多的一个省份。新中国成立60多年来，云南的民族区域自治工作取得了巨大的成绩。实行民族区域自治，各民族发挥出当家做主的积极性，对于发展平等、团结、互助、和谐的社会主义民族关系，巩固国家的统一，维护边疆的稳定，促进云南省的经济社会发展都有极其重要的作用。

（一）云南的特殊省情

云南地处祖国西南边疆。东与广西壮族自治区和贵州省比邻，北与四川省隔金沙江相望，西北与西藏自治区相连，西部与缅甸相邻，南部、东南部与老挝、越南接壤，陆地边境线长4061千米。

云南是亚洲大陆腹地与印巴次大陆的接合部，被称为连接"三亚"——东亚、东南亚、南亚，沟通"两洋"——印度洋、太平洋之地，具有较为独特的地理位置和区位优势。

云南是个地形地貌极端复杂的地区，全省面积39.4万平方千米，山区、半山区约占94%。云南的山区具有山大谷深的特点。总体来说，云南西北高，东南低，海拔最高点滇西北梅里雪山有6740米，海拔最低点滇东南河口为76.4米，相对高差6663.9米。立体地貌形成了云南的立体大气候，北寒带、北温带、温带、亚热带、热带等由北向南依次排列，囊括了中国所有的气候类型。而云南多山，且大江切割，山高谷深，因而几乎每一座山，从山脚到山顶都依次排列着热带、亚热带、温带、寒带，就是说每一座山都同时存在着春夏秋冬，形成了云南的立体小气候。成百上千，甚至可以说数不清的立体小气候镶嵌在云南总体立体大气候中，使云南的气候呈现纷繁复杂的格局和变化万千的景观。这种地形地貌的复杂多样性，气候的多层次立体交叉分布特征，在中国其他地方是不存在的，在世界上也实属罕见。

云南立体性的地势地貌和多样性气候环境，孕育了种类繁多的生物资源，使云南成为中国最重要的生物资源宝库。享有"植物王国""动物王国""花卉之乡""药材之乡"和"生物资源基因库"等美誉。

云南是全国的"地质博物馆"，矿产资源种类多、储量大、经济价值高，拥有量居中国西部省区第三位，在已探明储量的92种矿产中，有 35 种储量居全国前五位，尤其是有色金属和磷矿储量丰富，铅矿、锌矿保有量居中国第一位。

云南水能资源丰富，可开发资源占全国可能开发水能资源的 25.5%。以水能理论蕴藏量计算仅次于西藏、四川，而可能开发率却占 71%，居全国首位。蕴藏量达 1.04 亿千瓦，可开发量 9700 多万千瓦。水能资源主要集中在滇西北的金沙江、澜沧江及怒江。

云南自然风光秀丽雄奇，民族风情丰富多样，历史文化悠久灿烂，现有主要风景名胜 60 多处，其中国家重点风景名胜区 10 余处，丽江古城、三江并流风景区和已成为典型的世界地质公园的石林，分别被确定为世界文化遗产和世界自然遗产。

立体地貌、立体气候和与之相应的立体分布的植物群落和动物群落，构成了极为多样、极为优良的自然生态系统。这不仅给多彩多姿的云南高原自然生命系统提供了得天独厚的生长繁衍条件，而且给世代生活于此的众多民族提供了展示创造力的生存空间。

云南省是亚洲大陆人类起源地之一，从 170 万年前的元谋人开始，云南就有人类活动繁衍生息。在云南 5000 人以上的 26 个民族中，云南独有的少数民族有 15 个，它们是傈僳族、哈尼族、阿昌族、基诺族、傣族、景颇族、白族、普米族、怒族、独龙族、布朗族、德昂族、纳西族、佤族、拉祜族，是我国少数民族种类最多的省份。同时，云南还是与境外居民同属一族的民族最多的省份，有 15 个与境外居民同属一个民族，分别跨中越、中老、中缅边境，在东南亚各国均有分布，虽然在境外称谓不尽相同，但因共同历史渊源、语言和文化习俗，自古以来关系密切。

云南各民族由于历史渊源和社会发展的不同，在云南立体地貌和立体气候中立体地分布着。千百年来，各民族基本上都保持本民族的语言、服饰和风俗习惯，但在一定地域范围内，杂居的各民族之间又都互相影响。形成了众多的民族风俗习惯，在各自生活的具体的自然生态环境中创造出农业、牧业，以及渔业、林业等生态文化，并在此基础上形成了各自的生产生活方式、自然宇宙思想、传统知识系统、特色文化、文学艺术、宗教信仰等。例如世界五大宗教——佛教、基督教、天主教、伊斯兰教、道教，在云南都有。其中佛教的三大派系——藏传佛教、南传上座部佛教、中原大乘佛教，并存于云南。与此同时，云南各少数民族都有自己的传统宗教。宗教信仰多元并存，是云南文化当中的重要现象。

由于历史的原因和特殊的地理条件致使各民族的社会经济发展极不平衡，至新中国成立前仍不同程度地处在原始社会、奴隶社会、封建社会和资本主义萌芽等社会发展阶段上，被称为一部活的"社会发展史"。因此，云南不仅民族众多，而且民族的自然分布和社会发展与内地民族省区有着不同特点，极具复杂性，其表现为地域环境的复杂性；民族及民族文化的多样性；政治、经济形态的多样复杂性。新中国成立后，处于社会发展不同阶段的云南各民族，通过民主改革一起进入了社会主义社会；同时云南积极实施民族区域自治制度，使云南这个多民族的边疆省，成为中国民族自治地方最多的一个省。

云南省现辖16个州（市），其中民族自治州8个，即楚雄彝族自治州（简称为楚雄州）、红河哈尼族彝族自治州（简称为红河州）、文山壮族苗族自治州（简称为文山州）、西双版纳傣族自治州（简称为西双版纳州）、大理白族自治州（简称为大理州）、德宏傣族景颇族自治州（简称为德宏州）、怒江傈僳族自治州（简称为怒江州）、迪庆藏族自治州（简称为迪庆州）；辖有129个县（区、市），其中民族自治县29个。2010年年末，全省总人口约4600万人，其中少数民族人口为1533.7万人，占总人口数的33.37%。

(二) 云南民族区域自治的主要特点[①]

在云南广阔的区域内，千百年来形成了多民族的人口状况、多层次的社会形态、多梯度的生产水平和多极向的文化意识。民族区域自治既有与全国相同的普遍性，又有自己的特殊性。

一是云南少数民族种类较多。在新中国成立初期，云南少数民族人口占全省总人口的33.1%，与内蒙古、宁夏等自治区比例相近，但未经识别的民族称谓多达85种，少数民族人口最多的彝族有180万，占全省总人口数的10.1%，少数民族人口第二位的白族只有57万，占全省总人口数的3.5%，其他人口在10万以上的民族有12个，可以满足种类较多的少数民族实行民族区域自治的要求。二是云南少数民族大杂居、小聚居，交错分布，全省没有一个单一民族成分的县级行政区域。各民族散居、杂居和聚居并存，彝族、苗族、回族几乎在全省各个县（市、区）均有分布，白族、壮族、纳西族、傣族、傈僳族则分布全省90%以上的县（市、区），而少数民族人口在县级行政区域内所占比例又相差悬殊，使云南只有更多采取几个民族联合自治的形式，正确处理自治民族之间、自治民族和非自治民族之间的关系，以及上级自治地方与下级自治地方的关系。三是云南少数民族经济社会发展相对滞后，不仅各少数民族之间经济社会发展极不平衡，甚至同一地区内的立体分布居民、同一民族内部的不同支系发展也极不平衡，使云南民族区域自治不仅需要上级国家机关和内地发达地区的强有力的外来帮助，而且需要实行因地制宜、因族制宜的"立体政策"。四是云南少数民族强烈

[①] 王连芳主编：《云南民族工作的实践和理论探讨》，云南人民出版社1995年版；孙云：《论云南民族区域自治制度的行政特征》，《思想战线》（云南大学人文社会科学学报）1999年第4期。

的同根意识和内聚传统与复杂的对外关系相互交织。许多少数民族对民族关系都有"葫芦生几子"的兄弟同根传说，在长期的与自然和外敌斗争中，这些民族进一步加强相互交往、相互依存，特别是在近代抵御外来侵略的斗争中，由于共同命运又加深了内聚意识；而陆地边界长、跨境而居民族多的实际，又容易受外部势力影响，直接关系边防巩固和国家统一，因此，云南民族区域自治必须特别注意爱国主义教育，认真对待少数民族的诉求和愿望，加快经济社会发展，增强向心力和凝聚力。五是新中国成立初期云南边疆民族地区残存的土司制度、"土流并治"和"土流合一"等状况，使当时的民族上层具有对内统治和压迫本民族群众、对外代表本民族反抗异族压迫的特殊地位，有左右民族向背的重要作用，这使得云南实行民族区域自治必须十分慎重地依靠包括上层在内的少数民族，从而团结各民族共同发展。

  新中国成立以来，云南省委、省政府始终立足云南的这一省情，认真贯彻党和国家的民族政策，依据实际的民族状况，大力推行民族区域自治，使云南少数民族地区从一种多元发展的态势转向统一的社会主义方向，从一个充满差异的众多少数民族文化圈的并存状态转向统一的社会精神文明的发展方向。尤其是民族区域自治制度的确立，标志云南各少数民族在政治、经济、文化的发展上进入了一个新的历史时期。这一时期云南民族区域自治本质的行政表现是多元一体特征。所谓多元，就是自治区域内各少数民族间在地理环境、人口因素、社会形态、经济水平、文化特质等方面呈现的具有相异性的多极状态；所谓一体，就是自治区域内各少数民族在社会主义制度的发展中呈现的具有共同性的统一状态。这种相异而相同、多极而统一的内在本性构成民族区域自治制度的多元一体行政特征。这一总体特征的内容，表现在具体的行政权力上是多民族统一自治特征、表现在具体的行政形态上是多层次统一跨越特征、表现在具体的行政对象上是多因素统一调控特征。具体特征的有机联结，综合为多元一体的行政总体特征。

1. 行政权力配置中的多民族统一自治特征

云南少数民族地区的人口分布总体上呈大杂居、小聚居的交错分布状态。每一个自治州或自治县都不是单一的少数民族聚居区，表现为复杂的民族成分的多元化。

在任何一个自治州或自治县都是多民族聚居共处，这成为云南民族区域自治的共性。聚居共处的民族区域自治基本上分为三种类型：第一种类型是在以一个民族为基础的自治州的范围内设置一个或几个以其他民族为基础的自治县，如大理白族自治州内再设南涧彝族自治县和巍山彝族回族自治县；第二种类型是在两个民族为基础的自治州的范围内设置一个或几个以其他民族为基础的自治县，如红河哈尼族彝族自治州内再设河口瑶族自治县和金平苗族瑶族傣族自治县；第三种类型是在以汉族为基础的地区的市范围内设置一个或几个以其他民族为基础的自治县，如玉溪市内设置峨山彝族自治县、新平彝族傣族自治县、元江哈尼族彝族傣族自治县等。由此三种类型构成云南民族地区的州、县两级民族区域自治体系。多样性的民族成分通过行政权力的合理分配与设置，按统一的政治平等和方向要求实现各民族团结一致的共同自治，这是多民族统一自治特征的含义，是民族区域自治的行政总体特征在云南民族自治的权力配置方面的具体展示。

2. 行政形态发展中的多层次统一跨越特征

云南民族地区的行政形态在新中国成立以前是极为复杂的，呈现为多层次的形态差别。云南民族地区有社会历史发展的"活化石"之称，中华人民共和国成立之前，云南并存着原始社会、奴隶社会、封建领主制及封建地主制等形态各异的社会制度，部分少数民族的生产方式已与资本主义的生产方式相联系。与之相适应，云南少数民族地区的行政形态形成了多元多级的阶梯。社会主义制度的建立，使与各种不同的社会形态相对应的原行政形态在短短数年内共同跨越了一个或数个历史发展阶段而统一于民族区域自治制度的社会主义模式之中。这是人类历史发展中的奇迹，是科学社会主义实践的伟大成果，也是民族区域自治制度不可磨灭的历史功绩。多层次行政形态统一于社会主义民族区域自治的行政形态，是多元一体总体特征所包含的又一具体特征。

3. 行政管理内容中的多因素统一调控特征

云南民族自治地方行政管理的内容是丰富而繁杂的，既包括一般地方政府通常的管理内容，也包括其他一般地方政府所未曾涉及或较少涉及的管理内容。诸如民族语言和文字使用问题、民族风俗习惯问题、民族宗教信仰问题、民族间的相互关系问题、边境管理问题、民族干部培养问题等。所有这些问题都要联系着民族区域自治地方的政治、经济、文化的管理而解决，都要联系着当地具体情况和上一级人民政府的统一领导而解决，这就形成了管理内容上的多元化，显出了比非民族区域自治地方政府更丰富和复杂的行政管理要求，这就是多因素统一调控的含义。例如云南民族区域自治地方的各少数民族皆有不同的风俗习惯，民族区域自治地方的行政管理要适应不同的民族风俗习惯，一定的风俗习惯是一定的少数民族在长期的历史传统的积淀过程中形成的一种独特的文化现象，是一定的少数民族的社会心理的表现，也是其民族自我意识的表现和区别于其他民族的一种自我认同。民族区域自治地方的行政管理是在民族背景中进行的，它既要尊重各民族的风俗习惯，又要因势利导，运用这些风俗习惯来加强民族地区的经济建设和文化建设。例如通过火把节、泼水节吸引外资外商进入本地区，促进贸易和旅游业的发展。这种特殊的行政管理内容是非民族区域自治地方政府难以涉及的。此外，云南的各个民族自治州或自治县，都是多民族共同居住的地方，又是不同的宗教信仰交错并存的地方，行政管理中如果对民族关系和宗教信仰处理不当，对整个社会的安定团结和改革开放都会产生重大影响，这种行政管理对象上的难度和复杂性也是其他地方的行政管理不可相比的。无论是在管理对象的内容上，还是在管理方式的内容上，民族区域自治行政显得更为复杂和多样化。而这种复杂和多样的行政管理内容又必须有机地统一于民族区域自治的社会发展的总目标之中，实现有效的宏观调控，使复杂而多样的行政管理内容通过统一的、协调的、系统的控制而引导至理想的社会发展方向。这就是存在于民族区域自治行政管理中的多因素统一调控特征。

总而言之，在云南实行民族区域自治中，行政权力配置中的多民族统一自治特征，行政形态发展中的多层次统一跨越特征，行政管理内容中的多因素统一调控特征，构成了多元一体的行政管理总体特征。这是云南民族区域自治中最核心最突出的特征，也是云南民族区域自治的特殊表现。

（三）云南民族区域自治成效显著

新中国成立以后，云南省委、省政府始终把中国共产党的民族政策与云南的省情相结合，坚持分类指导，采取一系列科学有效的政策和措施，促进少数民族和民族地区经济社会的全面发展。60年来，云南的民族区域自治不仅为云南，而且为中国在处理民族问题方面都做出了自己的贡献。

1. 多样化社会形态与社会安定

新中国成立时，在云南实行了多种形式的民主改革、社会主义改造，建立了民族区域自治制度，从根本上改变了历史上多种社会形态并列的局面。云南省内的各少数民族，无论其在历史上曾处于什么性质的社会形态，都随着社会主义制度的建立而统一地跨越了按历史的自然进程须依次递进的一个或数个社会形态，直接进入社会主义历史阶段，实现了一种历史发展的直接升格和多重飞跃，社会主义制度成了云南各族人民共同的社会制度。一切社会形态的历史差别都在统一的社会主义公有制社会形态中成为历史，一切民族成了社会主义大家庭中的平等成员。民族区域自治制度正是历史上多层次的社会形态实现统一的历史跨越的新型的社会主义制度。在这种优越的社会制度下，各民族当家做主，成了国家真正的主人，这是数千年历史中从来没有过的事情。正是民族区域自治，使各民族实现了政治上的平等，在管理国家事务的同时管理自己内部的事务，从而实现了多民族的社会和谐。

2. 多样化经济形态与民族团结

新中国成立前，云南民族的经济形态是多种多样的，有的民族处于原始社会农村公社经济，土地共耕，刀耕火种，产品平均分配；有的民族处于奴隶制经济形态，生产资料和收获归奴隶主，奴隶无人身自由；有的民族处于封建领主制社会经济中，山林水土全归封建领主，农奴虽有人身自由，但收获归领主；有的民族处于封建地主经济形态中，农民虽有人身自由，有部分土地，但大多以租种地主的土地为生，受着沉重的经济剥削；有的民族已出现了资本主义萌芽经济形态，雇工和工人受着无情的经济压榨。而且，在云南更有同一个民族由于分布地、自然、经济条件的不同而处于不同的经济形态中，如彝族，20世纪50年代前，昭通等城镇的彝族，地主经济占主导地位，资本主义工商业已有一定的发展；在红河州南部、滇东北和滇中的武定、禄劝等地区的彝族处于封建领主经济；而在滇西北小凉山彝族地区还保持着奴隶制统治，经济发展水平较为落后。

新中国成立后，云南各少数民族步入社会主义制度，实行了民族区域自治。数百万各族人民真正摆脱了千百年来的苦难生活，进而成为社会的主人并从而激发出高涨的生产热情，历史上维护着落后生产关系的各种政治法律制度逐步瓦解，以往的各种生产关系逐步变革并纳入社会主义经济制度的框架内，社会主义经济力量得到充分利用。调动物资、资金和人才对各少数民族地区以全面的经济支援，以强大的外部作用方式促进云南各民族社会生产力的发展，不仅从根本上改变了千百年来落后的社会经济状况，而且从根本上解决了不平等和各民族之间关系不和谐的问题，从而达到了云南各民族间的真正的团结统一。[①]

3. 多样化民族与和谐文化

千百年来，云南各民族在各自生活的具体的自然生态环境中创造出农业、牧业，以及渔业、林业等生态系统，并在此基础上形成了各自的生产生活方式、自然宇宙思想、传统知识系统、风俗习惯、宗教信仰、文学艺术，形成了蔚为壮观又各具特色的民族建筑、民族饮食、民族服饰、民族节庆、民族歌舞、民族音乐、民族体育、民族婚丧、民族工艺品、民族医药等文化，大量的有着鲜明民族特色的文化类型，如彝族古老的十月太阳历和毕摩文化、纳西族东巴文化、傣族贝叶文化、哈尼族梯田文化、白族本主文化、藏族佛教文化等构成了云南民族文化的多样性。多样性多元化的云南民族文化不仅丰富了中华文明宝库，也丰富了世界文化财富。其显著特征如下。一是从古至今云南文化的发展从未停息过，早已形成

[①] 孙云：《论云南民族区域自治制度的行政特征》，《思想战线》（云南大学人文社会科学学报）1999年第4期。

一个文化大脉,并以大量的文物、文献、名胜古迹以及"活化石"的方式呈现着,是建设民族文化强省罕见的"富矿"。二是云南这个多民族社会中,各民族在长期的历史发展过程中所创造的文化各具特色,自成体系,洋洋洒洒,极为丰富,生动而多彩,是最宝贵而富有的资源,是取不之尽的"源泉"和"宝库"。在云南,民族文化的多样性举世罕见。因而,仅从民族文化资源而言,云南被称为民族文化大省,是当之无愧的。

云南民族自治地方各级党委、政府极为尊重民族文化,对民族文化进行了长期的保护与开发。如今,云南各民族和睦相处,共同繁荣,每一个民族独特的衣、食、住、行,以及他们的婚恋、生育、丧葬、节庆、礼仪、语言、文字、宗教信仰、禁忌、审美、追求等,构成了各自的文化体系,同时在各民族相互尊重、相互学习、相互交流的过程中,各民族文化各呈风姿、各具千秋,并在云南辽阔的土地上,交织成最为丰富的文化大观,形成了举世罕见的多民族的、多元一体的和谐文化。

(四) 研究云南民族区域自治的现实意义

云南是多民族国家的缩影,也是中国民族自治地方和实行民族区域自治民族最多的省。中国民族区域自治制度在云南的成功实践,极大地促进了云南少数民族和民族地区的经济社会发展,实现了各民族当家做主,实现了人与自然、人与人、人与社会和谐发展,实现了民族文化的多元一体,实现了多民族的和睦共处。这是中国特色社会主义政治制度的成功,也是中国民族区域自治制度在云南的成功。

虽然这些年来有不少文章和报告对民族区域自治制度及其对云南发展的影响进行阐述,然而迄今为止,尚无一项对这一问题进行全面系统研究总结的课题和专著，在中华人民共和国成立60年、云南省人民代表大会成立50年之际，我们提出系统研究总结民族区域自治制度在云南的实践课题，企望从理论上进行概括，总结其成功的经验。

本研究力求深入分析中国民族区域自治制度在云南的实践，深刻认识和感受在中国共产党的领导下，云南各族人民跨步进入社会主义社会，发展经济和社会文化事业，提高生产生活水平，逐步向小康社会迈进的历史进程和成功的经验。

本研究对认识和宣传中国民族区域自治制度、党的民族政策的深刻内涵及其给云南带来的民族团结，社会和谐，边疆稳定；展示云南民族地区政治、经济、文化、社会建设等方面所取得的巨大成就和未来的发展趋势，促进各民族之间相互了解、相互学习，进一步增强民族团结、社会稳定、巩固祖国统一，将发挥积极作用。

本研究将在科学发展观、马克思主义民族观和社会主义法制建设思想的指导下，进行深入细致的田野调查，并对现有丰富的文献资料进行科学分析，以期深入透视和清晰展现中国民族区域自治制度在云南的成功实践及伟大意义。

本研究将以中国民族区域自治制度在云南的成功实践，回答如下三个问题：

（1）民族区域自治制度整合了社会、文化的历史与现实，形成并巩固着政治稳定和文化和谐；

（2）民族区域自治制度促进了云南多民族的团结互助，形成并巩固着"三个离不开"的民族和谐关系；

（3）民族区域自治制度促进了云南多民族的经济大发展，形成并巩固各民族的共同繁荣发展。

总之，云南民族区域自治，有制度、法律、政策三个方面的交叉，它对云南的政治、经济、文化等全方位的发展具有重要的保障作用和深远的历史和现实意义。总结民族区域自治在云南的成功实践，不仅对云南的社会发展、民族团结和边疆稳定具有不可估量的理论价值，而且对我国乃至世界处理民族事务有着重要的参考价值和借鉴意义。

参考文献

1. 国家民族事务委员会经济发展司、国家统计局国民经济综合统计司编：《中国民族统计年鉴》2009，民族出版社2010年版。

2. ［英］莫迪默、法恩：《人民·民族·国家——族性与民族主义含义》，刘泓、黄海慧译，中央民族大学出版社2009年版。

3. 金炳镐：《民族理论通论》（修订本），中央民族大学出版社2007年版。

4. 吕思勉：《中华民族源流史》，九州出版社2009年版。

5. 马戎：《西方民族社会学经典读本——种族与族群关系研究》，北京大学出版社2010年版。

6. ［美］乔治·桑塔亚那：《美国的民族性格与信念》，史津海、徐琳译，中国社会科学出版社2008年版。

7. 张爽：《美国民族主义——影响国家安全战略的思想根源》，世界知识出版社2006年版。

8. 熊坤新：《苏联民族问题理论与政策研究》，中央民族大学出版社2010年版。

9. ［俄］瓦列里·季什科夫：《苏联及其解体后的族性、民族主义及冲突——炽热的头脑》，姜德顺译，中央民族大学出版社2009年版。

10. 尚会鹏：《种姓与印度教社会》，北京大学出版社2001年版。

11. ［德］库尔克·罗特蒙特：《印度史》，王立新、周红江译，中国青年出版社2008年版。

（原载《民族区域自治在云南的成功实践》，民族出版社2012年版）

西南丝绸之路与中印文化交流

一 西南丝绸之路

中国的西南地区是连接亚洲大陆腹地与印巴次大陆及中南半岛的枢纽,特殊的地质结构使这里高山扭曲,河谷横断,地理气候以及植物群落和动物群落均呈现极为错综复杂的景况。在古代,这里被人们视为"蛮荒之地""瘴疠之乡",是人们难以涉足的禁区。今天,这里已成为人们寻根探奇的热土,有"高原秘境"之称,并因之而声名远播。令人难以置信的是,在这片长期充满神话和离奇故事的区域,在群山高耸、河谷深陷、丛林密布的艰险环境中,在古奥神秘气氛的笼罩下,中国最早的对外交通线,两千多年来一直悄无声息地沟通着异域和邻邦之间的经济、文化及人们的心灵。

它就是中国通往印度的秘密古道——西南丝绸之路。

丝绸自古以来一直被认为是东方文明的象征。古代中国的一切对外交通线,都被誉为"丝绸之路"。中国西北部沙漠中的丝绸之路早已闻名遐迩。中国南方海上丝绸之路也已为人所知,但在中国西南部的一条隐藏在崇山峻岭和原始森林中的丝绸之路,长久以来却鲜为人知。

对于中国西南的各民族来说，这条古道的存在是十分自然的事情，它是西南人为了生存和发展世世代代不停创造的成果，但对于古代中原的人们来说，这条古道的发现是很偶然的。公元前122年，汉武帝的使臣张骞奉命出使西域回到国都长安后，奏报了他的一大发现：在大夏（今阿富汗北部）有许多蜀地的布匹和筇竹杖。张骞当时问过商人，才知道在身毒（今印度）有许多蜀地商人开的市面，专营中国西南的物品。大夏的蜀布和筇竹杖便是商人们从东南数千里的身毒国买去的。就是说，在汉武帝开通北方沙漠里的丝绸之路以前，已有一条跨越西南高原通往印度的丝绸之路。据初步考证，这条路的开通至少比北方丝绸之路早两个世纪。

印度这个文明古国就是通过西南丝绸之路开始知道中国的，中国这个文明古国也由此将印度载入汉文史册。① 公元前4世纪，在印度孔雀王朝的著作《政事论》和《摩奴法典》中都提到"支那"一词，"支那"是南亚、西亚和西方国家最早对中国的称呼。这个词是由印度传到西方的，最初见于梵文，写作 Cina。后来几经转译为各种文字，英文写作 China。据中外学者考证，认为是秦字的音译，有的学者则认为是"滇"（云南古国名）的音译。无论如何它是对中国的称呼。在《政事论》中还提到"支那帕塔"（cinapatta），意为"支那成捆的丝"。古代只有中国有丝。当时，秦灭蜀，蜀为秦国的范围，"支那成捆的丝"就是产于蜀地的丝织品的原料，那时已有丝织品的原料出口印度，想必丝织品的出口更早于这个时期。出口印度的丝绸和丝就是由四川、云南一路经缅甸运到印度去的，"因为孔雀时代印度和中国还没有过接触"②。距离北方丝绸之

---

① 司马迁：《史记·大宛列传》，中华书局1959年版。
② 辛哈、班纳吉：《印度通史》，商务印书馆1964年版，第82页。

路的开通还有两百多年。当时的中国正处于春秋战国时期,北方战祸不断,各国互相吞并;而南方,特别是西南蜀地社会安定,经济发达。因而最早与缅甸、印度等国发生贸易往来,开辟了西南丝绸之路。秦始皇统一中国以后,直到汉武帝打败匈奴,北方丝绸之路才开始形成。所以,西南丝绸之路至少比北方丝绸之路早形成两个世纪,以至于张骞在公元前2世纪出使西域时,看到大夏有蜀地的布匹和筇竹杖而感到吃惊,并认为南方一定有条秘密通道与印度相连。如今看来,张骞的推测是完全正确的。

二 古道春秋

当然,这条古道所途经的中国西南的地理环境是十分险恶的。它必须穿越万水千山、原始密林,必须经历复杂多变的气候环境,以至于当时许多大理的商人被阻隔滞留于缅甸时,痛苦地唱道:"冬时欲归来,高黎贡山雪。秋夏欲归来,无那穹赕热。春时欲归来,囊中络赂绝。"①

高原是封闭的,但它阻隔不住人们追求生存、经济交往和心灵沟通的愿望。这条西南高原上的丝绸之路出现在人们视为禁区的化外蛮荒之地,是一个奇迹,它是西南各族人民的独特创造。西南古代各族,最早被称为蜀、徙、邛、筰、叟、昆明、哀牢、滇、夜郎、滇越,等等。斗转星移,他们随世易号,因地殊名,但一直生活在西南高原上。在这条西南通往印度的古代交通线上,他们的三项伟大创

---

① 樊绰:《蛮书》卷二,中国书店2007年版。

造：西南马的驯化、悬河笮桥和凿空栈道构成了神奇的西南丝绸之路，使称为"东方一绝"的蜀锦远销海外。今天，我们仍能在大西南深山密林中的古道上看到伴着铃声而来的马帮；仍能在那江水湍急、峡谷深陷、舟不可渡的横断山区看到溜索悬于万丈深渊之上，人马货物飞越过江的惊人场面；仍能在原始森林里看到铺木为路，杂以土石的土栈道和悬崖上凿孔穿梁、辅以木板的石栈道。这些西南各族人民征服自然的杰作，沟通往来的创造，至今令人叹服。

这条秘密古道在中国境内是由灵关道、五尺道和永昌道组合而成的。灵关道由蜀（成都）经临邛（筇崃）、灵关（芦山）、笮都（汉源）、邛都（西昌）、青蛉（大姚）至大勃弄（祥云）、叶榆（大理）；五尺道由蜀（成都）经僰道（宜宾）、朱提（昭通）、味县（曲靖）、滇（昆明）、安宁、楚雄到叶榆（大理）；灵关道和五尺道在大理会合后一路往西，称为永昌道。永昌道出大理，翻博南山，经永昌（保山）、滇越（腾冲）到缅甸、印度等地。在古代，这条路是川、滇、缅、印贸易往来的主要通道。自汉武帝令张骞等人开西南夷以后，历代王朝对它都十分重视。东汉王朝为了有力地控制西南地区和这条对外交通线，曾设立过永昌郡。永昌郡治所在今保山，正处西南丝路的要冲。这一措施不仅促进了当地经济的发展和交通的畅达，而且使中国对当时的缅甸等异域邻邦有了进一步地了解。据《南中志》记述："永昌，古哀牢国也。传闻西南三千里有剽国，君臣父子，长幼有序。"剽国即今缅甸。缅甸古国不但同中国官方保持交往，常派使团沿古道前往京城，而且民间商贾更是常年往来于永昌等地进行经济及文化活动，故史书有"永昌郡有闽濮、鸠僚、僄、越、裸濮、身毒之民"的记载。[①] 身毒即印度。当时，西南地区被认为是出珍宝奇

---

① 常璩撰，刘琳校注：《华阳国志校注》，巴蜀书社1987年版。

货之地，实际上很多物品来自缅甸和印度等地，如琉璃、宝石、水晶、海贝、珍珠、琥珀、翡翠等。

如果说，汉晋时期对西南丝绸之路的里程和所经地区尚不太清楚的话，那么，到了唐代，史书对这条丝绸古道的记载就相当确切了。据樊绰《云南志》载："自西川成都府至云南蛮王府，州、县、馆、驿、江、岭、关、塞，并里数计二千七百二十里。"① 这是从四川成都至当时南诏羊苴咩城（大理）的路途。从羊苴咩城到缅甸、印度的记述是："羊苴咩城西至永昌（保山）故郡三百里，又西渡怒江至诸葛亮城（腾冲高黎贡山上）二百里，又前至乐城（保山龙陵境内）二百里。又入骠国（缅甸）境，经万公（古太公城，今瑞丽江和伊洛瓦底江汇合以后下游不远处）等八部落至悉利城七百里，又经突浸城至骠国（卑谬）千里。又自骠国西度黑山至东天竺迦摩波国（印度曼尼普尔）千六百里，又西北渡迦罗都河至奔那伐檀那国（布拉马普特拉河中下游）六百里，又西南至中天竺国东境恒河南岸羯朱温罗国（今孟加拉）四百里，又西至摩羯陀国六百里。"② 西南丝绸之路出境通往缅甸、印度的古道有两条，它们是自永昌郡西行在高黎贡山上的诸葛亮城分开的。一路南经龙陵、瑞丽到缅甸掸邦，经太公城至卑谬，再到印度的曼尼普尔等地；另一路则西北经腾冲至缅甸的密支那、猛拱，再到印度的阿萨姆等地。

当年张骞沿北方丝绸之路到大夏，见到四川的物品，而大夏商人能到印度贩运这些物品，可见印度与大夏是有道路沟通的；后来玄奘西天取经也是沿北方丝绸之路经大夏至印度的。由此可见，大夏是南北丝绸之路的汇合处。

公元前334至前325年时，希腊国王亚历山大侵入西亚、伊朗和

---

① 樊绰：《蛮书》卷一，中国书店2007年版。
② 欧阳修等：《新唐书·地理志》，中华书局1975年版。

印度等地，素有"商业民族"之称的腓尼基（今叙利亚、黎巴嫩一带海岸民族）海员充当了亚历山大军队的水手，他们一边进行战争，一边贩卖中国丝绸、印度宝石及西亚的珍珠，随着这种贸易的交流，西方人得到了丝绸，也认识了中国。精美的丝绸代表着中国，象征着东方文明，它在世界上许多文明古国闪烁着异彩，最先得助于西南崇山峻岭中的丝绸之路。

由于古代中国政治、经济、文化的中心在北方，当北方丝绸之路开通以后，中外主要的交往则在北方进行，北方丝绸之路于是大放光彩。唐代以后，随着中国造船和航海技术的发展与进步，东南沿海港口的纷纷兴起，中国的经济重心移向东南，中国与东南亚的贸易重心转向海路。于是，从中国合浦、广州、泉州等沿海港口出发，南至菲律宾、印度尼西亚，穿过马六甲海峡，西抵印度半岛、波斯湾、红海和非洲东部的海上丝绸之路兴盛了起来。

但是，尽管如此，由于地理上的毗邻关系，以及云南各族人民在与周边国家人民长期的交往中形成的睦邻友好的亲缘关系，缅甸等国通过西南丝绸之路同中国的贸易从未中断过。宋代，缅甸蒲甘王朝多次通好中国，国家间的正式交往史不绝书，《诸蕃志》《南诏野史》《宋史》《宋会要稿》《东华录》等都记载了缅甸送白象、香料等物品给大理国；并记载了三佛齐国、大食国使臣到宋朝通好的史实。元代，从云南到缅甸等地设有专门的驿道和驿站，加强了古道的维修和管理；明清时期，东南亚、南亚等国与中国的往来仍不绝于途，并且存在着从缅甸摆古、曼德勒等地到云南永昌（保山）的专门进行大象贸易的道路。据清师范《滇系·贡象上路》载：由永昌向西过蒲骠，越屋床山，过怒江，通高黎贡山，跨龙川江，过腾冲卫向西行至南甸（梁河）、干崖（盈江）、陇川宣抚司。从陇川西行十日至猛密，再西行二日至宝井，沿伊洛瓦底江南下至曼德勒，再西行五日至摆古。贡家路是西南丝绸之路的一个分支，它的存在说明中国与东南亚地区的陆路贸易和交通仍在不断发展。

随着社会历史的发展，交通在不断地更新，马帮、笮桥、栈道已远远不能适应社会经济发展。但令人惊讶的是，完成于1884年的中缅印边境阿萨姆东北境萨地亚到印度加尔各答的东孟加拉铁路，以及完成于1903年的由仰光经密支那、曼德勒到腊戍的铁路，大体沿袭古老的西南丝绸之路。抗日战争期间，南方丝绸之路迎来了历史性的变化，它为这场中华民族生死存亡的战争做出了不可磨灭的贡献。1939年建成的川滇公路大部分沿灵关道，同年建成通车的昆明到缅甸腊戍的滇缅公路，则大部分是沿永昌道开筑的。滇缅公路将中国与世界反法西斯的力量联系起来，支持了伟大的抗日战争。1974年建成的成昆铁路，基本上循着灵关道与川滇公路平行，而待建的内昆铁路则将大体顺着古老的五尺道。古今对照，令人发出由衷的惊叹，两千多年前的古道，竟与现代交通路线基本吻合。两千多年前的西南各族人民，没有先进的勘测仪器，也没有现代的设计知识，然而古老的交通路线于今天的人们看来竟如此合理，这是勇敢的探险、艰辛的开拓所结成的智慧之果。

三　文化交流

如果你亲临南方的陆上丝绸之路，你还能观赏到一幅历史百科的长卷。这里有交通史上独特的昭通汉车马画像砖；桥梁建筑史上最古老的霁虹铁索桥；书法史上承上启下的大小爨碑；宗教史上的大理天主教堂；民族交流史上的袁滋摩崖石刻；艺术史上的腾冲皮影戏，以及战争史上无数惊心动魄的古战场。西南地区有极为丰富的自然和文化资源，有长达万里的边境线。作为人类的重要发祥地元谋人的故乡，西南地区远在新石器时代，已是一个多民族杂居的区域，至今仍居住着中国半数以上的民族，其中仅云南就有26个民族以及上百种民族支系。他们在这块土地上世世代代生息繁衍，创造了大相异趣的文明。正是他们开拓的西南丝绸之路把东南亚、南亚和更远的国度连接起来，以致我们今天能在这块显得十分闭塞的土地上，感受到一种国际文化交往的鲜活气息。在这里，我们可以了解到中缅两国所形成的民族渊源、血缘关系，以及两国人民的情谊，还也可以了解到中国和印度这两个世界上最古老的文明国家，在漫长的历史岁月中相互往来、互相学习、相得益彰的友谊。

两千多年前，西南丝绸之路就连接沟通着东方的两大文明发源地——中国和印度。中国文化和印度文化，在人类文明史中源远流长，博大精深，各领风骚。

西南高原作为西南丝绸之路的重要地段和东西文化交流的中间区域，曾起过历史的地理枢纽作用。这种作用使种种文化的接榫和沉积现象长期存在，展示着西南丝绸之路的传导印迹和文化融合特质，特别是那些在其他地方早已消失了的文化特质。

1896年，美国作家马克·吐温踏上印度大地，希望对印度做一番描述，但是最后他只能掷笔感叹："印度，是奇观之国。"这个奇观之国，应该说是一则美丽的传说，隔着面纱在南亚大陆上婆娑起舞。黑格尔也认为，印度"向来是想象所神往的地方，而在我们的瞻望中，至今还像一个仙境，一个妖异的世界"[①]。确实，东方文化从来都具有

---

① ［德］黑格尔：《历史哲学》，王造时译，生活·读书·新知三联书店1958年版，第182页。

极强烈的神秘色彩。其实，要探究印度文化的奥秘，印度两大史诗《罗摩衍那》《摩诃婆罗多》无疑为入门必读。两大史诗不仅是著名的经典文集，同时也是古代印度社会生活、宗教、政治与道德的标准，更是印度哲学思想的缩影。有意思的是，《罗摩衍那》在中国大西南这个东西文化交流的中间区域的民族社会中存在，只不过这部外来史诗在向东传播的过程中受到当地文化的影响而有所变异而已。傣族、景颇族、德昂族在接受这一史诗时，对其进行了吸收改编，使之代代传诵，家喻户晓，仿佛成了本民族的一部新的或原有的集体创作的诗歌，并易名成了《兰嘎西贺》。从主题思想上来看，傣文本与梵文《罗摩衍那》基本相同，都是宣传正义战胜邪恶，表现着中印两国人民共同的价值标准。从情节上看，两者也基本相同，甚至连一些细节都一样。所不同之处，《罗摩衍那》宣传的是婆罗门教，主角是刹帝利，有婆罗门仙人相助，宣扬种姓制度和封建伦理道德。《兰嘎西贺》宣传的则是佛教，辅佐召郎玛的是佛教高僧，它美化封建领主制并表现外来佛教与本土原始宗教的矛盾。总起来看，这个故事被大大地傣族化了，或者说是中国化了，好多印度地名被换成了中国地名，也就是云南本地的地名。

这种文化的交流、借用、移置和融合，如果没有交通，是无法实现的。而西南这一中印文化的中间区域，又使这种融合的文化较突出地存留下来。

文化交流与传播的最早承担者是商人和僧侣，他们在进行商业贸易和托钵化缘的活动中，文化的交流就开始了。与此同时，交流的一个重要手段便是通过语言和文字来进行。在西南丝绸之路上，从古至今，不同的语言文字并存使用的现象一直存在，特别是在边境地区；甚至有些远古创制的文字（有的已经湮没灭绝，有的成了难以破译的天书），也在这里保存下来，其形貌语义现在逐渐为更多的人知晓。

在四川地区战国时期的出土器物上，常见到一些图形符号，过去一般称之为"巴蜀符号"或"巴蜀图语"。近年来有学者经过研究分析，认为这种符号应该是一种较为发达的标音文字，字母约有40个，并称它为"蚕丝文字"，是古蜀地在殷代时就出现的一种文字。无疑，这种文字与蜀地古老的桑蚕业有关。然而，这种神秘的文字竟与今日的彝族文字有惊人的相似之处，属于同一类型的标音文字体系，也可以说彝族文字是在古蜀文字的基础上产生的。从平坝的蚕丝文字到山区的彝文，可以看到不同文化的交融，甚至承接关系。这种关系出现在西南丝绸之路沿途，与道路的存在和作用是息息相关的。

佉卢文很早就是一种死文字，它起源于古代犍陀罗，最早见于印度孔雀王朝阿育王统治犍陀罗时颁布的摩崖法敕，其流行年代约在公元前3世纪中叶至公元4—5世纪。这种文字得名于古代印度神话传说中驴唇仙人之名，后人对它的描述更是充满了神话色彩。随着中印古代交通的开辟和文化的交流，尤其是佛教在中国广泛传播后，中国旅行家、僧人和翻译家的著述、详述中留下了不少有关佉卢文的记载。佉卢文作为丝绸之路上的通商语文和佛教语文，自公元4世纪以后便逐渐衰败成为死文字，湮没了一千多年。直到18世纪末，考古工作者才终于在中亚希腊王国巴克特里亚统治者铸造的钱币上重新见到这种文字，以后又在印度河流域的摩崖法敕和碑铭、器铭上陆续发现。我们相信随着人类学、考古学对西南丝绸之路的深入研究，佉卢文有可能在西南这一中印文化碰撞的缓冲地带被发现。因为西南高原上有的民族语言就是从印度语言文化中演变而来的。

中国傣族的语言文字的产生，就与佛教的传入有关。傣族信仰的佛教，其教派属南传上座部，也就是通常所称的小乘佛教。

傣文来源于梵文字母体系，是用于翻译转写以巴利语著述的佛教经典的主要文字之一。傣族人民在与周围各民族人民的交往过程中，接受了南传上座部，因之在梵文字母体系的基础上创制了自己的文字，并为翻译转写佛教经书，借入了巴利语词，以适应宗教上的需要。大批巴利语词的借入，不仅满足了当时的需要，而且对傣语文的丰富完善起到了积极作用。但是，现在巴利语在傣语中的作用已日趋衰弱，大量的使用仍在佛经和历史文献上。①

印度阿萨姆语由东摩揭陀语演变而来。但是，迦摩缕波国处于印度东部边境，早在史前时代就有操猛—吉蔑（Mon—Khmr）语言的民族迁入。有史时期，从滇、缅一带先后又有操藏缅语族的泰、掸族等民族相继迁徙此地。这些西南高原民族至今在阿萨姆人口中仍占有很大比例。亚利安人的语言不能不受到这种种语言的影响，因此与中印度语言有一定差异。②

语言文字在文化的交流过程中有着和交通同样重要的作用。上面所举的古老语言文字都曾在西南丝绸之路所经地区存在和使用过。随着文化交往的加深、社会的发展，许多语言文字融合变异甚至消失，但这种语言文字的融合变异现象在大西南这个不同文化交流结合部依然能窥视它们的影子，有的甚至较为完整地保留着。

在西南丝绸之路沿途，还存在着对大石的崇拜。成都的冲积平原上，石块本是稀罕之物，但大石遗址多处可见，为四川最重要的考古遗迹之一。这种大石崇拜的文化现象，在云南、缅甸、印度同样存在。大石往往竖立在西南丝绸之路的重要驿站上。《华阳国志》称：

---

① 参见刀世勋《巴利语对傣语的影响》，《贝叶文化论》，云南人民出版社1990年版，第181—201页。

② 参见季羡林等《大唐西域记校注》，中华书局1985年版，第796页。

石笋早在蜀国就出现了，在公元前 500 年前后，但此种习俗无疑起源更早，大石的出现原因尚多，诸如以纪念重要的社会政治事件、充作行程的路标等。如今居住在印度阿萨姆和缅甸之间山区的那加族，仍以竖立大石来纪念社会、生活大事。① 大石崇拜在西南丝绸之路所经地区的存在，无疑是文化传播的结果，至于孰先孰后，目前还难以确定，但这种文化现象是颇值得注意的。另一古老文化现象是葫芦神话和崇拜，至今在西南高原很多民族中存在着，历来为众多学者关注和研究。中国著名学者季羡林教授曾针对李子贤先生在《傣族葫芦神话溯源》一文中所涉及的葫芦神话传布地区的问题，同时也是针对刘尧汉先生提出的"中华民族的原始葫芦文化"，专门撰写了一篇《关于葫芦神话》，把葫芦神话仅限于中国境内的观点完全否定了。季先生提出了印度古人以葫芦象征子宫、生殖崇拜的有力证据。他举出了印度大史诗《罗摩衍那》第一篇第三十七章第十七首诗：

须摩底泥，虎般的人！
生出来了一个长葫芦。
人们把葫芦一打破，
六万个儿子从里面跳出。

这和西南高原上佤族、傣族等的葫芦神话如出一辙。重要的是，今天，葫芦神话和崇拜在中印文化中共同存在，而且内容的极其相似，表明这一文化现象的相互影响。更重要的是，这一古老文化现象仅存在于古印度的典著中，而在西南高原却广泛存在于少数民族的现实生活中。可见西南高原这一文化的中间区域对文化交流所起的沉积作用。

---

① 参见《冯汉骥考古学论文集》，文物出版社 1985 年版，第 9 页。

四　结语

  西南丝绸之路所途经的大西南高原，从地理上看是亚洲大陆腹地与印巴次大陆及中南半岛的结合部；从人类历史和文化上看，则是中印文化以及东南亚文化交流的咽喉地带。这是一个地理环境和文化环境极为复杂的地区，它是人类的重要发祥地之一，又是古代几大族群迁徙流转之地。西南丝绸之路这一最早连接两大古代文明发源地的交通线穿越此间，不仅使本土文化的交流和融会加剧，而且带来和传播着中原和印度的文化。另外，西南丝绸之路还有两条重要支线在本文中尚未提及。它们是"步头路"和"茶马古道"。步头路是从五尺道安宁一带岔出南下，经建水、元江，然后顺红河出海；茶马古道则从五尺道和灵关道的汇合处大理岔出北上，经丽江、中甸，进入西藏。所以，西南丝绸之路的重要地段——西南高原，实际上成了东西文化及南北文化交流的中间区域，起到了历史的地理枢纽作用。

  随着历史的演变，北方和海上丝绸之路的兴起，中国经济重心转移，西南丝绸之路逐渐衰落，西南高原的历史地理枢纽作用也随之减弱。交通的衰落，随之而来的必然是封闭。于是，大量的中外文化交流的遗存和文化融合的特质被保存了下来，以至于今天，西南高原成为人类学、历史学、考古学、文化学等众多学科研究的宝地，成为人们对现有文化寻根探奇的热土。

  西南丝绸之路不仅是中国最早的一条重要国际贸易交通线，而且是友谊的纽带，在中国对外友好交往史上发挥过重要作用。

  公元13世纪，意大利大探险家马可·波罗沿着这条秘密古道经西南去缅甸；中国明代大地理学家徐霞客（1586—1641）也曾沿这条古道考察西南，他们后来把所见所闻写成了书，轰动了世界。今天，古道引起了人们越来越大的兴趣和关注，经济学家、历史学家、民族学家、旅行家纷纷来到西南高原勘踏古道。

我们相信，随着西南丝绸之路沿途更多的考古发掘，以及中国、缅甸、印度等国家学者的深入研究，这条神秘古老的丝绸之路及其多样化的文化将以更加清晰的面貌展现出来。

（原载《云南社会科学》2002 年第 2 期）

云南亚热带山区农业形态与社会形态
——兼论迁徙游耕农业异变形态的发生与发展

云南亚热带山区是多民族聚居区和杂居区。这一地区山高谷深、气候复杂。新中国成立前，各民族大多从事粮食农业。然而，由于各民族历史条件和社会发展程度不同，农业形态各有差异。大体而言，这一地区农业形态可分为三大类，即"刀耕火种"原始农业、迁徙游耕农业和梯田农业。这三类不同形态的农业，由处于不同社会历史发展阶段的不同民族所从事。仅从这一表面，就可以粗略看到云南亚热带山区各农业形态与社会形态的对应性，及其这一地区农业多层次发展进程。但是，这种发展进程并非常规性的农业发展进程，而是该地区特殊的、异变性的农业发展进程。以下分别以云南亚热带山区从事这三类农业形态的较有代表性的三个民族为例，从他们的社会生产发展程度上看农业形态与社会形态的相互适应性，以及农业形态的异变性对各民族社会发展不平衡产生的影响。

一

（一）刀耕火种原始农业社会

基诺族在云南亚热带山区"刀耕火种"原始农业中可称典型代表。基诺族有1.2万余人，大部分集中居住在西双版纳州景洪县基诺山区，从事着刀耕火种山地农业。刀耕火种农业的特点是：砍翻大片森林，晒干焚烧，然后在灰烬上进行耕种。其播种的方法一般是，男人用小铲在烧过的土地上戳洞，妇女跟在后面点种掩土；宽阔坡地常采用撒种。在基诺山区，增加地力保证产量的唯一方法是火烧树木和轮歇耕作。以巴亚寨为例：这里的可种山林按惯例分为13大片，每年砍伐其中的一片，种完一片后一般次年就丢荒，13年后这里已长成茂密的森林，又轮到它被砍伐耕种了。这种轮歇耕种、增加地力的方法是长期刀耕火种山地农业的突出范例。基诺族主要农作物是旱谷，其他农作物有玉米、豆类和瓜类等。在其原始农业中，人们已熟知节气节令，并已掌握稻谷品种30多个，有着一套适于立体气候的不同地段使用不同稻谷品种的方法及间种轮作、田间管理的方法，这就使基诺族的农业生产达到一定的水平，一个男劳力在正常年景可收获1250斤旱谷和200斤籽棉。这种农业水平，在云南亚热带刀耕火种农业中已是佼佼者了。但是，总体来说，刀耕火种这种生产方式的原始落后性是显而易见的。[①]

刀耕火种原始农业在云南山区农业中占有相当大的比重，维持着许多后进民族的生存和文化。这种农业形态决定着基诺族以及众多后进民族的社会形态。据民族学家研究，直到20世纪50年代，基诺族仍处于原始社会末期的农村公社阶段。这一社会的特征是：非血缘的地缘村寨由几个不同氏族的一些个体家庭组成。每个村寨都是一个自然经济的农村公社，有自己的地界和分界标志。这一社会的另一个重要特征是生产资料的两重性。基诺族的基本生产资料是土地，土地的占有形式是村社土地共有制、氏族土地共有制和个体小家庭私人占有制。这种社会形态中的人们以集体劳动为其主要劳动特点，农业生产

---

① 云南省历史研究所：《云南少数民族》，云南人民出版社1986年版，第532页。

中主要是人力，畜力不加采用，黄牛水牛野放山林，主要用于祭祀和食用。

从以上简略的叙述，可见刀耕火种原始农业是与其原始社会末期的农村公社社会性质相适应的，是互为对照和互为依存的。

（二）迁徙游耕农业社会

在云南亚热带山区从事迁徙游耕农业的各民族，以苗族最为典型。苗族人口众多，仅云南省就有 80 多万人，分布在全省各地，其中文山壮族苗族自治州、红河哈尼族彝族自治州、昭通地区最为集中。大部分散居、小块聚居是其分布的特点。历史上苗族流动性大，从事游耕农业。游耕农业的特征是"居无定处"，每到一地，毁林开荒、刨窝点种。主要农作物有玉米、荞麦、洋芋，同时兼种高粱、稻谷、小麦、蚕豆、豌豆和饭豆等。游耕农业民族大多采用刀耕火种耕作方式，可以说是流动的刀耕火种农业，这是其重要的特点。苗族的历史是不断迁徙的历史，其游耕农业生产方式，往往是重复过去的劳动，农业生产仿佛固执地长期处于循环往返、原地踏步的境地。然而，游耕农业是迁徙的刀耕火种农业，它比基诺等族的刀耕火种原始农业有着更丰富的内容，四处迁徙流转，与各地民族接触较多，互相影响，也相得益彰（更重要的是它有着自己的发展根源，这个问题后文将要专门谈到）。因此，各地苗族所从事的农业有较大的差异，往往与所在之地其他民族的农业形态大体相当，这又是一个特点。比如，在金平、元阳等地的苗族已有不少从事水田、梯田等较高水平的农业生产方式。所以，苗族的游耕农业较为复杂，建筑在这种较为复杂的农业经济基础之上的社会形态就更为复杂。苗族内部已产生明显的阶级分化，但发展极不平衡。这是由于苗族迁徙游耕，不能形成自己固定的经济区域，只得依附在所到之地的其他民族的经济之下。新中国成立前，云南亚热带山区，临近苗族地区的壮、彝、哈尼、汉等民族的土地所有制度大多已是封建土地所有制，苗族只得依附其上，和当地民族一样，只得租佃地主、富农的土地耕种，在这些地区的苗族，阶级分化加剧，已出现地主、富农；而在土司封建领主制的金平、元阳等地的苗族，耕种的土地必须向土司领取和购买，交纳相当沉重的"官租"和地租。这些苗族也就因此进入与当地农业形态相适应的封建地主制和封建领主制。然而，一旦苗族搬迁，与当地经济关系脱离，这些制度又随之消失，社会的性质亦发生改变。总而言之，游耕农业的内容较为复杂，耕作方式往往因迁徙之地而定，社会形态也较复杂，也是因迁徙之地而变化。这是游耕农业社会的总特点。

（三）梯田农业社会

哈尼族是梯田农业的突出代表。哈尼族是大西南历史最为悠久、文化最为丰富的民族之一，人口 143 万，绝大部分集中分布于滇南红河、澜沧江的中间地带。其中，亚热带哀牢山区是哈尼族最为集中的地区，该地哈尼族占哈尼族总人口的一半以上。在哀牢山区，哈尼族所创造的梯田农业是山区传统农业的最高典范，是依据云南亚热带大山原地理环境和立体性气候条件，经过长期的农业实践建立的粮食农业良性生态系统。梯田农业的显著特征是，在高山森林中建立引水工程，在半山建立村寨，在半山和下半山直到河谷建造层层梯田。高山泉水顺着密集的沟渠，长年浇灌梯田。并利用流水进行施肥和利用田水进行养鱼。梯田农业主要生产稻米，在梯田田埂上间种豆类等作物，对于农时节令的掌握和稻谷品种的选择、应用已有相当水平，以至于在正常年景一个劳动力可以生产粮食 3000 斤左右。到新中国成立初期，哀牢山区哈尼族的梯田农业生产力与当时平坝和内地的农业相比，水平基本相当。梯田农业代表着云南亚热带山区传统农业的高水平,在这种农业经济基础之上,哀牢山区的哈尼族在明清时期已陆续进入封建领主制社会和封建地主制社会,即早进入与农业形态相对应的封建社会。哀牢山区红河南岸的封建领主制社会的特征是:在政治上,封建土司是一切权力的最高占有者,有着一套森严的封建等级制度;在经济上,封建土司是一切山林土地的最高占有者,属下的人民对土地只有使用权而无占有权。哀牢山区元江、墨江等地封建地主制的社会特征,等同于内地封建地主制社会。

二

从以上对处于不同农业形态的典型民族社会特征的描述中,可以看到,不同的农业形态与不同的社会形态相适应,不同的农业形态决定着不同的社会形态。

众所周知,社会发展分为原始社会、奴隶社会、封建社会、资本主义、社会主义五个社会形态。云南亚热带山区多民族社会发展却呈现出异变性景观,即有的民族发展长期停留于原始社会,而有的民族的社会发展发生跳跃,跨越一个或若干个社会发展阶段而进入较高的社会形态中。关于这个问题,有的学者认为这种异变性是自然环境的制约所致;有的认为是社会环境的急剧变动所致。然而笔者认为,经济基础的不同,使各民族呈现不同的社会形态;农业形态发展的异变性是社会形态发展异变性的根本原因。

农业形态的常规进程为:原始农业—传统农业—现代农业。云南亚热带山区同时存在的刀耕火种原始农业、迁徙游耕农业和梯田农业,从表面上看,似乎是一个由低级到高级依次发展的序列。如果因此而认为这就是云南亚热带山区农业发展的顺序进程，这就简单地用横向联系代替了纵向发展，即简单地把现存的不同形态的农业事实由低到高排列起来当成农业发展的历史进程。实际上，云南亚热带山区的农业形态有着不同的发生渊源和发展道路。刀耕火种原始农业是发生在云南亚热带山区特殊地理环境中并沿着自己的道路缓慢发展着的农业形态；迁徙游耕农业则脱胎于古老的平坝农业区，是进入云南亚热带山区后形成的异变性农业形态，它虽然也采用刀耕火种耕作方式，但与刀耕火种原始农业没有直接的纵向的发展联系，而和它有着密切联系的是梯田农业，它的发展导致了梯田农业的产生。

刀耕火种原始农业在云南亚热带山区十分普遍，在整个云南农业中占有一定位置，这种农业发生于遥远的古代，与原始人的生产力和原始社会形态相适应。在云南亚热带山区，凡新中国成立前仍处于原始社会和存有大量原始社会遗痕的山地民族，均从事着这种农业。这些民族的先人从原始的采集狩猎经济中走出来，根据自己民族的强弱和对农业耕作技术的掌握程度，分别在云南亚热带山区选择较为适宜粮食生长的自然环境，先后进入定居农业阶段。亚热带山地，由于光、热、水等自然条件较好，森林茂密，水源丰富，人少地多，生存空间广阔，因而无论在河谷区、半山区和高山区都可以通过刀耕火种这种原始粗放的生产方式与大自然进行直接的能量和物质交换。经过成百上千年一代又一代人的辛勤劳动和努力，"刀耕火种"原始农业在特定的环境中缓慢地发展着，到新中国成立初期，如前所述，云南亚热带山区刀耕火种原始农业的佼佼者基诺族已将这种农业形态发展到了相当的高度，已经掌握了30多个稻谷品种，并熟知节气节令，精于间种轮作，懂得管理方法，并且形成了具有一定生态意义的轮歇耕作系统。尽管如此，到20世纪50年代，基诺等民族也没有走完原始社会的历程，仍保持着刀耕火种原始农业的形态。

这就是云南亚热带山区农业常规发展的初级形态——原始农业，它还没有跨入传统农业的门槛。

与"刀耕火种"原始农业在云南亚热带山区并存的迁徙游耕农业为什么是异变性形态，它是如何发生发展的，和梯田农业有什么直接联系，又是如何向梯田农业演变的呢？让我们来分析研究处于梯田农业的各民族历史和农业的发展，便会找到答案。

在云南亚热带山区中，较为先进、人口众多的彝族、哈尼族从事着梯田农业，这两个民族都有着漫长曲折的迁徙游耕历史。至今，彝族在丧葬时念"指路经"送魂，其路线一直向北，越过金沙江再至遥远大雪山。这就说明彝族从遥远的北方迁徙而来。哈尼族很早就进入农耕定居生活，其最早的居住地在大渡河畔，《尚书·禹贡》载："和夷"（哈尼族先民）所居之地，"其土青黎，其田上下，其赋下中三错"。古代哈尼族农业定居生活情景清晰可见。然而，如今哈尼族绝大部分住在云南亚热带哀牢山区，这就是迁徙的结果。汉族史籍所载的哈尼族各历史名称的不同及其分布地的变换，反映了哈尼族历史上的迁徙流动情况。另外，哈尼族的大量史诗、民间传说和故事对其迁徙有着生动的叙述；史诗《哈尼先祖过江来》极其细致、生动地描述了哈尼族迁徙的原因、路线和所到之处所从事农业耕作的情况。壮族、瑶族等居住在亚热带山区的历史悠久、人口众多、较早进入农耕生活和进入阶级社会的民族，无不有着大规模迁徙的历史。这种迁徙不同于游牧民族的"逐水草迁徙"，它是定居农业民族的迁徙。哈尼族等民族早期都生活在大河流域和湖泊周围。苗族也是如此，据考证，苗族约在两千多年前就定居在今洞庭湖和沅江流域一带。这些地区自然条件优越，有利于农业的发展。但是农业的发展、人口的增多、部族的壮大，其结果是古老的农业区有限的生存空间变得紧张；随着阶级的分化，内部压迫剥削的产生和逐渐加剧，外部掠夺和被掠夺的争斗也随之越演越烈，争夺生存空间的民族战争频繁发生，于是在战争中失败的民族不是被奴役就是被赶出古老的家园，不得不去寻找和开发新的地方，在其他适于农耕的居住地已为其他民族占据的情况下，背井离乡的人们只得不断地征战和不断地迁徙。居住于云南亚热带山区的许多民族的迁徙史就是如此，新中国成立前仍在不断迁徙的苗族的历史和现实也是如此。尽管这些民族渊源有别、文化殊异，其历史的居住地各不同，但迁徙的原因则是相同的，即人口的繁衍、生产的发展、阶级的分化、民族的压迫以及对生存的追求。这些曾从事定居农业的民族，在迁徙过程中所到之处，运用长期积累的农业技术从事农业生产，与当地民族的争斗就必不可免。哈尼族的迁徙历史就清楚地说明了这一点。这样，他们就只得不断地迁徙，不断地开荒种地以求生存，形成了一个特殊的农业形态——迁徙游耕农业形态。正因为有着深远的历史演变背景，游耕农业才具有极大的复杂性和丰富性。

由以上分析，我们看到，由于云南亚热带山区地理环境给常规性农业发展以极大限制，致使其原始农业发展缓慢，进入传统农业还有相当的距离。迁徙游耕农业是由古老农业区进入云南亚热带山区而形成的特殊农业形态，这一农业形态的进入和形成，打断和替代了云南亚热带山区农业发展的常规性进程，出现了农业发展的异变性形态。它的出现和存在，使云南亚热带山区农业形态异常复杂化，也使各民族的社会历史进程复杂化。

从事迁徙游耕农业的民族，在迁徙前已从事定居农业，有着较为丰富的农耕经验和技能，因而游耕民族一旦再度定居，其农业的发展就相当迅速。哈尼族、彝族在云南亚热带山区定居下来，创造出梯田农业这一亚热带山区农业奇迹，使山高谷深、气候千变万化的大山原地理环境中的农业达到内地汉族的农业水平。

发现传统

苗族社会形态的复杂性和不确定性，正是迁徙游耕这一云南亚热带山区异变性农业形态所决定的。表面看来，苗族所到之地采用刀耕火种，确实很原始落后，然而不可忽视的是苗族有着几千年的农耕历史，积累了相当丰富的农耕经验，他们所从事的刀耕火种耕作方式是历史的刀耕火种耕作方式的运用。这正是具有悠久农耕历史传统的民族的农业经验和农耕适应性的表现。这种刀耕火种绝不等同于基诺等民族的原始刀耕火种农业。它们各自的内涵是不尽相同的，其社会发展程度的历史积淀以及农业经验和知识的积累、发挥等都是不能简单地画等号的，是有着高低层次之分的。因此，新中国成立后一部分苗族定居下来，其农业生产就迅速发展。比如，红河州蒙自县的苗族农民挖造梯田、台地，在半山腰修建了防洪沟和灌溉渠道；屏边县湾塘梁子村，地处高山陡坡，田少旱地多，该地苗族改造石山坡，整理出平展的梯田一百多亩，修建了五条水沟。[①] 这一切都属于较高层次的梯田农业的内容。苗族农业状况的迅速改观，就是其农业的适应性和农耕经验的发挥。定居使苗族游耕农业迅速进入梯田农业形态，这是农业形态的质的变化，这种变化固然和当地其他民族的影响分不开，但最主要的是，苗族长期积累的农业生产经验和知识给这种质变提供了可能性。当然也应看到也有许多苗族频繁地迁徙仍然处于半游耕状态，生活困难。在基诺族等新中国成立前尚处于原始社会的民族中，这种农业形态上的质变就没有明显产生。新中国成立后三十多年，基诺等族的刀耕火种农业没有根本改变，其耕种方式和共同分配等一如既往（当然，这其中有直接过渡的原因）。1978年以后，基诺山区像全国农村一样实行农业生产责任制，基诺族有的人为改变其生产关系和生活方式而痛心疾首。这一切无不说明，迁徙游耕农业形态具有较

---

① 云南省历史研究所：《云南少数民族》，云南人民出版社1986年版，第193页。

强的适应性，是一种发展层次较高、内容又极为复杂的农业形态，它从古老的定居农业中发展而来，又走向更高层次的定居农业——梯田农业。

三

　　云南亚热带山区农业形态与社会形态是相互适应的。原始刀耕火种农业与原始社会相适应；迁徙游耕农业与激烈动荡、极不稳定的初期阶级社会相适应，所以，迁徙游耕农业形态往往发生于较古老的农业区，如哈尼族的古代居住地——大渡河流域，苗族的古代居住地——洞庭湖、沅江流域，也就是说，游耕农业是发生于生产力发展较快的平坝区或河谷区的原始农业，然后向着山区进军。正是因为迁徙游耕是由原始古老的农业区发展而来，积累了较多的农业经验和技能，因此，比之于原始农业有着更强的适应性，一旦再度定居，生产力就能够迅猛发展。也正因为它从原始农业中脱胎而出，所以，游耕农业社会中往往夹带着浓厚的原始色彩。定居梯田农业是与较为稳定的阶级社会——封建社会形态相适应的，云南亚热带山区发展水平较高的汉族、彝族、哈尼族、壮族，无不处于这一农业、社会形态中。

　　这些农业形态有着明显的高低层次之分，但在云南亚热带山区，这种高低层次并不意味着是农业依次发展的序列。研究表明，刀耕火种原始农业是亚热带农业常规发展进程的第一个农业形态，但由于地理环境等原因，它发展缓慢没有能够达到高一级的传统农业形态。而由平坝进入山区的迁徙游耕这种异变性农业，在流动过程中，一方面将其所具备的、历史上积淀的深厚的农业经验在所到之地加以应用发挥；另一方面在与各地民族频繁接触和交流中不断充实和完善其农耕技艺，终于创造了梯田这种农耕方式，使云南亚热带山区的农业形态达到了一个前所未有的高度。

值得重视的是，迁徙游耕这种异变性农业形态的存在和发展，对亚热带山区各民族社会生产力和历史进程产生了巨大影响，并使不少民族的社会形态发生异变。红河南岸哈尼族由氏族社会直接跨入封建领主制社会、苗族社会形态复杂多变等都是由异变性农业形态决定的。从某种意义上说，云南高原在古代既是人类的发源地，又是古代各种族群迁徙流转融合之地，所以，游耕这一特殊的农业形态在云南亚热带山区才如此突出，并使得亚热带山区农业和社会呈现出异常复杂、异常丰富的景观。

（原载《民族学》1989 年第 1 期；收入《云南民族传统文化变迁研究》，云南大学出版社 1997 年版）

民族村寨广场的社会功能

在云南少数民族村寨的中心地带，几乎都有一块可称为广场的空地。尽管各少数民族生活习惯、文化各不相同，但是，广场所起的向心力作用是相同的。村寨的人们只要一听到击鼓、敲铓、打钟或呼喊，都会情不自禁地走出家门，聚集到广场上，或集会，或祭祀，或歌舞。总之，广场具有多方面的社会功能。

一 村寨或集镇的核心

（一）村寨核心——寨桩的所在地

广场是村寨的中心，在这个广场上往往有一些标志性的建筑物或象征性的物件，以标明这里是村寨的核心。

在沧源佤族村寨中心的空地上，有一个雕刻得很古怪而醒目的木桩耸立着，佤族称之为"考司岗"。"考"意为树木，"司岗"，佤语意为"葫芦"或"山洞"。佤族说，人类就是从"司岗"里面出来的，于是"司岗"可引申为人类的起源，而"考司岗"则是用树木做成的象征生命起源的标志。佤族寨桩"考司岗"是用锥栗树等质地坚硬的木料做成，高约 2.3 米，造型犹如一个站立的、长着双角的人，五官较抽象，浑身画满几何图案。其雕刻较为粗糙，有阴刻和阳刻两种，色彩为黑、白两种，这与佤族传说中的黑母牛和天神达梅吉身着白衣有关。黑色是用柴炭粉碎后以动物血混合而成，白色则用白石灰。几何的图案有一定的象征意义，如锯齿形象征火、箭头形象征梭镖头等。寨桩立于村寨中央，由该寨最早建寨的氏族负责管理。在佤族村寨，居住于寨桩旁的都是村寨的开辟者和享有权威的氏族的后代，后迁来的人家只能依次在边上建房。寨桩往往被视为一寨之主和村寨的心脏。每年春天要在寨桩前鸣土枪 5 响，全村男女老少围着寨桩吹起芦笙，载歌载舞，通宵达旦。欢乐活动有持续 7 天者。祭寨桩时，要杀一头猪或一头牛，将血淋在寨桩上，牲畜全身各部位的肉在煮熟后要各切一片放在寨桩前的祭台上，祈求祖先护佑、人丁安康、六畜兴旺。可以说，寨桩是村寨的标志、人们活动的中心。寨桩只有到自然损坏和寨子遇到天灾人祸时才能更换，届时要举行盛大的祭祀仪式。

在云南其他少数民族村寨广场，虽无佤族这种雕刻而成的寨桩，但大多数村寨空地中都树立一根仿佛旗杆的木杆象征村寨的中心，剽牛、祭祀、歌舞等活动都在此进行。而有的地方，如金平县哈尼族则是在寨中空地建寨心塔，是用泥土垒成的土包竖于村寨中央，标志建寨最早地点和政治、文化中心。傣族村寨中则留有"神树"，集体活动往往在此举行，这实际也是村寨中心的标志。

（二）政治权威所在地

广场作为村寨的核心，自然就成为政治权威的所在，这在云南民族村寨中表现得极为突出。上述佤族村寨就是一例。再如，云南富宁县壮族在村寨中心空地上建立"亭棚"，这是村落共同议事的场所，当地汉人称其为"老人厅"。亭棚是一个草顶或瓦顶的圆亭，内置农业神神农的牌位。村落头人在亭内共商有关全村生产、宗教祭祀和婚姻纠纷等事务。亭棚也是举行全村性农业祭祀和村落成员祈求清吉平安的场所。

如果某个村寨曾作为山官头人、土司衙门所在地，或是现今政府的基层政权所在地，它的空地广场肯定就是一个政治中心。在云南，有许多被称为镇的地方，在古代是军队的建制和屯兵之地，如大理的喜洲镇，相传隋朝史万岁曾驻兵于此；而丽江大研镇则是元代忽必烈驻兵之所。所以，从古到今，村乃至城镇的广场，都是权威的所在。

（三）集市贸易地

村寨空地往往还是市场。特别是那些处在土司衙门、政府所在地或重要交通线上的村寨，它的广场肯定就是一个市场。例如，元阳县黄草岭村，由于地处个旧、建水通往越南的古道上，很早就是马帮驻足、商人云集之地，于是村中空地也就成为赶街的市场，远近闻名。由于当地哈尼族购买力较低，因此，黄草岭市场主要是外来商人在此成交。如今这条外贸古道已为新型的公路所代替，黄草岭也成为乡一级的政府所在地，然而古老的街场仍未改变。在村寨中心空地，仍然每十二天赶两次街，属鼠日赶大街，属马日赶小街，周围山区的各民族到街期就云集于此，交换自己的土特产。

"镇"，古为驻兵之地，今为一级基层行政区，而一般人则将"镇"当成"集镇"看，也就是市场。事实上也是如此，一个集镇往往是一片村落、一个小地区的中心。如大理市就有凤仪、喜洲、周城、挖色、湾桥五个乡级镇。凤仪镇在元明清时期就是大理较大的集镇（大市场）。喜洲镇的历史源远流长，可追溯到南诏时期，当时称为"大厘城"，是南诏境内的重要贸易中心之一。清末迄民国时期，喜洲商帮崛起，更使喜洲镇远近闻名。大理地区的集镇多在古交通要道上，非常繁华。以周城镇为例，在镇的入口处建有高大的照壁，上书"苍洱毓秀"四个大字。入镇就是一个方形广场，广场正面是一个石砌戏台，广场两边则各有一棵大青树，巨大的树冠使得广场阴凉舒适。广场周围是密集的民居，这些民居皆是有院有楼的白族传统式样。周城镇集市贸易与别处的有所不同，不仅有定期的赶集日，而且每天下午3点前后都交易兴旺，广场上各种土特产、绣织品、渔网渔具、鱼虾肉类、各种蔬菜瓜果，应有尽有，罗列街市，至晚方散。傍晚，广场又成为大人们休息纳凉谈天说地、孩子们胡闹奔跑游戏、青年们谈情说爱之地。

另外，云南少数民族地区的县城，基本上都有定期的集期，其县城的中心地带也是交易的中心，由此可见，其与集镇广场的共同性质，也可使人窥见村寨广场的发展轨迹。

二 活动的场所

村中"广场"是村寨的中心，具有强烈的民众向心力，是人们重要的社会活动场所，所以凡公共事务、集体活动都在"广场"上进行。

（一）集会

由于各民族社会环境和民族心理等方面的不同，集会的方式也就大不相同。

佤族是不轻易召开群众大会的，一般在如下两种情况才召开：一是在村寨中发生重大问题，头人会议不能解决时，这种大会一般只要求老人参加；二是为了布置头人会议上的决议而召开，这种大会要求每家都要参加一人。以前贡山独龙族最大的集会是在处理村寨之间的杀人事件时，村寨中心广场就是裁决的所在。届时除了双方村寨的头人，还要请其他村寨头人参与裁决，而村寨全体成员都持刀执弓参加，如处理不公则进行血的复仇或武力解决，裁决必须被双方的大多数成员同意才算有效。审理公正完成，往往举行解除纠纷、村寨和好的酒宴，以示庆贺。①

云南红河南岸哀牢山区哈尼族的"街心酒宴"，亦称"长街宴"，则是大规模的民族大会餐。这个会餐是在每年一度的"昂玛突"（祭寨神，汉译为"祭龙"）活动中进行的。届时，在村寨外接来寨神，家家户户将桌子凳子抬到村中空地，并一张一张排列成一条长龙，每家一年来积攒的野味都在自家的桌上，长龙般的桌子两旁坐满了全寨的男人和到来的客人，身后有负责招待和斟酒盛饭的女人。哈尼族的"街心酒宴"一般举行两天，其热闹的场面是哈尼族其他任何节日、集会所不可比拟的。这种集会对于村民之间交流思想感情、团结向心有着极大的意义。笔者有幸参加过许多次这样的集会，对于村寨中心广场的向心力作用有着深刻印象。

在傣族地区，村寨中心的空地还是男女青少年的集体活动地点。这当然也是云南少数民族地区普遍的现象。但傣族的这种青少年集体活动则有严密的组织。在西双版纳傣族社会的每个村社，普遍存在未婚青少年按性别成立的组织，男性组织称"奥重"或"木奥"，女性组织称"绍重"或"木绍"。男女两性组织都有自己的头目，男头目称"乃奥"或"诰奥"，女头目称"乃绍"或"诰绍"。这种组织的

---

① 《民族问题五种丛书》云南省编辑委员会：《佤族社会历史调查》（一），云南人民出版社 1983 年版。

职责是分别或共同领导有关婚姻、社交及有关村社的共同活动，如管理男女青少年求偶活动、负责教育男女青少年遵守社交活动规则和调解他们之间的纠纷、管理和组织不同社区间的男女青少年活动等。①这样的活动一般都在广场上进行。

云南少数民族地方的村寨集会形式种类繁多、举不胜举。新中国成立后，有较多的政治性和农业性的集会，各民族基本上都是在广场上进行的。比如传达中央和各级政府的文件、20世纪50年代的土地改革、社会主义教育运动以及"文化大革命"时的批判会、声讨会都是全寨规模或更大规模的群众集会。而从古到今的动员生产、安全警告等生产性集会更是经常在广场上举行。

（二）祭祀

祭祀活动是许多少数民族社会活动的重要组成部分，一般分为家庭祭祀和公共祭祀，公共祭祀大多在村寨广场上举行。

需要进行"剽牛"祭祀的重大节庆、宗教、建房等公共活动必须在村寨广场举行。佤族剽牛在云南是最有名气的。他们盖房、建寨、拉木鼓和许多宗教祭祀活动均要剽牛。凡遇需剽牛的活动，由头人和"摩巴"（祭师）找出既有剽牛条件又乐意剽牛的人家，将牛拉到村寨空地拴在剽牛桩上。剽牛者换上新衣，在全寨人的围观下，将安有长木柄的铁剽子从牛背戳进牛的心脏。牛死后，经整理，将牛的四肢及头、颈分给固定的亲戚和摩巴，其余的肉全寨各户平均分配。提供剽杀用牛者，被视为具有美德和为人们求福免灾的人。剽杀后的牛头骨被视为财富的象征和牛主人的荣誉，挂置在房屋檐下。佤族的剽牛活动非常频繁，广场的利用率想来也是相当高的。如此情形，在当时

---

① 宋恩常：《云南少数民族社会调查研究》（下），云南人民出版社1983年版。

的云南边远山区较为普遍，如独龙族亦有类似习俗。

另外，与剽牛性质相同，但形式上更为惊心动魄的集体活动是佤族的"砍牛尾巴"。砍牛尾巴仪式前后共历 17 天，其中最主要的活动在第八天。提供牛的人将牛拴在木桩上时，四周早已挤满了手持新磨好的大大小小尖刀的人。当大摩巴指挥着将牛尾巴一刀砍下后，四周的人就一拥而上，挥刀抢割牛肉。人们挤成一团，尖刀飞舞，喊声震天，被刀子误伤是不可避免的事情。人们抢割到肉就传递给外面的接肉人，在递送途中又会被人抢割一番。短短几分钟，一条活牛就只剩下牛头和一副骨架。① 砍牛尾巴抢肉是佤族男子表现勇敢的机会，其用意是祈求木依吉保佑农业生产。这种集体性祭祀活动正是村寨广场派上用场的时候。

（三）歌舞

云南少数民族的歌舞形式多样，往往因族而异，蔚为大观。从总体上可归纳为四类：一是祭祀性歌舞，以宗教祭祀为主要内容；二是生产性歌舞，主要表现生产活动，诸如砍地、栽秧、收割、狩猎等；三是自娱性歌舞，这种歌舞适应性强，逢年过节、劳动之余、茶饭之后、社交集会，以及寄托喜怒哀乐之情，均可歌舞，内容丰富多彩，几乎包罗万象；四是表现性歌舞，这种歌舞的形式较多，有专门的表演者，如傣族的"孔雀舞"、哈尼族的"扇子舞"、纳西族的"麒麟舞"、彝族的"烟盒舞"等。村中空地、城镇广场，都是人们的歌舞之地，是天然的舞台。特别值得一提的是，云南民族歌舞大多以集体舞、集体唱为主要形式，即使男女对唱山歌也是成群成伙的，这就要求必须有较宽阔的广场。

---

① 《民族问题五种丛书》云南省编辑委员会：《佤族社会历史调查》（一），云南人民出版社 1983 年版。

纳西族每当迎请菩萨去杀魔鬼、招魂送魂、超度亡灵、占卜凶吉、祈求丰收时，都跳东巴舞。

白族的"绕山灵"也是云南著名的一种祭祀性歌舞盛会。届时，全寨出动，载歌载舞，声势浩大。

历史上佤族人每年在秋收前都要举行"祭谷"活动。届时，全寨男女老少在寨中广场围着篝火唱歌跳舞来祝祷丰收。歌舞时，由寨中一位有威望的老者带领男子敲击木鼓，伴之以大小不一的组铓，或吹起芦笙在圈中领舞，人们手拉手围圈跳舞。领唱时，大家沿逆时针方向自由而缓慢地移动；合唱时，大家反复唱着"拉起呃江三木罗"的唱词，同时身体弯成三道弯，双手随脚步的移动而上举，放下后双脚再踩跳"三踩脚"，如是往复，通宵达旦。[①]佤族每年新年都要取新火。所谓取新火，就是全寨各家在旧年过去时熄灭火塘，而在新年这天，由村中长老及年轻但有一定声望的男子在寨中空地广场上"钻木取火"。然后举行一定的仪式后，将这新燃之火分送各家各户，新的一年就开始了。取新火时，全寨男女老幼都集中到广场上，待新火燃着，就围着新火歌舞。佤族舞一旦跳起来，就群情激昂，夜以继日，有时甚至在广场上挖灶架锅，煮肉喝酒，酒醉舞酣方才尽兴。

彝族打歌则是云南人最熟悉的。"打歌"就是集体歌舞，人数可多可少，形式多种多样。彝族无论节日喜庆、婚丧嫁娶、亲朋集会，乃至于内心激动，即刻就行打歌。打歌时往往点燃篝火，人们随着弦子、芦笙的节奏，围起圆圈踏地跌脚翩翩起舞。打歌是彝族人民的精神食粮，而村中广场更是人们生活中不可或缺的部分。在南涧县，有"三弦响，脚杆痒"之说，可见打歌和民族情怀、兴趣

---

① 《云南民族民间文学艺术》，云南人民出版社1985年版。

以及性格早已融为一体。打歌不仅在彝族中盛行，在白、苗、哈尼、拉祜、佤、布朗、纳西、普米、傈僳、景颇乃至汉等民族中也极为流行。虽然各地对打歌有着不同的称呼，诸如"跳乐""跳脚""跌脚""三跺脚""左脚舞"等，但歌舞风格、舞蹈动律则基本相同。

（四）竞技

村寨中心广场也是竞技场。云南少数民族大多居住在深山密林，在这里，生存要有石头一样的坚强性格和大山一样的体魄才能适应。于是，在各民族中体育竞技活动甚为流行，且各个民族都有着自己独特的形式。

在藏族地区，射响箭是颇有名气、流行甚广的一项体育活动。响箭同一般的箭大致相同，不同之处就是在箭头上装有带孔的发音装置。箭射出去，空气振动小孔，发出"吱吱"的响声，故称响箭。比赛开始时，参加的射手们一起聚集在广场上唱射响箭歌。歌一唱完，手挽弓箭的射手们在起点线上轮流射响箭。连中两箭为胜，如射中靶心，可以加射一箭，又中，继续射，直到不中为止。凡获得优胜者则奖励牛羊肉和哈达，有时还要由姑娘们敬酒。

在云南少数民族的体育竞技活动中，恐怕要数彝族、哈尼族的摔跤最具对抗性，也最惊心动魄。特别在火把节的时候，摔跤更是激烈，是火把节的重要内容。彝族分布甚广，各地彝族的摔跤各具特色。在凉山地区，每逢摔跤比赛，村寨中的老者是为主持人，他们衡量摔跤者的体重、年龄，使其大致相当。对手选定，长者要将白布系在摔跤者的腰上。于是两人便可进入搏斗状态，互相攀住手臂，裁判一声令下，比赛就开始了。比赛有着严格的规矩，如不准用脚踢，不准乱扯乱甩等。当一方被摔翻在地，就算一局结束。比赛采取三局两胜制。优胜者得奖品。在路南地区，摔跤比赛不但更为正规，如被摔倒者必须双肩着地才算失败，而且摔跤比赛时，姑娘们在周围跳三弦舞，为摔跤者助兴。摔跤结束，主持人给优胜者颁发青布、红布等奖品，姑娘们还要进入场中，热烈地载歌载舞。每当参加这样的摔跤比赛盛会，无论远方来客还是村寨老幼无不激动万分。彝族摔跤已有千年的历史了，在彝族的村村寨寨，五六岁的男孩就开始学摔跤。人们只要兴致所至，就会进行摔跤。村中广场就是摔跤竞技场。

哈尼族对于摔跤则更为热衷，他们把旧历六月二十四定为专门的摔跤节。每当这天，不但村寨"广场"进行摔跤比赛，而且村寨之间也进行比赛。优胜者不仅自己得奖，而且也为村寨增添荣耀。哈尼族人从小就会摔跤，在村中广场，随时可以看到儿童三五成群地在一起摔跤。如有外人来村寨，希望与之较量摔跤，哈尼族从不拒绝并热烈欢迎。

哈尼族的另一体育活动十分引人注目。那就是打磨秋和打转秋。磨秋是在村寨场地上栽一根木桩，另一根粗大的圆木中间打孔，作为横梁安插在地上的木桩上，于是横木既可上下翘动，又可左右旋转。打磨秋时，木梁两端各坐一人，然后转动木梁，人即上下翻飞，磨秋忽上忽下，转动十分激烈，有惊心动魄之感。谁在磨秋上动作越惊险，越能获得掌声。转秋，则像一个大风车，转秋的圆轮中有横档，人坐其上，转动转秋，人就一上一下转动起来，有的转秋形制巨大，可坐十余人。由于转秋转动悠闲，人坐其上心旷神怡，所以女孩子非常喜欢，似乎为女孩的专利，男孩很少去坐转秋。"六月年"打磨秋、转秋时，哈尼族青年还有串寨子的习俗。男女青年打扮得十分古怪离奇。每到一寨，先到空场上打一阵磨秋，然后向村寨父老祝福，并邀人们到自己村寨游玩。各村男女青年互相串寨，使哈尼族山区所有的村寨都热闹非凡，村寨广场自然就是热闹的中心。

云南民族众多，各民族都有多样化的体育项目，其中有的还十分独特，诸如德昂族的"左拳"（专练左手发力，出奇制胜）、傣族的"孔雀拳"和"刀术"、傈僳族的"下火海，上刀山"、佤族的"射弩"、拉祜族的"打弩"、景颇族的"长刀""顶杆"等，均为村寨广场增添了竞技色彩。因此，广场就是竞技场。

（五）游戏

村寨的广场是孩子们游玩的场所。云南少数民族除极少数居住坝区外，绝大部分居住在山区。山高坡陡、沟深林茂，很多村寨不是在山坳就是在山坡，除了村寨中有一块中央空地外，四处除了高山就是沟壑。因此村寨中的广场对于山区儿童来说显得极为重要，不可缺少，它是儿童的游乐场。儿童们常聚集在村中广场上跳、跑和做游戏。

维西傈僳族自治县藏族儿童最爱玩一种小石头。他们将各种打磨得十分光滑的小石头像杂技演员抛小球一样轮番上抛又接住，如没接好，就轮到另一个小朋友抛。

基诺族儿童常在村中空场上打弹弓，有些人称其为射泥弹。泥弹是用黏土搓成的小圆球，阴干后十分坚硬。弓，总体上和一般汉族的弓差不多，为竹片弯成，弦用动物的筋做成。在弦的中部有编织的小方框，泥弹就放在里边。射泥弹和射箭差不多，拉弓放弦，泥弹就飞出去。基诺山区多飞禽走兽，泥弹猎取小兽和飞禽，行之有效。成年人也常随身携带这种弹弓。儿童在空地上玩时，先立好一个目标，站在一定距离，频频射击。有时大人也参加这种游戏。

怒族儿童常玩的游戏是"乍郎抛"，即跳高。在空地上用一根细竹，两端插入土中，形成一个弓形，儿童们就一个跟一个地跳过去。所有人每跳完一次就将竹弓的两端向内靠拢，于是竹弓就升高了一点。再轮番跳过，跳不过者就被淘汰。竹弓一直升高，直到无人跳过才罢。

佤族儿童则爱打陀螺，甚至五六十岁的老人也常在广场上打得津津有味。几个人一起打陀螺时，常常用飞快旋转的陀螺互相撞击，谁的陀螺被撞倒，谁就失败。

哈尼族儿童也爱打陀螺，而且有一种很像打羽毛球的活动——打鸡毛球。鸡毛球用布装糠面扎成，上面插有许多公鸡羽毛。打球时，在空场中间划一根线，双方人数不限，分别站在界线两边；发球后，只能用手将球托向对方，对方又托回。羽球翻飞，争抢激烈，但不准越过对方界线。鸡毛球如射中某人耳朵，所有的打球者都可以涌上去搓他的耳朵。在滇南的哈尼族村寨，还可以经常看到哈尼族儿童聚集在空地上唱儿歌。童声合唱十分优美，傍晚的时候尤其如此。歌声在宁静的山坳中飘荡，吸引大人们远远地观看倾听。有许多儿歌旋律优美，听后令人长久不忘。现举两例汉译歌词如下，以飨读者：

其一，《小姑娘，蹦蹦跳》：

小姑娘，蹦蹦跳，/多喜欢，多呀多热闹。串串银铃，仓呀仓仓响，/传遍山前和寨后。/天蓝蓝的哟，鸽子飞；/水亮亮的哟，鸽子绕。/鸽子妈妈多呀……

其二，《月亮歌》：

月亮圆又圆，/圆得像鼓圈。/天地都明亮，/地上暖又暖。/年头最粘手，/马尾最松软。/擂棒把鼓敲，/棒敲马儿跑。/心爱的阿妈，/看我把蔑弹。/阿奔来领头，/罗妥身儿长，/围我篱笆跳呀。

这两首儿歌是笔者在哀牢山区哈尼族村寨广场上调查时录得，据说是哈尼族最古老的儿歌。在哈尼族地区，几乎所有的儿童都会唱，而且所有的老人在孩提时都在村寨的场地上唱过它们。

云南各民族的游戏、儿歌、童舞种类之多、花样之繁是举不胜举的。村寨广场是少年儿童的乐园。这里的儿童大都是在村寨广场上游戏、玩乐、歌唱以及听大人讲故事，度过自己天真无邪的童年的。

三　简短的结语

其实，无论在现代化的大都市，还是在边远闭塞的深山村寨，我们都能看到在建筑群中的一块空地——广场。这块空地在高楼林立的城镇和民族村落中具有同等重要的地位和作用。它是建筑群体布局的中心，更是人类群体向心力的核心；它是社会权威的所在，更是人们共同的活动场所。

作为建筑布局的重要部分和中心，广场具有多方面的社会功能，特别是地处边远的少数民族村落广场，虽然简陋得不起眼，然其社会功能依然具备，并和广大村民的居家生活紧密相连。上述广场的社会功能仅是众多民族社会功能的一部分，然仅就此，亦可窥其全豹也。

从村寨的中心空地到集镇的中心集市，再到县城的中心广场，继而到大都市的大广场，我们仿佛看到了一条发展的环链，也看到从家庭院落到村寨、集镇、城市广场这一从居家生活走向社会生活的环链。于是，我们说居家生活和建筑文明息息相关，家庭生活与社会生活密不可分，而广场正是村寨等人类聚居地的社会、文化核心，其建筑布局则体现着社会的文明程度。

（原载《云南社会科学》2010 年第 5 期）

彝族典型服饰羊皮褂的社会文化价值

彝族服饰种类之多，式样之繁，修饰图案之复杂在我国少数民族中实属罕见，仅云南彝族服饰就有百种以上。在令人眼花缭乱的服饰中，彝族羊皮褂是令人瞩目的。它不仅历史最为古老、最为实用，而且对历经千年演变发展的彝族服饰有着深刻影响。

一

羊皮褂大概是彝族最早的服饰，唐代《地理志》对当时西南夷人的描述是"男女悉披牛羊皮"，当然，彝族羊皮褂的历史应大大早于唐代。虽然至今难以找到更早的关于羊皮褂的文献记载，我们仍可以从彝族的族源和历史演变中得到线索和证据。

根据方国瑜先生的考证："彝族渊源出自古羌人。"[①] 羌人居住在我国西北广大地区，《后汉书·西羌传》说，羌人"所居无常、依随水草"，后逐步进入西南以至云南。汉元鼎六年（公元前 111 年），司马迁"奉使西征巴蜀"时见到若干区域散布的很多部落，并称他们"皆氐类也"，同属古老的氐羌族群。段玉裁的《说文》也记载："御

---

① 方国瑜：《彝族史稿》，四川人民出版社 1983 年版，第 15 页。

览引风俗通曰：羌本西戎卑贱者也，主牧羊，故羌字从羊从人，国以为号。"当一个民族尚四处迁徙、以畜牧业为主要生产方式时，以牛羊皮为衣，乃是十分自然的事。彝族源于羌族，羊皮褂这一古老服饰自然也源于羌族。尽管在长期的历史发展过程中，彝族的生产方式、生活方式以及服饰均发生重大变异，然而穿羊皮褂的习俗至今仍未改变。彝族大多居住于山区，过去无论男女，多在普通的服装之外加穿一件羊皮褂（小凉山和滇东北彝族不仅穿羊皮褂，而且披一种羊毛披毡。披毡不像羊皮褂一样直接利用羊皮天然原料，而是经过较复杂的剪羊毛、洗羊毛、弹羊毛、擀羊毛等工艺加工而成，它的出现和使用，无疑晚于羊皮褂），如今的楚雄彝族自治州、巍山、南涧等县彝族集居区，穿羊皮褂之俗尤其盛行，而且羊皮褂一直是姑娘们的必备嫁妆。当笔者1989年年底在南涧县调查的时候，羊皮褂每件价值200元左右，有些皮质好、做工巧的价值300元以上，当地人说，其价还在看涨。

彝族羊皮褂分为绵羊皮和山羊皮两种。绵羊皮有时制成有袖的长大衣，供老年人保暖使用，而大多则和山羊皮一样缝成无袖领褂。这是一种古老的变化不多的款式：对襟，无袖、无扣，长至臀下，最长者可达小腿肚。羊皮褂以毛长、色黑为贵。一件羊皮褂须用两张上好的羊皮，稍加剪裁，缝边而成。羊皮褂必须有四只脚和一条羊尾保留完好，否则便失去价值。值得注意的是羊尾置于衣后这一特点。有的调查者简单地把羊尾垂于衣后看作"便于全身雨水聚于尾部，免得四处滴水"。实际上，保留四只脚和一条羊尾是为了保留一张天然而完整的羊皮，从这张完整天然的羊皮，我们可以看到彝族先民最早就是身披这样的羊皮作为御寒遮风以及遮羞之物的。羊尾垂于衣后，其意义就更加深远，历经千年演变，服饰也有了"面目全非"的变迁，然而，保持天然本色和古老传统这一点依然表现在羊皮褂上，所以我们说，羊皮褂隐含着古老文化的象征意义，与彝族族源和悠久的历史息息相关，而且一直影响着彝族千百年来服饰的演变和发展。纵观彝族服装，尽管多至百种，然而，其共同的特点则是所有典型服饰都留有尾饰。例如彝族的套头衣（有的学者称为贯头衣），这种服饰据说在清代最为盛行，几乎在所有彝族地区均穿用，现今仍在滇南地区完好保存并使用。套头衣为方领或圆领、无袖、腋下不缝、前短后长，虽然各地缝制套头衣所用布料不同，甚至绣饰也复杂多样，但前短后长尤如西方燕尾服这一特点则是共同的，而且这一特点几乎在各地的其他彝族典型服饰中均能见到。当然，各地因地理、气候和与周围民族杂居相处的影响，形式上有所变异，如：峨山的彝族姑娘用长长的围腰带紧系腰间，显出健壮的身材，腰带在身后打结，坠下一尺来长的飘带，飘带上刺绣花草图案，走起路来，飘带在身后摇摆，十分好看。又如滇南元阳、红河、绿春等县彝族妇女服装均饰有一根腰带，腰带两端是两大块方形绣片，腰带在身后打结，拖于身后的就是两大块绣片，十分美观，并给人以"尾巴"之感。衣后有尾这一特点，实际上就是羊皮褂留羊尾的特点。由此可见，古老的羊皮褂对后世日渐演变的彝族服装的影响，所以说，留尾于后这一服饰特点是有其久远的历史意义和深厚的文化内涵的。

羊皮褂的另一自然、显著的特点是，所有的边缝，无论是领口、袖缝、前襟和边沿都自然露出羊毛，使光滑色白的羊皮衣褂边沿仿佛饰上美丽的花边。彝族服饰，种类多至百种，修饰图案更是多种多样、五光十色，但其共同点是衣襟、领口、衣袖、裤脚、围腰、鞋帽、挎包等均镶有图案精美的花边，尽管选色复杂多样，这些花边依然使我们想到羊皮褂那自然露出的毛边，这其中难道没有什么联系吗？毫无疑问，其中的联系是一脉相承的。人类的创造总是从简至繁，从自然到加工，这些修饰花边一定是从自然毛边演化而来，至少毛边给花边以启示，才发展形成的。

综其特点，可以说，羊皮褂就是彝族服装的源头、悠久历史的缩影、古老文化的象征。

二

那么，羊皮褂何以千年流传盛行不衰？是不是就因为它隐含着历史和文化的内容呢？要回答这个问题，我们必须考察羊皮褂的主要功能及存在的理由。

功能之一：御寒。彝族大多居住在云贵高原、青藏高原边缘的横断山区和四川盆地的西南边沿。这些地带山高谷深，著名的哀牢山、乌蒙山、无量山高耸入云。这些山区由于江河纵横切割，海拔高差较大，气候十分复杂。彝族聚居区的楚雄州就是典型的例子，乌蒙山由东北进入州境，哀牢山则由西北而东南绵亘境内，山体高下，极为险峻，并多悬崖绝壁，余脉纵横交错、盘亘纠缠，整个山区群山起伏，峡谷深陷。如登高望远，虽山中有山、峰外有峰，逶迤连绵，景致壮观，但高处不胜寒。州内最高海拔为3657米。彝族村寨多建于海拔2000米以上的山区和半山区，一般由二三十户组成村寨，有的与其他民族交错杂居，也有的单户独处，从事着山地农业。彝族居住和从事生产的高山地带气候大多属于温带，年平均温度6℃—14℃，最热月均温12℃—19℃，最冷月均温4℃—6℃；日照时数2100—2500小时，降雨量1000毫米左右。但高于10℃的天数仅30天左右，只宜种植耐寒早熟的粳稻，而玉米、洋芋、荞子则能高产。海拔 2600 米以上的高寒山区，最热月均温 10℃，最冷月均温低于 2℃，霜期长达半年以上。① 气候偏冷是彝族山区居住地的特点，而彝族生活的山区则又是云南羊的主要生产区。绵羊和长毛山羊大都生长、饲养于滇东北、滇西北的高寒山区，山羊除高寒山区外，还分布于中低山灌木林地带，彝族聚居区石林县（原路南县）的奶山羊是特有品种，具有繁殖高、抗逆性强的优点；小凉山彝族地区的黑头山羊为优良的本地良种，20 世纪 50 年代，不少彝族家庭往往有羊百余只。1982 年，仅宁蒗彝族自治县就有羊 23 万只，小凉山彝族每家均有牛羊数十头。1984 年楚雄彝族自治州有羊 1256894 只。羊不仅给彝族人民提供了肉食，而且又是山区土地肥料的重要来源，并为生活于山区以至高寒山区的彝族提供了缝制御寒用的羊皮褂、披毡和裙子的原料。

  彝族的羊皮褂，平时穿用时毛向里，可保暖御寒，抗拒风霜，雨天毛朝外，可以防雨，睡觉时铺于床面和盖于被上，均有保暖防湿的功效。确实，在气候变化无常的高寒山区，羊皮褂是彝族人民征服自然、利用自然的成果，是独具特色的理想服装。

  功能之二：装饰。彝族是个爱美、爱装饰的民族，每当逢年过节、走村串寨、访问亲朋好友时，都穿上自己最好的衣服和佩戴做工精美、价格昂贵的首饰；就连每周一次的赶街，服饰也要焕然一新，特别是年轻姑娘，更是打扮得漂漂亮亮，在楚雄、南涧、巍山一带的人们，则不会忘记套上"必备嫁妆"——羊皮褂。彝族妇女，善于利用简单的物质材料美化生活，比如贴花就是一例。贴花是将各种颜色的布头和下脚料按需要剪裁成各种纹样，然后拼成各种图案，再缝在衣裤上，这些图案五花八门，包括花卉、虫鱼、鸟兽、楼阁、人物

---

① 《楚雄彝族自治州概况》，云南民族出版社 1986 年版，第 88 页。

等。彝族妇女的装饰品以银器为主，有项链、手镯、耳环、银铃、银牌、银泡等，也有玉器，多为手镯和耳环。彝族妇女绣花方式分为排花、穿花、按花、堆花、打子花、扣花、切针花、贴花等；镶边有嵌镶、流边、锁边等。花纹图案则有羊角花（涡旋纹）、狗齿纹（芒纹）、火焰纹、八角纹、虎头图案、龙图案、花卉图案等。彝族人民追求生活美确实别出心裁，其服饰装饰自然，民族气息浓厚又具有较高审美情趣。

当然，作为既古老又流行的羊皮褂，既是单独的服装又是众多装饰品的重要组成部分。在南涧，凡节庆、婚丧、打歌等重要场合，盛装时，必有羊皮褂，而且羊皮褂本身也越见美化，不仅做工十分精细，上面配有皮革线编结的各种穗条以及绣球、缨花、小玻璃镜等。衣物越进化，其装饰的功能越居显著地位，而御寒遮羞等其他功能反居其次了。

功能之三：劳保。彝族居住在山区，过去交通运输全靠人背马驮。今天，就算大多数地区通了公路，人背马驮也是经常的事，特别是短途赶集、上工下地，背篓这样的随身工具还是少不了的。背运重物或路走长了，羊皮褂用以垫背是较好的劳动保护用品，下雨了盖住货物，又防雨防潮。农时，家中如无老人带孩子或农忙时老人也须下地干活，就将小孩一起带到田边地角，羊皮褂地上一铺，任孩子们坐地玩耍，田间休息吃晌午饭，大人小孩围坐一起，其乐融融。

功能之四：行李。过去彝族很少经商，有少数彝族人则从事季节性的经商活动。他们贩运的货物主要有牛羊皮、药材、羊等土特产，一年去汉区及其他民族商品交易地区交易两三次。这种较远距离的经商活动，沿途遮风挡雨、野外露宿、充作铺盖、御寒取暖，羊皮褂就是必备的最简便实用的行李之一。如今，南涧、巍山一带彝族走亲串戚、访朋会友、赶街进城，凡"走远门"带件羊皮褂作为行李足矣。当然，正如前文提到的，就是在家里，羊皮褂也是具有铺盖行李作用的。

功能之五：社交。彝族分布地区广阔。过去社会发展极不平衡，表现在婚姻恋爱方面尤其显得复杂，但大体而言，彝族婚姻主要有三种形态。(1) 滇中、滇南部分地区彝族婚俗同于汉俗，如父母包办、测八字、送聘礼、择吉日、送花轿、拜天地等；滇东北彝族地富更有任意纳妾者。(2) 凉山彝族婚姻则反映了奴隶制特点，即严格的等级内婚。如果不同等级间特别是黑彝贵族与奴隶私下发生关系，按惯例必须双双处死，死刑极为残酷，通常是勒令贵族女子上吊，非贵族男子则用火烧死。尽管如此，不同等级间的自由恋爱仍时有发生。同等级的恋爱相对是自由的。另外，在凉山，某些原始婚俗，如抢婚依然存在。(3) 在弥勒县西山和永胜县部分彝族，直到20世纪50年代，还保有某些原始社会特点的婚姻，如有"闲房""棚子"的所谓公房，供青年男女集会之用，婚姻十分自由，无父母包办，不用聘礼，甚至不举行婚礼，不少人家当女儿将男子带回家才知道女婿是谁。结婚、离婚十分自由，"他鲁"（彝族支系）女子有的终身不嫁，靠男伴不时上门度过夜晚并和所生子女共同生活，甚至有的新娘带着孩子结婚也为习惯法所允许。① 尽管彝族婚姻因地区、支系不同而有所区别，但总体来说，彝族大部分地区婚姻是自由的，婚前社交自由尤为普遍，这种自由恋爱往往在打歌场和山间林中进行。滇南广大的彝族地区，男女恋爱的方式称为"串姑娘"，晚饭过后，男女相约，到山间林边，对唱山歌，跳舞作乐并谈情说爱。彝族所住山区，即使在夏天，早晚也是寒气袭人的，高寒山区则更不必说。于是，羊皮褂成为最方便的随身携带之物；穿上既美观又御寒，山野篝火边，铺地而

---

① 《云南少数民族》，云南人民出版社1983年版，第29页。

坐，可隔地气。南涧地区青年男女走串山林谈情说爱是少不了羊皮褂的。另外，如前所说，羊皮褂还是彝族嫁姑娘的必备嫁妆。所以，在山区，羊皮褂从青年男女相爱到结婚，一直起着穿线搭桥、温暖人心的作用。

彝族的社交娱乐活动要数打歌最富特色，其影响深远、最为人知。清乾嘉年间，训诂学家、邓川知州桂未谷深为彝族打歌所感动，曾作《踏歌行》以为赞叹，诗曰："一人横笛居中吹，和以芦笙声缕缕。四周旋绕数十人，顿足踏地如击鼓。男子赤足披袖裆，女挂耳环一尺五。男歌女和余音长，垂手转肩身伛偻。笙笛律吕两脚谐，歌词不解何言语。"彝族打歌，实为集体歌舞。因地区不同，被称为"跳乐""跳歌""打跳""叠脚"等，但其舞蹈的基本动作则大致相同，其特点是：身体上下运动，即用力跺脚，然后挺胸直立，有顶天立地之感。这也是我们在观看无量山区彝族打歌时的最大感受，它体现出生活在山区艰苦环境中的彝族的坚韧民族性格。其内容宽泛，有象征战斗的如"刀舞""跳钗"，有庆丰收的如"鼓舞"，有模仿动物戏耍的如"斗鸡""斗羊"等，种类繁多，不胜枚举。打歌是从彝族人民适应自然、征服自然、改造自然的劳动实践以及其他各种生活矛盾斗争和民族自身的喜怒哀乐中产生的，极富山野气息和特殊审美情趣。它表明彝族人民将生活化为艺术，使生活富于情趣，使人生其乐无穷。于是，打歌这种古往今来一直集中表现人民生活习俗的艺术成了彝族的精神食粮，并成为现实生活的重要组成部分。《康熙定边县志》载："婚丧，男女拍掌顿足，吹笙踏歌为戏。"当然不仅婚丧如此，在彝族的整个生活中，凡遇节日假期、婚丧嫁娶、山会庙会都要打歌，乃至情绪变化、生活规律产生波动的事，甚至茶余饭后、娱乐消遣，均会即兴打歌，用它来表达自己的思想和抒发难以言传的情怀。在南涧县有"三弦响，脚杆痒"之说，可见打歌和民族情怀、兴趣以及性格早已融为一体。

在这表现民族精神的打歌活动中，羊皮褂充当着重要角色。在无量山区，打歌时，无论男女都穿上羊皮褂，一方面，羊皮褂作为盛装的必要装饰；另一方面，也是最重要的方面，即在打歌进入高潮时，人们纷纷脱下羊皮褂，将其叠成一团，一边围圈跳舞，一边用力拍打羊皮褂，富于节奏感的"砰砰"声与脚步完全合拍。当我们看到这种以皮作鼓给人以原始感的场景时，会认为羊皮褂是彝族最古老原始的伴奏乐器。当调查这以皮作鼓现象时，老人们说："老祖宗就是这么传下来的。"作为最古老的乐器，它一直延续至今，可见其有顽强的生命力。在打歌这一民族精神的象征中，羊皮褂古往今来一直起着不可磨灭的作用。

上述羊皮褂的诸多社会功能就是它千年流行不衰的直接原因。

三

服饰作为一种文化现象，能最为集中地体现一个民族的生活习性和审美情趣，甚至可以从中看出一个民族的性格和一定的历史内涵及文化源流。彝族最古老的典型服饰羊皮褂就正是这样的富有代表性和文化包容性的物件。综上所述，彝族羊皮褂同彝族一样起源于氐羌族群中；可以说羊皮褂的历史和彝族的历史一样古老，并伴随着彝族千百年曲折的南下迁徙历史一直存留至今。在云南众多的民族中，可以说没有哪一个民族在今天的生活中仍然保存和使用他们最古老的服饰，最多仅能在传说故事乃至一些汉文文献记载中找到他们古老服饰的蛛丝马迹。而彝族的羊皮褂则奇迹般地保存了下来，并一直盛行不衰、发扬光大。这当然得助于现今彝族所居住的山区地理环境和山区气候条件。然而，更为重要的是，彝族羊皮褂体现了人们利用自然、追求生存的精神，体现了如今已经看不到的彝族最为古老的"牧羊人"的生产生活方式，也体现和反映出彝族这个古老民族的渊源。如今，跨居滇、川、黔、桂诸省的彝族，早已定居并主要从事水田和山地农业，但畜牧业也是该民族的优势产业，饲养牛羊牲畜的技能仍是云南诸多少数民族中的佼佼者。

值得注意的是，羊皮褂伴随彝族经历了数千年的历史变迁，仍保留了其天然的本色，"著尾"和自然流露的"花边"就是明证，而且这个天然的形态对彝族后来的服饰发展产生了深刻影响，使种类繁多的彝族服饰在其不断演化过程中始终贯穿着羊皮褂的这一基本特征，这可以说是羊皮褂的又一奇迹。所以，凡包含着深刻历史文化内容的人类创造物，就必然有顽强的生命力。人的创造产生于征服自然和改造自然的过程中，而艺术创造则产生于人的日常生活中。羊皮褂不仅作为服饰，而且作为彝族最古老的自然乐器，同样伴随着人们的生活延续至今，这是令人深思的。它在彝族文化中，在彝族歌舞乐器的发展史中无疑应占有一席之地，它所产生的影响也是应该加以发掘和肯定的。

在漫长的彝族历史发展过程中，羊皮褂在彝族人民的物质生活乃至精神生活诸方面均起到作用，它的诸多社会功能几乎满足着生活的各个方面，这是彝族其他生活物品无法与之比拟和无法完全代替的。羊皮褂这一具有历史文物和现实生活双重价值的服饰是彝族长期历史发展过程中"物竞天择、劣汰优胜、适者生存"的精品。它多方面的功能以及在现实生活中的广泛用途和所显示出来的优势，不仅使其在彝族地区千年流传、盛行不衰，而且使许多与彝族杂居在一起的民族也深深地喜爱它，并乐而不疲地穿用它。

羊皮褂包含着如此广泛、如此深刻的历史文化和现实生活的内容，并深刻地影响着人们的生活。因此，它是彝族历史的缩影，古老文化的象征。

（原载《民族学》1990年第2期、《思想战线》2005年第6期）

临沧拉祜族婚姻人口现状及对策研究

——兼论人口较少民族社会发展优先

临沧是一个多民族地区，位于云南省西南部，境内有汉族、彝族、佤族、傣族、布朗族、德昂族、拉祜族等 23 个民族，其中有 11 个世居少数民族。在漫长的历史岁月中，各民族共同生活于临沧这块土地，创造了悠久的历史和丰富的文化。

2006 年 5 月，云南省委宣传部、省社会科学界联合会组织"云南省社会科学专家临沧行"调研活动。这次活动旨在理论联系实际，解决问题，促进地方发展。据当地政府介绍，临沧拉祜族、布朗族、德昂族、俐米人等几个人口较少民族的婚姻和人口现状堪忧。其具体表现为通婚范围狭窄，人口增长缓慢。在对当地政府提供的情况进行分析和对相关村寨进行调查后，笔者认为拉祜族的情况在临沧人口较少民族中较具典型性。本文力图通过对这一典型的分析、研究，提出人口较少民族婚姻人口发展对策，同时对其社会发展试作探索。

一 临沧拉祜族人口及婚姻现状

（一）人口现状

根据 2000 年全国第五次人口普查，临沧全市拉祜族人口 77711 人，约占全市总人口的 3.9%，其中双江 33863 人，耿马 23596 人，临翔区 16509 人，云县 6427 人，沧源 3696 人，永德 1917 人，镇康 1240 人，凤庆 463 人。全市 8 个县（区）都有拉祜族人口分布，是市内分布较广的少数民族之一。

在沧源佤族自治县，拉祜族居住主要分布是以大分散、小集居为特点，而且主要居住在高山箐林狭小地带，分布于 11 个村委会、27 个自然村、50 个村民小组。2005 年全县共有拉祜族 3753 人，占全县总人口的 2.22%。全县只有岩帅镇东米村形成独立的纯拉祜族村委会，其他的均是杂居于佤族之中。

就东米村村委会来说，全村有 7 个村民小组 177 户 845 人。由于世态传统的影响，以及封闭心理作祟，使得该村从新中国成立以来没有一个男青年从他寨娶来其他民族为妻，嫁给其他民族为妻的相当少，近亲结婚、同族完婚现象十分严重，人口自然增长率出现负数，出生率低，死亡率高。

"据统计：1964 年，全县拉祜族总人数为 2219 人，1982 年为 2985 人，2000 年为 3699 人，2005 年为 3753 人。四十一年中，拉祜族人口增长 1534 人，平均每年增长 37.4 人，年平均增长 2.4%。"[1]

在临翔区南美拉祜族乡，2005 年年末全乡总人口 4500 人，其中拉祜族人口 3246 人，占总人口的 72.13%。"南美拉祜族乡的人口自然增长率缓慢，新中国成立初期，当地的拉祜族人口为 3000 人，经过 50 年的发展，到 2005 年年末，当地拉祜族人口也只达到 3246 人。"[2]

从沧源、临翔两地所举的拉祜族人口发展及现状可以看到，临沧拉祜族的人口增长是缓慢的，甚至出现负增长，这是不正常的。

---

[1] 沧源佤族自治县提供：《沧源佤族自治县拉祜族婚姻人口状况与对策》。
[2] 临翔区南美拉祜族乡提供：《团结一心　抢抓机遇　合力攻坚　为建设南美拉祜族乡社会主义新农村而努力奋斗》。

(二) 婚姻习俗

拉祜族实行一夫一妻制。恋爱、结婚皆自由，男女青年在十四五岁便自由参加社交活动——"串姑娘"，恋爱多在每年秋收以后至次年春耕开始前的一段时间。经过多次接触，双方感情加深，男方拿走女方的头巾（或其他小件物品），女方则抢走男方的帽子（或其他小件物品）。双方有意后，互相送些小礼物，男的送给女的手镯，女的送给男的纽襻，也有别的东西。正式定情后，双方还要说誓言，表明自己的决心。

双方都同意了，男家的父母托媒至女家说亲，请两位善于辞令的男子做媒人。有的地方媒人要往返三次。第一次，男方的家长由媒人相陪来女方家，带一壶酒。媒人先不说明来意。第二次，媒人带上两壶酒，两包茶叶，到女方家，说明受某人所托，到你家来提亲。如果女方家长同意，还要听舅舅、姨妈们的意见。第三次，先约好时间，届时，求婚者由媒人陪伴，带上更多的酒和茶叶到女方家。女方将家族长辈全部请来，姑娘本人和哥弟叔嫂都要到场。姑娘倒酒，求婚者捧着敬给所有的来客，喝过礼酒，便算同意。说媒时喝酒，有的地方叫"吃火笼酒"。

定好日子迎亲，男方需要在迎亲日前一天把预先商定的礼物送到。迎亲日，男方的迎亲队伍在女家早饭前到达村头，鸣铜炮枪三响，通知女方准备，迎亲队伍有未婚男女各四人，加上两位媒人陪伴新郎前来。女方家的亲友们在院子里站好，迎接客人。男女分别设席，招待吃饭。此时，新娘在寝室里端坐，长辈妇女数人相陪，教导她怎样当好媳妇、管理好家庭。饭毕，新郎、新娘在堂屋中"认亲"，先认父母，再按辈分认其他人。新娘的父母送给姑娘两只碗、两双筷，有的还带几盒冰糖装在姑娘的背袋里。有老年妇女为新娘盖上

"盖头"。新娘辞别父母，由新娘亲自选定四个未婚少女作陪，另有亲戚相伴，送新娘到夫家。有的地方迎亲前一天，男方杀猪，"过礼"。

父母对子女的婚姻一般不干涉，但也有包办的。同姓一般不婚，有些偏僻山区，择偶范围狭窄，除堂兄妹外，同姓的仍可通婚。与汉族和其他民族通婚的也不少。

离婚自由。谁先提出离婚，对方就可以提出离婚费用的数额。双方同意后，请寨中的老人为证，以一根红线，双方各执一端，老人念"口功"（告诫二人好离好散，重新建立新生活），将红线烧断，双方婚姻关系即告结束，可以另择配偶。有子女的，男孩归生父，女孩归生母。如家中有老人，则需征得老人同意后才能离婚。在当地，离婚事件很少。

婚前性关系为习惯法所不容，未婚先孕的，男方需立即办理结婚。婚外性关系要受到处罚，甚至被加以肉刑。寡妇可以再嫁。从前早婚现象突出，《婚姻法》颁布后，多数已履行结婚登记手续。

在此，我们可以看出拉祜族的婚姻的几个特点。（1）拉祜族婚前社交自由；（2）有早婚现象；（3）通婚范围狭窄，有近亲结婚现象；（4）有与汉族和其他民族通婚现象；（5）离婚自由。

拉祜族的婚姻基本属于族内婚，是一种较为古老的婚姻文化。拉祜族族内婚遵循着同姓不婚、婚前社交自由、离婚自由等婚姻规则进行并一直延续着。正如英国人类学家马林诺斯基（Branislow Malinowski）所指出的："种族需要绵续并不是靠单纯的生理行动及生理作用而满足的，而是一套传统的规则和一套相关的物质文化的设备的活动的结果。这种生殖作用的文化体系是由各种制度组织成的。"[①]

[①] ［英］马林诺斯基（Branislow Malinowski）：《文化论》，费孝通等译，商务出版社1940年版，第25—26页。

二 临沧拉祜族婚姻人口现状分析

拉祜族的婚姻和人口状况与拉祜族的历史、居住环境、经济发展、文化习俗、传统生育观念、社会影响以及现代教育等有关系。

(一) 迁徙历史与居住环境

拉祜族是古老的氐羌族群的后裔,历史上曾经由青藏高原沿金沙江、澜沧江不断向南迁徙,逐步分布定居于澜沧江下游两岸的广大地区。云南省境内拉祜族现有人口45万余人,主要分布在澜沧江下游东西两岸的临沧、思茅等地区。其中思茅是其主要集居区,仅澜沧拉祜族自治县就聚居了15.4万余人,景东、镇源、景谷、思茅、墨江、江城都有分布;此外,在西双版纳傣族自治州散居有3万余人,在红河哈尼族彝族自治州、玉溪市的元江等县亦有少量分布。

唐宋时期,拉祜族先民"锅挫蛮"就已分布在临沧地区,今临沧临翔区,明清时期称"勐缅牧缅"(傣语音译)意为"缅人之地","缅人"即拉祜族先民。

由于不断地迁徙,拉祜族所到之地都有原住民族居住,"受其他民族压迫和征战,拉祜族只能退居较封闭的山区,委曲求全受辖他族。沧源拉祜族从迁居到边疆的那一天起,数百年时间分别为岩帅佤族部落、头人和勐董傣族土司统辖"[①]。临沧的拉祜族都居住在环境封

---

① 《沧源佤族自治县拉祜族婚姻人口状况与对策》沧源佤族自治县提供。

闭的高山区。以拉祜族较为集中居住的南美拉祜族乡的地理气候环境为例，全乡国土总面积120.85平方千米，乡境内最高海拔2835米，最低海拔1500米，垂直高差1335米，年平均气温14.1℃，最冷月8℃—10℃，最热月为18℃—20℃，年平均降雨量2200毫米左右，雨量充沛，是一个典型的高寒山区少数民族乡。群众居住在海拔1800—2500米之间，属冷凉多雨的高寒山区。①

高寒山区，环境封闭，加之过去医疗卫生条件低下，不时疾病流行，造成人口死亡率高。例如1927年，南美乡多依树村痢疾流行，一次就死了90多人。1986年，多依树村出现瘟疫，一次死了10多人。拉祜族人口增长缓慢，环境险恶是其原因之一。

高寒山区、山高谷深、交通不便，这也是造成拉祜族通婚范围狭窄的一个原因。通婚范围，民族学称为"通婚圈"。"就通婚圈而言，狭义的通婚圈是指同一文化背景下有相同生活方式与习俗的男女婚前的生活区域范围，它侧重于地缘因素，如同村、同乡等。"② 而通婚范围狭窄，容易造成近亲结婚。

（二）社会及经济发展

居住在澜沧江两岸崇山峻岭中的拉祜族，被称为"猎虎的民族"。"拉祜"就是虎肉烤到发香的意思。从其名称可知，拉祜族曾是一个从事狩猎的民族。但是现在拉祜族从事着山地农业耕作，其狩猎经济生活早已消失成为永久的记忆。据调查："1949年南美乡约有拉祜族群众3000人，生产生活方式为原始的刀耕火种，半耕半猎，以种植玉米、荞、大麦为主，单产不过50千克。婚姻形式多随从女方居住，处于原始社会的母系社会末期。中华人民共和国成立以后，拉祜族的

---

① 临沧市地方志办公室编：《临沧市年鉴2005》，第81页。
② 王金洪：《当代西藏妇女的婚姻状况与家庭地位》，《民族研究》1999年第3期。

社会形态从原始社会一步跨越到社会主义社会，上级政府对南美乡的拉祜族群众给予了极大的扶持和帮助，但长期以来，南美乡的拉祜族群众仍然难以摆脱贫困的局面。"①

尽管难以摆脱贫困的原因很多，但贫困是拉祜族人口发展缓慢的原因之一。而社会发育程度低，原始的族内婚、"从妻居"等婚姻生活方式则是容易产生近亲结婚的原因。

（三）传统文化及生育观念

拉祜族的文化以古老、丰富著称。拉祜族的迁徙历史文化、狩猎文化、居住文化、歌舞文化等都是记诸历史文献并远近闻名的。特别是其歌舞文化中的芦笙舞最为有名。拉祜族山区，山川壮丽，物产丰富，而且野生葫芦众多，走进河谷，靠近山崖都能看到野藤乱绕，葫芦垂挂，有的山就被称为葫芦山。

拉祜族不仅将葫芦制成乐器，而且家中很多容器如水罐、水瓢、碗、瓶等物均为葫芦所制。在山区拉祜族村庄差不多家家户户都在房前屋后栽有葫芦。葫芦藤架上大大小小的葫芦悬挂半空，不仅给人以美感，而且给人以神秘感，引人遐想。

拉祜族崇拜葫芦，并认为葫芦多籽，是人丁兴旺的象征。另外，在古老的传说中，拉祜族山区曾遭遇大洪水，洪水淹没了世界，只有两兄妹钻进葫芦得以生存，重新繁衍了人类。就是说，葫芦曾经挽救过拉祜族，使拉祜族免除灭顶之灾。这实际上也是在云南各民族中广泛流传的"洪水荒年"的故事。就是由于这样的原因，拉祜族崇拜葫芦，对葫芦有着特殊而神秘的感情。由这种崇拜延伸出来的文化遍及拉祜族生产生活的方方面面。所以，有的学者称拉祜族的文化为"葫

---

① 《团结一心 抢抓机遇 合力攻坚 为建设南美拉祜族乡社会主义新农村而努力奋斗》，临翔区南美拉祜族乡提供。

芦文化",有的拉祜族集居地区如澜沧每年还过"葫芦节"。

文化,特别是一个民族的文化体系直接影响和塑造着一个民族的生育文化观念。生育文化是文化的一种表现形式,是人类在生育这一问题上的一套观念、信仰、风俗、习惯及行为方式。拉祜族文化是丰富多彩的,所形成的以葫芦崇拜为中心的文化具有特色。这种文化中所表现出来的生育观是希望种族繁衍、人丁兴旺的。这也从反面透视出拉祜族人丁不繁,生殖崇拜应运而生的现实。而早生、早育就是这种现实的反映。拉祜族的生育文化观念是形成早生、早育的一个原因。如今,拉祜族的生育观念已经有了很大的转变。当地干部说,拉祜族从来最听党的话,计划生育政策最好推行。他们响应政府号召,只生一个孩子,而且他们认为生男生女都一样,甚至生女的更好,因为他们的婚姻有从妻居的习俗,养一个女儿,连儿子(女婿)也有了。

(四)社会影响:文化自信心衰弱

在长期的历史岁月中,反动统治者所实行和推行的民族不平等政策,造成了严重的民族歧视和大量的民族隔阂。作为弱小的拉祜族来说,无论他们的社会性质、传统文化、物质生活、生产方式,乃至于他们的家庭、婚姻,以及生育观念和习俗都遭到歧视和否定,使他们的民族自信心,特别是民族文化的自信心遭到了沉重的打击,形成了民族文化的自卑心理。加之在过去民族隔阂及民族间的争斗中,拉祜族同样由于弱小常处于战败逃避深山的境地,"据历史记载,在迁至临沧之后,拉祜族与后迁民族之间为争夺地盘爆发了多次战争。因战争失利,迁徙到南美的高山深箐。战争的失败也使拉祜族萌发了对外界强烈的排斥和戒备心理,为了自保,拉祜人逐渐把自己与其他民族隔离开来,形成了与世隔绝的'孤岛效应'。对于本民族或本地区有强烈的归属意识,而对外界则强烈排斥。"① 拉祜族文化长期地遭到歧视和否定所形成的民族文化自卑心理和因民族隔阂所造成的表现为强烈排外的民族自卑心理,在一代又一代的拉祜族人的心中凝结沉淀成一种文化失落的心理定式。这种长期积累形成的心理定式是很难在短时期内转变的。而文化自信心衰弱、文化自卑,是造成婚姻圈狭窄、族内婚的主要原因。

新中国成立后,特别是民族区域自治政策推行后,拉祜族人民当家做了主人,社会经济都得到了很大的发展变化,但是文化失落的心理定式仍没有得到彻底的改变。一方面是历史的阴影太重,一时难于消除;另一方面是对拉祜族文化挖掘、弘扬不够。因此,拉祜族与其他民族通婚仍有心理障碍。当然,其他民族对拉祜族及其文化的看法也应该有相应的转变。

综上所述,拉祜族婚姻文化中的族内婚、近亲结婚以及早婚、早育现象是其历史、地理、文化、社会诸方面的原因造成的,其人口增长缓慢也与这些原因息息相关。换句话说,拉祜族的婚姻人口现状是由于环境封闭、通婚范围狭窄、与其他民族的文化差异,以及旧时形成的民族隔阂等原因所造成的,同时也与现代的医疗卫生、优生优育,以及现代教育的普及不够或不太完善分不开。

三 婚姻人口对策及社会发展优先战略选择

很显然,拉祜族的婚姻人口状况绝不是一个孤立的问题,而是一个与拉祜族整体社会经济发展联系在一起的系统工程。单纯针对婚姻

---

① 《团结一心 抢抓机遇 合力攻坚 为建设南美拉祜族乡社会主义新农村而年努力奋斗》,临沧南美拉祜族乡提供。

人口问题"就事论事"地解决难以奏效，几十年的实践已经说明了这一点。要改变拉祜族婚姻中的早婚、早育、族内婚、近亲结婚以及人口增长缓慢等现状，必须加快其社会经济的发展。

（一）社会发展优先战略的选择

关于人口较少民族的发展，党和国家十分重视，长期以来一直在政治上关怀，政策上优惠，经济上扶持；当地政府也是积极工作，费尽移山心力；许多专家学者也对其进行过长期研究，提出过不少发展对策，这些对策也起到过很好的作用，但仍然没有从根本上解决问题，实现民族地区的跨越式发展。其原因就是这些努力和发展对策都遵循着一条原则，那就是：经济是基础，是发展一切的根本。因而其发展对策的战略选择都是加大扶持力度，发展经济，发展社会事业。

在一般的意义上，经济发展决定社会发展，经济是基础，这是完全正确的，这是常规的经济社会发展途径。但在中国全面进行小康社会建设、中国整体经济实力已经逐步强大的今天，对局部的、人口较少、经济贫困的少数民族地区仍选择经济发展优先，走常规发展道路，显然是过于传统了，传统发展是需要时间的。对于长期贫困的少数民族地区而言，跨越式发展时不我待，需要大胆探索，创新思路和发展模式。在我国改革开放向纵深发展、国力增强、建设和谐社会的新的形势下，对于人口较少的民族及贫困的民族地区应该选择实施社会发展优先战略，借用全社会经济社会发展之力，对这些民族地区的社会事业进行大力扶持，以社会发展反作用于经济基础，促使经济快速发展。

婚姻人口问题是社会问题。经分析，临沧拉祜族的婚姻人口状况尽管有政治、经济乃至历史传统、自然环境等方面的原因，但其中一个极为重要的原因是不容忽视的,那就是:民族文化自信心的衰弱。这是一个民族发展的内因,为加强其文化自信心,应当选择社会发展优先战略。

(二) 社会发展优先战略的思路

以科学发展观为统领,选择社会发展优先战略。

第一,加强党的领导,强化和转变政府职能,制定发展教育、科技、卫生(包括优生优育)、法制(包括鼓励族际通婚)等社会事业的发展规划和政策。

第二,制定民族文化发展规划和政策。临沧要像打造普洱茶一样打造拉祜族文化。鼓励、扶持、发展民族文化,像丽江鼓励、扶持、发展纳西族文化,迪庆鼓励、扶持、发展藏文化,红河鼓励、扶持、发展哈尼族文化一样,鼓励、扶持、发展拉祜族文化,以恢复和加强拉祜族的文化自信心。

第三,建构民族旅游文化,发展民族文化产业。以发展旅游业为先导,促使民族文化及文化产业的发展。旅游业的发展,特别是民族人文旅游产品的开发,必须要挖掘、整理、展示民族文化,这在很大程度上就弘扬、促进了文化的发展。拉祜族文化的被重视、被欣赏,并产生良好的社会效益和经济效益,无形中就增强了其文化的自信心、自豪感,消除文化自卑,与此同时,旅游文化事业和社会事业的发展必然促使拉祜族整体经济的发展。

当然,社会发展优先并不是不发展经济,而是以优先扶持发展的社会反作用于经济基础,使民族地区的经济产生跨越并持续发展。

四 结语

　　单一的婚姻人口对策，是难以解决联系广泛而又关乎整个社会发展的核心问题，因此，只有拉祜族的整个社会发生了改变和发展，它的婚姻人口问题才会得到解决。婚姻人口问题是人口较少民族的一个关系到民族生存和发展的问题。经过认真思考和比较，我们认为对于这些民族的发展，应采取社会发展优先战略。由于水平所限，本文所提思路极为粗略，仅为引玉之砖。

（原载《社会科学专家话临沧》，云南大学出版社2006年版）

整体经济大发展,南部帮扶见成效
——民族区域自治在红河哈尼族彝族自治州的成功实践

红河哈尼族彝族自治州历届党委、政府始终坚持把加强民族团结、做好民族工作作为事关全州改革发展稳定大局的一项重要工作来抓。按照"以发展促团结,以团结促发展"的理念,不断创新工作思路,调整发展战略,从而有效解决了前进中遇到的各种困难和矛盾,促进了各民族之间的团结和谐,推动了全州经济社会和各项事业的快速发展。多年来,没有发生过因民族关系而引发的群体性事件,全州呈现出民族团结、社会稳定、各族人民携手共建小康社会的良好局面。红河州的民族工作在全省民委系统民族团结目标管理责任制考核中,连续9年被评为一等奖;民族信息工作继2001年被国家民委评为先进集体后,已连续8年被省民委评为一等奖;州委、州政府被国务院荣获"全国民族团结进步先进单位"。州民委先后被国务院和省委、省政府分别授予"全国民族团结进步模范集体"和"全省民族团结进步模范集体"。

红河州的各项事业都取得了令人瞩目的成绩。实践证明,红河州社会经济的快速发展,与历届州委、州政府认真贯彻落实民族区域自治制度,正确执行党的民族政策和全州各族人民的共同努力密不可分。

发现传统

一 红河州历史特点及社会变革

红河哈尼族彝族自治州,位于云南省南部,东接文山,西邻玉溪、思茅,北靠昆明、曲靖,南望越南,国土面积3.29万平方千米,国境线长848千米。境内大河奔流,高原起伏,山坝相间,地势复杂,总体地势西北高、东南低,最高海拔3074.3米,最低海拔76.4米,立体气候明显,资源丰富,民族众多。红河州是一个以哈尼族、彝族为主体,由苗、傣、壮、瑶、回、拉祜、布依、布朗、汉等11个世居民族组成的边疆少数民族自治州。总人口437.3万人,其中少数民族人口249.88万人,占全州总人口的57.1%。

新中国成立前,由于历史的种种原因,红河地区特别是红河南北两岸各民族的社会发展很不平衡。红河北岸的蒙自、弥勒、泸西、开远、个旧、建水、石屏等靠近内地的地区,受汉族经济文化的影响比较大,自明清以来就已陆续进入了封建地主经济的范畴。生产力发展水平大致与当地汉族相当,土地的买卖、租佃关系已很普遍。地主阶级占有大量的土地,贫苦农民则受地租、债利、雇工等形式的残酷剥削。很多村寨,地主、富农集中了70%以上的土地,其中占全寨1/3以上的水田,已经流入其他民族的地主(主要是汉族)之手,贫雇农严重缺地或没有土地,雇工剥削率达50%至70%,高利贷剥削率一般为100%。到民国时期,这些地区的人民也大多处于国民党所推行的县、乡保甲制层层政权的统治和压迫下,没有过问地方国家事务的任何权利。

红河南岸的红河、元阳、绿春、金平等县,处于封建领主经济向地主经济过渡的阶段。这些地区还残存土司制度。土司是土地的所有者和政治上的统治者，占有土地、山林、水渠等主要的生产资料。农民使用土地必须交纳各种封建负担，遭受沉重的经济剥削。土司每年不但向农民征收占产量6%—20%的官租，而且还要把一部分土地租佃给农民，征收等于产量30%—50%的地租。官租和地租是压在农民身上的最沉重的负担，每年要夺取农民一半以上的劳动果实。土司还掠夺好田作为私田，通过无偿劳役分配给农民耕种。此外，农民还要负担名目繁多的苛捐杂税，如街税、屠宰税、当兵款等。随着私有制的发展，土司占有的土地越来越多，如元阳牺牾卡土司共占有辖区水田的40%，达1000多亩，称为"官田"，经国民党政府"清丈"后，"官田"变为"私田"。过去专为各种差役设置的兵田、号令田、马草田、挑水田、看坟田、门户田等也多数改成了租佃关系。这种变化说明土司已由封建领主向封建地主转化。土司为了巩固其统治地位，在其辖区建立了一套统治机构。数十个村寨合为"里"，设"里长"，几乎所有的"里长"都是当地的地主。"里"下设"招坝"，管一坝或数村。土司署（衙门）内，设"司爷""管""侍候""值班里长"。土司拥有武装，设"团长"（大队长）、"兵头"带领。还有法庭、监狱，设"班房老总"管监狱水牢。中华人民共和国成立前夕，红河地区的土司就有机枪100余挺，长短枪4000多支。土司对人民群众施行经济上的剥削和政治上的压迫，用吊打、杠木枷、坐软板凳、丢阴洞等酷刑，镇压人民群众的反抗。

新中国成立后，红河地区建立了人民政权，实行民族区域自治，政治上受压迫，经济上受剥削的各民族当家做了主人。

新中国成立之初，红河地区各级党委、政府，在肃清国民党残敌、清匪反霸、安定社会秩序的同时，积极开展民族工作，疏通民族关系，加强民族团结，巩固人民政权。1950年至1957年，国家在红河地区发放了农业贷款160多万元,救济粮100多万斤,各种救济款90多万元,此外还发放了大批的衣物,农具、种子、耕牛,帮助哈尼族、彝族等各族人民克服生活上的困难,逐步恢复和发展生产。

1951年4月,中央民族访问团来到红河地区访问,带来了党中央对各族人民的热情关怀,使红河人民受到极大的鼓舞。到1952年初,盘踞在红河地区的土匪、特务已基本肃清,社会秩序安定,从而为进行民主改革、发展生产创造了先决条件。

从1952年起,党和政府在红河地区从不同情况出发,用了5年时间,分期分批进行以土地改革为中心的民主改革。靠近内地的个旧、开远、建水等地区,由于社会经济发展与当地汉族基本上相同,从1952年到1953年,与当地其他民族一起进行了土地改革,彻底摧毁了封建土地制度。在石屏县和建水县靠近红河的一部分地区,社会情况和民族关系等方面都比内地复杂,土改中这些地区采取一些不同于内地的做法比较缓和的政策。红河、元阳、金平、绿春等边疆地区,由于社会经济的发展比较滞后,民族关系与阶级关系交织在一起,民族上层与本族群众还有一定的联系,本着有利于巩固边疆秩序,有利于民族团结、有利于发展生产,采用了自上而下的与民族上层进行协商和自下而上的发动群众相结合的方式,完成了民主改革。沿边一线少数发展更为落后的地区,当整个地区的封建统治阶级被打倒后,这些地区也就基本铲除了外来封建剥削,对于民族内部的阶级剥削因素和原始公社制残余,则在发展生产和组织互助合作的过程中,逐步加以解决。"土改改革"运动,使红河地区各民族的生产关系发生了根本的变化。广大农民成为土地的主人,极大地解放了生产力,改善了人民群众的生活,同时大大加强了民族团结,巩固了边疆的社会秩序。"土地改革"结束后,党又引导广大农民走上"互助合作化"和"人民公社化"的道路。"文化大革命"期间,红河地区和全国一样，政治、经济、文化等都遭到了极大的破坏。党的十一届三中全会以后，终于又走上了健康发展的道路。

二　红河州社会经济发展成效

红河哈尼族彝族自治州建于 1957 年 11 月 18 日。50 多年来，在民族区域自治法和党的民族政策的指引下，红河州紧紧围绕"促进民族团结，实现共同进步"这一根本任务，不断创新思路，调整发展战略，使红河州的政治经济建设取得显著成就，特别是改革开放 30 年来，红河州走出了一条符合本州实际，有利于本地区的政治、经济、文化发展路子。

（一）人民当家做主，社会安定和谐

1949 年 10 月 1 日新中国成立，开创了人民成为国家主人的历史新纪元。红河哈尼族彝族自治州的民族区域自治的实施可以从 1951 年中央民族访问团帮助建立蒙自专区民族民主联合政府和元阳县民族民主联合政府算起。民族民主联合政府的成立，保障了各民族在人民政权中的平等地位，有利于各族人民的团结和发挥各族人民的力量进行各项经济文化建设事业。1952 年中央人民政府政务院颁布了《民族区域自治实施纲要》，1953 年，红河地区成立了红河哈尼族自治县人民政府，以及区、乡级的元阳县太和哈尼族彝族傣族联合自治区人民政府元阳县麻栗寨哈尼族自治乡人民政府。自治地方的建立，使这些地区的哈尼族等人民的政治热情和生产积极性普遍高涨，太和区各族人民踊跃地缴纳爱国粮；麻栗寨乡积极开展了生产救灾和对敌斗争

工作。红河地区民族区域自治的初步推行，对各方面都产生了良好的影响，使党的这项政策日益深入人心。

1954年元旦成立的红河哈尼族自治区和蒙自专区少数民族人口众多，系哈尼族彝族聚居区，隶属同一行政区域。1957年7月，经两区联合召开民族代表会议讨论、协商，并报云南省人民委员会转报国务院批准，决定撤销蒙自区专员公署和红河哈尼族自治区，两区合并建立红河哈尼族彝族自治州。

1957年11月18日，红河哈尼族彝族自治州成立，建立了民族自治地方自治机关。召开首届人民代表大会共有423名代表参加，其中哈尼族110人，彝族123人，苗、瑶、傣、壮、回、拉祜等少数民族86人，汉族104人。这次代表大会选出州人民委员会组成人员和中级人民法院院长。州长由哈尼族担任，法院院长由彝族担任；在参会人员民族配比上，既体现了以哈尼族、彝族为主体民族的特点，又充分照顾了其他民族，保障了各民族平等的权利，为各民族的团结合作提供了有力的保障。在代表及人民委员中，有相当一部分是农民、工人、教师、妇女，充分体现了劳动人民当家做主。同时在各级政权中还团结了一部分民族上层人士，充分发挥他们在群众中的积极作用。

红河州辖2个市11个县132个乡镇。1984年，根据《中华人民共和国民族区域自治法》的规定，全州建立了6个民族乡。1985年又做了进一步的调整规范，全州共设立了3个少数民族自治县，即屏边苗族自治县（1963年7月）、河口瑶族自治县（1963年7月）、金平苗族瑶族傣族自治县（1985年12月7日）；5个民族乡，即金平县者米拉祜族乡、开远市大庄回族乡、河口县桥头苗族壮族乡、蒙自县期鲁柏苗族乡、老寨苗族乡。

在红河地区实行民族区域自治，建立自治机关，对于发挥各族人民当家做主的积极性，发挥平等、团结、互助的社会主义民族关系，增强民族团结，稳定边疆，促进自治地方经济、文化事业的发展，均起到了巨大的作用。

红河州是一个多宗教地区，州内有佛教、伊斯兰教、基督教、天主教四大宗教，全州信教群众 32 万人。改革开放以来，红河州的宗教工作和谐稳定，宗教信仰自由权利得到充分保障，宗教自身建设逐步加强，2007 年以来在全州组织开展了创建"和谐宗教活动场所"的活动，共创建 80 处，占登记宗教活动场所的 80%。切实维护宗教领域的稳定，始终是宗教工作的第一位。红河州各级党委、政府紧密团结广大宗教界人士和信教群众，坚决抵御境外利用宗教进行渗透，坚决打击"三股势力"破坏民族团结、分裂国家的罪恶行径，坚决打击打着宗教旗号的非法活动，维护民族团结和国家安全，使全州宗教领域保持了和谐稳定的良好局面。

红河州各族人民为国家的统一、边疆的稳定做出了突出的贡献。20 世纪 50 年代援越抗法、60 年代援越抗美、80 年代对越自卫反击，50 余年里长期担负着支前战备任务，红河州仍倾全州之力，维护了战区的安定、边疆的稳定，为和谐红河建设发挥了积极作用。

（二）整体经济快速发展，扶贫攻坚见成效

红河哈尼族彝族自治州，南北经济发展差异大、山区坝区之间发展不平衡，各民族社会发育程度不同是一个重要的历史特点和发展现状。以 2005 年的 GDP 为例，红河南岸 6 县的 GDP 总量还不及红河州排名第二的个旧市，其他经济社会发展指标也存在较大差距。造成这一状况的主要原因是红河州过去长期处于战争前沿以及红河南北地区在地理、人口、社会历史等方面存在的差异。针对这一状况，从自治州建立 50 多年来，红河州采取整体推进南部扶贫攻坚战略。

1. 红河州经济的整体推进

新中国成立前，红河北部城乡农、工、商业有所发展，形成了具

有一定规模的市场。红河南部地区以农业为主,生产力水平低下,只能维持最低的生活需求。

新中国成立后,根据红河南北社会经济形势的不同,在北部进行了农村土地改革和城市资本主义改造,将资本家的工厂、企业没收为全民所有制经济的骨干力量,建立和壮大国有企业,国家掌握经济命脉。经过3年经济恢复时期,至1952年,地区生产总值达21711万元,人均占有139元。1953—1957年执行国家第一个五年计划,国民经济发展较快。1957年社会总产值48232万元,人均266元。1958年"大跃进"至1967年"文化大革命"期间,国民经济和其他各项事业遭到破坏,发展曲折。

1978年改革开放以来,红河州根据民族自治地方实际,为切实加快经济社会发展,采取灵活措施,始终抓住发展第一要务,立足州情,发挥优势,使经济社会呈现出大发展的势头。"九五"以来,进一步加快培育和壮大烟草、冶金、能源、化工、建材、生物资源开发等骨干产业,大力推进农业产业化、新型工业化、城市化和现代化,积极打造"绿色经济兴州、工业强州、民族文化大州、滇越大通道、滇南中心城市",推动了全州经济社会持续、快速、健康发展。2008年,全州实现生产总值514.7亿元,按可比价格计算,是1978年的71.3倍,财政总收入129.36亿元,是1978年的143.7倍,在岗职工人均工资达22256元,农民人均纯收入达3023元,是1978年的20多倍。2009年财政收入149亿元,支出137亿元,在全国30个自治州中,经济排名第一,是唯一一个地方财政自给,还对国家有贡献的民族自治州。

2. 红河州南部帮扶成效显著

红河州86.5%的国土面积属于山区,尤其是少数民族较为集中的南部6个县,国土面积占全州的43.2%,人口占全州的34.6%,其中

86%以上是少数民族。由于自然、历史等原因，基础设施滞后，资源开发利用程度低，工、农业基础薄弱，经济发展缓慢，贫困人口较多。1999年，南部6个县生产总值只占全州的8%，地方财政收入占全州的5%，绝大部分农民生活水平都处在贫困线以下。

长期以来，为实现全州各民族"共同团结奋斗，共同繁荣发展"的目标，历届州委、州政府高度重视南部地区的扶贫开发工作，始终把促进贫困地区的经济生活发展，解决贫困人口的温饱问题摆在重要位置，科学制定扶贫规划，实施扶贫政策，采取综合措施，调动各方面的积极性，坚持不懈地向贫困开战，使扶贫工作不断向纵深推进。自1986年有计划、有组织、大规模开展扶贫工作以来，红河州投入各类扶贫开发资金779237.94万元，其中财政资金459433.58万元，信贷资金208564.94万元，社会帮扶资金88417.82万元，群众自筹资金22821.6万元。主要实施了扶贫攻坚乡、农田水利、温饱示范村、民族特困乡、整村推进、易地扶贫开发、科技及产业扶贫项目、信贷扶贫、社会帮扶、特殊困难人群扶贫和劳务输出培训等专项扶贫工作，受益153万人，其中少数民族116万人，占受益人总数的76%。同时，积极号召全州上下广泛开展了北部地区与南部地区结对帮扶；机关部门与边疆民族村寨挂钩扶贫；厂矿、企业与边疆中小学定点帮扶活动。另一方面，在调查研究的基础上，积极向上反映，争取得到中央和省的支持。1998—2002年在云南省的支持下，金平苗族瑶族傣族自治县者米拉祜族乡"155"扶贫工程投入资金2176.28万元，新建住房750户，修缮住房289户，新挖农田3000亩，新建、修复水沟22条，实施人畜饮水工程18件。拉祜族实现村村通水、通电、通路，村村能听广播和收看电视，实现"有饭吃、有衣穿、有房住、有水喝、孩子能上学"，各项事业有较大的发展，基本解决了拉祜族群众的温饱问题。2008年，在金平苗族瑶族傣族自治县莽人（布朗族）

地区拟投入7758.56万元，用3年时间实现通路、通电、通水等12项工程，帮助布朗族改善基础设施条件，培植增收产业，发展社会事业。2009年6月17日，安居工程竣工，举行了竣工典礼暨搬迁仪式，金平县3个布朗族村128户681名村民告别了茅草房、杈杈房，正式迁入新居。

红河南部20多年的扶贫开发，通过政府主导、群众参与、部门帮扶、社会各界支持，先后解决了153.13万农村贫困人口的温饱，并使其逐步走上脱贫致富道路，贫困人口由1985年的215万人下降至2009年的61.87万人，农村人口贫困发生率由1985年的65%下降至2008年的17.9%。其中，少数民族贫困人口由1985年的150万人下降至2009年的49.4万人，贫困人口发生率由1985年的70%下降至2008年的20%。

如今，红河州南部哈尼族、彝族、苗族、瑶族社会经济得到了较大的发展，其中苦聪人（拉祜族）通过长期扶贫和"155"扶贫工程，使其从原始游猎游耕进入完全定居定耕社会；莽人（布朗族）则从高山迁到半山和平坝，实现了从原始到现代的转换。红河州的扶贫开发工作取得了明显成效。

3. 文化事业健康发展，民族文化得到保护

红河哈尼族彝族自治州是一个多民族地区，有10个世居民族。在漫长的历史岁月中，各民族创造了丰富而灿烂的文化，但新中国成立前，没有得到开发利用，文化事业更是落后，全州没有一个影院、书店、文化馆（站）、图书馆等文化机构。新中国成立后，党和政府把文化事业列为社会发展的重要内容，抽调一批干部组建文化机构，建立州、县（市）歌舞团、电影院，并深入边疆、农村、厂矿、部队开展丰富多彩的文艺活动。到1965年，红河州有电影放映单位61个，放映人员近200人；建立歌舞团11个，专业演员500多人；新华

书店 13 个；一批文化馆（站）、图书馆（室）相继建立。1966 年"文化大革命"开始后，文化事业受到严重的冲击和破坏。1978 年实施改革开放后，红河州文化事业得到了恢复和迅速发展。1982 年，红河州文化局成立。之后，13 个县（市）也先后成立了文化局。1999 年红河州新闻出版局成立，2004 年，红河州版权局成立，形成文化局、州新闻出版局、州版权局三块牌子一个机构的行政管理体制。13 个县（市）也先后成立新闻出版局。2009 年，红河州共有国办文化、文物事业机构 219 个，职工 1114 人。其中，艺术表演机构 11 个，艺术表演场所 5 个，公共图书馆 15 个（其中国家一级图书馆 2 个，二级图书馆 1 个，三级图书馆 5 个），博物馆 3 个，文化馆 14 个（其中国家二级文化馆 2 个，三级文化馆 4 个），新华书店网点 50 个，133 个乡镇建成综合文化站 108 个（其中一级文化站 25 个，二级文化站 18 个，三级文化站 17 个），1290 个居（村）委会建成村级文化活动室 284 个，农村业余文艺宣传队 3000 余支。总投资 3.7 亿元的大型标志性文化设施红河大剧院、红河州文化馆、红河州新闻中心、青少年活动中心、老年活动中心等五大文化中心主体工程已基本完工。全州已初步形成了文化基础设施网络。

新中国成立以来，红河州丰富多彩的民族文化得到开发、保护和弘扬。20 世纪 50 年代，一曲《阿波毛主席》唱响大江南北、长城内外，使人们认识了红河，认识了红河的民族文化。2006 年，来自农村的歌手李怀秀、李怀福在全国第十二届 CCTV 青年歌手电视大奖赛上，以一曲彝族《海菜腔》荣获原生态唱法金奖，使红河民族文化再次席卷全国乃至世界。为充分挖掘民族文化、历史文化资源，在纪念改革开放 30 周年之际，红河州组织评选出"红河哈尼梯田""建水国家级历史文化名城""滇越铁路""锡都个旧""蒙自过桥米线""阿细跳跃""哈尼长街宴、铓鼓舞""彝族海菜腔、烟盒舞、花腰歌舞"

"红河影视""红河州歌舞团"等红河十大文化品牌，再度推进红河民族文化品牌建设。

50多年来，红河州不仅整体文化事业得到了大发展，而且在历史文化、民族文化遗产的保护上成绩也十分突出。到目前，全州有全国重点文物保护单位10个，省级文物保护单位34个，州级文物保护单位83个，县级文物保护单位242个。建有州博物馆、绿春县哈尼民俗博物馆。2001年红河州将红河南岸哈尼族创造的梯田申报"世界文化遗产"，受到了国家文物局的高度重视，列入2011年"申遗"预备名单，"申遗"工作进入了实质性操作。在非物质文化遗产保护方面，成绩斐然。2005年，石屏彝族烟盒舞、哈尼族多声部民歌、哈尼哈巴、乐作舞等8个项目先后被国务院公布为国家级非物质文化遗产，16个项目被省政府公布为首批云南省非物质文化遗产。全州已建立非物质文化遗产保护名录3200项，其中国家级8项，省级30项，州级303项；共有各级命名传承人184人，其中国家级6人，省级20人，州级158人。建立民办公助的保护传承示范点和传习所8个，从职人员65人，培训1195人次。2008年，州人民政府拨款收集整理《哈尼族口传文化译注全集》100卷，这是一个富有远见的浩大工程，对哈尼族文化遗产的保护和发扬将起到积极作用。

三　红河州社会经济和谐发展的经验

红河哈尼族彝族自治州50多年的发展是全方位的，所取得的成就是辉煌的。这与红河州委、州政府一贯坚持的方针、发展理念、发展战略密不可分。

（一）坚持共产党的领导，坚持社会主义制度

中国共产党建党 88 年的历史证明，没有中国共产党的领导，就没有中国人民的解放，就没有社会主义制度的建立，就不会有民族区域自治制度，就不会有各民族当家做主人，就不会有改革开放，更谈不上民族自治地方各项事业的发展。艰难曲折的社会发展也证明，中国共产党是领导、团结各族人民克服艰难险阻，不断取得革命、建设、改革伟大胜利，走向中华民族伟大复兴的政党。红河州历届州委、州政府坚信，只有在中国共产党的领导下，坚持走社会主义道路，坚持民族区域自治制度，在党的民族政策的指引下，认真贯彻党的民族平等、团结、进步及宗教信仰自由政策，各族人民才可能在社会主义大家庭中共同进步和繁荣。

（二）加强法制建设，依法治州

1. 民族法制建设不断完善

1986 年 7 月，《红河哈尼族彝族自治州自治条例》（以下简称《条例》）经州五届人大四次会议通过，同年 8 月 30 日经云南省六届人大常委会二十三次会议批准，自 11 月 18 日起实施。此后，还制定了《红河哈尼族彝族自治州矿产资源管理条例》《红河哈尼族彝族自治州林业管理条例》《红河哈尼族彝族自治州异龙湖管理条例》《红河哈尼族彝族自治州历史文化名城保护管理条例》《红河哈尼族彝族自治州水资源管理条例》《红河哈尼族彝族自治州民族教育条例》以及《河口瑶族自治县自治条例》《屏边苗族自治县自治条例》《金平苗族瑶族傣族自治县自治条例》等。这些条例的出台与执行，为红河州依法行使自治权，维护少数民族的各项权利、实现各民族管理本民族内部事务的基本权利提供了有力保障。

2. 认真贯彻落实条例

《红河州自治条例》颁布实施后，自治州、县市人民政府积极制定相关配套规定，认真加以贯彻落实。例如，在恢复州卷烟厂建设中，依法向上级机关申请，在1988年10月领到了生产许可证和营业执照，成为州内地方财政收入的支柱产业。开远市省属小龙潭煤矿资源税留成比例自治地方过低，经州人民政府向上级人民政府和有关部门反映，1989年1月省财政厅同意从该矿上交省财政煤价款中补偿开远市500万元，其中，1988年100万元，1989年及1990年各200万元。全州地方交通管理费收入分配比例原州上交省主管部门10%、州留90%，1988年度省将上交比例提高到70%，经州有关部门依法提出后仍同意按原比例执行。

根据《红河州自治条例》中"自治州的自治机关根据国家教育方针，依照法律规定，决定自治州的教育规划，各级各类学校的设置、学制、办学形式、教学内容、教学用语和招生办法"的规定，制定了《红河州发展教育规划》。以基础教育和民族职业技术教育为重点，在资金、师资、办学条件上实行倾斜，并在小学教育中采取半寄宿制、"双免费"、全日制、半全日制和"双语"教学等。

根据《红河州自治条例》中"自治州的自治机关充分发挥现有科技人员的积极性"的规定，制定了《红河州关于放宽科技单位、放活科技人员的若干具体规定》，对停薪留职到乡镇企业、亏损企业和边疆地区、内地边远高寒山区进行承租、承包、领办、创办等经营活动的，给予优惠政策。

根据《红河州自治条例》中"自治州的民族干部和职工队伍建设"的各条规定，州政府在1988年1月批转州劳动人事局《关于加强我州少数民族干部、工人队伍建设意见的报告》，在招工招干中，在上级下达的指标内，边疆各县从农村招收的指标可占50%。

根据《红河州自治条例》的有关规定，驻州中央、省级单位对州内建设予以支持和帮助。例如，云锡公司建成的金平镍矿，1988年移交县经营管理，当年获利200万元。

（三）始终坚持发展是第一要务

一是加强基础设施建设。坚持实施大项目带动战略，全方位打基础，多领域搞开发，切实加强电、路、水、城市、教育等基础设施建设。"十五"期间，累计完成全社会固定资产投资442亿元，全州水利化程度由58%提高到64%；建成两条高速公路，新建公路2119千米；实施了一批电力、市政建设项目，城乡基础设施得到极大改善。

二是加强支柱产业建设。坚持产业建设为核心，积极调整产业结构，不断培育新的经济增长点。加强"两烟"及配套产业、矿冶产业、电力能源产业、建筑建材、化学工业、生物资源产业、旅游业等产业建设，使七个支柱产业产值占GDP总量的39%以上。

三是加强民生工程建设。紧紧围绕实现好、维护好、发展好各族人民的利益，认真实施富民工程、民生工程、社会保障工程、社会救助工程、扶贫攻坚工程、素质工程，努力促进人的全面发展。逐步建立健全社会保障制度，高度关注弱势群体的生存和发展问题。

四是加强社会事业建设。大力发展教育、科技、文化、卫生等社会事业，切实提高干部群众的文化素质，开发民族文化旅游景点、民族影视、民族歌舞和挖掘、整理民族文化遗产。推进社会主义新农村建设，推进农村合作医疗。始终坚持发展是第一要务，使全州各族群众生活水平不断提高，全州经济和社会发展走在了全国30个自治州和云南省各州市前列。

（四）加强少数民族干部队伍建设

自新中国成立以来，红河州委、州政府始终把少数民族干部的培养、选拔和使用作为根本性的、长期性的任务来抓，主要从如下方面开展工作。

一是在新中国成立初期进行民族上层人士的统战工作。1951年，对边疆各县165名民族上层人士，在政治上做了安排，其中安排全国人大代表2人，全国政协委员1人，省人大代表3人，省政协委员6人，红河哈尼族自治区政府委员9人，自治区政协委员21人，县人民委员6人，政协委员48人（兼职的未计），占民族上层人士总数的29%。在各级人民政府部门中安排了民族上层人士34人，占民族上层人士总数的20%。其中，担任蒙自专署副专员2人，兼红河哈尼族自治区主席1人，副主席1人，正副县长3人，正副区长和县政府正、副科长17人，正、副乡长7人，一般工作人员3人。为了提高他们的理论知识，将其分期分批送到经济发达地区或者民族学院学习深造。

二是认真落实《民族区域自治法》的有关规定，民族自治地方州长、自治县县长都由实行区域自治的少数民族公民担任。1952年，全区少数民族干部占干部总数的17.46%；1985年，少数民族干部占干部总数的30.83%，进入各级领导班子的少数民族干部1175人。其中进入州级领导班子11人，县（市）级领导班子147人；在5名正、副州长中，少数民族干部3人，占60%；在9名州委常委中，少数民族干部4人，占44.4%；在州级部委办局领导干部54人中，少数民族干部22人，占40.7%。2005年，少数民族干部30715人，占全州干部总数的40.05%。其中厅级干部19人，占同级别干部数的42.2%；处级干部462人，占同级干部数的39.8%。2009年，少数民族干部占干部总数的 41.5%，进入各级领导班子的少数民族干部 3361 人。

三是制定少数民族干部队伍建设的政策措施，先后出台了《关于做好培育选拔少数民族干部工作的意见》《关于进一步加强新形势下民族工作的意见》《关于加强少数民族干部队伍建设暂行办法》等文件。制定了培养选拔少数民族干部的十年规划，明确了从 2000 年起，争取用 8 年至 10 年的时间，使少数民族干部与少数民族人口比例基本相适应。建立健全少数民族干部推荐制度，加强少数民族干部队伍建设。

四是加强少数民族干部的培训工作，提高少数民族干部队伍的整体素质。自 2000 年以来，全州已有 4515 名少数民族干部到各级各类学校学习深造，共举办 545 期少数民族干部培训班，参培人数达 25091 人；组织了 4680 名少数民族干部到省内外先进发达地区学习考察。

五是加大少数民族干部的使用和培养力度。全州共选派了 3051 名少数民族干部到中央、省、州国家机关和内地先进发达地区挂职锻炼，增长才干。对优秀中青年少数民族干部采取在州县范围内不同地区、不同部门、不同岗位进行交流任职。2000 年以来已有 200 余名少数民族干部在内地和边疆、乡镇和县市得到交流任用。从科级以上党政机关中选派了 467 名优秀年轻少数民族干部到基层挂职锻炼。

六是根据《云南省实施办法》的规定，州委组织部、州人事局和州民委针对州内苗族、瑶族、拉祜族、布依族及布朗族干部成长缓慢，现有干部与其民族人口比例差距较大的实际，制定特殊政策，采取划定职位、指定民族、分配指标等方式特招少数民族公务员。

七是财政部门给予必要的经费保证，仅州级财政安排的少数民族干部培养经费每年就达 100 多万元。

2006 年《公务员法》实施以来，共招录公务员 258 人，其中少数民族 216 人。在招录公务员时采取了以下措施。一是设置少数民族特招岗位。每年在自治县、民族乡和少数民族聚居乡镇设置特招岗位。二是对少数民族降低面试分数，对少数民族考生实行加分政策。人口在十万以下的特少民族加10分；国家确定的特困民族加8分；除汉族外其余少数民族加6分。

在事业单位公开招聘工作中，对少数民族考生也实行政策倾斜。一是边疆南部6县和内地部分山区少数民族聚居乡镇在招聘岗位总数中按20%的比例录用，允许设置少数民族和户口条件限制。二是对边疆南部6县达不到1:3开考比例的岗位全部准予开考。三是在综合素质考试阶段，根据考试成绩划定内地县市、边疆南部6县、特殊岗位三个分数线。仅2009年全州公开招聘录用1877人中，少数民族考生录用825人，占录用总人数的44%。

对少数民族专业技术人才队伍建设实行优惠政策。一是职称评定。从三个方面给予照顾。1. 结合边疆县乡镇基层单位中，约80%的专业技术人员为少数民族，因而实行在乡镇一级基层单位工作的专业技术人员申报和聘任专业技术职称时，可免试职称外语和计算机运用能力。2. 为保护和传承民族物质文化遗产，确保相关专业技术人员队伍的稳定，对从事民族传统的临床中医药、民族医药、专业从事少数民族语言文字翻译和民族民间艺术等专业技术人员，在申报和聘任专业技术职称时，可免试职称外语。3. 对边疆县级单位工作的专业技术人员实行只参加职称外语和计算机运用能力考试，但无论成绩是否合格，均可申报和聘任专业技术职称。二是岗位聘用。针对全州少数民族专业技术人员绝大多数在事业单位（97%）和整体素质相对偏低的实际，实行"保底政策"，即在竞聘过程中，未竞聘到正式岗位的人员可享受竞聘前的职级待遇。

截至2009年12月31日，红河州现有少数民族专业技术人员23310人，占全州专业技术人员总数的36%，其中高级专业技术人员

1583人（正高级职称16人，副高级职称1567人），占全州高级专业技术人才总数的26%；中级专业技术人员11877人，占全州中级专业技术人才总数的38%；初级及以下专业技术人才9850人，占全州初级专业技术人才总数的36%。少数民族专业技术人才按专业系列分：工程系列1851人，占全州工程系列人员总数的24.2%；农业系列1282人，占全州农业系列人员总数的38.5%；卫生系列2525人，占全州卫生系列人员总数的28.3%；教育系列16441人，占全州教育系列人员总数的40.6%；经济、会计（审计）系列509人，占全州经济、会计（审计）系列人员总数的23.6%；其他专业系列971人，占全州其他系列人员总数的47.6%。按单位类别分：事业单位少数民族专业技术人员22536人，占全州少数民族专业技术人员总数的96.7%；国有和非国有企业少数民族专业技术人员774人，占全州少数民族专业技术人员总数的3.3%。

通过认真落实各项民族政策，不断优化少数民族人才队伍建设环境，大力选拔培养少数民族人才，初步形成了具有一定规模的少数民族专业技术人才队伍，为红河州经济和社会各项事业的发展做出了积极的贡献。

四 结语

红河哈尼族彝族自治州是云南省较早实行民族区域自治的地方。从自治州建立以来，红河州历届党委、政府严格遵循民族区域自治制度，认真执行党的民族政策，带领全州各民族人民通过50多年的共同努力，取得了政治、经济、文化、社会事业全方位的大发展。尽管在前进过程中还存在一些发展问题，诸如南北发展不平衡，南部民族地区贫困长期难以消除等，但红河州所取得的成就是辉煌灿烂的，在全国30个民族自治州中经济发展排名第一就是最好的证明。

红河州推行民族区域自治的实践有力地证明，实行民族区域自治是适合我国国情，解决我国民族问题的基本政策。《民族区域自治法》科学地总结了我国民族区域自治以来的丰富经验，进一步充实了民族区域自治的内容，健全了我国的民族区域自治制度，并用法律的形式固定下来。它的公布与实施，对于进一步巩固国家的统一，发展平等、团结、互助的社会主义民族关系，加速民族区域自治地方经济和文化的发展，发挥了巨大作用。

参考文献

1. 红河哈尼族彝族自治州编纂委员会编：《红河州志》（1—7卷），生活·读书·新知三联书店1997年版。

2. 红河州地方志办公室编著：《红河州年鉴（2009）》，云南人民出版社2009年版。

3. 红河州扶贫办：《红河州扶贫与开发志》，内部资料，2008年印。

4. 红河哈尼族彝族自治州财政局编：《红河哈尼族彝族自治州财政志》，云南科技出版社2008年版。

5. 红河州民委、州人大民宗委、州公安局、州民政局、州扶贫办、州卫生局、州教育局、州经委、州宗教局、州发改委、州人事局、州司法局、州信访局、州旅游局、州财政局等15家单位2007—2009年年度工作总结报告、部分单位座谈会上的汇报材料、发言、讨论和个别采访笔记。

（原载《民族区域自治在云南的成功实践》，民族出版社2011年版）

元阳县勐弄哈尼族地区的现代化问题研究

一

元阳县猛弄地区，旧为"流官不入之地"，曾长期为白氏土司所辖。白氏土司于清雍正十年（1735）得到清王朝的任命，凭据着山大谷深的自然地理位置和"与世隔绝"的民族社会环境，其封建土司领主制延续了200多年。

在政治上，勐弄土司是世袭的最高统治者，拥有由侍候、管家、师爷、老总等组成的府内官僚体系，并有一套由里长、招坝、伙头等组成的等级分明的基层地方官僚建制，以及作为政权支柱的土司武装。在这种等级森严、组织严密的政治机构中，土司具有至高无上的权力。

在经济上，勐弄土司是该区全部山林土地的最高所有者。在承认土司这种最高所有权的前提下，各阶层占有不同数量的田地。土司可以向任何土地占有者征收占产量6%—20%的官租。土司还直接掌握大量私田，亦称官田。这些官田租给农民种，收取占产量50%的地租。

为了维持其政治统治及经济利益，勐弄土司不仅对治下的人民进行残酷的政治压迫和无情的经济剥削，而且对一切外来资本和商品经济进行了严厉的打击和排斥，勐弄区的地域，为今元阳县攀枝花乡、黄茅岭乡、黄草岭乡、俄扎乡的范围，面积约为780平方千米，是以哈尼族为主的多民族的地区。千百年来，各族人民在此生息繁衍，开发着这一地区。这里峰峦交错，河流密布。最高海拔为2336米，最低海拔为496米，相对高差近2000米。山高谷深的地形特点使其呈现出立体性气候特征和与之相适应的植被的立体性分布特征：低海拔的湿热河谷地带，河流纵横，群山环抱，是热带、亚热带经济林木生长发育的天然场所。半山区即海拔1300—1600米地带，云锁雾罩，温热湿润，种类繁多的针叶、阔叶植被混杂成林。高山区即1600米以上地带，森林茂密，是珍禽猛兽繁衍出没之地，纵横交错的涓涓细流在此发源，并在境内交叉汇合成两大主体河流藤条江和乌拉河。

勐弄区的自然环境具有两大特点：（1）资源，特别是各种经济林木的极大丰富性；（2）山高水险与世隔绝的地域封闭性。这样的环境条件，为千百年来生活于其中的哈尼族、彝族、苗族、瑶族等人民提供了赖以生存和发展的物质基础。同时，高山峡谷、交通闭塞所造成的封闭状态又使世世代代定居于此的各族人民，很少与外界往来。由于历史上民族间生产力发展水平的差异，以及民族力量的强弱，因此，在勐弄区立体地貌中，这种多民族的社会也呈立体分布状。

在70千米长的低海拔河谷地带，夕欧河、乌拉河水长年不断，山泉小溪纵横交流。这里主要居住着傣族，从事水田双季稻生产，其生产水平较高，铁制农具普遍使用，不仅数量较多，而且种类齐全。他们十分注意选种及精心培育小秧田。

在半山区，主要居住着哈尼族。他们利用"山有多高，水有多高"的优厚条件，开挖水沟，灌溉梯田。由于生活的需要，还开挖大量旱地，以刀耕火种的方式进行生产。半山区人民已使用铁制农具，但农具种类不全，除犁、耙、锄外，没有什么大型农具。由于土司、地富的各种盘剥，人民生活贫困，一般人家一年缺粮3—6个月。粮食食尽，只得去山林中挖山茅野菜来充饥。

在高山区，主要居住着苗、瑶两族，他们从事着"刀耕火种、轮歇耕作"的山地农业，生产作物主要是旱谷、苞谷，狩猎和采集作为经济生活的补充。生产力极其低下。

尽管此地多民族呈梯状垂直立体分布，各民族特点不同，文化传统有别，且又处在不同地形和气候带中，但由于对生存的追求，以及在长期的土司封建领主政治的重压之下，使得各民族具有了一个共同的经济特点，即：无论从河谷到高山，从湿润地区到干热地区，从热带亚热带到温凉带，均从事着单一的粮食种植业。

粮食种植业在这里仅以解决温饱为其全部内容和目的。勐弄区哈尼族，在高山峡谷异常艰苦的居住环境中，在陡峻奇险的山坡上，在原始茂密的丛林中，开出层层梯田，开挖了数不清的沟渠水塘。由于山势陡峭，这种高山水田多呈长条环状绕山而行，千万丘梯田从山脚盘至山顶，重重叠叠，蔚为壮观。它充分显示了哈尼人民的勤劳和智慧。

但是，这种奇迹是在自然生态允许，以及在山高坡陡的限制下出现并存在的。正因为如此，一旦生产力发生变动，比如人口的迅速增长或生产工具数量和质量的提高，都将从根本上动摇这种大山原地貌中的单一粮食种植业，使其超出自然生态的负荷而失去平衡。

勐弄土司的领主政治，极力保持这种大山原地貌中所呈现出的特殊的自然经济，而大山原地貌所特具的经济林木物产和各种资源的丰富性，不但得不到认识，更谈不上发展和利用。政治上的封闭、经济上的排外，以及内部严厉控制的措施，极大地强化了大山原地貌的地域封闭性。

在土司的政治统治和经济剥削下，勐弄区社会经济在封闭性的地理环境中呈停滞不前的状况，人民的生活每况愈下，处在异常艰苦的境况中。例如：半山区哈尼族，一般人家每年缺粮3—6个月，而且饮食粗劣，缺乏营养，一日两餐，仅有木薯杂合饭、青菜、盐巴拌辣椒，人的体质极差。住房为土木结构，泥墙或竹墙，草顶，内有火塘，一家大小围火塘而居。很多人家世代无铺盖，就着火塘躺在木板上过夜。农具缺乏，杯碗瓢盆、木桶臼杵，自制自用。衣服自制，不穿鞋袜。营养差、居住环境差、铁农具缺乏、极大的劳动强度，均无情地摧残着作为生产力主体的人。再加上缺医少药、卫生条件极差，病疫流行。如20世纪40年代，树皮寨一次瘟疫，寨民死亡过半，杨匹斗一家11口，一下子就死了9口。婴儿死亡率也极高，堕谷村李正发生了5个孩子，仅1个存活下来。在勐弄区，高死亡率极大地阻碍了生产力的发展，其自给自足的自然经济实际上已难以维持。在山区，高出生率与高死亡率相伴随，才基本维持了这种摇摇欲坠的状况，使单一粮食种植业勉强维持下来。

由于自然经济的影响，在勐弄区手工业难以从农业中分出，商品经济十分落后。各族人民虽具有纺织、洗染、编织竹器、建造房屋等技能，但这一切只能纳入自然经济的范畴。低生产和低消费使社会生产长期处于停滞不前的境地。

由于地理环境的封闭性，以及土司封建领主政治和经济的封闭性，致使勐弄区的文化处于封闭状态。此地各民族都有着自己悠久的历史文化传统。尽管各民族语言不同，生产力水平不同，文化传统也有差异，然而文化的丰富性都令人瞩目。傣、彝、哈尼、苗、瑶各族都有自己的史诗、叙事长诗等。这类诗歌形式各异，内容丰富多彩，包罗万象。例如：哈尼族的"哈八"（酒歌），内容广泛，囊括了哈尼族历史、传说、族源、生产经验、人生哲理、道德情操、宗教信仰等。其迁徙史诗《哈尼先祖过江来》叙述了哈尼族祖先扶老携幼、沿途征战、悲愤流离、九死一生的曲折漫长的历史过程。这类诗歌包含着丰富的历史内容和文学价值。此外，风俗歌、"阿欺祜"（情歌）、"阿迷车"（儿歌）、"烟嘎"（故事）等数量很多，难以数计。还有极富哲理的"黑遮"（祭词），各式各样的舞蹈、歌曲和独特多姿的节日和宗教活动，内容深广并具有民族特点。

尽管各民族有着悠久的丰富的文化传统和特点，但由于勐弄土司的封闭性统治，使各民族文化都具有大致相同的以下两个特点。

一是没有文字（当地傣族、彝族也不知本民族文字，或原有文字已逐渐消失了）。各族丰富多彩的文化无法记载，主要靠记忆留存于各族祭师脑中，以口耳相传的方式在一代代祭师中传承，以演唱的形式在民间流传。

二是各族文化带有极浓的宗教色彩。原始的多神崇拜、祖先崇拜、万物有灵的观念经久不衰，封建领主的统治又使其掺杂大量的封建因素。文化活动往往就是宗教活动，诗歌、舞蹈也往往与宗教内容相结合。总之，勐弄土司的长期统治，凭借唯我独尊的专制主义政权，采取政治的、经济的高压政策，使该区的自然资源得不到应有的开发和利用。山水阻隔的地域封闭性被极大地强化，从而维护和最大限度地巩固了土司封建领主的统治。

从总体上看，20世纪50年代中期前的勐弄土司区，是由封闭性的地理环境、专制主义政治系统、单一粮食种植业为特征的自然经济系统、原始宗教色彩浓厚的民族传统文化系统所构成的。

二

新中国成立后，勐弄区划归新民县（今元阳县）。1956年通过和平协商土地改革，废除了封建领主土地所有制和一系列剥削制度，土司世袭统治权也被彻底革除。各民族群众分得了土地、农具（当时，仅黄草岭就分给农民锄头1094把、犁铧272把、镰刀249把、弯刀226把、锅42口），建立了人民政权，勐弄区的社会性质发生了彻底的变化。树皮寨世世代代靠帮工生活的杨立沙一家，分得了水田3亩、旱地7亩、耕牛0.5头、锄头3把、镰刀1把、弯刀2把、砍刀1把。各族人民靠自己的工具，在自己的土地上从事生产，极大地解放了生产力。各族人民的劳动积极性空前高涨，生活得到改善。

与此同时，兴修了贯穿全区的元阳—绿春公路。20世纪60年代初，修建了勐弄区有史以来的第一座电站，此后又兴修小水电站40座，总装机容量达3667.8千瓦。同时，开办了各项科学文化事业，勐弄区先后建起小学145所，中学一所，并在勐弄各区（黄草岭区、俄扎区、攀枝花区、黄茅岭区）建立了卫生院。

总之，新中国成立后的成就，突出地表现在以下方面。（1）彻底废除了土司封建领主的专制统治和经济剥削制度，建立和巩固了人民政权，为社会主义现代化建设提供了可靠保证。（2）初步消除封闭的地理环境对各族人民社会经济发展的制约。（3）打破了勐弄土司统治下的文化的封闭性，文化、教育、科技事业有了初步发展，为建设社会主义精神文明创造了条件。

在30多年山区社会主义建设实践中，各族人民也经过了一段曲折的历程，这里既有巨大的挫折，同时也积累了丰富的经验。

由于在全国"以粮为纲"等"左"的经济方针的指导下，忽视了勐弄区大山原地貌的一大特点：丰富的亚热带自然资源的优势，因而长期保持了单一粮食种植业，结果并没有使哈尼族等人民尽快走上富裕之路。

在新中国成立前，单一粮食种植业是可以在人口的高出生率和高死亡率的平衡中存在的，可以在高山峡谷中有限地发展，加上这一地区各民族生产力较低，因而还没有危及整个生态系统的平衡。但新中国成立后，医疗卫生条件有了较大改善，死亡率大大下降，人口自然增长率大大提高。树皮寨1956年人口117人，1981年增至432人，24年中人口净增225人，增长率为144%。黄草岭区，1956年总人口为23306人，1984年达到42241人（含俄扎区），人口增加了将近一倍。人口的剧增，必得增加粮食解决吃饭问题，而在传统的自然经济山区，唯一的办法就是扩大耕地面积，于是毁林开荒，广种薄收，原始森林被一片片吃掉，加上"左"的错误，瞎指挥，自然资源遭到惊人的破坏。勐弄区新中国成立前森林覆盖率为65%左右，1958年为40%左右，1984年已下降到8.7%。自然植被的急剧减少、光山秃岭的大量出现，大山原有的丰富资源被破坏，造成了自然生态紊乱，河流枯竭，水土流失。树皮寨24年中人口增长了1.5倍，而耕地面积1956年为531亩（平均每人4.6亩），1981年反而下降到324亩（平均每人0.75亩），可见山地因流水冲刷带来的损失有多严重。为了生活，人们只得在陡坡上大量开荒（荒地是不记入统计表的）。于是，为了维持和发展粮食种植业，形成了越穷就越毁林开荒、越毁林开荒就越穷的恶性循环。

由于自然经济的影响，产业结构的单一，给勐弄区社会经济建设带来了一系列不良后果。

在交通及能源方面，由于自然资源没有得到应有的开发反而遭到破坏，商品经济还很落后。尽管1956—1959年修通了纵贯全区的建水—元阳—绿春的公路，但并没有显示出应有的效益。勐弄区先后建有水电站40座，总装机容量为3667.8千瓦，但单一粮食种植业对电的需求量有限，主要用于照明，有的农民受传统习惯的影响和为了节约电费，不愿用电照明，而情愿烧火塘和松明，因此，大量的电能白白浪费。黄草岭区乌拉河电站设计发电能力为2×200千瓦（2台机组），现只装机1台，发电200千瓦，但全区总用电量才150千瓦，其余电能只得浪费掉。另外，该区先后修建的40座电站，也由于单一粮食种植业对生态平衡的破坏，致使许多河流枯竭。经济落后对电力需求量有限，以及文化落后影响电站管理等原因，到1983年，该区大部分电站被迫废置，如俄扎区原有电站14座，现仅剩5座，装机容量仅剩112千瓦；攀枝花区原有9座，现剩5座，装机后容量仅剩30千瓦。

教育方面也出现了不景气的现象。以黄草岭为例，该区有小学46所，1984年毕业生总数为56人。俄扎区有小学42所，毕业生总数仅21人。教学质量每况愈下，如勐弄区唯一的中学——黄草岭中学（初中）近年来的招生总分标准：1981年130分，1982年80分，1983年35分。尽管分数降到如此地步，仍招不够规定的100名学生的指标。于是为完成指标，连总分仅8分的学生也升入了这所中学。1983年该中学的40名毕业生，仅1人考入一中（县高中），据教师反映：不少学生考试得零分，许多中学生毕业时汉语还说不通。1982年堕铁乡小学适龄儿童入学率才38%。面对这种教育不景气的状况，采取的措施是：适龄儿童不入学者罚款5元。这种强迫措施曾使入学率增长到85%，但入学不到几天，许多学生又离校而去。在这里，存在着普遍不愿接受教育的现象。因为人们靠示范和口授的家庭教育方式足以继承前辈的生活经验和农耕技艺。另一个原因是此地所使用的是内地教材，不懂汉话的民族学生对其望而生畏。在教师方面，由于经济落后、山高路远、校舍简陋、学生厌学、生活艰苦、待遇差、地位低等实际问题，不安心教育工作。这样的状况当然有着深刻的经济根源，但另一方面的原因，也不得不引起人们的重视，即：不从当地民族传统文化出发的一般化的教育是难以收到所期的效果的。

医疗卫生事业对勐弄区各族人民，有如雪里送炭，但因经济、交通条件的限制，各族人民的卫生条件和居住饮食条件很差，疾病种类多、发病率高，仍是当前的现实问题。医疗卫生力量薄弱与防治病的巨大工作量形成鲜明的对比和矛盾。如黄茅岭卫生院的医务人员仅9人，其中医生2人，护士2人，助产士1人，护理员2人，卫生行政工勤人员2人。这样的医疗力量，面对着七种民族，14270人的防治病工作，工作量实在太大；再由于经济落后，生活条件差，文化娱乐活动缺乏等实际问题长期得不到解决，必然影响医务人员的工作热情，造成医务人员严重外流。如黄草岭卫生院原有大学本科医生3人，如今还剩1人。山区缺医少药的状况需要迅速改变，但医疗卫生力量在逐渐削弱，这显然是一个严峻的现实问题。

科学文化事业的其他方面也同样存在着不少问题。

以上这一系列问题，无不与当地经济落后的历史和现状相连接，经济落后固然有历史的、政治的、社会的原因，然而，根本原因却在于长期从事单一的粮食种植业。因此，勐弄区的整个现代化发展战略，就是以改变这种单一粮食种植业的困境为出发点的。

三

单一粮食种植业为中心的自然经济制约了社会经济的发展，不改变这种状况就不能实现社会主义现代化。对于新中国成立前处于封建领主制的勐弄哈尼族来说，如何从单一粮食种植业为中心的自然经济中实现社会主义现代化呢？这首先还得从如何把当地的自然优势转变为经济优势谈起。

勐弄区的自然环境对各种经济林木及作物生长十分有利。根据勐弄区的大山原地貌和立体气候特征，可将本区大致分为三种各具特点的经济区：沿藤条江、乌拉河的70千米长的低海拔湿热河谷地带，是热带亚热带经济作物的地带，是香蕉、菠萝的主产区，紫胶、橡胶、香料等热带资源发展潜力巨大。中半山地带，是千百年来当地人所从事的梯田农业，是粮食种植主产区，这里温和湿润的气候也是优质茶叶的天然产区，此地带是保持水土、维持山区生态平衡的关键。高山区是森林保持最多、人口最稀少的地区，此地带有旱地种植，水田极少，这里不适于粮食种植，但林木茂盛、禽兽出没，在绿荫蔽日的湿润土地上可大量种植价值极高的草果等经济作物。总之，从勐弄区的具体情况看，其大山原地貌气候的特点，决定了它有发展亚热带山区经济林木和作物的优势。

恢复和再造当地新的生态系统，真正变自然优势为经济优势，变各种经济作物的潜力为经济现实，最终形成亚热带山地经济作物与其他经济作物区、粮食作物区进行横向商品互换的繁荣发达的经济作物区，这就是勐弄和元阳社会主义现代化建设的长期战略目标。

这一战略的实现，是和当地水利资源的充分利用和输出，当地各种与经济作物相适应的加工业的建立及成龙配套、交通条件的极大改观，以及高度的精神文明的发展同时并举的。因此我们还需要中期战略和短期战略，以便为长期战略的实现奠定基础。

中期战略及其目标如下。中期战略的第一个内容是：初步形成本区条状经济作物和粮食作物的联营区，即建立以高山区苗族、瑶族为主的，以高山森林和高山草果等经济林木、作物为专业的经济联营体；以半山区哈尼族、彝族为主的，以速生混交林和茶叶等经济作物为专业的经济联营体；以河谷傣族为主的，以热带亚热带经济作物为专业的经济联营体，和以哈尼族、彝族、傣族为主的，以半山区梯田和河谷区水田粮食作物为专业的经济联营体。这种条状联营区的形成，可形成本区在粮食自给的基础上实现经济作物发展的初步的经济体系，并基本打破以单一粮食种植业为主体的自然经济体系。

中期战略目标的第二个内容如下。首先，初步形成以现有的国家公路为主干的本区公路网。在现在区区通公路的基础上，实现乡乡通公路。其次，形成以黄草岭、黄茅岭为主的，以多种经济林木及亚热带经济作物生产相适应的初级加工工业体系。黄草岭、黄茅岭是勐弄大山原地貌中较低较平的地区，勐弄区两大主体河流藤条江和乌拉河分别从这里流过，并汇合于黄茅岭，水利资源丰富。勐弄区最大也是元阳县最大的，装机容量为2500千瓦的藤条江电站坐落于黄茅岭。勐弄区较大的乌拉河电站坐落于黄草岭。同时，黄茅岭是金平—元阳—绿春公路的交叉点，黄草岭则是元阳—绿春公路的途经地，这两地一南一北，互为犄角，靠近金平，连接绿春，各方面条件较为优越，是建立茶叶、木材、橡胶、紫胶以及各种热带亚热带香料、水果加工基地的理想之处。再次，建立本区电力体系。在水利资源恢复的基础上，充分利用现有电站，恢复和发展新电站，并网发电，形成水利资源转化的电力优势，一方面为本区加工工业提供充足的电源，另一方面向区外输出电力，以获得经济收益。

中期战略目标的第三个内容是：建立起与该区经济体系相适应的经济作物及林木栽培、加工技术专业学校和实现民族语、汉语的双语教学，以及社会主义文化与传统民族文化共融的新教育体系。形成当地草医、草药与外来西医、西药结合的山区医疗卫生体系。

短期战略及其目标如下。短期战略目标之一，是使哈尼等族农民尽快摆脱贫困，调整勐弄区的农村产业结构。这个目标的实现，不仅是本战略的关键，而且是中、长期战略实现的关键和基础。针对勐弄区长期以来贫困落后的现实，主要可从以下两个方面入手。

一是改变各族农民的自然经济传统观念，使其从事经济作物的商品生产。党的十一届三中全会以来，随着农村经济政策的放宽放活，从前生产队的副业如茶叶地、菠萝地、紫胶园等承包给个人经营，这些承包者在短期内不同程度地致富了。在这种经济实惠的刺激下，许多农民自发地在荒山秃岭上栽种菠萝、木薯（制酒原料）、香蕉等经济作物，并很快获利。如黄草岭金竹寨农民赵模则1982年在荒山陡坡上栽种菠萝15亩，其中8亩已经获利，收入2400元。于是，1984年赵家又开荒新植菠萝10亩，两年之后，赵模则家的年收入就将保持在万元以上，一个祖祖辈辈从事单一粮食种植业的农户迅速变为一个从事经济作物商品生产的新农户，这是一种了不起的变化。在这一变化的影响下，1984年金竹寨50%的农户开始在荒山秃岭上种植菠萝、香蕉。这一事实，一方面说明此地的自然优势，另一方面说明专业户对广大农民改变传统小农意识有良好的影响。因此，要最大限度地改变山区农民的小农思想，就要大力鼓励和扶持从事各种经济作物商品生产的专业户，特别要鼓励上过学又觉得知识无用的青年农民从事经济作物生产成为专业户，壮大专业户的队伍，使发展商品经济成为致富的途径。这样，才能使传统的封闭的勐弄区产业结构的调整顺利进行。

二是采取特殊政策，解放农业生产力，实现产业结构的调整。这里涉及三个方面的内容：粮食与经济作物的比重变化，农业与林、牧、副业的比重变化，农业人口与非农业人口的比重变化。在勐弄区，农村产业结构的调整和产业的比重变化，是传统农业向社会主义现代化经济转化的主要标志。

目前，勐弄区已有茶叶、菠萝、香蕉、草果、木薯等经济作物地25119亩，占全区土地总面积的2.9%，农业耕地面积占全区土地总面积的8.2%，森林面积占全区土地总面积的8.75%，河流、村寨、荒山占全区土地总面积的80%。很显然，耕地面积少得可怜，完全改种经济作物也不算多，但是，值得注意的是，这占总土地面积8.2%的耕地却拴住了全区农业总人口的90%以上，而仅占总农户7%左右的专业户，就经营了90%以上的经济作物地，而且，这些作物的经济价值极高。以经济价值中等的香蕉为例，每亩地可种120蓬，每蓬最低产量30斤，亩产可达3600斤，若按最低价每斤0.25元计，亩产值就达900元。其经济价值是单一粮食种植业所不可比拟的。通过这样的对比就可以看到，只搞单一粮食种植业是不能摆脱贫困的。因此，必须调整农业内部结构，即减少粮食农业占地（指减少旱地），从耕地上解放大批劳动力来绿化、开发和利用勐弄区80%的荒山荒地。与此同时，努力提高现有梯田和河谷水田的单位面积产量。只有这样，才能逐步摆脱单一粮食种植业的束缚，促进商品经济的发展。

1985年年初，中央取消了粮食统购派购，改为粮食定购。如果能够进一步采取特殊政策，使农民投入更多的劳动力来从事经济作物的生产，并采取调入粮食的办法，使完全不适宜种植粮食的高山区和部分半山区农民（在还未实现中期战略中粮食作物联营区的今天）从事经济作物生产，那么，封闭的勐弄区的产业结构调整和商品经济的发展，才有可靠的保证。

改变传统的自然经济观念，开发和扶持专业生产，改变农民的小农思想，使其乐于从事经济作物的生产。特殊政策可解除农民对粮食的后顾之忧，帮助他们尽快摆脱贫困。这就是短期战略的第一个基本内容。

短期战略目标之二，是实现民族传统文化与社会主义文化的初步结合，须从如下几个方面入手。

一是恢复和推广民族语文和文字教学，除一般扫盲外，要在教师中普及和在一些基层学校中推广。如今，勐弄区已派出小学教师到县城参加哈尼文（新创造的拉丁化文字）训练班。

二是努力改善和提高教师待遇，建立定期的教师进修制度，改革教材体系（包括编印民族文字的，有民族历史文化内容的教材），以适应当地多种经营生产和民族传统文化的实际。

三是提高医务人员的待遇（包括其他文化事业工作人员），并用优厚条件和其他特殊办法措施引进外地医疗卫生力量，大力扶持发掘当地草医、草药，初步形成医疗卫生事业的"土洋结合"。

四是建立和扩大区乡文化站，在普及一般性文化和建立娱乐设施的同时，注意和大力发掘整理民族民间文化、组织和扶持民间文艺团队，以活跃山区的文化娱乐生活。

五是注意发现和大力培养民族文化人才（包括医务的、文艺的、教育的等），大力发展、引导现今正在出现恢复趋势的优良的传统民族文化，使社会主义文化具有丰富多彩的民族特点。

（原载《云南多民族特色的社会主义现代化问题研究》，云南人民出版社1986年版）

在稳定中扶贫发展
——民族区域自治在金平苗族瑶族傣族自治县的实践

一　金平的突出特点

金平苗族瑶族傣族自治县成立于1985年12月7日，下辖13个乡镇，93个村委会，1107个村民小组，总人口34万。国土面积3677平方千米，山区占总面积的99%。居住着苗、瑶、傣、汉、哈尼、彝、壮、拉祜、布朗（莽人）等民族。少数民族人口占总人口的86%。

金平自然资源丰富，很多资源在省内有比较优势。第一，生物资源极为丰富。分水岭自然保护区就是一个罕见的生物基因库，有国家级珍稀濒危植物保护品种38种，国家一级保护动物13种、二级保护动物20种。第二，矿藏资源种类繁多。主要有金、银、铜、铁、锡、镍、钴、钼、铅、锌、独居石、石棉、水晶石等五大类33个矿种。第三，水能资源开发潜力大。水能资源理论蕴藏量为57.3万千瓦时，目前仅开发了3.1万千瓦时。第四，土地资源特别是热区资源优势明显。全县土地总面积534.8万亩，其中热区土地面积107.5万亩；此外，尚可开发的荒山荒地150万亩，可开发利用的热区土地40万亩。第五，旅游资源优势突出。以跨境旅游为主线，以民俗、生态旅游为两翼的县域旅游发展思路正付诸实施。第六，外援扶贫优势。现在有外交部、上海长宁区、昆明钢铁总公司、省外办等14个单位挂钩帮扶。由此带来的资金、信息、人才、市场、技术等建设优势较为明显。第七，区位资源优势不可忽视。在502千米的边境线上，有一个国家级口岸和三个边民互市点。金水河国家级口岸是金平最重要的对越开放口岸，是开辟国际旅游路线的出入口和游人到金平后的必游之地。

虽然自然资源和人文资源都十分丰富，而且具有独特的区位优势，但由于新中国成立前封建领主的长期统治，各民族社会发育程度和发展程度的不平衡，以及新中国成立后"大跃进""文革"的曲折进程，加之从20世纪50年代援越抗法、60年代援越抗美、80年代对越自卫反击，40余年里长期支前，直到90年代初才进入正常的恢复重建。战争使金平失去了云南解放以来三次经济建设的大好机遇，失去了云南"七五""八五"时期产业结构调整和升级的机会。金平因战争造成的可统计的直接经济损失达2.5亿元。由于受战争、地理环境等因素的影响，致使金平现在依然贫困。1992年金平被国家列为云南省的七个战区恢复县之一，同时被列为外交部的对口扶贫县，1994年被国务院批准为"八七"扶贫攻坚县，2001年又被列为国家扶贫重点县，按国家新的贫困人口标准，金平现有农村绝对贫困人口6.65万人，温饱不稳定人口7.53万人，低收入人口15.3万人。

新中国成立前，红河南岸称为"江外十八土司"区，在金平就有勐拉刀氏、者米王氏、勐丁张氏、茨通坝李氏等四家土司，实行着封建土司领主制度，统治着生活于其中的各民族人民。直到20世纪50年代初期，红河南岸这种土司"占山为王"的封建领主制度才告以结束。

二　金平社会经济和谐发展的显著成就

（一）民族区域自治保障社会和谐稳定

金平苗族瑶族傣族自治县正式成立时，有苗族 66945 人，占全县总人口的 24.89%；瑶族 32325 人，占全县总人口的 12.02%；傣族 13380 人，占全县总人口的 4.96%。1985 年 12 月 4 日，县第五届人民代表会议第三次会议按全县人口平均数计算，增选 21 名苗族代表和 9 名瑶族代表，使苗、瑶、傣三种民族的代表名额占代表总数的 36.9%。会议审议通过《关于成立金平苗族瑶族傣族自治县不进行换届选举的提议》，决定留任本届人民代表大会第一次会议选举产生的民族县长及其他 4 名副县长，增选瑶族和傣族副县长各 1 名。在县级干部中，苗、瑶傣族县级干部占同级干部总数的 33.3%。会议还决定 1985 年 12 月 7 日为金平苗族瑶族傣族自治县成立纪念日。1988 年 5 月 20 日又正式成立者米拉祜族乡。

（二）经济跨越促进社会和谐稳定

自治县建立以来，金平县委、县政府提出并实施"农业富民、项目立县、工业强县、商贸活县、科教兴县"的发展战略，实现了经济的跨越式发展。1985 年生产总值（GDP）0.67 亿元，2009 年实现 17.4 亿元，同比增长 25 倍；三次产业比重由 1985 年的 57.7∶9∶33.3 调整为 27∶48.2∶24.8。1985 年全县财政总收入为 185 万元，2009 年达到 28105 万元，同比增长 151 倍；1985 年财政支出 1480 万元，2009 年为 64148 万元，同比增长 43 倍；1985 年农民人均收入为 289 元，2009 年达到 1809 元，同比增长 6.3 倍。

农业方面。1985 年全县粮食播种面积 50.49 万亩，人均粮食生产总量 342 千克，2009 年全县粮食播种面积 45.72 万亩，同比下降 9.4%；农民人均有粮 320 千克，同比下降 0.69%。近年来，逐步形成了以橡胶、香蕉、草果等优势产业为核心，以油茶、茶叶、瑶药、石斛、板蓝根等为特色农业的产业体系，一批优势产业得到壮大和发展。

工业方面。1985 年工业总产值为 0.791 亿元，2009 年实现工业总产值 12.2 亿元，同比增长 15.4 倍；占全县生产总值 18 亿元的 70%，实现利税总额 3.3 亿元。截至 2009 年，全县已初步形成以镍、铁、金、锡、水电开发等为重点的工业体系。

开放合作方面。进一步加大招商引资力度，2009 年共实施经济合作项目 14 项，协议总投资 35.7 亿元，到位资金 6.1 亿元。1985 年至 1990 年金平县没有边境贸易，自 1991 年以来边境贸易持续增长，1991 年边境贸易总额为 457.5 万元，2009 年边境贸易总额为 62978 万元，同比增长 136.66 倍。

（三）扶贫开发促进社会和谐稳定

自新中国成立以来，县委、县政府一直把少数民族扶贫工作列入重要议事日程，特别在自治县建立后，进一步加大扶贫开发力度，对贫困少数民族地区组织实施了安居、温饱、人畜饮水、教育、卫生等项目，累计投入扶贫资金 8.65 亿元，绝对贫困人口从 1990 年的 27.1 万人降至 6.65 万人。重点实施了者米乡拉祜族"155"工程和莽人综合扶贫建设项目。

1. 者米乡拉祜族"155"温饱工程。1998 年，由省、州、县共同投资 3967 万元（其中省级投资 2776.82 万元，州级投资 793.38 万元，县乡级投资 396.68 万元），用 5 年的时间，每年解决 1000 人，5 年解决 5000 人的温饱问题。

这项工程的实施将过去的"输血式"扶贫方式变为"造血式"扶贫，目的是要增强拉祜族的自我发展能力。首先，通过改善拉祜族的生存环境，为其发展奠定基础。在"155"扶贫工程中再次帮助拉祜族定耕定居，将 37 个自然村撤并为 24 个自然村，为 17 个村寨的 3256 人建盖住房 762 幢。带领拉祜族开新田 2150 亩，坡改地 2120 亩，购买耕牛 76 头，修建 9 条水沟共 8.49 千米，可灌溉面积 1860 亩，新开梯田 1067 亩，架设饮水管道 42.55 千米、修建蓄水池 67 个，解决了 19 个村的人畜饮水问题。[1] 其次，帮助拉祜族发展现代经济。确立以林业开发为远期经济的发展思路，普及农业科技知识，举办旱育稀植、科学养猪、竹节育苗、杂交玉米栽培、病虫害防治、香蕉育苗及管理、马铃薯栽培、蔬菜栽培等技术培训。最后，注重素质教育和文化建设，使贫困人群由被动脱贫向谋求发展转化。利用各种资金，帮助解决 1580 个拉祜族中小学生的教科书费用和学习生活费用，在拉祜族村寨新建了 10 所小学；帮助拉祜族群众建立乡规民约，从逐渐改变生活习俗入手，充分调动他们参与自身建设的主动性和积极性，使他们树立初步的科技意识、经济意识、商品意识。[2]

2. 金平莽人（布朗族）综合扶贫项目。2008 年，在中央、云南省、红河州领导的批示、支持和帮助下，金平县按照《红河州人民政

---

[1] 以上数据由者米乡政府提供。
[2] 杨万智、赵昆艳：《西隆密林的苦聪——苦聪文化的碰撞与应变》，中国书籍出版社 2006 年版，第 134—136 页。

府关于扶持金平莽人发展工作的实施意见》的要求，3年时间，拟投入7758.56万元，在布朗族地区实施通路、通电、通水、安居、教育、卫生等12项工程，帮助农民改善基础设施条件，培植增收产业，发展社会事业。2009年6月17日，安居工程竣工，举行了竣工典礼暨搬迁仪式，金平县3个布朗族村128户681名村民告别了茅草房、权权房，正式迁入新居。

（四）社会事业促进社会和谐稳定

科学技术方面。农业科技良种良法覆盖率达到80%，科技对经济的贡献率达到22%。共投入科技项目资金600余万元，科技项目42个，实施了草果丰产栽培技术试验示范、者米乡科技扶贫示范、水稻旱育稀植、优质香蕉组培苗栽技术、荒山造林种草果、勐拉坝杂交水稻制种技术开发、生物瑶药产业化开发、石榴栽培技术示范、半山地区留养再生稻等。

教育方面。教育综合改革稳步推进，认真落实"两免一补"政策，累计补助资金4721.7万元，受益学生10.1万人次；全县初中毛入学率97.42%，适龄儿童入学率98.72%。2009年6月顺利通过省级教育督导评估和"两基"复查验收，教学质量明显提高，高考和中考成绩位居边六县前列。

医疗卫生方面。医疗卫生事业健康发展，一个多层次的医疗卫生网在全县初步形成。计划生育工作得到切实加强，"奖优免补"等优惠政策得到有效落实，全县人口出生率和自然增长率从1985年的23.02‰、13.41‰下降到2009年的15‰、8.05‰，顺利创建省级计划生育优质服务达标县。

广播电视方面。广电事业正在发挥越来越大的宣传、教育、娱乐作用。全县广播、电视从无到有，覆盖率已达92.98%、98.99%。

社会保障方面。金平高度重视民生保障工作，2009年完成城镇新增就业603人，城镇登记失业率控制在2.35%；新增农村低保指标25820人，发放低保金5919.12万元，受益17.2万人次，占全县农业人口的26%，发放城镇低保金1003.2万元，受益7.1万人次；残疾人保障金支出102万元；实施城乡医疗救助1633人次，发放救助金149.3万元；支出救灾救济资金259.2万元，救助灾民5.49万人次。

社会治安综合治理方面。切实加大了对违法犯罪分子的打击力度；通过开展形式多样的"双拥""共建"活动，军政、军民、警民关系更加密切。2007年金平县实施调处社会矛盾纠纷的激励机制，调动了调解人员的工作积极性，依靠基础组织和广大调解员化解纠纷，促进了边疆少数民族地区的社会稳定。在处理民族群众纠纷时，坚持"团结、教育、疏导、化解"的方针，形成了各民族和睦相处、同舟共济、和谐发展的良好局面。

（五）对外开放促进社会和谐稳定

1997年金平出入境游客9万余人次，1999年正式开通出入境旅游路线，双方客货车辆可在金平和封土县城装载运输。除了金水河口岸外，十里村、新寨、地西北三个中越通道也与越南腹地紧密相连。随着口岸交通、通讯等基础设施的进一步完善和边境贸易的不断扩大，跨境旅游成为必然之势。目前，正准备开展"封土一日游""莱州三日游""奠边府四日游""老挝丰沙里五日游"，还准备开辟一条从金水河口岸入境，至河口县河口口岸出境的环状旅游路线。

三 金平社会经济和谐发展的成功经验

（一）贯彻执行民族区域自治法，坚持依法治县

自治县于 1989 年颁布实施《金平苗族瑶族傣族自治县自治条例》，并于 2006 年修订；县第十一届人大常委会五年立法规划在本届任期内计划制定金平县那兰水库保护管理条例、城镇管理条例、马鞍底蝴蝶谷保护管理条例，其中那兰水库保护管理条例已报省人大常委会审批公布施行。同时，县委、县政府还制定出台了《关于进一步做好新形势下民族工作的决定》等一系列政策措施，保障党的民族政策和民族区域自治制度顺利实施。

贯彻落实民族区域自治法、依法治县的关键是：一、认真研究自治法中关于帮助民族自治地方发展经济社会方面的有关规定，用好、用活、用足各项优惠政策。二、充分行使好法律赋予民族自治地区的自治权、变通权。在贯彻实施中结合金平的实际，对上级国家机关做出的一些决议、决定进行变通执行。如制定了对少数民族学生升学给予一定的照顾分，招考录用公务员时确定招录一定的少数民族名额，县属各部门领导班子成员中必须配备一名少数民族干部等规定；自治县的自治机关自主地安排使用育林基金，收取的水资源费、矿产资源补偿费，享受高于一般地区、自治州全额返还自治县的照顾等规定。

（二）坚持培养少数民族干部，提高干部素质

金平培养少数民族干部有着悠久的历史传统。在中共金平地下党特别支部开展武装斗争、推翻国民党统治的过程中，就培养了一批彝族、哈尼族、瑶族、傣族等少数民族干部。

20世纪50年代，县委和县人民政府对在剿匪斗争、和平协商土地改革和农业合作化运动中涌现出来的各民族积极分子，组织其到内地参观学习，分别送往县民族干部培训班，省、州干部学校和省民族学院学习，提高他们的文化水平和政治理论水平。1954年全县少数民族干部由1951年的15人增至51人，占干部总数的20.64%，其中区级干部18人，占该级干部的46.1%。1957年增至305人，占干部总数的43.76%。1985年自治县成立时，担任县级正、副职领导干部的本地少数民族干部12人，占同级干部总数的57.14%。50年代少数民族干部多为行政干部，1963年全县有少数民族专业技术干部84人，1979年524人，分别占各年专业技术干部总数的46.41%和48.21%。

自治县建立以后，更加注重少数民族干部的培养和使用。

在少数民族干部使用方面。2009年全县共有科级以上干部414名，其中，少数民族科级以上干部231名，占干部总数的55.8%；担任科级领导干部职务的少数民族干部215人（乡科级84人，县科级131人），占干部总数的51.9%；村干部中少数民族干部597人，占村干部总数的68.8%。

在少数民族干部教育和培训方面。自治县建立以来，共有3万余人次少数民族专业技术干部参加了继续教育和岗位培训。实行现有中高级汉族专业技术人员与少数民族专业技术人员"结对子"传帮带，使他们在较短的时间成为能够独立工作并具有一定水平的专业人才，同时加大乡镇和农业第一线少数民族专业技术人才的培养。多年来，送出培训的干部达2100余人次，其中少数民族干部1600余人次。全县2123名各类专业技术人员中，少数民族专业技术人员919名，占总数的43.2%。

在干部素质提高方面。金平县大力提倡"双语"学习，推动各族干部群众互学语言文字，结成对子，互教互学，互相提高。现在，许多干部掌握两种或更多民族语言，极大地方便了干部开展少数民族基层工作，使各族干部群众的心贴得更近了。

（三）加强民族团结，促进宗教和谐

1. 提高认识，加强领导。专门成立了以县委书记为主任，宣传、民族、教育等部门为成员的社会主义精神文明建设活动委员会；2004年又成立以县委副书记为组长的民族工作领导小组，与此同时，各乡镇、县直各单位也成立了相应的工作领导小组，切实把民族团结作为精神文明建设的一项重要内容，列入各级党委、政府的重要议事日程。一是每年举办一期民族团结教育，民族政策和理论培训班，由县委、县政府有关部门领导带头宣讲，组织县属各部门和副科级以上干部学习马克思主义民族理论和党的民族政策，教育各族领导干部认真执行党的民族政策，带头搞好民族团结。二是重视关心各民族的节日庆典。每年在花山节、盘王节、泼水节等民族节日期间安排县级领导看望和慰问各族群众，全县每年为各民族节日发放补助金十余万元。三是大力支持少数民族的教育、卫生、文化和经济发展，加大对少数民族地区项目建设和资金投入。同时，各级领导对民族团结工作做到有部署、有检查、有表彰，并能以身作则，带头搞好民族团结。

2. 加强民族团结教育。历届县委、县政府高度重视和切实加强对各民族团结的教育，抓好每年的民族团结教育月活动。在日常教育中，做到"三个坚持"。一是坚持组织各族干部认真、系统地学习马克思主义和党的民族政策。近年来，金平县共举办民族理论和民族政策学习班24期，培训学习骨干5000多人次。二是坚持把各族领导干部、党员和青少年作为教育重点，教育广大党员特别是各族领导干部从自身做起，做维护和增强民族团结的模范。三是充分利用广播、电视、报刊广泛宣传党的民族政策和法律法规，增进各民族之间的思想

感情，为进一步巩固和发展民族团结工作打下坚实的群众基础。

3. 认真落实党的宗教政策。金平县有宗教活动场所 2 个，信教人员 1628 人。目前，各乡镇都建立了宗教管理小组，对合法的宗教活动予以保护，对非法的宗教活动及时进行批评、制止和严厉打击。与此同时，对宗教人士则做好团结教育工作。各有关单位还通过办班学习、开座谈会等形式，向宗教人士和信教群众宣传党的宗教政策。全县每年召开一次宗教人士座谈会，认真检查和解决在贯彻执行宗教政策中出现的问题，经常性地在宗教场所开展"五好寺院""五好宗教人士"评选活动，依法加强对宗教事务的管理。

（四）民族工作队的做法和成效

在边境民族地区派驻民族工作队帮助少数民族提高生产，增强技能，改善生活，共同进步，是一个极富创新性的做法。

1954—1956 年，金平县各区镇均驻有边防部队民族工作队，1955 年蒙自专区民族工作队派 20 余人驻扎金平。1955 年和 1956 年，民族工作队参加了和平协商土地改革工作。1956 年年底，滇南民族工作队与蒙自专区民族工作队合并，次年抽调 150 人到金平，由金平补充 50 人，组成 200 人的中共金平县委民族工作队，分为 7 个组，每区驻 1 组。1962 年撤销民族工作队时，保留了 9 个人的拉祜族（苦聪人）工作队，分别在勐拉和者米做苦聪人工作。1965 年年初，金平县再次组建民族工作队，在编 99 人，下设 4 个分队，其中两个分队负责者米、勐拉的苦聪人工作，1 个分队在铜厂大塘子蹲点，1 个分队负责面上工作。1968 年年底再次撤销民族工作队。1975 年 12 月，第三次建立民族工作队，在编 99 人，结合县委中心工作分别到各区镇协助基层工作。1984 年 6 月，第三次撤销民族工作队。1990 年再次组建 11 人的拉祜族工作队，驻者米拉祜族乡、勐拉乡和金水河乡。

1998—2001年，在原有的者米拉祜族工作队的基础上，组建了第一批由17人（含兼职）组成的工作队，分驻拉祜族村寨担任村民小组副组长，开展包村帮扶及其他综合性建设事业。工作队的队员分别住在不同的拉祜族村寨与拉祜族同吃同住同劳动，制定各种制度，完善村规民约，将农业技术和管理经验手把手地教给拉祜族群众，定期不定期地召开各种会议，宣传党的路线、方针和政策。①特别是1998年"155工程"②实施以来，由各个民族组成的民族工作队深入拉祜族地区，实行包村帮扶，帮扶到户，手把手地教拉祜族科技实用技术，以改变其原始平均主义思想和"等、靠、要"的依赖思想，培养其脱贫意识、科技意识和商品意识。

金平县派驻民族工作队的这一做法不仅实行的早，而且持续时间长，对民族地区的社会安定、民族团结、生产发展和边疆稳定都起到了十分重要的作用。派驻工作队的做法，对"直过"民族和发展滞后的民族地区有借鉴意义。

（五）实行分类指导，"一族一策"，加大扶贫开发力度

1998年10月，正式启动实施的"155"工程，确实使者米乡拉祜族的经济实现了跨越式的发展，社会生活发生了质的飞跃，思想观念有了明显的转变。于2008年4月全面启动实施的金平莽人综合扶贫项目，通过中央、省、州、县各级各部门的共同努力，目前除需按年度任务完成的科技产业扶贫、民生保障工程外，其余工程已全部完工，三个布朗族（莽人）村的村容村貌焕然一新，打造了金平县新农

---

① 王清华：《雾海拥抱的山魂》，云南民族出版社2000年版，第63、64页。
② 1998年4月2日—23日，由云南省民委牵头，省扶贫办、省教委和红河州、金平县有关部门参加的37人的联合调查组深入苦聪人（拉祜族）最集中的者米乡进行了为期22天的系统调研。提出了《关于解决金平县者米乡拉祜族贫困状况的调研报告》和《未来5年的发展规划》，计划由省、州、县共同投资3967万元，用5年的时间，每年解决1000名，5年解决5000名苦聪人（拉祜族）的温饱问题，这就是"155扶贫攻坚工程"。

村建设的又一亮点。

两个整体帮扶"工程"的实施，使这两个民族的生产生活条件得到极大改善。通过政府主导、群众参与、部门帮扶、社会各界支持，实行分类指导和"一族一策"的政策措施，金平县的扶贫开发工作特别是拉祜族、布朗族地区的扶贫开发成效显著，极大地促进了社会的和谐和边疆的稳定。这种扶贫开发方式，对于云南边疆人口较少民族、"直过"民族，都具有借鉴意义。

参考文献

1. 红河哈尼族彝族自治州编纂委员会编：《红河州志》（1—7卷），生活·读书·新知三联书店1997年版。

2. 红河州地方志办公室编著：《红河州年鉴（2009）》，云南人民出版社2009年版。

3. 红河州扶贫办：《红河州扶贫与开发志》，内部资料，2008年。

4. 《金平苗族瑶族傣族自治县志》，生活·读书·新知三联书店1994年版。

5. 金平县人民政府"《民族区域自治在云南的成功实践》调研组汇报材料"及金平县各有关部门年度工作总结报告、座谈会上的汇报材料、发言、讨论和个别采访笔记。

（原载《民族区域自治在云南的成功实践》，民族出版社2011年版）

拉祜山乡的历史跨越

——民族区域自治在金平县者米拉祜族乡的实践

者米乡是云南省红河哈尼族彝族自治州金平苗族瑶族傣族自治县的一个拉祜族乡。拉祜族属于"直过"民族,过去长期居住在高寒山区,以原始狩猎和游耕为生,其社会发育程度较低,生活极度贫困,是党和政府的重要扶贫帮困对象。为谋求拉祜族的定居定耕,50多年来,各级党委、政府可谓费尽心力,今天,拉祜族终于定居,开始发展,这是党的民族政策和区域自治制度在基层民族地区一个成功实践范例。

一 者米拉祜族乡情况及社会发展

者米是傣语"景米"的演化音,意为富饶的地方。者米拉祜族乡位于金平县西南部,地处东经102°31′—102°54′,北纬22°3′—22°49′,东与勐拉乡相连,西与绿春县坪河乡毗邻,北与老集寨乡隔河相望,南与越南莱州省勐德县接壤,国境线长达85千米,国土面积375.68平方千米,耕地面积28710亩,最高海拔3074.3米,最低海拔385米,形成了"一山分四季,隔里不同天"干湿季分明的立体气候。者米乡辖有新寨、巴哈、顶青、河边寨4个村民委员会65个村民小组，居住着拉祜、哈尼、苗、瑶、傣、壮六种民族，2008年，全乡共有4525户21110人，其中拉祜族1430户6088人，占全乡总人口的28.8%。者米乡是一个集边境、山区、民族、贫困为一体的民族乡，是云南省506个扶贫攻坚乡和红河州10个特困乡之一。

新中国成立前，拉祜族一直居住在海拔1000米以上的原始森林中，从事周期性的原始迁徙游耕。1957年，在解放军、民族工作队和政府的力促下，带着游耕、采集、狩猎"三位一体"的落后生产方式和原始平均观念，走出原始森林，定耕定居，从原始社会末期一步跨入社会主义社会。但是"直过"的拉祜族的原始经济色彩非常浓厚，生产力水平低下，生产方式、生活习惯落后。"种一山坡，收一箩箩"落后的生产方式和原始的平均主义观念严重影响了他们的生产发展和财富的积累，导致其社会发展极为脆弱。

1958年，尚未经过初级农业生产合作社和高级农业生产合作社发展的拉祜族被一步登天地纳入了人民公社，造成了拉祜族生产的大幅度下降，出现了生活十分困难的局面。在这一时期，有少部分拉祜族重返深山密林。在"文化大革命"和"农业生产责任制"期间，拉祜族还多次以不适应低山生活和定居农业生产方式而重返深山密林，恢复其原始生活和生产方式，经济上更加贫困，社会发展停滞不前。1998年，者米乡拉祜族1039户5220人，占全乡总人口的29.73%，占金平县拉祜族的82.8%；拉祜族人均有粮182千克，96%的缺粮，80%以上的人一年缺粮半年以上，以木薯、野菜为主食；人均纯收入162元，大部分群众靠救济。

1998年云南省政府在者米拉祜族乡实施全面治理拉祜族的"155"扶贫工程。这一工程的实施，给拉祜族的生产生活带来了巨大的变化，它有利于实现拉祜族的真正的脱贫致富，改变其社会发展滞后的现状，促进我国边疆民族地区的稳定，民族的团结、繁荣和进步。

二 者米拉祜族乡社会经济发展成就

50多年来，党和政府倾注了大量心血帮助拉祜族摆脱贫困，特别是1998年云南省政府实施的者米拉祜族乡"155扶贫工程"，给拉祜族聚居地区带来了巨大的变化，取得了重要的成就，其中，以下成就最为引人注目而且具有历史意义。

（一）民族乡的建立，实现了弱小民族当家做主

1988年5月20日者米拉祜族乡正式成立[①]，这是民族区域自治和党的民族政策的体现，使拉祜族这个弱小民族当家做了主人。尽管它是与乡、镇平级的行政单位，具有一般乡镇的特点，但它拥有比一般乡镇更多更大的自主权。者米拉祜族乡的建立，实现了杂散居少数民族的平等权利，满足其自主自治的要求，对加快建乡民族以及乡内的其他民族的经济文化的发展，尽快脱贫致富，建立平等、团结、互助、和谐的社会主义民族关系具有重要的意义。

（二）社会发展跨越，实现定居定耕

新中国成立前，拉祜族因为反动统治阶级民族的歧视和压迫，一直藏匿于深山密林，生产生活十分原始，社会经济形态尚处于原始社会末

---

① 参见云南省金平苗族瑶族傣族自治县志编纂委员会《金平苗族瑶族傣族自治县志》，生活·读书·新知三联书店1994年版，第533页。

期，封建剥削尚未产生，阶级尚未分化，没有固定的耕地和居住点，私有观念淡薄，私有财产仅有简单的生产工具和数量极少的生活资料，靠以物易物的形式与其他民族进行经济交往。新中国成立后，在党和政府的关心支持下，拉祜族出林定居，采取不分土地、不分阶级的方法，在发展生产互助合作中逐步完成某些环节的民主改革任务，由原始社会末期一步跨入社会主义，缩短了历史进程，跨越了历史。

拉祜族搬出深山密林后，不能再沿袭以前刀耕火种的生产方式，必须转变生产方式，进行水田农耕，才能实现定居生活。但是，拉祜族自己要完成刀耕火种到水田农耕的转变是很困难的，需要外力的帮助。为此，在政府的支持和倡导下，周围的哈尼族、傣族等各族群众为他们建盖房屋、挖梯田、修沟渠，帮助他们定居定耕。此时，正逢金平县大力宣传和组织互助组，这给拉祜族的定耕定居提供了很大的保障。实现定居定耕是苦聪人历史性的大变化。

（三）生产方式转变，经济得到发展

拉祜族在出林定居前，生产生活极为原始，从事周期性的原始迁徙游耕，耕地不固定，没有永久性的定居生活。这种游耕经济，最具体的表现就是拉祜族居无定所，逐山林而徙的刀耕火种生产方式。拉祜族的刀耕火种，就是首先砍倒一片树林，晒干后放火焚烧，然后用木棍在地上戳洞点种，而后就不用再管，既不施肥，也不除草，等待收获。在同一个地方这样重复劳作两三年后，由于土壤肥力下降，拉祜族又重新选择一个地方砍树、放火、点种。刀耕火种，是一种粗放性的生产方式，耕种方式原始，劳动生产率低。拉祜族出林定居，耕种梯田，实现了生产方式从刀耕火种到水田农耕的转变，在周围各族群众的帮助下，特别在政府民族工作队的指导下，开始了水田农耕。

2008年者米乡总耕地面积为29110亩，完成粮食播种面积27610亩；完成其他农作物5200亩；完成露天冬早辣椒示范基地面积225亩。其中：街道75亩；上新寨40亩；打落25亩；隔界50亩；小翁邦35亩。者米乡大力发展热区和高半山区经济作物，2008年完成草果新植830亩，橡胶新植4260亩，香蕉新植3000亩。草果、橡胶、香蕉种植面积分别达14710亩、20890亩和18000亩。新植茶叶面积610亩，全乡茶叶面积达2050亩。① 2008年粮食总产量8780吨，经济总收入4328万元，人均纯收入1755元，人均有粮370千克。

（四）基础设施建设，各项事业发展

者米拉祜族乡建立以来，基础设施得到了很大的发展。2009年者米拉祜族乡共有52个自然村通公路，里程155千米，通路率达80%；有53个自然村通过了农电网改造，通电率达82%；14个自然村开通了程控电话，电话入户率为22%，移动和联通信号覆盖全乡；全乡广播电视覆盖率达100%。实施整村推进18个村寨，受益10312人；实施人畜饮水工程59件，安装引水管道145千米，解决了60个自然村18127人的饮水问题，其中有17个自然村实现了一户一表；新修和修复灌溉沟渠49件，总长136.5千米，新开农田面积5420亩，改造低产农田7840亩。

新中国成立时，者米仅有一所小学，2009年已有24所学校，在校中小学生有2331人，适龄儿童入学率为98.56%，小学毕业升学率为100%，中学毕业升学率为85%，小学六年完成率为100.51%。其中，拉祜族在校学生468人（高中11人，初中27人，小学430人）；有成人教育学校4所，实行双语教学的有17所学校。

---

① 以上数据由者米乡政府提供。

同时，农村科技也得到了较好的推广和发展。全乡4个村委会21个自然村先后举办旱育稀植、科学养猪、竹节育苗、杂交玉米栽培、病虫害防治、香蕉育苗及管理、马铃薯栽培、蔬菜栽培等技术培训。通过培训，大部分劳动力已掌握了1—2门实用技术，如水稻旱育稀植技术及科学养猪技术已在各族群众中广泛应用。乡村医疗卫生点越来越多，群众就医越来越方便，新农合政策让各族群众得到实惠。"155"工程启动后，新建了3个自然村卫生室80平方米。新建3个村委会卫生室各80平方米。截至2009年，者米乡有乡级卫生院1所，行政村卫生所3所，自然村卫生室4个，先后购置了先进的医疗卫生设备，并选派卫生院骨干到省、州属医疗卫生单位进修学习，组织乡村医生培训班，全乡人口参合率达100%。现在全乡享受城市最低生活保障金的人数共有17户41人，一年保障金总额共计79392元；享受农村最低生活保障金的人数共有3801户6000人，保障金总额共计360万元。在者米乡，文化及广播建设不断得到加强，建盖了新文化站，面积可达400平方米，建有文化中心、图书馆。全乡共组建了老、中、青农村文艺队50个，创建老年活动室16个。利用各种节假日开展丰富多彩的文艺活动，丰富了广大人民群众的文化生活。

总之，者米拉祜族乡自新中国成立以来，特别是民族乡建立以来，政治、经济、文化各方面都取得了令人瞩目的成就，其中尤以民族乡建立、拉祜族从游耕走向定居定耕、转变生产方式、发展生产、改善生活方面成绩最为显著。这是与中国共产党的领导、民族区域自治制度、党的民族政策的正确实施密切相关。

三 者米拉祜族乡社会经济发展的经验

者米乡在60年的发展过程中,走过了曲折的道路,发生了翻天覆地的变化,取得了可喜的成就,同时也积累了宝贵的经验。

(一) 正确处理民族关系,实现各民族共同繁荣

者米拉祜族乡居住着拉祜、哈尼、傣、壮、苗、瑶6个世居民族,是红河州唯一没有汉族居住的乡。1957年金平县委、县政府和驻地部队派出的访问团将拉祜族接出深山密林后,当地的哈尼族、瑶族、苗族、瑶族帮他们开挖梯田、兴建水沟和建盖房屋。搬出深山密林的拉祜族与居住在坝区和半山区的其他民族的陆路距离缩短,客观上促进了彼此之间的交往,再加上政府的扶贫救济,各民族面对面的交往越来越多。人民公社时期,以生产队为劳动单位的生产合作制,使拉祜族与其他民族,诸如傣族、哈尼族的关系更为紧密,几乎连为一体。1988年者米拉祜族乡成立后,认真贯彻执行《云南省民族乡工作条例》,依法治乡,保障了拉祜族的平等权利,促进了拉祜族与乡内其他民族的交往,加强了各民族的团结互助协作,使民族关系更加和谐,形成共同繁荣发展的局面。

(二) 建立民族工作队,坚持长期示范带动

拉祜族的社会发展明显存在两大阶段:第一阶段是20世纪50年代新中国成立前的原始社会农村公社时期,生产力落后,社会发育程度低是这一阶段的重要特征;第二阶段是20世纪50年代新中

国成立以后的社会主义社会时期,这一阶段党和政府的民族政策和定居定耕扶贫工程改变了拉祜族的社会性质和生产方式。对于拉祜族的定居定耕、转变生产生活方式,以及发展各项事业,金平县采取建立民族工作队带领示范帮助,而且常抓不懈,这是一项十分重要的工作。

(三) 大工程治理,实现经济社会全面转变

拉祜族的经济转型主要是通过政治牵引和经济推动这两个动力机制实现的。十一届三中全会以来,正当家庭联产承包责任制充分调动农民生产积极性的时候,拉祜族却因无法适应家庭联产承包责任制而不断重返深山密林,导致耕种的土地不断荒芜。1979年至1980年10月,仅顶青公社就迁散175户1057人,分别占当时拉祜族总户数的30.2%和总人口的33.1%。[①] 此后的十余年,拉祜族不断地重返深山密林,又不断地出林定居。一旦党和国家给予了扶贫救济,他们就能定居,扶贫工作结束不久,他们又搬回了深山密林。

者米乡基层政权是党和国家联系拉祜族居住地区和拉祜族的桥梁和纽带,肩负着落实党和国家对拉祜族的方针政策,提供公共服务、推动拉祜族聚居地区经济社会发展的重要职责。1988年5月20日,者米拉祜族乡正式成立以后,其基层政权在乡党委的领导下,一直把加快拉祜族的经济社会发展作为首要的工作,及时把党和国家扶贫救济的粮、款、衣等送到拉祜族群众的手中,实行免税、免除公粮和订购粮,免费医疗、免费看电影等优惠政策。

1998年10月,"155"扶贫工程正式启动。这项工程的实施将过去的"输血式"扶贫方式变为"造血式"扶贫,目的是要增强拉祜

[①] 《云南省红河州民委·关于苦聪地区发展生产情况的调查和意见报告》,金平县档案馆存档,1981年。

族的自我发展能力。通过改善拉祜族的生存环境,确立以林业开发为远期经济的发展思路,普及农业科技知识,开展素质教育和文化建设,充分调动起了拉祜族参与自身建设的主动性和积极性。

"155"工程的实施确实使者米乡拉祜族的经济实现了跨越式的发展,社会生活发生了质的飞跃,思想观念有了明显的转变。

(原载《民族区域自治在云南的成功实践》,民族出版社2011年版)

第三部分

研究一个专题——梯田文化

"研究一个专题",对民族学的族别研究来说,是指发现并深入研究人们共同体(民族)的最核心的文化。它是一代又一代人在漫长的历史岁月中积累起来的根本文化。正是这种核心文化支撑和促进人们的生存和发展。

哈尼族曾经创造了古老而悠久的历史文化,定居红河南岸的哀牢山后更创造了藏于深山的梯田及梯田文化。

1983年年底,我第一次来到红河哈尼族地区,立刻被哈尼族雄伟壮观的梯田所震撼,为这种近乎天造的梯田奇迹所折服,我心中油然生出了探索梯田的愿望。多年来,我努力搜集整理古籍有关哈尼梯田的材料,不懈地进行田野考察,希望对梯田文化有个深入的清晰的了解。

我发现,哈尼族是中国梯田的最早发明者和首创者之一,从梯田的发展演变和今天现存并仍在发展中的梯田而言,哈尼族还是这一农耕样式、农业形态的最持久发扬者和最完整保持者。

哈尼族的梯田及梯田文化深深地吸引着我,以至于30年来,我一直没法离开她。

2001年,红河州将"红河哈尼梯田"申报世界文化遗产。经过13年的不懈努力,2013年6月22日,在柬埔寨金边召开的第37届世界遗产大会上,哈尼梯田列入了世界文化遗产名录。

它是我国首个以民族名称命名的世界遗产。

它的价值是非现代科技的,是以人文的方式与现代文明相通,建立起的天人和谐的典范,人类精神的丰碑。

"研究一个专题"——红河哈尼梯田,是我民族学研究的定位。

梯田文化导言

哈尼族的梯田农业，是中国云南亚热带山区的农业奇迹。由于地处边远，环境封闭，它雄奇壮伟的姿容和所达到的文明水平，长久以来鲜为世人所知。

在滇南红河南岸的哀牢山中，梯田蔚为壮观，呈长条环状的水田绕山而行，从山脚到山顶，埂回堤转，重重叠叠。站在山脚，水帘飞瀑，云雾升腾，道道田埂犹如天梯直抵云端；站在山顶，林涛阵阵，细雨蒙蒙，那大者数亩之广，小者形如澡盆的梯田随山起伏铺天盖地；而游动交错的沟渠、埂堤衬着天光，更如万练银蛇飞舞大地，缠绕着重重大山。

这种亚热带崇山峻岭中的梯田壮景，是哈尼族农业世代创造性的表现，作为一种特定的农业形态，它是建立在哀牢山自然生态系统之上的良性的农业生态系统，它为哈尼族的社会文化生态系统提供了基础。

一

"梯田"，作为一种田制、一种农耕样式、一种农业的形态，古今中外并非鲜见。

早在春秋战国时，中国的梯田即已出现。《尚书·禹贡》载："洓水"（大渡河）畔，"厥土青黎，厥田下上"。"厥田下上"说的就是梯田。这是中国史籍对梯田最早的文字记载，同时也是对哈尼族治梯田最早的文字记载。因为，大渡河畔为哈尼族早期的居住地。清胡渭《禹贡锥指》说："和夷，俄水南之夷也。""和夷""和蛮""和泥"均为哈尼族之古称。"哈尼"为"和泥"之音转，"和"，古音读"俄"，"洓水"据此得名。因而，可以说，哈尼族先民是中国梯田的首创者之一，只是当时没有把这种农田样式命名为"梯田"而已。《后汉书·西南夷列传》云：西南夷"造起陂池，开通灌溉，垦田二千余顷"。高坡蓄水，引水下灌，是典型的也是唯一的梯田灌溉方式。到唐代，哈尼族称为"和蛮"，对其梯田，《蛮书·云南管内物产》特别指出："蛮治山田，殊为精好。"西南高原，群峰竞雄，山高谷深，仅有少数"坝子"易治水田。垦山为田，难如登天，治山田已达"殊为精好"的地步，可见当时梯田农耕技术已有相当高的水准。但是唐代也还仅用"山田"二字来区别梯田与坝区水田。宋代，梯田有了正式的名称。宋范成大（1126—1193）的《骖鸾录》载："仰山岭阪之间皆田，层层而上，至顶，名梯田。"明代，大农学家徐光启（1562—1633）全面总结我国历史上的农业形态、农田样式和农耕技术，在他的《农政全书》中，将农田分为区田、圃田、围田、架田、柜田、梯田、涂田七类。在《农政全书》卷五《田制·农桑诀田制篇》引元代《王祯农书》"梯田"云："梯田，谓梯山为田也。夫山多地少之处，除磊石及峭壁，例同不毛。其余所在土山，下至横麓，上至危巅，一体之间，栽作重蹬，即可种莳。如土石相半，则必垒石相次，包土成田。又有山势峻极，不可展足。播殖之际，人则伛偻蚁沿而上，耩土而种，蹑坎而耘。此山田不等，自下登陟，俱若梯磴，故总曰梯田。"文后有诗一首，意义非常，充分肯定梯田为少数民族所造。诗云："世间田制多等夷，有田世外谁名题。非水非陆何所兮，危巅峻麓无田蹊。层蹬横削高为梯，举手扪之足始跻。伛偻前向防巅挤，佃作有具仍兼携。"这种"世外"梯田，至清代已蔚为壮观，日臻化境。清嘉庆《临安府志·土司志》详细记述了当时哀牢山区哈尼族的梯田农耕情景："依山麓平旷处，开凿田园，层层相间，远望如画。至山势峻极，蹑坎而登，有石梯蹬，名曰梯田。水源高者，通以略彴（卷槽），数里不绝。"哈尼族世世代代僻处"世外"西南深山，其辛勤的劳作和卓越的创造，令世人及古今农学家们深为叹服。王祯的著名诗句："世间田制多等夷，有田世外谁名题。"不仅充分肯定西南少数民族的农业创造性，而且促使了徐光启将这种"世外"哈尼族梯田列为中国农田史上的七大田制之一。

任何田制的产生，都是因地制宜的结果。哈尼族梯田的产生是和中国西南独特的自然生态、地理环境以及独特的人文背景息息相关的。

翻开中国地形图，即可明显看到中国地势西高东低，大致形成三级阶梯：海拔在 4000 米以上的青藏高原为最高一级；青藏高原以东迅速下降为海拔 1000—2000 米的广大高原及山间盆地为第二级；大兴安岭、太行山、巫山及云贵高原东缘一线以东，是海拔 1000 米以下的丘陵和 200 米以下的平原，是为第三级。西南地区正好处于第二阶梯的南端，西部隆起的青藏高原与北部的秦岭、四川东部的巫山山脉，以及云贵高原东端的垂直边缘，将此地区分割成一个独立的区域。在这个区域约 111 万平方千米的土地上，山地面积约占 80% 以上，其中云南山地最为突出，竟占云南总面积的 94%。"多山"是西南地理环境的一大特点，也是山地农耕和梯田农业产生和发展的条件。

当然，这并不是说多山就必定产生梯田。众所周知的中国农业文明的发源地黄土高原也是多山地区，但自古以来并没有产生梯田。"我国仰韶文化和龙山文化遗址既系高出河面的黄土台地或丘岗，当时的农业是旱地陆种的农业，不是以灌溉为基础的农业。"[1] 黄土台地的特征是："在一条水平面上，面积相当平坦宽广，现为肥沃的农耕地。"[2] "黄土的最主要成因是因为长期干旱，黄土颗粒的风化程度甚低，内中矿物质大都保留，相当肥沃，而且土质较松，宜于原始耕种"，[3] 因而成了我国农业文明的源地。但是，"我国黄土区域最大的自然限制是半干旱的气候。黄土区年平均雨量虽理论上可以满足一般农业的需要，但雨量集中在夏季，夏季温度及蒸发量都较地球上其他同纬度地区高，土壤中水分很难保持。因此只有最耐旱、生长最快的植物才能生存繁殖。第四纪植物孢粉分析即证明黄土区域的天然植被的相当稀乏"[4]。黄土高原的严重水土流失，不仅使梯田农业无法产生，而且成为中国传统农业的千年痼疾。20 世纪 30 年代，中国近代一些农业工作者，为改变这一状况，对黄土高原农区进行了考察，其中就有人著文提倡修筑梯田来防止水土流失。[5] 但时至今日，黄土高原水土流失依旧，中国农业文明发源地的黄土地上也未出现严格意义上的梯田。

中国西南是梯田文化的故乡，它独特的自然生态和独特的气候环境是梯田诞生和梯田农业发展不可缺少的条件。西南这一地理上相对独立的特殊区域，包括了一个盆地（四川盆地）、两个高原（云贵高原、川西高原）、三大山脉（横断山脉、巫山山脉、秦岭山脉）、六大

---

[1] 何炳棣：《黄土与中国农业的起源》，香港中文大学出版社 1969 年版，第 178 页。
[2] 甘肃省文物管理委员会：《兰州市几处新石器时代遗址调查》，《考古》1957 年第 7 期。
[3] 何炳棣：《黄土与中国农业的起源》，香港中文大学出版社 1969 年版，第 179 页。
[4] 同上。
[5] 宋湛庆：《我国古代田间管理中的抗旱和水土保持经验》，《农业考古》1991 年第 3 期。

水系（长江水系、珠江水系、澜沧江水系、怒江水系、伊洛瓦底江、红河水系）。地理环境的复杂性加强了这一地区自然生态与气候环境的特殊性，其中犹以云南最为典型。云南处于云贵高原之上，西北部与青藏高原相连接。地势西北高，南部低，全省地势西北海拔最高点与南部海拔最低点相差达6663.6米。地势高下悬殊，加之纬度高低不同，使云南出现了滇西北高海拔地区常年无夏的寒温带、寒带气候类型，而南部低海拔地区则是长年无冬的亚热带、热带气候类型，这是云南总体的立体大气候。与此同时，云南相对平缓的地面仅占总面积的10%左右，其余绝大部分为连绵起伏的群山，而且山势高低大小差别极大，许多巨大山体相对高度常超出周围高原面千米以上，而深陷高山与高原面下的河谷，其谷底与高原面高差亦可达千米，有的地方河谷底与高山顶高差竟达3000米。于是，在云南的每个具体山区，甚至在一个具体的山体内，从山脚到山顶都会出现热带、亚热带、温带、寒带的立体气候。成百上千，甚至可以说数不清的这种立体小气候镶嵌在云南总体的立体大气候中，使云南的气候呈现纷繁复杂、变化万千的特征。这种地形地貌的复杂多样性，气候的多层次立体交差分布特征，在西北黄土高原是不存在的，在世界其他地区也实属罕见。

西北黄土高原的古代农业是"旱地陆种的农业，不是以灌溉为基础的农业"。而西南高原上诞生的梯田农业，是以天然灌溉和以后的人为灌溉为基础的农业（关于此，后文将专门论及）。在复杂地形和立体气候造成的西南高原一个个具体的山区自然生态环境中，随山势海拔变化形成了立体分布的不同的森林植被类型。各森林植被发育了山中的小溪和泉水，常年下泄，永不枯竭，为梯田的灌溉提供了得天独厚的条件。

多样化的自然环境给多彩多姿的自然生命系统提供了得天独厚的

生长发育条件，形成了动物群落、植物群落的极大丰富性。云南仅高等植物就达 15000 多种，占全国种子植物的一半以上。

梯田农业是与中国南方古老独特的物种——稻谷联系在一起的。

据统计，近 40 年来，我国已在九省 20 余处新石器时代遗址中发现有人工栽培稻谷遗迹，这就是浙江、江苏、湖北、安徽、江西、台湾、广东、云南、河南，其中除河南外，余者八省均在中国南方。从年代来看，河南郑州大河村新石器时代古稻谷距今约有 5000 年，为北方古稻谷出土最早者，而南方的浙江河姆渡新石器时代古稻谷距今为 6900 年左右，比河南约早 2000 年。于是考古学界认为："百越是我国稻谷的最早栽培者。"① 考古学和民族学研究一再证明，西南地区是人类的发祥地之一，是古代三大族群——百越、氐羌、百濮迁徙流转繁衍融合之地。种族的杂交、文化的交流在这一地带最为频繁，因而认定哪个具体民族为最早的稻谷栽培者还为时过早，但稻谷为西南民族最早栽培则是毫无疑问的，因为云南是亚洲野生稻的重要发现地。"据调查，我国目前确认的野生稻有普通野生稻、疣粒野生稻和药用野生稻三种，而同时具有这三个稻种的省份仅云南。而且，迄今为止云南已有五个地方出土了古稻谷……此外，从文献来看，《山海经·海内经》《华阳国志·南中志》《后汉书·西南夷列传》等书中均有关于云南稻子的记载。特别令人感兴趣的是，云南普洱是有野生稻分布的县，最近在该县凤阳公社民安二队又出土了已经炭化了的古稻谷，从而成为我国'双有'即既有野生稻又有炭化稻的唯一地区。"② 过去，"因为印度及东南亚野生稻种之多，所以西方植物学家一致认为印度及东南亚为稻的最主要原生地带"③。中国西南地区与东

---

① 李昆声：《百越——我国稻谷的最早栽培者》，《云南省博物馆建馆三十周年纪念文集》，云南省博物馆，1981 年，第 88 页。
② 李昆声：《云南在亚洲栽培稻起源研究中的地位》，《云南社会科学》1981 年第 1 期。
③ 何炳棣：《黄土与中国农业的起源》，香港中文大学出版社 1969 年版，第 146 页。

南亚地区山水相连，是亚洲大陆腹地与印巴次大陆的结合部，云南古老物种野生稻的大量发现补充，修正了西方植物学家狭隘的观点。近年来，日本学者对中国西南、东南亚地区、印度进行细致深入的考察研究后认为："稻米是起源于云南、老挝、缅甸及阿萨姆这一地带。"[①] 这一界说是有充分理由的。

中国西南独特的地形环境、气候环境所造成的独特的自然生态以及丰富的物种条件，为梯田及梯田文化的产生和发展提供了丰满的物质基础。

二

正如美国文化人类学家克鲁克洪指出的那样："人类的生态和自然环境为文化的形成提供物质基础，文化正是这一过程的历史凝聚。"[②]

哈尼族是中国梯田的最早发明者和首创者之一，从梯田的发展演变和今天现存并仍在发展中的梯田而言，哈尼族还是这一农耕样式农业形态的最持久发扬者和最完整保持者。

梯田，作为人类劳动及文明的产物，它具极其丰厚的文化内涵，而作为某一民族的独特创造物，它凝结着这一民族对生存和发展的追求和由此衍生出来的根本的物质文化及精神文化需求。

"文化"一词，迄今为止，中外学者所下定义已不下百种之多。

[①] 尹绍亭编译：《云南与日本的寻根热》，《云南社会科学论丛》之二（内部版），第147页。
[②] ［美］克莱德·克鲁克洪等：《文化与个人》，高佳、何红、何维凌译，浙江人民出版社1986年版，第6—7页。

概而言之，不过两大类。一是狭义文化，二是广义文化。狭义文化是指人类文明进程中所获得的一切思想意识的结晶，即意识形态；广义文化，则指人类文明进程中一切物质、意识的沉淀，即物质文化、精神文化的总和。①

狭义文化对于人类文明进程中所创造的思想意识、政治伦理、道德情操、宗教观念、文学艺术等予以了高度的重视，其意义是不言而喻的。但是，对于人类文明进程中起码的物质文化，诸如像衣、食、住、行都忽略不计，这显然是不够的。广义文化从人类文明进程的宏观视角，把物质文化放在人类文明重要的位置，并将狭义文化所重视的精神文明全部纳入，将二者加以综合考察，强调其相互影响、促进的关系和作用。

无疑，广义文化说得更加全面，但"文化"变成了人类文明进程的无所不包的大容器，变成了一个边际无垠的庞然大物。于是，在具体的运用和某些特殊事物的文化界定上，就显得空洞无物，诸如像"山地农耕""市井义气"，就让人无从下手，而且，对于人类文明进程中极普遍的丝毫不能忽视的亲属关系、婚姻家庭等现象也难以得到应有的重视和详尽的解释。

文化人类学在承认和肯定广义文化说的前提下，将"文化"进行缩影式界定："文化存在于思想、情感和起反应的各种业已模式化了的方式当中，通过各种符号可以获得并传播它。另外，文化构成了人类群体各有特色的成就，这些成就包括他们制造物的各种具体形式；文化基本的核心由两部分组成，一是传统（即从历史上得到并选择）的思想，一是与他们有关的价值。"② "人类的生态和自然环境为文化

---

① 陈麟书：《宗教学原理》，四川大学出版社1986年版，第53页。
② ［美］A. L. 克罗伯、C. 克鲁克洪：《文化概念：一个重要概念的回顾》，《小人物陈列馆论文集》（哈佛大学）1951年第41期。

的形成提供物质基础，文化正是这一过程的历史凝聚。……文化是历史上所创造的生存式样的系统，既包含显型式样又包含隐型式样；它具有为整体共享的倾向，或是在一定时期中为群体的特定部分所共享。"[①] 文化人类学在高度概括人类整体文化时，不仅注意到了生态及自然环境对人类文化的重要意义，同时也注意到了具体的人类群体活动的文化意义，从而将人类文化的研究引向了深入和发展。根据文化人类学的一般定义，区域性文化受到人们的高度重视，有了海洋文化、内陆文化、草原文化、高原文化、河谷文化、中国文化、东南亚文化等概念的提出和研究；从经济形态切入，则有了农业文化、商业文化、游牧文化、游耕文化；另外，考古学将同一历史时期不同分布地点的遗址、遗物统以文化称之，如玛雅文化、仰韶文化等；民族学则将某一具体民族在特定环境中的存在方式和生活方式以文化称之，如汉文化、藏文化、哈尼文化，并把这些不同特质的民族文化以其不同特征而层层细分，于是有了纳西族的东巴文化、藏族的寺院文化、白族的建筑文化、汉族的市井文化等，不一而足。

哈尼族的"梯田文化"是根据文化人类学的原理和通过对生活于中国大西南特定地理环境中的哈尼族进行深入细致以及长期的调查研究后提出的。梯田，不仅为哈尼族所首创，而且，梯田农耕的演变亦为哈尼族历史及文化的演变。

"梯田"，这个被誉为奇迹的巨大的物质实体，是哈尼族世世代代劳动和智慧的创造物，它凝结着哈尼族数千年的文明。在这个意义上，它是哈尼族生命、精神的象征、"历史的凝聚"和文化的容器。而今，哈尼族的一切物质文化和精神文化仍然建立在这个古老的、巨大的物质实体上。

---

① ［美］克来德·克鲁克洪等：《文化与个人》，高佳、何红、何维凌译，浙江人民出版社1986年版，第6—7页。

然而，对于哈尼族的梯田，过去很少为世人以及学者所关注。那是因为：（1）哈尼族僻处历史上被称为"化外蛮荒之地"的中国西南最南端，是跨中、越、老、缅边境而居的少数民族。该地域山大谷深，交通不便，外人很少涉足其间。在世人的印象和想象中，哈尼族文化原始落后，其农业也应是"刀耕火种"一类的原始农业。在20世纪80年代以前笔者本人也是如此认为的。（2）哈尼族没有本民族文字，尽管在长期的梯田农耕和文化传承过程中，哈尼族创造总结出了一整套"特殊记忆系统"[①]，但本民族文化，特别是梯田文化向外界传扬十分不易。（3）汉文史籍对哈尼族历史文化记载甚少，且多偏颇。珍贵的史料往往淹没于汗牛充栋的正史、野史、笔记以及浩瀚无垠的地方史志中，极难查找，搜集整理哈尼族梯田的史料，犹如大海捞针。（4）20世纪50年代中期，国家发起对全国少数民族历史文化的大调查。但是，由于民主改革的需要，这次大调查主要以社会形态及生活习俗为重点。哈尼族地区的调查亦复如此。虽然规模大，涉及面广，取得了前所未有的成果，但是对于哈尼族的梯田农耕技艺缺乏足够重视，因而梯田调查肤浅、草率，有不少错误的认识。如认为哈尼族历法简陋，靠物候、占卜决定农时；耕作粗放；无施肥习惯，等等。[②] 实际上，哈尼族有着一整套较为科学的历法[③]，梯田农耕技艺全面、精湛，并有着一套独特的鲜为外人所知的"高山泉水冲肥的施肥技术"。

由于以上原因，学术界对哈尼族的梯田文化研究迟迟没有开展或没有深入开展。笔者1983年第一次来到红河哈尼族地区，立刻被哈

[①] 详见王清华《梯田文化论——哈尼族生态农业》第十章。云南大学出版社1999年版。
[②] 参见中国科学院民族研究所云南民族调查组、云南省历史研究所民族社会历史研究室编印《云南省哈尼族社会历史调查》，1964年10月。
[③] 参见杨万智《浅论哈尼族历法的历史演变》，《边疆文化论丛》第二辑，中国民间文艺出版社，1989年9月。

尼族的雄伟梯田所震撼，为这种近乎天造的梯田奇迹所折服，笔者心中油然生出探索梯田的愿望。十余年来，笔者努力搜集整理古籍中有关哈尼梯田的材料，不懈地进行田野考察，希望对梯田文化有个深入而清晰的了解。

三

哈尼族是我国西南边疆历史悠久、文化丰富的古老民族，人口134万，绝大部分集中分布于云南南部元江（红河）、澜沧江两江的中间地带，这一地带也就是哀牢山、无量山之间的广阔山区。哀牢山和无量山自滇西巍山南部，由云岭山脉分出，纵贯滇南全境。哈尼族分布区域，约当北纬21°到北纬26°，东经99°以东到104°，处于汉、彝、白、傣、拉祜等族分布地的中间地带，并有苗、瑶、回、壮等族分布其间。哈尼族大片聚居于海拔要800—2500米的半山区，与立体地貌中立体分布着的其他民族和睦相处[1]，交往频繁，在文化上形成了"你中有我，我中有你"的复杂格局。

同时，哈尼族内部支系繁多，有多种自称，其中哈尼、卡堕（亦称卡多）、雅尼、豪尼、碧约、白宏6个自称单位人数较多。在汉文史籍中，哈尼族的历史名称有亦众多，其中大部分与目前的自称和互称相近或相同。

哈尼族的自称和历史名称虽多，但其音义基本一致。都从"和"

---

[1] 哈尼族所在地区民族立体分布的特点是：傣族分布于河谷平坝；汉族分布于城镇和交通沿线；哈尼族、彝族居住于半山；苗族、瑶族居位于高寒山区。这一分布点与云南其他地区大体相似。

音，其义均为"和人"。可以说，哈尼族在两千多年来，基本上就具有一个统一的名称即"和人"。新中国成立后，根据本民族大多数人的意见，以人数最多的自称——"哈尼"为本族统一的名称。①

利用山区自然条件开垦梯田，是哈尼族的特长和千年的传统。在西南高原之上，凡有哈尼族居住的地方，基本上都有哈尼族开垦的梯田。梯田几乎成了这个民族的标志。作为人类劳动和创造的物质文化实体，梯田凝结着哈尼族悠久漫长的历史，沉淀着丰厚广博的文化和维系着复杂多样的生活。

研究哈尼族的梯田文化，首先即会发现，梯田的发生发展直接联系着哈尼族社会和历史的发展，实际上它就是哈尼族社会历史发展的缩影。其次，哈尼族的梯田文化，是哈尼族文化的核心；哈尼族的政治制度、经济变迁、文化形态，甚至其居住文化、饮食文化、服饰文化、文学艺术等文化单元都是从梯田文化中生发出来的，并为梯田文化所统系。再次，哈尼族梯田和梯田文化是哈尼族社会生活的轴心，所有的生活都围绕着梯田这一文化实体而展开，无论出生取名、谈情说爱、婚丧嫁娶、节日喜庆都与梯田息息相关，都打上了梯田文化的深刻烙印。仅以哈尼族对青年品貌评价为例，就可见其一斑。哀牢山区哈尼族有句俗话：梯田是小伙子的脸。说的是，哈尼族小伙子美不美，不尽看他的相貌如何，而关注的是他的田做得怎么样。如果小伙子打埂、铲堤、犁田、耙田、打谷样样来得，就会得到大众的赞扬，被视为最美的小伙子，能赢得姑娘们的爱慕。同样，在哀牢山，姑娘美不美，也不尽看其长相，重视的也是与梯田农业劳动有关的方面。

红河南岸哀牢山区的哈尼族，人口约 70 万人，占哈尼族总人口的一半左右。这一地区大河分割，群山阻隔，交通不便，他们的文化

---

① 参见中国科学院民族研究所云南少数民族社会历史调查组编《哈尼族简史简志合编》，1964 年 4 月。

很少受到外来文化的冲击和影响。因而，在漫长的历史岁月中，哀牢山区的哈尼族较为纯真、较为完整地保持和发扬了哈尼族传统文化。正是他们，将哈尼族梯田文化发展到了极致。他们所创造的、至今仍以"奇迹"方式存在和保持着的梯田，是哈尼族梯田的典范。

　　本研究是以居住在云南哀牢山区的哈尼族及他们所创造的举世罕见的梯田农业文化为研究对象的。这个对象的选择与确定，是通过长期的调查研究，并经过深思熟虑的。笔者认为，红河南岸哀牢山区哈尼族及其所创造的梯田文化，集中体现了哈尼族这个负重着艰难历史、饱经风霜和具有卓越创造力的民族的本质。

　　（原载《梯田文化论——哈尼族生态农业》，云南大学出版社1999年版）

云南亚热带山区哈尼族的梯田文化

在云南亚热带山区农业的多种类型中，红河南岸哈尼族农业占有十分突出的位置。在哈尼族山区，梯田蔚为壮观，呈长条环状的水田绕山而行，从山脚至山顶，埂回堤转，包裹着重重大山。这种亚热带崇山峻岭中的层层梯田，是哈尼族农业世代创造性的表现。作为一种文化，梯田耕作显示着大山原地理环境中农耕文化所达到的文明水平，充分体现了哈尼族人民的勤劳和智慧。

一

哈尼族人民创造的梯田耕作方式，是一种良性的农业文化生态系统，它在云南亚热带大山原特殊的地理环境中得到不断地发展和完善。

云南亚热带山区是以气候的垂直立体分布和与之相适应的植被的立体性分布为特征的。哈尼族正是利用这种地貌、气候的立体性分布特征，建构与之相适应的农业文化生态循环系统的。

在较为阴冷的高山，保持着茂密的原始森林。由于云南亚热带山区受南面海洋性季风和海拔高低悬殊的影响，这里云遮雾罩，降雨充沛；另外，从炎热河谷的江河湖泊中蒸发升腾的水蒸气在此化为绵绵雾雨，洒洒淋淋，终年不断，在林中汇成数不清的水潭和溪流。低山河谷的江流湖泊均孕育于此间。这是天然的绿色水库，因此，哀牢山区具有"山有多高，水有多高"的特点。哈尼族人民对高山森林的保持是十分重视的，因为这是梯田农业的命根。

气候温和的中半山，是理想的居住地。哈尼族人民在中半山的向阳坡上建造房屋，形成村落。在村寨周围，房前屋后开辟菜园，修筑道路与各村寨连接。以高山森林为源泉，引入村中的人畜饮水，永远用之不竭。哈尼族有一俗语："要种田在山下，要生娃娃在山腰。"这是千百年来生活经验的总结。哀牢山区的低海拔河谷地带，炎热潮湿、瘴疠流行，毒蛇、蚂蟥、蚊虫、小黑虫（一种有毒的小虫，形小难见，人被叮咬、立即红肿，奇痒难忍，抓破溃烂，疼痛异常）猖狂横行。在旧时医疗卫生条件十分低下的情况下，人的生存和发展受到极大威胁。高山区，阴雨连绵，冷而潮湿，又是猛兽出没之区，人畜存活难有保障，而中半山，冬暖夏凉，气候适中，有利于人们的生活，且在云南亚热带山高谷深的地理环境中，既可上山打猎以获副食，又易下山种田，收获粮食。定居其间是最合适的选择。

从村寨边至山脚河谷的整个下半山，是层层梯田。这里气温较高，湿度较大，适于稻谷生长。当地哈尼族农民依着山势利用每一寸土地、每一个角落，使得梯田每层大小不一，错落有致，大者数亩之广，小者形如澡盆，重重叠叠，直挂山腰，犹如万练银蛇缠绕大山。在梯田间修有道路，行走方便，易于耕作。

水是农业的命脉。在亚热带哀牢山区哈尼族的梯田农业中，水以奇特的方式贯穿于农业生态循环系统中。高山森林孕育的溪流水潭被哈尼族人民引入盘山而下的水沟，流入村寨，流入梯田，梯田连接，水沟纵横，泉水顺着块块梯田，由上而下，长流不息，最后汇入谷底的江河湖泊，又蒸发升空，化为云雾阴雨，贮于高山森林。

哈尼族人民的梯田农业生态系统，和亚热带山区自然生态系统是密切吻合的。如此巧妙地适于自然，利用自然，变自然生态为农业社会生态，是哈尼族勤劳智慧的结晶。这种梯田文化，沉淀着哈尼族悠久的历史，维持了哈尼族上千年的生存与文明。

二

哈尼族很早就进入了农耕定居生活，其种稻治田的历史非常悠久。据《尚书·禹贡》载："和夷"（哈尼族先民）所居之地"其土青黎，其田上下"；哈尼族史诗对其古老的家园，有这样的描述：

> 在高高的山上，
> 撒下了三升种。
> 七月的蚂蟥上不了高山，
> 十月的寒霜雪降不到坝子里。
> 高山种地有收获，坝子种谷已饱满。

传说，哈尼族原是耕种旱地，后来，谷种掉在耕牛打滚的泥塘中，长出来的谷穗像马尾巴一样粗，谷粒又饱满。于是，就开始了水田种谷。

通过长时期的辛勤劳作和生活实践，哈尼族人民积累了丰富的农业生产知识和经验，所创造的亚热带山区梯田，早已蔚为壮观。清嘉庆《临安府志·土司志》记述了当时哈尼族的梯田壮景："依山麓平旷处，开凿田园，层层相间，远望如画。至山势峻极，蹑坎而登，有石梯蹬，名曰梯田。水源高者，通以略彴（卷槽），数里不绝。"今天，在哀牢山下段红河南岸的哈尼族山区，这种壮景更是锦上添花。哈尼族是有着丰富山区农耕经验的民族，哈尼族歌谣中的《十二月生产调》就是农业生产知识经验的集中体现。遗憾的是，哈尼族没有本民族文字，其农耕的经验和全部生产技术，全靠口授和示范以家庭教育的方式代代沿袭。但是，哈尼族凭着一套独特的记忆方式[①]，使民族的文化世代相传、保持发扬，终于形成了以梯田为中心的生产、生活以及意识形态等的文化体系。

哈尼族在亚热带崇山峻岭中从事农业生产有着特殊的技能。

（一）开挖梯田

哈尼族开田技术是经过长期实践积累而成的。开梯田的最佳时节是每年的阳春三月，这段时间气候宜人，土质干燥，开挖时，哪里渗水，看得清楚，可及时补漏加固。田埂是用开挖时挖下的大土饼层层垒起的，每放一层，用脚踩牢夯实。从山脚越往上开田，山势越见陡峻，因此，越往高处，田埂越厚。在低山，坡度和缓，田埂较低，也较薄，仅4—5寸，人行其上，非老练不能走稳。高山陡峭，田埂较高，有的高达五六米。高埂十分厚实，二人并行，毫无问题。梯田田埂坚固耐用，且不漏水，这就需要开挖时打好基础，不能有丝毫马虎。另外，田埂每年彻底铲修一次，不让野草滋生，不让老鼠打洞。年积月累，田埂越见牢固、美观。再就是，高山水田与低山水田管理又有不同，高山水田长年保水，一是牢固田埂，二是积蓄山水。低山水田则每年放干晒田，这样可以增加地力。这种高田保水与低田晒田

[①] 王清华《哈尼族历史文化传承方式初探》（《边疆文化论丛》1991年第三辑）对哈尼族特殊记忆系统做过专题讨论。

的不同方法，是与梯田独特的施肥方式相关联的。这个问题将在后面单独谈到。

（二）兴修水沟

哈尼族的农田水利是由云南亚热带山高谷深的地理气候环境所决定的，是哈尼族人民适应和征服自然的独特成果。哈尼族在每座悬挂着梯田的山腰，都挖出数道水沟，这些水沟像银链一样缠住大山。平时，道道大沟接住了高山森林中渗出的泉水；雨水季节，漫山流淌的山水被水沟接住，顺着大沟流入梯田。每道大沟的上源都通进高山森林中的水潭和河流。有的水沟长达数十里，跨越邻县，直接水源，这样可保农田用水长年不息。从高山顺沟而来的水，由上而下注入最高层的梯田，高层梯田水满，流入下一块梯田，再满再往下流……直至汇入河谷江河。这样，每块梯田都是沟渠，成为水流上下连接的部分。

这样独特的山区梯田农业的水利工程是哈尼族千百年勤劳智慧、生产经验的显著成果。兴修水沟是集体的事业，而且不仅仅是一村一寨小集体的事。水沟跨州连县，密如蛛网，灌区内所有的人都视水沟为命根，对水沟有着义不容辞的责任，不但兴修时出力，也将同时护养沟渠视视为己任。沟渠稍有破损，谁见谁修，蔚然成风。每年冬季，各村出动，疏通沟渠，砍去杂草，维修一新。这种集体主义风尚是山区梯田农业所决定的，反过来它又促使梯田农业保持、发展和完善。

在漫长的历史进程和长期的梯田农业实践中，哈尼族人民形成了一种不成文的水规。这种水规是根据一股山泉或沟渠的灌溉面积，由这一面积内的田主按照各自的梯田数量共同协商、规定其用水量，然后按泉水流经的先后，在沟与田的交接处横放一块刻有一定流水量的木槽，水经木槽口流入各家梯田。这种约定俗成、代代不逾的水规，为维持梯田农业系统起到良好的作用。

（三）施肥

哈尼族高山梯田农业系统的施肥、增加地力有着十分独特的方法。过去的调查研究者一般认为哈尼族的梯田不施肥，并以此说明哈尼族梯田农业的缺陷和原始落后性。其实，能够在大山原险峻的地理环境中创造出雄伟梯田，维持上千年的文明，必定有其农业的较完善的体系。施肥是农业生产过程中重要的一环，是完善的农业体系所必备的。哈尼族梯田的特征是田水长流、以田为渠、长年不息。可以说是一种活水粮食种植业。这与内地和平坝完全不同，内地一块田水灌满，即行关田保水，这有利于所施肥料的保持和稻谷用水的保持。而哈尼族活水种植则是为了便于施肥。在云南亚热带山区，山高谷深，行走不便，不要说使用汽车、马车、小推车，就是扁担这样的工具也完全不适用，田间驮运的装载工具就是背篓。如此，要像内地及平坝那样施肥是不可能的。然而，哈尼族却在亚热带崇山峻岭中，创造出独特的施肥方法。这就是利用流水把肥料送到田间。

一方面，梯田用水来自深山密林，原始森林中的大量腐质物顺流来到田间；另外，当地民族的牲畜往往野放于山林，雨水将人畜粪便冲至沟渠，顺水而来，加上水中固有的养分，因此，哈尼族梯田所用之水有较强的肥力。流水长年流过梯田，这是一种自然的施肥。

另一方面，是人为的施肥。梯田的田埂十分高大、杂草丰厚，每年春耕，首先就是将杂草砍下焚烧于田，再行耕种。然而，最为重要也最为别出心裁的施肥方法是"冲肥"，冲肥有两种：一是冲村寨肥塘。在哈尼族各村寨，村中都有一个大水塘，平时家禽牲畜粪便、垃圾灶灰积集于此。栽秧时节,开动山水,搅拌肥塘,乌黑恶臭的肥水顺沟冲下,流入梯田。另外,如果某家要单独冲畜肥入田,只需要通知别家关闭水口,就可单独冲肥入田。二是冲山水肥。每年雨季初临,正是稻谷拔节抽穗之时,在高山森林积蓄、沤了一年的枯叶、牛马粪便顺山而下,流入山腰水沟。这时,正是梯田需要追肥的时候,届时,村村寨寨,男女老少一起出动,称为"赶沟"。漫山随雨水而来的肥在人们的大力疏导下,迅速注入梯田。

这种施肥方式为云南亚热带山区哈尼族梯田农业文化所独有,是巧夺天工的独特创造,是梯田文明的特技,是哈尼族生产经验的集中体现。

(四)选种、栽插及利用土地

从事梯田农业的哈尼族选种有两种方法:一是块选,即观察农田稻谷的长势、颗粒多少、饱满程度,哪一块好就留作种子;二是棵选,即在田里看到哪一穗好就选留作种。收取谷种是在稻谷长到九成熟时,过熟的种成活率不高,过生的则不易保存,成活率也低。过去的调查研究者说,哈尼族对谷种不加选择,播种前从谷仓取出部分谷子作种,这种说法显然是错误的,是对梯田文化缺乏深入的了解。另外,还有研究者认为哈尼族的栽秧是乱栽,东栽一把西栽一把,不讲求株距,这种说法也是错误的。

哈尼族每到春耕时节,将谷种浸泡于水中,然后取稻草覆盖,放在阳光下晒,以加速其发芽,如此7天之后,即播入秧田中,秧苗长成,拔出移栽至梯田中。栽秧株距的确定是与梯田这一农业形式、耕种过程以及施肥特点密切相关的。由于山高谷深,梯田上下,使用冲肥,田水长流,肥料较多积于低山梯田中,加上高层梯田为了保埂,常年泡田,低层梯田秋收后可放干晒田,增加地力。于是,低山梯田肥于高山梯田。根据这一特点，为确保产量，高山梯田采用密植，每亩需 15 斤谷种的秧，株距 3—4 寸；低山梯田，株距较稀，4—5 寸，需 9 斤谷种的秧。

另外，云南亚热带山区的梯田，从山脚到山顶，处于不同的气候带中，哈尼族在不同的气候带中选用不同的稻谷品种。在元阳县，稻谷的本地品种就有 180 个。

前面说过，高山梯田田埂厚大，哈尼族人民在田埂上种植黄豆等作物，充分利用每一寸土地。这种对农业的认识和对农田的利用，可以和内地、平坝农业相媲美。

对选种、栽秧和土地利用的讲究，是千百年生产实践的结果，是梯田农业文化体系的重要环节，也是适于自然、利用自然、改造自然、确保粮食丰收的手段。

从以上几项特殊的农业技能和梯田农业的重要环节的剖视中，可以看到哈尼族梯田农业的确发展到了极高的水平。现在我们再来看看 20 世纪 50 年代初期，这种梯田农业的耕作工序、劳动量及其产量（见表 1、表 2）①。

表 1　　　　水稻耕作工序和每亩水田的用工量　　　　（人）

耕地面积（亩）	种子数（斤）	工种	犁二道（秧田）	耙二道（秧田）	施肥二道（秧田）	铲埂（秧田）	修埂（秧田）	泡谷种	撒谷种	蓐秧田草	犁二道（稻田）	耙二道（稻田）	铲埂	修埂	放水	拔秧	背秧	栽秧	蓐秧	铲埂	割、挑、打谷子	晒谷子、挑草	合计用工量
1	9	人工	1	1	3	1	1	0.5	0.5	3	2	2	2	1	3	1	0.5	3	5	5	3	2	35
		牛工	2	2							4	4											12

---

① 表 1、表 2 均摘自《哈尼族简史简志合编》（1958 年 2 月，未刊稿）。

表2　　　　　　　　　　水稻亩产量及成本

成本					产量		
种子	农具折旧	耕牛损耗	合计	最高	一般	最低
谷	谷	谷	谷	谷	谷	谷
9斤	2.2斤	4.4斤	15.6斤	600斤	283斤	100斤

梯田一般亩产283斤，大约为种子的31.4倍，亩产最高的可达600斤，为种子的66倍。

现在来看一下，一个正常男劳力一年中生产的产品数量及所提供的剩余产品数量：如以每亩水田需人工35个计，哈尼族一个男劳力可以负担十亩水田，全部产量在3000斤左右（一般水平），扣除生产成本156斤，劳动者本人口粮500斤，其他费用200斤，共856斤，尚有2144斤为提供的剩余产品。

以上梯田耕种情况表明，在20世纪50年代初期，哀牢山区哈尼族梯田农业生产水平已与当时平坝和内地的农业相比，其水平基本相当。然而，梯田农业是在云南亚热带山高谷深、气候复杂的地理环境中创造出来的，其农业发展的艰难程度非内地平坝可以相比。但是，哈尼族人民世世代代的辛勤劳动，使农业在险恶的大山原地理环境中发展到了如此高度，这是何等的奇迹。以哀牢山区没有一块平地的元阳县为例，元阳县总耕地面积为27万亩，其中梯田约占20万亩；就元阳这样一个80%以上的土地坡度在25度以上的典型山区县，在云南竟然成为一个主产粮县。1980年以前每年都向外地调出粮食3000万斤左右，粮食统购派购政策取消后，还继续向外地调出粮食，这不能不说是个奇迹。

三

哈尼族的整个社会生活是以梯田农业为中心而展开的。现在以较为典型的三个方面来领略大概。

（一）稻谷品种的选择

哀牢山区的哈尼族在长期的对稻谷生产习性的认识中，掌握、拥有本地稻谷品种上百个。这些稻谷品种适于本地区的立体气候，也就是说，在不同的气候带中使用不同的品种。然而，为了社会物质生活的需要，在所选种稻谷中，无论高山、中山、低山河谷的稻种，必须具备一个共同的特点——高棵。即稻棵必须很高，稻草必须长。在哈尼族哀牢山区，稻谷棵高一般在1.5米左右。选择这样的品种与哈尼族的社会生活息息相关。哈尼族居住山间，建筑一种称为"蘑菇房"的土木结构楼房。这种住房有坚实的土墙，有厚重的草顶。这草顶使住房内冬暖夏凉，通风干燥。这种草顶是哈尼族住宅建筑最重要的部分。由于它形似蘑菇，伞一样罩住住宅而被称为"蘑菇房"。哈尼族每一两年要更换房顶，使其完好如新，保持房顶的优良特长及益于生活。这就需要大量的适于建筑的长棵稻草，于是哈尼族选择种植长棵稻谷。另一方面，牛是传统农业的象征。在云南亚热带山高谷深的险峻地理环境中，耕牛在其梯田农业中的珍贵及其重要性，不亚于人的眼睛。在哈尼族社会中，有着许许多多关于耕牛的传说，把耕牛说成神仙。这就充分说明了耕牛在其社会生产生活中的地位及重要性。哈尼族的耕牛虽野放山间，但绝不像云南亚热带山区许多从事原始农业的民族那样纯粹地长年野放。哈尼族野放耕牛有其季节性特点。在山草旺盛的农闲夏季，野放耕牛使其自行啃青，自由自在、休养生息、强筋壮骨；春秋农忙时节，关养耕牛，喂以稻草，辅以粮食，使其奋力耕田；冬季，气候寒冷，万物凋零，耕牛入厩，全靠稻草过冬。这样，稻草在哈尼族生产生活中就显得异常重要。长棵稻谷所提供的大量稻草是哈尼族梯田农业生产和社会生活的重要物质，它使人们的生产生活得以正常地进行。

（二）活水养鱼

梯田活水养鱼是亚热带哈尼族山区生产生活中最为独特的现象。这是由梯田农业生产特殊的活水种植稻谷的特点所决定的。哈尼族居住于山区，善于农耕和狩猎，但不善于渔捞。亚热带山区尽管江流纵横，但不能像江河流域那样可以为其提供丰富的水产品。梯田农业文化的高度发达，使哈尼族的养殖业在特定的环境中，也突出其自身的地位。活水养鱼便是最独特和灿烂的一例。哈尼族从事梯田农业的大多数人家都有养殖鱼苗的水塘，他们从谷地江河中捞取鱼苗和鱼子，放于塘中，到插秧时节，再将鱼苗放入梯田，任其和稻谷一起生长。放有鱼苗的梯田水口，用竹篱笆隔住，山水中的细小浮游生物和稻谷花粉就是鱼儿们的食物，待到稻黄秋收，割去稻谷，堵住上方水口，放干田水，捕鱼归家。在梯田活水中养殖的多为鲫鱼，也有鲤鱼。但这种在梯田活水中长大的鱼有其自身的特点：一是这种鱼生长较快；二是肉质鲜嫩，连鱼鳞也细软可食。哈尼族梯田养鱼具有悠久的历史，许多优美的神话故事在神秘地述说着这种别具风采的"谷花鱼"。

（三）审美观

　　一个民族的审美观是在其经济生活中形成并为一定的社会生活所决定的。哈尼族的梯田农业是其经济生活和一切社会生活的中心。于是，在哈尼族的心目中，梯田是一切美的集中表现，是一切美的象征。

　　哀牢山区哈尼族有句俗话：梯田是小伙子的脸。哈尼族小伙子美不美，不看他的相貌如何，而要看他的田做得怎么样。如果小伙子打埂、铲堤、犁田、耙田、打谷样样来得，就会得到大众的赞扬，被视为最美的小伙子，能赢得姑娘们的爱慕。同样，姑娘美不美，也不尽看其长相，重视的也是与梯田农业劳动有关的方面。哀牢山红河县浪堤、车古、羊街一带的哈尼族姑娘，不穿裙子，不穿长裤，穿的是一种做工精细的、式样独特美观的短裤。这种服装为的是充分显示妇女们强壮的大腿。在梯田农业中，哈尼族姑娘是重要的劳动者，拔秧、栽秧、薅谷、割谷等是她们的主要农活。这些农活都在没膝的田水中进行，长裤成为累赘，短裤则较为适合梯田农业生产和亚热带气候的需要。大腿的强健有力对于从事梯田农业的劳动者来说，至关重要。哈尼族姑娘裸露的大腿在劳动锻炼和哀牢山和煦阳光的照抚下，变得强劲有力、红润健美。长期以来，哈尼族姑娘的大腿被视为女性的象征，大腿的健美化为女性美的标志。正因为如此，哈尼族姑娘十分注重大腿的健壮美观。每天劳动结束，夕阳西下，她们便三五成群，来到林间溪边，用清泉洗去腿上的田泥，再用鹅卵石反复摩擦大腿，使其保持光洁，呈现健康的红色。哈尼族审美观的内涵和审美的出发点是劳动，梯田生产的好坏和身体健壮与否是劳动的最高体现，也是美的最高体现。

　　在哈尼族生产的春耕大忙时节，开秧门也和其他节日一样是美的集中表现。开秧门这一天，男女老少穿上最新最好的衣服，姑娘们更是用珍藏的银首饰把自己打扮起来。家家户户把象征着丰收在望的染成黄色的糯米饭抬到田间，并带上最好的米酒。在层层梯田中，老人们互相祝福，青年人对唱山歌，两位号手站在高高的田埂上，高奏栽秧的喇叭。当寨中最德高望重的老人从秧田中拔起第一把秧时，衣着盛装的人们蜂拥下田拔秧，接着欢天喜地地把秧送到梯田。这时，众人欢呼、唢呐高奏，男女青年进入梯田，一面对唱情歌，一面打起泥巴战，一面还比赛栽秧的数量和质量。老人们和孩子们则在田埂上呐喊助威。元阳一带的哈尼族在栽秧时节还吹一种声音悠扬的牛角号。哈尼族山寨的著名歌手们云集梯田边，为辛勤栽插的人们唱赞美诗歌。这是极为热烈的劳动场面。这时山歌绕山、梯田如画，衣着崭新、体格健壮的人们点缀其间，这是哈尼族人民所创造的壮美情景，给人以崇高的美感。

哈尼族衣服上绣制的图案和银泡图案排列，以及哈尼叶车（支系）妇女多层衣的件与件之间在其边沿部分构成的梯形图案，也像层层梯田一样重重叠叠、埂回堤转，美不胜收。

哈尼族诗歌、音乐、舞蹈、绘图、编织、刺绣等一切文学艺术门类都体现着梯田农业的劳动情趣和人情之美。

围绕着梯田农业，哈尼族的节日、宗教以及全部社会文化生活无不展示出奇异的色彩。

四

云南亚热带哀牢山区的哈尼族梯田，给人以雄伟壮观之感，它包含着深沉的历史文化内容，是上千年哈尼族人民的独特创造。同是亚热带山区，有的民族在从事"刀耕火种"原始农业，有的在从事迁徙游耕农业，而哈尼族却创造了奇迹般的梯田农业文化。梯田农业是云南亚热带山区传统农业发展的最高典范。

从哈尼族社会生产方面可以看出，梯田农业生产是较为完整的系统，这一系统是良性的农业生态系统。之所以称之为"良性的"，这是因为，哈尼族梯田农业生态系统与亚热带山区自然生态系统巧妙协调地暗合在一起，浑然天成，使传统农业在山区发展到了极致。这种适于自然、利用自然、改造自然又符合自然规律要求所建构的新的有利于人们生存和发展的农业生态系统，是长期认识世界、改造世界的结果。它维持和发展了哈尼族上千年的文明，并形成了与这种农业生态系统相适应的社会文化生态系统。

哈尼族的社会文化生活是以梯田为中心而展开的。这是因为梯田沉淀了哈尼族悠久的农耕历史和丰富的文化内容，集中体现了亚热带自然生态与哈尼族农业生态的关系，集中体现了人与自然界的关系。这种关系的核心，一是适应，二是创造。于是，以梯田为中心，形成了一整套与哈尼族农业生态相适应的社会文化系统。

总而言之，云南亚热带大山原特殊自然生态系统，在哈尼族长期的农业实践中，逐步被改造，形成与之相适应的梯田农业生态系统，在此基础上又形成与自然生态和农业生态相适应的社会文化生态系统。这三个生态系统密切结合、相互促进、生生不息，形成了云南亚热带山区较有特色的哈尼族社会和较为独特的梯田文化。

（原载云南省民族研究所《民族调查研究》1988 年第 1、2 期；又载《农业考古》1991 年第 3 期）

哀牢山哈尼族妇女梯田养鱼调查

哈尼族是跨中、越、老、缅、泰等国而居的民族，有着古老的历史和丰富的传统文化。在中国，哈尼族有140余万人，绝大部分居住于云南南部。红河南岸的哀牢山区（包括元阳、绿春、红河、金平四县）是哈尼族最集中的地区，人口约70万人，占中国境内哈尼族总人口的一半左右。世居此地的哈尼族利用哀牢山区的立体地貌、立体气候、立体植被等特征，创造出了与自然生态系统相适应的农业生态系统，并创造了与梯田农业相配套、相适应的梯田养鱼业。梯田养鱼业是哈尼族梯田农耕生态系统的重要组成部分，它使哈尼族梯田文化更加丰富和完整。

哈尼族的梯田养鱼有上千年的历史，在山地农耕民族中极为罕见。在哈尼族的梯田养鱼活动中，妇女充当了重要角色。20世纪80年代以来，妇女还成为哀牢山哈尼族梯田养鱼业的主要管理者。

笔者曾于2001年9月对哀牢山区的哈尼族村寨全福庄做过田野调查，在此基础上，以全福庄为例，就哈尼族的梯田养鱼以及妇女在梯田养鱼中的作用做一些描述和分析。

一　哈尼族梯田养鱼与渔业管理

全福庄位于哀牢山区腹地，是云南省红河哈尼族彝族自治州元阳县胜村乡的一个自然村，距元阳县原县城9千米，距搬迁后的新县城39千米。全福庄与哀牢山大多数哈尼族村寨十分相似，因此具有一定的典型性。该村位于半山腰，村民从事梯田农业，还从事梯田养鱼，并有一套较为完整的管理方式。妇女在梯田渔业中起着重要作用，近年来她们的社会地位已发生了明显的变化。

全福庄的海拔高度为1670米，有元阳至大坪的公路从村寨上方经过，公路以上是森林，村寨以下是梯田。从山脚到山顶，热带、温带、寒带气候依次排列，形成了气候的立体性分布。高山区有茂密的原始森林，气候寒冷，降雨充沛，是梯田农业的水源地。气候温和的半山腰是理想的居住地，哈尼族在此建造房屋，形成村落，并将高山上的泉水引入村中。居住在这样的村寨中，既方便上山狩猎采集，又方便下山种田。因此，有民谣说："要吃肉（打猎）上高山，要种田下低山，要生娃娃在山腰。"从村寨至山脚河谷，是层层梯田，这里气温较高，湿度较大，适于稻谷生长。

梯田农业是哈尼族在定居哀牢山区上千年的历史中创造出来的与自然生态系统相适应的农业生态系统。哈尼族的梯田不仅有利于农耕，也有利于养鱼。

全福庄有210户人家，1263人，全部是哈尼族。耕地面积884亩，其中水田684亩，旱地200亩（现在已经全部退耕还林）。水田在海拔1600米以下的地区，全部是梯田，分为大田和秧田，秧田是撒种育秧的好田，也是放养鱼苗的地方。全福庄的水田，80%都可以养鱼，只有少量水田因面积太小而不利于养鱼。

梯田养鱼是哀牢山哈尼族地区最为独特的现象。当地的水源来自高山，长流不息。全福庄的村民像所有在哀牢山从事梯田农业的哈尼族一样，家家都有养鱼的水塘。这些鱼塘多设于村后的森林山谷中，有小溪从山中通入，塘水清澈见底，水草青青，游鱼可见，没有丝毫污染，而且这里温凉的气候十分适于种鱼的生长繁殖。哈尼族在鱼塘中养有种鱼和从江河湖沼中捞取的鱼苗，待到育秧时节，便从鱼塘中捞取种鱼和鱼苗放入秧田，任其生长。这是育鱼的关键时刻，秧田离村近，便于管理。到了秧苗长成并移栽梯田后，将种鱼捕起放回鱼塘，其他孵化生成的小鱼则放入栽完秧的梯田，任其和稻谷一起生长。放有鱼儿的梯田，上下水口均用篱笆隔住，这样一方面可以防止自家的鱼游入其他人家田中；另一方面又不影响梯田以田为渠。由于田水来自深山，加之梯田农作物不使用化肥和农药，因此这里的鱼没有污染，鱼肉鲜嫩可口，连鱼鳞也细软可食。

梯田养鱼不用喂食，常流的田水带来的大量细小浮游生物和稻谷花粉就是鱼儿的食物。由于梯田中的鱼主食稻花，所以又被当地哈尼族称为"谷花鱼"。哈尼族梯田所养的鱼有鲤鱼、鲫鱼、墨鱼、棉鱼、小白鱼、江鳅等20多种，未鉴别的还有十多种（鳅种鱼类），另外还有自生自长的泥鳅、鳝鱼等。这些鱼种均来自当地的江河湖沼。据了解，哈尼族先民很早就知道将鱼苗从江河湖沼中捞来放入自家的鱼塘饲养。一代又一代的长期驯养，使得江河湖沼的鱼完全适应了梯田的环境。

利用高山森林鱼塘养种鱼，中山村寨秧田育鱼苗，下半山梯田养成鱼，是哈尼族对哀牢山立体性自然环境深度认识和把握的结果，也是当地梯田农业发展的必然结果。

哈尼族的梯田渔业管理与梯田农耕管理同步，这是由哀牢山区的气候环境所决定的。

哈尼族对哀牢山区整体自然生态和气候环境的认识，反映在他们颇为独特的季节划分上。当地哈尼族将全年分为三季，即冷季、暖季和雨季，每季4个月。冷季是在秋末和冬季，暖季是在春季和初夏，雨季是在夏季和初秋。据实地调查，哈尼族的这种季节划分，体现和适应了哈尼族梯田农耕及梯田养鱼的季节性和阶段性。例如，当暖季来临，哈尼族就开始了新一轮的梯田农耕和养鱼，这也是最繁忙的季节，哈尼族农民着手备耕，浸泡和播撒谷种，并在秧田放种鱼。当雨季到来，正值稻秧栽插，是谷子和鱼儿一起生长的时间。中秋时节，天气清凉，稻谷渐渐成熟，鱼儿已快长大，农民在田边地角搭起窝棚（田间小屋）昼夜守护，防止野兽偷食和糟蹋庄稼，也防止有人偷鱼。晚秋时节，稻谷黄熟，于是全民出动，抓紧秋收，颗粒归仓，同时也从田里捕鱼。哈尼族一年只种一季水稻，也只养一季鱼。至此，一年的各项主要农事活动即告结束。整个冬季，梯田泡水"过冬"，种鱼在森林山谷中的鱼塘养肥。

梯田渔业管理像梯田农耕管理一样精细。每年的"昂玛突"（祭寨神仪式）后，各家就到森林鱼塘去割塘边山草，清理水中杂草。待秧田犁好、耙平、撒种后，就将种鱼捞起放入秧田，待秧苗长成，种鱼回塘，小鱼入梯田，随稻谷一起成长。在这个过程中，有三个环节最为重要：一是管理水，二是管理小鱼，三是管理成鱼。

管理水。在哀牢山区，"山有多高，水有多高"。梯田用水来自高山，养鱼用水也同样来自高山森林。村后山谷中的鱼塘有山水徐徐流入，塘子下端有放水口，上插篱笆，水满自溢。平时，水静波平，游鱼可数，没有任何问题。但雨季到来，山水一发，鱼塘水满，种鱼就会跑掉。因此，到了雨季，随时都要注意水情，山水大则将放水口放大，山水小则将放水口缩小。育秧田是种鱼下子、小鱼孵化之处，尽管小鱼孵化期间还不到雨季，但是哀牢山区气候复杂，常常有大雨突然倾盆而至，山水猛然泻下，稍不注意，秧田水满，小鱼就会跑掉。这时，必须堵住上方水口，以防秧田水满。小鱼入梯田后，正是雨季，山水大，水沟满，要随时守候，防止梯田水满，鱼儿跑到别家田里或流入山下江河。水的管理是梯田农耕和梯田养鱼的关键所在。其管理工作十分辛苦，需要十分精细。

管理小鱼。种鱼在育秧田下子以及在秧田放入部分鱼苗后，对秧田鱼苗的管理就开始了。首先，仍然要防止育秧田水满；其次，则要防止村中的鸭子下育秧田吃鱼苗或小鱼中；再次，要防止村中污水流入育秧田，因为育秧田距离村寨最近。为此，必须经常有人到育秧田守护。待到小鱼长大后，将其移入梯田。

管理成鱼。小鱼移入梯田后，除了要防止因梯田水满、有鱼溢出外，还要防止有人偷鱼。据说在过去，哈尼族从不担心梯田中的鱼被人偷走。但近年来，偷鱼的事时有发生，于是，全福庄在1991年订立的村规民约中就明确提出禁止偷鱼，违者罚款500—1000元（据说这一条还是妇女提出来的）。这一方面说明哈尼族历史上很少有偷鱼的现象，另一方面也说明妇女对渔业的关心，因为管理渔业如今是她们的事情。

梯田渔业的养殖技艺和管理方式，是哈尼族农耕文化的重要组成部分，属于哈尼族在山区创造的独特知识系统。它是特殊环境中的特殊产物，它的存在、继承、保护和发扬，不仅对哈尼族文化的整体发展有重大意义，而且对保护人类文化的多样性也有深远意义。

美国人类学家克鲁克洪指出："人类的生态和自然环境为文化的形成提供物质基础，文化正是这一过程的历史凝聚。"[①] 哈尼族的

---

① ［美］克来德·克鲁克洪等：《文化与个人》，高佳、何红、何维凌译，浙江人民出版社1986年版，第6—7页。

梯田渔业是哈尼族对哀牢山自然环境长期适应的结果，是一种奇特的文化创造。

二　哈尼族妇女养鱼情况

梯田养鱼及渔业管理是哈尼族梯田农业的重要组成部分。在长期的历史岁月中，养鱼是全家人的事情，全家男女老少都要参与养殖和管理。但是，自20世纪80年代以后，全福庄的男人除了农忙时在家务农外，其余时间大多在外打工，如修公路、盖房子、架电线杆或到城里做搬运工。据估计，全福庄男人每年在外打工的总收入可达三四十万元，这是全福庄经济收入的重要组成部分。在这种情况下，看守家园的妇女就承担起梯田养鱼的重任。

现在，让我们以一户哈尼族人家为例，来具体了解一下妇女在梯田养鱼中的作用。

马木娓一家是全福庄的老住户。马木娓是一位中年妇女，丈夫在元阳县政协工作，有一个女儿嫁到外村，此外还有大儿子、大儿媳、二儿子和小女儿。马木娓家有梯田3亩多，其中近一亩为育秧田，全部都可养鱼。有一个鱼塘在村后山谷中，约1/3亩，塘中养有鱼种，是从山下红河中捞来的本地鲤鱼。每年农历二、三月间，将种鱼从鱼塘中捞出放入育秧田中下子；五月，秧苗长成，将小鱼放入已栽好秧的梯田。九、十月份，谷黄秋收，割去稻谷，堵住上方水口，放干田水，就可捕鱼。这时的鱼一般有二三两重，若是嫌小，可以将捕来的鱼再放入常年泡水的秧田，任其自由生长。需要吃鱼时，只要到田里，堵住上方水口，在下方水口撤去篱笆，放一竹筐，鱼便会自动进入筐中。数量够用时，提起竹筐，恢复上下水口的竹篱笆即可。捕鱼还有其他一些方法：有时可完全放干田水，有时可用罩网，有时还可下田用手摸。这种在梯田活水中养殖的鱼生长较快，一季亩产平均可达30多千克。

马木娓家的梯田主要养鲤鱼、鲫鱼，有时也养墨鱼、白鲢、江鳅等，亩产在30—40千克。她家养鱼的程序与哀牢山区其他哈尼族人家一样，即鱼塘养种鱼——育秧田育鱼苗——梯田养成鱼。

马木娓的大儿子、二儿子和小女儿都已外出打工，家里只有她和儿媳妇，因此管理梯田的工作就落在她和儿媳妇的身上。在全福庄，大多数人家的情况都同马木娓家类似，外出打工已成为哈尼族男子的一项主要事业，而梯田管理则成为妇女的主要工作。

在上千年的历史岁月中，哈尼族养鱼主要都是为自己食用、待客和祭祀。20世纪80年代以来，随着哀牢山商品经济的发展，出售也成为养鱼的目的之一。

哈尼族所养的鱼大多自己食用。过去在哀牢山哈尼族地区，粮食主要出自梯田，菜蔬主要是深山密林中的各种野菜，还有一些是自己种在田边地角和小菜园中的蔬菜，而肉食则出自深山密林中的猎物、梯田所养的鱼和家中饲养的猪、鸡、鸭。鱼在哈尼族肉食中占有重要的位置。鱼成熟之时，正是秋收农忙之季，此时的农民没有时间上山狩猎，也还不到杀猪的时候，因此收谷时捕来的鱼正好就餐。这一时期，哈尼族家家户户都吃鱼，被称为"吃鱼的季节"。在哈尼族的膳食中，鱼是蛋白质的主要来源，养鱼则是一项可持续发展的重要副业。

在哈尼族中，鱼是待客的佳品。哈尼族好客，一定要用上好的食物来待客，而鱼则是他们随时可以取来的上好食物。家里来了客人，男主人就叫妻子或小孩去田里捉鱼，自己陪客人吸烟、喝茶、聊天。

如果有嫁出去的女儿回娘家，外出打工的儿子挣钱回来，亲戚朋友来访，更是要捉鱼给他们吃。长期以来，以鱼待客已成为哈尼族的一种传统。

哈尼族的祭祀活动必须有鱼，这也是一种传统。哈尼族信奉万物有灵的原始宗教，祭祀活动繁多，有集体性的"昂玛突"（祭寨神仪式）、祭山、祭水活动，也有家庭性的祭祖先、祭谷神、祭水神等活动。在这些祭祀活动中，鱼都是不可少的。在哈尼族的神话传说中，最早的生物是一条金色的母鱼，名叫"密乌艾西艾玛"，是她生了数不清的神灵。"密乌艾西艾玛"产子多，被哈尼族视为无限繁衍的神灵，她是先天地而有的"活物"，先神灵而有的"生物"，于是就成为万物之祖，被认为最有神性。

在长期的历史岁月中，哈尼族梯田所养的鱼一般不兴出售，所出售的仅为鱼苗。在哀牢山区，哈尼族养鱼有着悠久的历史和丰富的经验。与哈尼族一起生活的彝族、傣族、壮族，以及部分苗族、瑶族，虽然也都养鱼，但在养种鱼、育鱼苗方面，技术都比不上哈尼族。因此，这些民族养鱼，其鱼苗大多要向哈尼族购买。马木娓告诉笔者，由于哈尼族培育的鱼苗有较强的环境适应性，容易成活，生长迅速，因此往往供不应求。1999年，马木娓卖鱼苗2万尾，收入1300多元。在哀牢山区，这可是一项可观的收入。

据调查，在全福庄，大多数人家都出售鱼苗，收入也都很可观。20世纪80年代以后，县城及州城的饭店经常到哈尼族村寨收购鲜鱼，这时，哈尼族人的商品意识也普遍提高了，开始出售一部分鱼。哈尼族养鱼的目的也因之发生了变化，除了自己食用、待客和祭祀外，出售也是目的之一。如今在哀牢山区，鲫鱼、小白鱼每千克可卖20元，鲤鱼、墨鱼（本地种）每千克25元，江鳅（本地种）每千克50元。马木娓家梯田产鱼100多千克，多是鲤鱼，合收入2500多元。全福庄村主任李正明家有水田3.7亩，全部养了鲤鱼，可产鱼150千克，合收入3750元。

但是，哈尼族养鱼的目的主要仍是自己食用、待客和祭祀，卖钱仅为其次。据马木妮说，家里每年产鱼100多千克，自家吃、接待亲友、献老祖公（祭祀活动）就要用去3/4，仅有1/4卖钱。也就是说，每年仅有20多千克用于出售，可得500多元，所卖之钱用于买油、盐、日常用品等。哈尼族妇女所养的鱼，毕竟有一部分变成了商品，具有了商品价值。

三 梯田渔业对哈尼族妇女的影响

在长期的历史进程中，梯田渔业在哈尼族的梯田农业生态系统和社会生活中一直起着积极的作用。在最近20多年中，梯田渔业对哈尼族妇女的影响是前所未有的。梯田养鱼业正在改变着哈尼族妇女的人生，改变着她们的生活态度和社会地位。

哈尼族妇女和男人一样，从小就得学会养鱼。直到今天，到江河湖沼中捞小鱼和鱼苗依然多是妇女和儿童的事情。在哀牢山区，每一个哈尼族妇女都非常熟悉养鱼，她们可以十分细致地给人讲述梯田养鱼的全过程。可以说，养鱼是哈尼族妇女的一项基本技能。

今天，由于哈尼族男性大多外出打工，梯田养鱼的重担已经落在了妇女的肩上。如果说过去哈尼族妇女只是梯田养鱼的参与者，那么今天，她们已变成主要的经营管理者，在梯田渔业中掌握有完全的决定权。

妇女可以决定在哪些梯田里养鱼、养什么样的鱼、养多少，男人一般不过问。哈尼族妇女普遍喜欢养鲤鱼、鲫鱼。她们认为，鲤鱼、鲫鱼容易活，长得快，而且好吃；如果城里人来买，也好卖，因为城里人也喜欢吃鲤鱼、鲫鱼。马木娓家所养的鲤鱼、鲫鱼，就是由她自己决定的。

妇女还可以决定鱼的用途和养鱼收入的使用。我们知道，哈尼族养鱼的目的是用来食用、待客、祭祀和出售。食用、待客和祭祀用鱼，实际上早就是由妇女决定的。现在对于鱼的出售，妇女也有了决定权。如果家里需要用钱，比如交电费、买油盐等，妇女就会捉鱼去卖。家里的鱼，妇女可以决定是卖给邻居，还是卖给外来的购鱼者。所得的钱完全由妇女掌握。尽管哈尼族妇女所出售的鱼仅占所养之鱼的1/4，但这项收入是很重要的。这是一项商品经济的收入，而且掌握在妇女手中。

在如今的哀牢山区哈尼族社会中，妇女经营和管理梯田渔业，拥有渔业的支配权，这不仅提高了哈尼族妇女的经济地位，而且提高了她们的家庭地位和社会地位。

在哈尼族传统的父权制社会和家庭生活中，男人是家长，是一切社会活动的支配者。但同时，哈尼族又奉行"男主外，女主内"的原则，所以妇女往往是家庭生活的主心骨，家庭中的事情大多由妇女负责，家中的钱财也都由妇女保管，老年妇女更是受到人们的尊重。但是，由于男人是家长，妇女做任何事情还是要征得男人的同意，这反映出妇女所处的从属地位。如今，男人大多外出打工，妇女不仅要管理家庭生活，而且还要管理包括养鱼在内的大部分梯田农业生产。例如，当农忙时节到来时，男人还没有从打工地回家，妇女就得雇人来田里干活，有些妇女甚至自己到田里干从前属于男人干的活儿，如铲田埂、犁地等。在哀牢山区，自古以来就有"男人不背柴，女人不犁地"的传统分工，这已经被打破了，妇女已成为梯田农业中的主角，其家庭地位也随之得到提高。

过去，哈尼族妇女在社会上的地位是很低的。"男主外，女主内"的生活原则，使得妇女很少在社会上抛头露面，很少参加社会活动。在村寨中，村主任等职务从来由男人担任，一切社会活动（例如宗教活动、节庆活动、村寨集会）也都由男人主持。妇女在社会上几乎没有发言权。如今，妇女已开始管理渔业以及大部分梯田农业生产，这就需要与社会和市场接触。生产活动（特别是商品生产活动）是和社会紧密联系的，例如在梯田农业中，水资源的使用就需要各家各户共同协商，合理进行分配，而卖鱼的活动更是直接与市场相联系。这样，妇女在社会上也就有了发言权。现在的村民委员会中都有一些女性成员，许多意见和建议就是她们提出的。哈尼族妇女的社会地位正在不断提高。

然而，与此同时，哈尼族妇女的生活和劳动负担也大大加重了。在长期的历史中，哈尼族妇女不但要承担全部家务劳动，同时也要承担大部分梯田生产劳动。如今，梯田渔业也要由妇女经营管理，而这项工作以前是全家人一起做的，现在则全落到妇女肩上，由此加重了她们的负担。马木娓告诉笔者："天一下雨，我就害怕，担心鱼塘和梯田水满，鱼跑掉，就得出去看，去放水。鱼长大后，又怕别人偷，要常常去照看，有时就住在田棚里。养鱼这个事情很累人，差不多等于在田里干农活的劳动。"过去，像放水、住田棚、清鱼塘这样的苦差事，一般是由男人承担的，如今则都要由妇女承担。

哈尼族妇女的劳动可分为三种，即家务劳动、农业劳动和渔业劳动，这三种工作的劳动量大致相等。据了解，在过去，哈尼族妇女承担全部的家务劳动、一半以上的农业劳动和接近一半的渔业劳动；而如今，妇女又承担了原来属于男人的那一半渔业劳动，如果男人们在外忙得连农忙时也回不来，妇女还得承担原来属于男人的那一半农业劳动。这样，哈尼族妇女实际上就承担了梯田中的全部劳动。哈尼族妇女的精神压力也随着劳动负担的增加而增大，这是一个严重的问题，应当引起社会的广泛关注。

（原载《民族研究》2005 年第 4 期）

哈尼族梯田农耕社会中的女性角色

哈尼族是从事山地农耕的民族,特别在云南南部的哀牢山区,长期的农业实践和艰辛开拓,使群山改变了模样,雄伟壮观的梯田包裹着重重大山,使这一地区的山区呈现出云南亚热带山地罕见的田园牧歌景象,形成了较为稳定的梯田农业社会。哈尼族妇女在开创、发展梯田农业和促进社会稳定方面均做出了不可磨灭的贡献,因而她们在哀牢山哈尼族社会中受到了普遍的尊重。本文拟从农业生产、家庭生活及社会评价三个方面来看哈尼族妇女的社会角色与地位。

一 梯田农业中的哈尼族妇女

哈尼族的梯田农业,是利用哀牢山区地貌、气候、植被、水土等立体性特征,经过上千年的努力创造出的与自然生态系统相适应的良性农业生态循环系统。这一系统的显著特征是,在高山区保持繁茂的森林,使森林"绿色水库"常保水利功能;在半山区建立村寨,取"冬暖夏凉"及易上山狩猎、下山种田的地利;在整个下半山开辟梯田,充分占有水土及地热条件。当然,这一农业生态系统的正常运行和稳定发展，离不开人的有效作用，在这其中，哈尼族妇女的参与、创造和劳动不可或缺，无论是在梯田农业较为科学严谨的耕作程序，还是在相应的富有民族传统文化精神的土地、森林和梯田管理制度中，哈尼族妇女的作为都占有极为重要的位置。

（一）农业生产劳动

哈尼族梯田农业耕作，早已形成稳定的耕作程序模式，即先种育秧田，再将秧苗移置梯田中，其耕作程序有：挖头道田、修水沟、铲埂、修埂、犁、耙、施肥、放水、泡谷种、撒种、拔秧、背秧、栽秧、薅草、割谷、脱粒、背谷回寨、晒谷、归仓、泡冬水田等20多道。农具有板锄、犁、耙、镰刀、锯镰、打谷船、弯刀、铁铲、刮子等。挖田一般在阳春三月，这段时间气候温和凉爽，宜于劳作，且地气不发，土质干燥；泡冬水田是在秋收以后，届时将梯田犁过、耙平之后，放水泡田，所以称"泡冬水田"。"冬水田"从秋收泡到第二年春耕，整整一个冬季。水泡梯田，有利于田埂的牢固，有利于恢复地力。

现从梯田耕作的男女分工，试看哈尼族妇女在梯田农业生产中所承担的责任和所起到的作用。

男人：挖田、修水沟、铲埂、修埂、犁、耙、放水、施肥、割谷、脱粒（打谷）、背谷回寨、泡冬水田；

妇女：泡谷种、撒种、拔秧、背秧、栽秧、薅秧、施肥、割谷、脱粒、背谷回寨、晒谷、归仓、泡冬水田。

从上面简要的劳动分工中，我们可以看到哈尼族男女在梯田农业生产中所承担的工作和责任。关于这一耕作工序中的男女分工，哈尼族有一俗话，说："女人不犁田，男人不栽秧。"这一过于简单的劳动划分，仿佛在说明男人干强劳力活，妇女干轻松活，男人在梯田农业中比女人付出的劳动多,工作也更重要。其实,只要我们从耕种工序中男女所承担的劳动量来比较,就能得出结论。请看表1。

表1　　　　　每亩水田育秧工序及男女用工量　　　　（人）

分工	男				男女	女		
工种	犁二道	耙二道	铲埂	修埂	施肥	泡谷种	撒谷种	薅秧草
工时	1	1	1	1	3	0.5	0.5	3
合计	4				3	4		

在表1中,我们看到在育秧工序中男子的劳动量是4个工作日,妇女的劳动量也是4个工作日,而男女共同施肥为3个工作日,各占一半,这样,在育秧工序中男女都是5.5个工作日,劳动量是一样的。再看表2。

表2　　　　　每亩梯田耕种工序及男女用工量　　　　（人）

分工	男					女				男女
工种	犁二道	耙二道	铲埂	修埂	放水	拔秧	背秧	栽秧	薅秧	晒、挑谷草	割、打、背谷泡冬水田
工时	2	2	2	1	3	1	0.5	3	5	2	5
合计	10					11.5					5

从表2可以看到在一亩梯田的耕种过程中所用工的男子为10个,妇女为11.5个,男女共同割、打、背谷子、泡冬水田的工为五个(男女各占2.5个)。这样,在每亩梯田大田的劳作中,男子为12.5个工,妇女为14个工,妇女的劳动量多于男子。

实际上，哈尼族妇女自小就与男子一样是梯田农业的重要劳动者，在梯田农耕程序中，除了不犁田、耙田、铲埂外，几乎参与了农耕的全过程，即从稻谷的育秧、栽秧、生长、收获、脱粒、归仓等，而且在男人犁田、耙田、铲埂的过程中，妇女也是重要的助手，如捡出犁、耙出的石块、草根等的劳动就从未有人来计算。因此，可以说，哈尼族妇女在梯田农耕活动中，从劳动时间和劳动强度上都多于男子。

（二）农业耕作系统的管理

如前所说，哈尼族的农业已形成稳定的良性的农业生态系统。这一系统是完全地适应哀牢山自然生态环境，靠水资源的充分、合理使用及精细的田间管理来实现的。也就是说，这一系统的管理核心是：水资源的管理和农田耕作的管理。

哈尼族的水资源管理有着较完备的体系，它是以高山森林的完整保护和输水沟渠的完好无损为标志的。

哈尼族梯田水资源来自高山森林，"山有多高，水有多高"是其生动形象的注脚。对于森林的管理，哈尼族进行生态意义上的划分和保护。高山森林为水资源，村寨后山森林为神树林，村寨周围森林为村寨林或风景林，这些森林严禁砍伐。为保证森林的恒久保持，长期以来哈尼族制定了一系列村规民约和行之有效的护林措施。例如，每寨都有专门的森林管理员，每届村长都对森林的完好负有责任，对乱砍滥伐者要进行罚款，罚其栽树、打扫村寨、修理道路等。除了上述一系列具体保护森林措施外，哈尼族还将森林神圣化，即将水源林、村后林、村寨林都视为神林，常年加以祭祀。森林的世俗管理和森林的神圣化，使哀牢山的森林和水资源得到了有效的保护。

哈尼族俗话说："男人不背柴，女人不管水。"这句俗话的意思似乎是说，梯田农业的命根捏在男人手里，森林和水资源的管理与女人无关。实际上，对森林水资源这个梯田农业的命根，全体哈尼族无论男女老幼都有义不容辞的责任，都得积极地参与保护和管理。例如，在制定关于森林管理的村规民约和具体措施的时候，村寨年长的老妇女是要到场的，她们的意见必须得到尊重，因为哈尼族有一古话："高山上的水是母亲的乳汁。"在哈尼族社会中，背柴是姑娘媳妇的事，差不多每一天她们都要到森林中找柴，按规定她们不但不能砍树，而且有巡山、守护、告发偷伐者的义务和责任。虽为背柴，实际上参与了守林护林。

　　水资源管理的另一大项是输水沟渠的完好无损。哈尼族的农田水利是由哀牢山亚热带山高谷深的地理气候环境所决定的，是哈尼族人民适应自然和利用自然改造自然的独特成果。哈尼族在每座悬挂着梯田的山腰，都挖出数道水沟，这些水沟缠住大山。平时，道道大沟接住了高大山体和森林中渗出的泉水；雨水季节，漫山流淌的山水被水沟接住，顺着大沟流入梯田。每道大沟的上源都通进高山森林中的水潭、小溪和河流。有的水沟长达数十里，跨越邻县，直接水源，这样可保持农田用水长年不息。从高山顺沟而来的泉水，由上而下注入最高层的梯田，高层梯田水满，流入下一块梯田，再满再往下流……直到汇入河谷江河。这样，每块梯田都是沟渠，成为水流上下连接的部分。山水遥遥而来，夹带碎石泥沙，为了防止梯田沙化和堆积碎石，哈尼农人在沟水入田处挖一深坑沉淀沙石，在此清除石沙十分方便。

　　这样独特的山区梯田农业的水利工程是千百年生产经验的积累，是勤劳智慧的结晶。兴修水利关系到梯田农业的成败，是集体的大事业，而且还不仅仅是一村一寨小集体的事。水沟跨州连县、盘山绕岭、密如蛛网，灌区内所有的人都视水沟为命根，对水沟有着义不容辞的责任。哈尼族妇女是水沟建设、维修和管理的积极参与者，不但兴修时出力，护养沟渠也为己任。沟渠稍有破损，谁见谁修，蔚然成风。每年冬季，各村男女老少集体出动，疏通沟渠，砍去杂草，培堤筑壁，维修一新。

关于农田耕作的管理，妇女是其全过程的参与者。现仅举二例观其大概。

（一）施肥。这是农业生产过程中的重要一环，是完善的农业体系所必备的。由于哈尼族梯田的特殊性，它的施肥方式和水资源管理紧密联系，成为农田耕作管理体系中的关键部分。

哈尼族梯田农业系统中的施肥、增加地力的方法十分独特。它是利用梯田农业水利系统来进行的，即利用高山流水把肥料直接运送到田里，被称为"冲肥"。"冲肥"有两种：一是冲村寨肥塘和家庭肥塘，这是一年来所积攒的农家肥。栽秧时节，开动山水，搅拌肥塘，肥水顺沟冲下，流入梯田；二是冲山水肥。每年雨季到来，在高山森林积蓄、沤了一年的枯叶，牛马粪便顺山而下，流入山腰水沟。届时，村村寨寨，男女老少一其出动，称为"赶沟"。漫山随雨而来的肥在人们的大力疏导下，迅速注入梯田。

施肥的重要性对农业来说是不言而喻的。村寨肥塘和家庭肥塘所积的家禽牲畜粪便和垃圾灶灰之类，是梯田的重要肥料。它来源于家庭生活废料和村寨禽畜，因而由妇女积蓄和管理，妇女之功可见一斑。另外，无论是冲村寨肥塘、家庭肥塘，还是冲山水肥（赶沟），妇女都是义不容辞的参与者，冲自家肥塘，妇女则是名副其实的组织管理者和指挥者。

（二）育秧田。长期的农业实践，使哈尼族在生产过程中最重撒种和育秧。秧田和种子田的管理十分精细，因为它决定着梯田稻谷的健康成长，就如人之胚胎，先天足，则后天壮。在秧田和种子田中要施用绿肥。绿肥由妇女沤制，绿肥所用草类很多，但蒿类植物是必备的，因为其性苦辣，即可肥田，又能杀虫。育秧田为妇女管理，被称为"母亲田"，因为没有秧苗就没有梯田稻谷。从泡种、撒种到拔秧，每道工序每一环节，妇女都严格管理养护，因为这和施肥一样，决定着梯田农耕的成败。

哈尼族妇女在梯田农业生产劳动及农耕管理系统中的重要作用，使她们在社会上受到普遍的尊重。

二 家庭生活中的哈尼族妇女

哈尼族家庭是一夫一妻父系制家庭，一般是几代同堂的大家庭。同时，在家庭观念上也奉行"树大分枝"的原则，哈尼族男子一经结婚生子，有些就从父母家庭中分出，建立独立的小家庭。因而，在哀牢山哈尼族社会中，大家庭与小家庭并存，实行着父权制的家庭结构。

在哈尼族家庭中，父权最重，负责安排、决定全家的劳动生产和与家庭有关的一切大事。而妇女则管理家内事务和从事一切家务劳动。哈尼族的家内事务，很大部分往往是梯田农业的继续。由于哀牢山区少有平地，无法建打谷场，因而像晾晒谷子这样的生产劳动必须从田间转移到家中房顶的平台上。哈尼族家家户户的房子都建有平台，主要是为了弥补平地的不足，充作晒谷场的。由于这部分劳动转入家内，成为家内事务，因而由妇女负责。这些劳动往往具有较长的延续性和实用性。例如：背谷回寨、晾晒谷子、归仓，一直延续到碓米、煮饭。再例如：晾晒棉花、轧棉籽，会延续到纺纱织布、缝制衣被等。因此，哈尼族妇女家内事务沉重繁忙。再就是家务活，烦琐细致，头绪纷繁，难以尽述。

现在，我们来看一下哈尼族妇女在家庭中的劳动分工及所承担的责任。若以一个三代同堂的家庭为例，家中妇女为母亲、儿媳妇和女儿，她们可代表哈尼族不同年龄层的女性。

母亲（老年女性），是哈尼族家庭的支柱。在社会上，她们与男性长者一样是勤劳、智慧的象征；在家庭中，她们是当然的权威，她们指导媳妇管理家政、纺纱织布、染布、缝衣、培养儿孙。对于家庭的和睦、健康和发展，她们负有重大的责任，与此相关的一切大事，她们都亲自到场、亲自动手。例如，盖房子，是哈尼族家庭的大事，此事直接关系到家庭的安定和兴旺发展。选定地基后，家庭中的老母亲、老婆婆要亲手用丝线量其方圆，然后才能破土动工。在笔者的观察中，这实际上仅是象征性的操作，但哈尼族人却认为这很重要，只有这样，神灵才会保佑新居安康。有的地区的哈尼族住宅的房顶是用山茅草覆盖，这第一把草也必须由老母亲来割，据说也只有这样，女神才会保佑其家庭安居乐业。梯田农业生产，更是哈尼族家庭生存、发展的大事。尽管哈尼族老母亲已经不参加直接的田间农业生产，但像栽秧这样的由女性负责的关键性农业活动，她是必须到场的。开秧门这天，这位家庭的母亲先拔出第一捆秧。这捆秧称为"母亲秧"。栽秧前，这位母亲拿着这第一捆秧，绕田一周后，等候在旁的穿着崭新衣服的媳妇、女儿们就蜂拥下田，进行栽秧。哈尼族认为，此"秧"如同"出嫁的新娘"，她的成活、成长，不仅意味着农业丰收，而且意味着子孙满堂。

哈尼族的婆婆每天必须早起，她的第一件事是与媳妇一起生火做早饭和煮猪食。饭做好后，丈夫、儿子和媳妇先吃，她去喂猪。同时，将孙儿孙女从床上叫起来穿戴。等儿子、媳妇吃完饭去田里，丈夫去放牛，她就和孙儿们一起吃饭。饭后，是学生的孙儿去学堂，其他孙儿就跟她到附近的山中摘猪菜。回来后,她有时到菜园里弄弄蔬菜,有时在屋子的晒台上织织布,抱抱孙子。在干这些细碎活计的过程中,给孙儿们讲故事是她的天然职责。在哀牢山中,家庭的老祖母是儿童们的第一个启蒙老师,很多哈尼族的风情传说、历史掌故、生活习俗、农业知识,主要是由她传授给了新的一代。哈尼族的儿歌,数量难以尽数,内容包罗万象,代代延续不衰,可以说这得力于老祖母们的传袭。在笔者访问的哈尼族村寨,每当夜晚,都能听到朗朗的儿歌唱诵声。若问这些儿童从哪儿学来的儿歌,他们会异口同声地告诉你,是祖母教给他的。夕阳西下,家中的这位老母亲开始生火煮饭,与从田里提前回来的媳妇一起,将一天中最重要的饭食准备好。全家回来后,在融融的气氛中吃晚饭。男人们必须喝上一口酒,谈谈田间的趣事和劳动进展;而老母亲则一边吃饭,一边给儿子、媳妇夹菜,同时给幼小的孙儿喂饭。晚饭后,男人们或是去串门,或是在家接待朋友;媳妇收拾家务,婆婆则哄孙儿上床睡觉。

儿媳(中青年女性),在哈尼族家庭中是重要角色。在分家另过的小家庭中,她是妻子、主妇和母亲,管理着家政。在几代同堂的家庭,上有公婆,下有儿女,她和丈夫具有家庭支柱性质,而她在家中更是举足轻重。哈尼族人常说"大树离不开根,家庭离不开女人"。这个女人指的就是今天做媳妇、明天做母亲和婆婆的她。哈尼族家庭大权归男人,但实际上家庭的财产、家务、消费等一般都由女人掌管,而这个掌管"财政大权"的大多数就是儿媳妇。哈尼族称这个"管家人"为"萨师阿玛",意思是"女人手掌留福气"。一个好媳妇必须是个全才,从农田里的活计,到挑花绣朵、纺织制衣、背水做饭、服侍公婆、哺育后代都是把好手。对于好媳妇,哈尼人称为"聪葵然咪",意为聪明、贤惠、能干的女人。

哈尼族认为家里有个好媳妇,是一家人的莫大幸运和幸福。哈尼族媳妇，为父系制的哈尼族家庭生儿育女、传宗接代、延续香火、爱护幼小的弟妹以及勤劳吃苦的美德，使她成为家庭中最重要的成员。对待公婆，哈尼族媳妇绝对比对自己的父母好。在日常生活中，为老人铺床叠被，打洗脸、洗脚水；老人生病，媳妇更是病床前形影不离的守护者。对于丈夫，哈尼族媳妇唯命是从，做饭洗碗、递烟倒茶、招待客人等都是她的分内之事。男人到田间干活，她尾随其后，并肩劳作，间隙送饭、送水。收工回家，她先行一步，赶回家来做饭。男人出门，她要为其整理行装，远送村外；男人回家，她左右不离，嘘寒问暖，并做好美味佳肴，给丈夫补身子。对于丈夫家的兄弟姐妹，她尊长爱幼，与家庭中的同辈和邻里乡亲相处得如同亲生姐妹一般。媳妇在家庭中的角色，使她成为家庭关系的维系者，上对公婆，下对儿女，她的行为举止，直接影响家庭的和睦和稳定。

女儿（青少年女性），哈尼族女儿自小就参加生产劳动。在童年时期就帮助母亲洗菜、背水、煮饭、做家务。同时，学习纺纱织布、缝制衣物，并伙同寨中女伴上山背柴。家中只要有一个女儿，全家煮饭、烤火的烧柴就有了保障。另外，大的女儿帮母亲领带弟弟妹妹是其应尽的义务和职责。可以说，女儿自小就是家务劳动者，而且注定一生都将为家庭做出奉献。

由此，可以看出，哈尼族妇女承担了一个家庭的所有家内事务和所有家务劳动，维护着一个家庭的正常运转和繁衍发展。

哈尼族妇女的一天是劳动的一天、奉献的一天；哈尼族妇女的一生是劳动的一生、奉献的一生。这一生，囊括了她做女儿、做媳妇、做母亲、做婆婆的全过程，这是一个成长的过程、奉献的过程。对于社会细胞——家庭的奉献，使哈尼族妇女获得了社会的尊敬。

三 哈尼族社会对女性的积极评价

哈尼族社会，对女性是崇敬的，可以说哈尼族从古至今都是一个崇敬女性的民族。这是因为，哈尼族女性对社会做出了卓越而无私的贡献。在哈尼族居住的广大地区，到处流传着关于女性的神话及故事。许多故事对女性的无私奉献和伟大品质的赞颂达到了至高无上的地步。哈尼族神话故事《奴玛和芭拉》就是典型的一例，讲述的是：古代太阳和月亮被恶魔吞没，人类在黑暗和寒冷中挣扎。这时哈尼族姑娘芭拉和媳妇奴玛挺身而出与恶魔搏斗，杀死恶魔，变成太阳和月亮飞上天空，把光明和温暖洒向人间。从此，哈尼族就用她俩的名字来称呼太阳和月亮。直到如今，哈尼族仍然崇拜太阳和月亮，说到太阳和月亮，总要提到"两姐妹"的事迹，这实际上也体现出对女性的崇拜。

哈尼族公认农业是妇女发明的。哈尼族每个家庭都有家谱，家谱的第一代祖先就是伟大的女性"奥玛"，她是农业的发明者，在漫长的历史和人们的心目中具有神圣的地位。哈尼族的梯田农业有着悠久的历史，远古农业的发现和发展使得哈尼族在红河南岸哀牢山中创造了雄伟壮观的梯田。正如我们所知道的那样，哈尼族梯田农业是山区农业的典范，有着与自然环境相吻合的高山森林、半山村寨、下半山梯田三位一体的生存空间格局和农业生态系统。这一空间格局和农业生态系统是靠高山森林水资源的保护和充分利用来维持的，因此哈尼族称水资源为梯田的命根。直到今天，对于梯田的这个命根，哈尼族总是用女性来比喻和称呼的。例如，生活于红河南岸元阳县境从事梯田农业的哈尼族称森林密布具有"绿色水库"之称的观音山为母亲,称观音山之水为"乳汁"。如此称呼,是自古以来女性在人们心目中的崇高地位的历史记忆,是哈尼族对历史上发明农业的妇女的崇高地位的认可和推崇。

哈尼族是一个经历过漫长曲折迁徙最后进入哀牢山区创造出梯田农业的民族。迁徙是哈尼族的古代历史,哈尼族史诗《哈尼阿培聪坡坡》真实地记录了这段迁徙史。在这部史诗里,有极大的篇幅记叙一位哈尼族女英雄"戚妣然咪"的事迹。正是这位女英雄,在哈尼族几乎遭到灭顶之灾、民族生死存亡的关头,以其卓越的智慧和胆量,使整个民族转危为安进入哀牢山区。她为民族所做的贡献,赢得了人们的崇拜和敬仰。她的故事,妇孺皆知,至今仍在哀牢山区广为流传。

20世纪初,哀牢山区爆发过一场反抗土司领主压迫剥削的农民大起义。起义的领袖芦梅贝,是一位年仅18岁的女青年,然而她被当地人民称为"多沙阿波",意思是多沙村的阿爷。这位女性的行为代表了哈尼族人民的意愿,她为民族的利益做出了贡献,受到人们的敬重,理应称为"阿爷"。这种尊称隐含着对女性的深切崇敬,从古至今,哈尼族女性为民族所做的贡献,赢得了社会的尊重和人们的推崇。哈尼族认为:在古代,女人比男人更伟大。其实在今天,女人比男人也毫不逊色。

在现实生活中,哈尼族女儿所代表的年轻妇女,小小年纪就参加农业生产和家务劳动,她们是梯田农业未来的主要劳动力和家庭主妇,一直受到全社会的关心和爱护。哈尼族媳妇所代表的中年妇女,是梯田农业的主要劳动者、家庭劳动的主要承担者和家庭关系的维系者,更受到了全社会的重视和积极评价。"聪葵然咪"是哈尼族对贤德优秀的媳妇的称呼。被称为"聪葵然咪"的媳妇,不仅受到家庭、亲戚、朋友的尊敬,而且受到全寨人和社会的赞扬。哈尼族母亲所代表的老年妇女，历来受到哈尼族社会的高度尊敬。她们具有梯田农业生产劳动和家庭家政管理指导者及儿童启蒙老师的地位。而且，她们在社会上也具有较大影响力，在重要的集会、节日、宗教祭祀活动中，她们的意见受到重视，她们的行为具有权威性。因而，在人们的心目中，她们是智慧和权威的象征。

哈尼族妇女，无论女儿、媳妇和母亲都是梯田生产的重要劳动者，她们承担着梯田农业一半以上的劳动，对梯田农业的稳定和发展做出了积极的努力和贡献。同时，哈尼族妇女是全部家庭事务和家务劳动的承担者，她们对家庭的和睦、家庭的繁衍、家庭的健康发展，乃至对社会的安定、民族的繁兴做出了积极而无私的奉献。

正由于哈尼族妇女在漫长的历史岁月中，在发展的社会生活中，为梯田农业、家庭生活、社会发展以及民族繁荣做出了不可磨灭的贡献，因而，从古至今，一直受到哈尼族社会的崇敬。

（原载《民族学》，民族出版社2001年版）

哈尼族梯田与服饰文化

哈尼族的梯田,现在正在(2013年申报成功——作者注)向联合国申报世界文化遗产。对于哈尼族来说,梯田是他们的命根,是他们创造出来的世世代代赖以生存的物质财富,同时也是他们对之思量想象不已的精神财富。在多年的社会调查研究中,笔者深感梯田对哈尼族文化的影响,这种影响是深刻的,可以说它贯穿哈尼族文化的方方面面。

现在,我们仅从哈尼族的服饰文化方面来看梯田对哈尼族物质文化和精神文化的影响。因为服饰从"遮风避寒"的文化层面上看,它是物质的;从遮羞和审美的文化层面上看,它是精神的。

一 梯田与哈尼族服装

哈尼族是我国西南边疆历史悠久、文化丰富的古老民族,人口140余万人,绝大部分集中分布于云南南部元江(红河)、澜沧江两江的中间地带,这一地带就是哀牢山、无量山之间的广阔山区。哀牢山和无量山自滇西巍山南部,由云岭山脉分出,纵贯滇南全境。哈尼族分布区域,约为北纬21°到北纬26°,东经99°到104°,处于汉、

| 发现传统

彝、白、傣、拉祜等族分布地的中间地带，并有苗、瑶、回、壮等族分布其间。哈尼族大片聚居于海拔约在 800 米至 2500 米之间的半山区。

利用山区自然条件开垦梯田，是哈尼族的特长和千年的传统。在云南亚热带山区，哈尼族所开垦的梯田层层叠叠，包裹着座座大山，同时水渠纵横，反射天光，蔚为壮观。从哈尼族居住地环境整体观之，高山森林、中山村寨、低山梯田构成与哀牢山区自然生态相适应的三位一体的格局。从这种格局的内部运作，即从哈尼族社会生产、社会生活方面观之，梯田农业是一个较为完整的、良性的农业生态系统。这种适于自然、利用自然、改造自然又符合自然规律要求所建构的有利于人们生存和发展的农业生态系统，是哈尼族长期认识世界、改造世界的卓越成果。

可以说，梯田几乎成了这个民族的标志。作为人类劳动和创造的物质文化实体，梯田凝结着哈尼族悠久漫长的历史，沉淀着丰厚广博的文化，并维系着复杂多样的生活。

哈尼族服装来源于自给自足的梯田农业，从原料的栽种、纺织、靛染、裁剪、款式，无不依托和适应于梯田农业。

哈尼族自种棉花。棉花种在厚大的田埂和田间空地上。由于所种棉花仅为自用而非出卖，因而哈尼族各户种植的棉花不多，够全家一年穿用而已。哈尼族妇女几乎都是种棉、纺织、制衣的能手，因为家庭所有成员的穿着、被盖均依赖于她们。在这套世代传袭的传统的技艺中，纺织占着极其重要的位置，它是由棉到衣的中间环节，纺织品——布的质地直接影响成衣的结实程度和美观程度。因而，纺织水平成了女子心灵手巧和治家本领的重要标尺，亦是女子身价的一种体现。

在哀牢山区，几乎每一户哈尼人家，都有一套木制的棉花轧花机、纺车和织布机。每当深秋时节，棉花收摘回寨后，选择阳光较好的日子，将其铺晒在房顶晒台上。哈尼族妇女就一边翻晒棉花，一边用轧花机将棉籽除去。之后则请本村或外村的弹棉师来家里弹棉花，棉花弹好，搓成棉条，即可纺纱。纺纱织布在"泡冬水田"的农闲冬季进行。纺纱用木制纺车，多为年轻姑娘承担。纺织地点，或在家中，或在晒台，或三五相邀在某位姑娘的小房子中。此项颇有情趣的工作，要从10月持续到12月底方能就绪。然后将理顺成把的棉纱与玉米籽同煮，搓揉、漂洗后，缠于线架，即可上机织布。哈尼族织布机为木制，看似简单，但必须手足并用方能操作。先将纱线排于织架，是为经线，然后织者两手横穿带纬线的梭子，双脚蹬踩下边的踏板，经线分开，纬线方可穿过。此项工作非心灵手巧不能为。哈尼族织机织出的布，宽25—30厘米，长3米多，白色，称为"小土布"。哈尼人家每年织布一次，所织的布可做四五件衣服，多的可做十多件。

在哀牢山区，金平、元阳、绿春一带的哈尼族常将所织布料染色之后再行剪裁制衣，而红河、元江等地的哈尼族则待缝制成衣后才染色。哈尼族尚黑，男女老幼的衣服都染成蓝色和黑色。关于哈尼族尚黑，在哀牢山区有多种说法，但归纳起来主要有两种。一是说，哈尼族在古老的家园"色偶"（地名，哈尼族认为是今大理洱海一带）时，非常崇尚浑身洁白的白鹇鸟，羡慕其勤劳勇敢及无忧无虑的生活。于是，就模仿白鹇鸟穿一身洁白的服装，男子们还戴着白布缠绕的大白帽，妇女则戴着白头巾。后来，外民族来侵占哈尼族美丽的家园，哈尼族因寡不敌众而南逃，但白衣白帽太显眼，只得脱掉丢弃，终于逃进了深山密林。在深山，哈尼族看到喜鹊成天在树上蹦跳，那么快活，没有什么鸟来侵害它，就模仿喜鹊穿一身黑白相间的服装，即内穿白衬衫，外套黑领褂，下穿黑裤子，头戴黑帽，模样好似喜鹊。但是，这种黑白相间的服装，依然惹人注目。果然，外族再次追来，哈尼族只好再度南迁，逃进滇南哀牢山中。几多风雨，几多血腥，哈尼族终于发现黑色最不显眼，藏身于哀牢山密林，黑色与山林浑然一体，是最安全的，于是将衣服染成黑色。第二种说法是，在古时候，哈尼族是喜欢浅色的，哈尼人都穿生白的绣有花卉的衣服，非常漂亮。但是，哈尼族居住的地方魔鬼横行，奸人当道，年轻美丽的姑娘常遭凌辱。有一次，一位叫作克略大妈的寡妇，领着她的两位貌美的女儿上山挖山茅野菜来充饥，不幸遇到了一伙蠡贼。他们打死了大妈，要欺辱和抢走那两个姑娘。姑娘拼命逃跑，进入了深山密林。山上那一蓬蓬蓝靛叶把她俩的衣服染得青一块黑一块，最后变成黑油油的衣服。蠡贼时时进山来捉她俩，但她俩的衣服和黑压压的森林一样，随便一躲，蠡贼就无法找到。衣服意外地染黑，使这两位哈尼姑娘免去了灾难。从此，哈尼人就用蓝靛染黑衣服。这两种说法，都有一个共同的主题，即黑色使哈尼族免除了灾难，可以说是哈尼族生命和民族的保护色，因而哈尼族崇尚黑色。

实际上，哈尼族尚黑，是其社会文化发展程度及哀牢山自然环境和梯田农业所决定的。哈尼族社会是建立于梯田农业之上的农耕经济社会，尽管其梯田农业在亚热带山地农业中已发展到了较高水平，但这毕竟是封闭地理环境中的奇葩，它缺乏与外界的接触和交往。再则，哈尼族是经历了长期的苦难迁徙，受尽战争威逼之苦而最后定居哀牢深山的。艰辛的历史，使其形成了"避世深隐""洁身自好"的民族心理定式。这种心理定式有强烈的民族向心力，但缺乏向外交往的主动性。心理定式的封闭加之地理环境的封闭，使哈尼族的物质生活对自然经济有其极大的依赖性。自给自足的小农经济是有缺陷的，得靠民族和地区间的经济文化交往加以补足。哈尼族缺乏的正是这种交往。于是哈尼族的农业尽管较为发达，但手工业等仍未从农业中分离出来，仅是其农业的附庸和补充。哈尼族手工匠人是地道的农民，农忙之余才进行手工业生产，所用原料均就地取材，所生产的无非是桌、椅、凳、柜、箱、床、筷、甑、斗、杓等生活用具和背箩、簸箕、撮箕、筛子、篾笆、篾垫、篾帽、鱼笼、提篮、背水桶，以及碓、谷床、纺车、织布机、轧花机、蒸油桶、耙、犁架等生产用具。这些手工业制品都为竹木所造，显然不能满足农业生产和居家生活的需要。比如铁制农具过去全靠外地商人输入，哈尼族铁匠则以农为主，兼做修补农具和打制小农具的工作。直到近几十年，哈尼族中才出现专门的铁匠，但数量稀少，十几个村子才有一个，不能满足生产生活之需。纺织，作为手工业的重要组成部分，物质生活所必需的生产，在哀牢山哈尼族社会中，也无非是填充农闲时间的补充性劳动而已。

手工业没有从农业中分离出来，就不可能对哀牢山丰富的自然资源进行充分的开发和利用。哀牢山区，由于古老的地质地貌和特殊的立体气候条件，形成了分布广袤、蕴藏丰富的物产资源。据有关方面的调查，有锡、铅、金、银、铜、铁、钨、钛、锰、锌、煤、石膏、石墨、大理石、水晶石、硅石、霞石、石英石等矿物，有寒、温、热带三个气候带中种类繁多的植物及经济林木。很显然，封闭型的梯田农业中的手工业对其的开发、利用是有限的。仅以染布而言，哈尼族还不能像内地自给自足小农经济中的汉族和其他民族那样发现含矿物质泥土及许多植物汁液的染色作用，以及利用这些矿物和植物制成各种染料，根据需要将布料染成不同颜色。从上述哈尼族对"尚黑"的说法中，我们看到哈尼族最初穿白色服装，并不是模仿白鹇鸟，而是没有发现和使用染料的结果。同时，我们在第二种说法中看到，蓝靛染料是承担哈尼族服装物质生产的妇女发现的，这表明哈尼族服饰文化和物质生活向前迈了一大步。但是纵观哈尼族历史和现实生活，哈尼族自古以来就只发现和使用过一种染布原料，即蓝靛。蓝靛只能将布料染成蓝色和黑色。这就是哈尼族"尚黑"的真正原因。今天，工业生产的各种染料已进入哈尼族生活中，自制的"小土布"根据需要染成各种颜色，而且外地生产的各色"洋布"也进入了哀牢山中，哈尼族服装，特别是年轻妇女的服装已是五彩纷呈、光亮鲜明了。"尚黑"之说并非错误，仅是说明哈尼族物质生产生活的历史局限而已。

　　自妇女发现蓝靛的染色作用后，即开始变其野生为家养。哈尼族的蓝靛，靠妇女在田边地角种植。深秋时节，将成熟的蓝靛枝叶收割回来，放入瓦缸沤泡数日，使其发酵，然后捞去杂质放入适量石灰加以搅拌，沉淀后滤去清水，即得靛膏，是为染料。染布料和衣服时，先把适量的靛膏放入染缸水中溶解，加入适量白酒，搅拌均匀，就可浸染。据说，靛水与酒精混合就具有易染而不易褪色的效果。布料和衣服入缸浸染数次即可，次数少为蓝色，次数多则为深青黑色。

　　直到20世纪50年代，哈尼族服装，无论男女老少均为蓝色和黑色。就其一地或一个支系而言，色调不仅单一，款式亦单一，仅有男女老幼之别而无款式的多样，全体男子一种款式，全体女子另一种款式，儿童服装仅是大人服装的缩小，服装装饰物也大体相当。单一款式的服饰成为一地或一个支系人们的标志，观其款式或服饰就能辨认。这是哈尼族服饰的一大特点。然而，若就整个哀牢山哈尼族的服饰来看，虽然色调单一，但款式和装饰却众多，呈现纷繁复杂的景观。这是因为哀牢山区地域广阔，哈尼族支系繁多的缘故。哈尼族男子服饰，各地各支系大体相同，均为紧身短衣，宽松长裤，黑布包头。服饰纷繁实际上主要体现在妇女身上。例如，居住于墨江、绿春一带的哈尼族白宏（支系）人，服装以短、紧、小著称，衣不遮脐，裤不过膝；上衣无领，斜襟右衽，袖长而细；下裤为双折短裤，直筒，宽大；小腿套有护脚套。居住在元江一带的豪尼人，亦穿及膝短裤，青布紧身短衣。居住在红河浪堤、车古、羊街一带的叶车人，所穿短裤则更短，可称紧身超短裤，长度仅及大腿根部，裤腰右侧开口，便于穿脱，口边有带，可供系紧；衣有两种，一为对襟短摆，无领，袖短宽；二为斜襟交叉，无领，剪口，无扣，以棉线将左襟系于右腋下；头戴尖顶白布巾。居住在红河等地的碧约人，穿长衣着筒裙，长衣颇似风衣，筒裙十分宽大。居住在建水之南、元阳一带的罗美人、腊咪人、艾乐人穿短衣长裤，短衣斜襟无领，腋下一扣紧衣，一般外配一坎肩，坎肩无扣；长裤为大腰、大裤裆、大裤脚直筒裤。总之，哈尼族服装款式种类繁多，上身有长衣、短衣、斜襟、对襟、有领、无领、有扣、无扣、长袖、短袖之分，下身则有长裤、中裤、短裤、超短裤、长裙、中裙、短裙之别。各地各支系哈尼族服装尽管有如此不同，然而却有一个共同之点，那就是，上装短小紧身（部分哈尼族虽有长衣，但时常将前后摆分别折叠别于腰中，变为短衣。据说，长衣原不属于哈尼族，是受清朝满族服装影响的结果），下装轻松、宽大。这一重要特点，体现出哈尼族服装对于哀牢山自然环境与梯田农业的适应性。

哀牢山区属亚热带气候，长夏无冬，哈尼族居住于半山，更是冬暖夏凉。因而，哈尼族虽无冬装，但服装的御寒、遮羞和审美功能都具备，这另当别论。上紧下松的服装特点，一是在山大谷深的自然环境中，上坡下坡行走方便；二是便于梯田中的劳动生产。

哈尼族男女都是梯田农业的劳动者。打埂、铲堤、犁田、耙田、打谷是男人的主要农活。拔秧、栽秧、薅秧、割谷等则是妇女的主要农活。这些农活都要在没膝的田水中进行，上装短小紧身，便于劳作；下装的轻松宽大亦便于劳作，长裤、长裙的宽松，易于下田时穿脱和卷起，短裤则更加适合梯田农业生产和亚热带气候的特点。

另外，值得一提的是，哈尼族古无鞋袜，曾穿用一种木屐，这种木屐多为竹板所制，鞋底留有竹节或刻出凸棱用于防滑，十分适于田埂和田间泥路的行走，是哈尼族服饰的独特部分。

出于梯田，适于梯田，是哈尼族服饰文化的一大特征。

二　哈尼族梯田与服装装饰艺术

云南亚热带哀牢山区的哈尼族梯田，给人以雄伟壮观之感。梯田是一种田制，是崇山峻岭地理环境中的一种农业形态。但在长期的与自然环境的物质交换和相互交融中，哈尼族梯田在成为一种罕见的良性农业生态系统的同时，在千百年的人的积极劳作、倾心维护过程中，哈尼族梯田实际上已经成了一个硕大无比的艺术品。

梯田呈现出来的最显著的视觉特征是线条。这是一种雕塑在大地长天之间、崇山峻岭之中的线条狂奔之壮美，它深深地震撼着来此观光的外地人，也深深地震撼着它的创造者哈尼族，并深刻地影响着哈尼族的各种艺术门类，特别是其服装装饰艺术。

哈尼族的装饰艺术主要体现在服装上。正如前文所述，由于哀牢山地域广阔，哈尼族支系繁多，服装千差万别，有长衣、中衣、短衣，有长裤、中裤、短裤，有长裙、中裙、短裙。但是，尽管各地服装多样复杂，其装饰则具有共同性。梯形图案，是哀牢山各地哈尼族服装的基本装饰图案。这是哈尼族对山地生活和梯田农业的艺术体现。

哈尼族服装的装饰，是审美的需求。男子头饰、服装装饰均简单，头缠包头，身穿布衣而已，最多银币作扣，以为装饰。妇女则不同，发式有单辫、双辫、垂辫、盘辫之区分，装饰物有年龄、婚嫁、生育、节庆的不同。哈尼儿童，不分男女，装饰在头，在自制的小布帽上钉有猪牙、海贝、银泡、银钱、虎豹牙、穿山甲鳞壳等饰物。少女及年轻姑娘编辫下垂，头缠包头，包头上饰以红线或成排银泡，衣襟、衣边、袖口、裤脚边镶绣彩色花边，佩戴银耳环、耳坠和项圈，胸饰以银链、成片银泡和成串银币为主，手腕戴银镯。已婚和生育后的妇女编独辫和双辫盘于头顶，覆盖包头巾，服装上银饰渐少，前襟、衣边、袖口、裤脚边仍镶绣彩色花边。老年妇女辫发盘于头顶，衣着朴素，几近全黑，无花边少银饰。节庆之期，哈尼族男女老幼均着新衣，姑娘们花枝招展，装饰盛于往日，走起路来，浑身叮当作响，十分引人注目。

哈尼族女性无论年岁大小都戴帽子。帽子分为三类，即帽子、头帕和包头。各类帽子又可分为许多种。其装饰特点是，从帽檐往上进行圆形装饰，主要使用彩色丝线、花边、银币、银泡、串珠、绣球等，梯田田埂般有层次有规律地一圈一圈往上装饰。哈尼族碧约人的帽子很有特色，是用青布缝制的，呈六角形，顺着帽檐，用大银泡钉成多块三角形，距离相隔，形成上下交错的形状。红河、元阳一带的部分哈尼族戴一种"公鸡帽"。这种帽子因为像公鸡的鸡冠而得名。"公鸡帽"周身银泡，犹如繁星，闪烁夺目。细看，那银泡从下往上装饰，一层一层，重重叠叠，使人不由想起那形如天梯的层层梯田。

哈尼族服装，特别是妇女的服装的所有边沿，如领口、袖口、衣襟边、裙边、裤脚边等都要进行装饰。所采用的材料和方式主要是贴布、绣花、钉花边等。这种装饰，各哈尼族支系自有特点，如自称哈尼、碧约、俄奴、糯比的哈尼族重视的是袖口和围脖的装饰。他们的袖子多用贴布装饰，十分讲究布料色彩的搭配，做工也很精细，呈现立体感觉。围脖一般都钉上一排排的银泡，并用金银丝线镶边，形成梯形。绿春一带的哈尼族切底人更是将红、绿、黑、白、蓝等布料拼接成袖子，形成显著的梯形。自称罗美、腊咪、果觉的哈尼族，由于大多穿斜襟无领上衣，有的还外加一件对襟坎肩，因而对襟边、胸部进行着意的装饰。斜襟的襟边多为长排的花边，排排相靠，形成梯形，有的则在前襟上装饰大排大排的银泡，重重叠叠之感十分突出。坎肩的装饰讲究华贵，一般使用串珠、彩线、银泡、银链、银币、银牌等，但必须与内穿的上衣形成整体。居住在红河县浪堤、羊街、车古一带的自称叶车的哈尼族，服装装饰十分简朴，几乎不用花边、贴布、绣花、银泡等，其装饰讲究的是衣服本身，亦是在边沿上下功夫。正如我们知道的那样，叶车妇女穿短裤。粗略看来，讲求的是显露妇女健美的大腿而不讲求花边、银饰等的装饰效果。其实，叶车妇女的短裤前面的裤边都往上打了七八道用线固定死的褶子，使前面裤边向上跷起，梯形图案十分醒目。另外，叶车妇女的多层衣更是意味深长，多层衣为九至十二件同样的衣服（实为衣边）钉在一起组合而成，件与件之间在其边沿部分构成梯形图案，像梯田一样层层相间、台台相叠。这种件与件之间在其边沿部分所构成的梯形图案，表现出了哈尼族的独特审美和叶车人的独特装饰艺术形式。如此形式与哀牢山区其他哈尼族支系的装饰艺术形式一样，体现的正是梯田所呈现于大地长天之间和崇山峻岭之中的线条美。

三 结语

哈尼族的服饰与梯田紧密相关，从其物质文化层面，服装来自梯田，从其精神文化层面，服装的式样、审美同样来自梯田。因此，我们可以说，梯田是哈尼族服饰这一物质和精神文化的源泉。

从人类学的观点看，哈尼族服装装饰，不仅为了审美，而且还是梯田农业的记录和象征。例如，哈尼族衣服上绣制的图案和银泡图案的排列，就像层层梯田一样重重叠叠，埂回堤转。又如，哈尼族叶车（支系）妇女的多层衣就具有梯田内容。再如，过去叶车妇女已婚生育后，发式为一称为"俄莫"的独角，上罩一个称为"莫合"的角盖。这个角盖以正中为圆心，制作十二条向四周放射之褶纹。这些褶纹就是记录和象形哈尼族的梯田水沟。这个角盖有着神奇的传说，说的就是哀牢山洪水泛滥、哈尼族开田造沟的经历。水和水沟是梯田的命根，顶在头上，以作永久的记录与象征。

哈尼族的装饰艺术具有朴实的写实风格，不仅在服饰上，而且在其住宅建筑的房顶，在各种竹编器物的表面，以及在哈尼族青年出门所背的挎包上，这种写实的梯形图案和线条随时可见。这是哈尼族以梯田为参照物在服装及器物上的艺术体现。

（原载《民族服饰与文化遗产研究论文集》，云南科技出版社2002年版）

菠萝生产对哈尼山寨传统
生产方式的冲击

当前农村的产业结构，正在发生翻天覆地的变化，这些变化之所以出现和实现，一个很重要的原因就是商品经济在其中起着杠杆作用。内地如此，云南边疆依然如此。所不同的只是，由于社会发展的不平衡性、民族的差异性等因素，在发展速度和质的内涵上有所不同。正是这样，研究商品生产发展的规律和特点仅仅从总体考察还很不够，更需要立足于具体地区、具体民族，从历史到现状，从自然到经济，从经济到政治进行多方面地深入研究和探索，才能寻求到共同的社会发展规律。本文试从元阳县黄草岭区的菠萝生产入手，探讨其商品生产的前景。

一

黄草岭区位于元阳县南部，是哈尼族、彝族为主的山区，其中哈尼族占总人口的 74%，彝族占 11%，这里峰峦交错、河流密布、雨量充沛，气候呈立体分布，是一个自然条件十分优厚的地区。在海拔 1800 米以上的高山森林地带，适宜种植草果；海拔 1300—2000 米的中半山，是种植优质茶叶的好地方；海拔 1200 米以下的下半山及河谷地带，土地肥沃，气候炎热，不但盛产双季稻，而且是菠萝、香蕉生产的天然场所。在这里，其他经济作物也种类繁多，诸如木薯、棉花、花生，就是这里人们的传统副业。另外，橡胶、紫胶的潜力很大，发展前景极为广阔。总而言之，发展商品生产有着得天独厚的条件。

然而，在长期的历史过程中，虽然社会进程和生产关系曾几度发生跳跃和重大的变革，但自给自足的经济始终统治着这一地区。尽管各民族分布居住于不同海拔、不同气候环境中，然而单一的粮食种植业是他们千年不变的主业。不管经济作物的潜力有多巨大，也只能列入"副业"。随着人口的剧增和社会环境的剧烈变动，森林覆盖面积的衰退，形成了越穷越想单一种粮食、越想单一种粮食就越穷这样一种恶性循环。自然资源不能发挥优势，哈尼族等人民的生活也就长期得不到根本的改变。

党的十一届三中全会以后，随着富民政策的制定和实施，这一地区代表先进生产力的商品生产思想和生产方式冲击着旧有的一切。商品经济迅速发展，其中菠萝生产独占鳌头，成为这一地区商品生产的火车头。

黄草岭菠萝种植的历史不算长，1965年，全区菠萝仅有20多亩；1966年，元阳县从广东、广西引进的新品种试种成功后，菠萝面积开始逐年增加，到1973年，黄草岭区新栽了菠萝523亩；1977年全区菠萝产量达200万斤；1978年仅商店就收购了140万斤；1979年，全区菠萝种植面积已达2172亩，为1975年面积的四倍以上，占全县菠萝总面积的一半，产量达210万斤，占全县菠萝总产的2/3。尽管这样，在传统的小农经济经营思想里，菠萝生产依然是副业，它只是单一粮食业的补充。

1980年，农业生产责任制在黄草岭开始推行，菠萝地划分后承包给个人，但这一新的生产组织形式从一开始就受到旧的观念和旧的生产方式的怀疑和抵触，加之公路塌方、交通阻隔等原因，全区菠萝地放荒了将近一半，产量骤然下降，全区菠萝产量为123万斤，只相当于1979年的60%；然而，这仅仅是生产关系变革时的暂时现象，是新事物临产前的阵痛。1981年，元阳县建立了罐头厂，这个旨在加工菠萝的罐头厂的出现，解决了菠萝保鲜期短、远销外地的困难，为山高谷深、交通不便的边疆菠萝产地创造了一个崭新的外部条件。随着农业生产责任制的巩固和完善，菠萝生产便以全新的面貌出现了。1983年，农民不但恢复了原来放荒的菠萝地，而且在荒山陡坡上新开辟了一千亩菠萝地，并且出现了一批菠萝专业重点户。仅哈马乡金竹寨村的赵模则一家1983年年底就种植菠萝15亩，已有8亩获得收成，收入2400元；1984年，赵模则又新开10亩菠萝地，一个专门从事单一粮食种植业的旧农户变成了专门从事商品生产的新农户。1983年年底，黄草岭区的农户菠萝总面积已达2990亩，加上黄草岭农场的359亩（这些菠萝地已承包到户，农场职工实际上已成为专业户），全区菠萝面积就是3349亩，占全县菠萝总面积的43%。菠萝生产迅猛发展，不但促进了山区经济的繁荣，更重要的在于它打破了单一粮食种植业下的自给自足自然经济的基础和思想，对人们传统生产生活方式的改造，起到了催化剂作用。到1983年年底，黄草岭区的菠萝专业户（万株以上）有34户（如果加上农场的31户，就有65个专业户），占全县菠萝专业户的40%，占全区总农户的0.7%。尽管菠萝专业户目前在农户数量中还微乎其微，其面积也略少于茶叶、木薯的面积，但由于菠萝生产与商品经济环境变化密切联系，并由于目前它的经济力量优于其他经济作物，所以，菠萝商品生产成为黄草岭哈尼族社会结构变化的杠杆，这一作用是其他生产暂时不能起到的。

二

新中国成立前，黄草岭区是猛弄土司的辖地，长期的封建领主统治，几乎窒息了这一地区的生产力，形成封闭的自给自足经济，封建领主对任何可能影响自己统治的经济因素都采取严厉的打击措施。新冒头的地主经济屡遭打击而显得奄奄一息，外来的商业资本和商品经济更是受到重利的盘剥而只得退避三舍。在如此闭塞的经济和政治制度的重压之下，致使哈尼等族劳动人民世世代代处于极度贫困的境地，从事着传统的、单一的粮食种植业。尽管哈尼族人民付出了艰辛的代价，开辟了大量梯田，并且把梯田农业发挥到了极致，使梯田农业成为山区农业的典范，但单一粮食种植业的性质并没有改变，多种经营全面发展的思想和商品经济意识也并未觉醒。那些种类繁多但数量很少的经济作物只是作为自给自足经济的补充物存在于千家万户的田边地角。如此情况下，得天独厚的自然优势不能也不可能得到应有的利用和开发。

新中国成立后，生产关系变革了，生产力仍很低下，亟待解决的仍然是人民的温饱问题。特别是此后在极"左"思潮的干扰下，不分内地边疆，不分平坝山区，片面追求粮食。当地固有的自然优势得不到开发利用，反而大量的森林被砍去，天然的绿色水库被破坏，连以前的许多水田也变成了干田，加上水土流失、生态紊乱，粮食种植业几乎面临绝境。在20世纪六七十年代的较短时期，黄草岭区的菠萝生产以自己固有的生命力显示了一下力量，但在"以粮为纲"的形势下，那种"大锅饭"式的集体种植菠萝，仍是半自给自足经济的补充，性质仍和农户在田边地角种植的副业毫无二致。直到十一届三中全会以后，山区的经济作物才真正得到了重视，自然优势才开始逐步变为经济优势，黄草岭区才真正出现了商品生产，菠萝生产走上了专业商品化的道路，开始对长期以来的自给自足经济以及人们头脑里长期形成的、根深蒂固的小农思想进行冲击，并开始构成山区的新的经济结构和建立新的生产关系。这种新的经济结构和新的生产关系必然为边疆山区的生产力开辟新的广阔的天地。

现在，我们仅举一例专业户的生产及劳动量的变化情况，从这个商品生产的缩影中，就可窥见菠萝商品生产对旧有经济结构和生产关系等方面的冲击和影响。

表1　　　　　　　各类经营地每亩劳动量和产量表

类　别	水　田	旱　地	菠萝地
所需劳动日	40 天	38 天	105 天
产　量	600 斤	250 斤	3000 斤

从表1中，我们看到了几个最简单的事实。首先，一亩菠萝的劳动量是一亩水田或一亩旱地的劳动量的两倍以上。那么，我们来看一看哈马乡金竹寨村菠萝专业户赵模则家的生产情况（见表2）。

表2　　哈马乡金竹寨村菠萝专业户赵模则家的生产情况

种　类	亩积	每亩用工	全部用工	家庭劳动力	每人每年平均天数
菠萝地	15 亩	105 天	1575 天	5 人	315 天
水　田	3 亩	40 天	254 天	5 人	46 天
旱　地	3 亩	38 天			

很显然，赵模则一家五个劳动力一年当中要在菠萝地中干315天，而在水田和旱地中仅干46天。其他菠萝专业户的情况也大致如此。举出上例，并不是要证明赵模则家是真正的专业户，而是通过这一例子说明，菠萝商品生产已成为主业，而千百年来的单一粮食种植业在一定数量的家庭中，开始变成了副业。长期以来的自给自足和半自给自足经济产生了变化，这是一种性质的变化。从表1中，我们还可看到，菠萝生产用工多而产量高。目前黄草岭菠萝收购价分为三等，若按中等计，即每斤0.10元，那么种菠萝每工值为2.80元，而种粮食每工值为1.40元。菠萝生产工值高，一是说明了此地的自然优势，二是说明其经济效益。菠萝生产有着广阔的前景，这当然就能刺激人们从事菠萝商品生产的积极性。如赵模则一家的菠萝商品生产初见成效后，金竹寨村50%的农户开始种植菠萝；再如黄草岭村的白腰山开荒种菠萝八亩，1983年有了收入，顿时，全村64户人家，有61户种起了菠萝。随着菠萝生产的纵深发展以及在它带动下的其他商品生产的发展，黄草岭区的传统的、单一的粮食种植业这种自给自足的经济结构就势必为多层次的、可以说是立体的商品经济结构所代替。表1中所表现的劳动力结构的变化，从抽象的角度和某种意义上看，正是经济结构的变化。

此外1亩水田自栽插到收割，只需薅秧12个工，管理较简单。菠萝则不同，中耕培土薅草3次，须60个工，管理的复杂和重要性无疑对传统农业有所影响。而这个事实本身，就说明生产方式产生了改变。再则，哈尼族传统种植业一般不施化肥，而菠萝专业户白腰山就大胆使用尿素进行追肥，这就对传统生产方式产生了影响。

哈尼族传统的生产生活方式是一忙一闲，即农忙的时候全力干生产，农闲的时候，男人一般是捕鱼、打鸟、走村串寨、出外打工；女人在家做做家务，走走亲戚。菠萝商品生产出现后，情况就大不一样了，菠萝生产虽也有季节性，但是比之于粮食业，它的季节性就不是那样严格。由于黄草岭气候炎热，到12月份仍还有菠萝成熟，仅从表2中就可以看出，赵模则一家几乎一年到头都在干活，而且他又开了10亩菠萝地，很显然，他一家的精力只可能从事菠萝地而放弃粮食种植业，这样下去他的生产生活方式也就和传统的生产生活关系脱离了。再者，黄草岭的自然环境得天独厚，经济作物种类繁多，自然优势和经济效益吸引着人们的兴趣，鼓励着人们的积极性，优厚的自然条件等待着人们去开发利用。随着黄草岭菠萝产地的农民和从事其他农作物生产的农民逐步走上商品化、专业化的道路，传统的生产生活方式肯定要发生改变，事实上，如今的菠萝生产正在改变着它。

菠萝商品生产这种新的经济因素，正在冲击着长期以来存在的自给自足和"大锅饭"似的半自给自足经济，改变着哈尼族山区单一的经济结构以及人们的传统观念。自古以来，哈尼族农民只管拼命种田，一心想着粮食，外界的其他事情一概不管。如今，商品生产的新农户时时注意国家的经济政策，注意经济动态，处处留心菠萝行情、价格变动、销路情况等。现代商品信息的观念，已经悄悄地注入传统农业的肌体，新的菠萝种植业给旧的农业经济带来了新的思想，开拓了人们的眼界。从未种过菠萝的人开始种菠萝，菠萝专业户进一步看到了商品经济的前途，于是对其他商品生产也不放松，加以开展，如白腰山开荒种木薯，出钱开染店；赵模则不但奋力种菠萝，还栽了香蕉100蓬，并在香蕉地里套种树秧。由此可知，菠萝商品生产对其他商品生产的影响和带动是显而易见的。

三

菠萝商品生产这种新的经济因素,渗透到哈尼族经济、文化等各个方面,并在其中起到了应有的、必然的杠杆作用,仅从它对哈尼族旧有的一切的冲击和影响,以及对其他农作物走向商品化、专业化的影响就可以看到这种作用。

在黄草岭,茶叶的面积、木薯的面积都比菠萝稍多,但它们之所以没有起到菠萝商品生产那样的经济杠杆作用,是由于它们自身的性质还没有产生质变。黄草岭区11个乡都建有茶叶基地,过去这些基地都是集体开发种植的。农业生产责任制在黄草岭推行后,它们都先后由基地农民集体承包,并且实行了形式不同的茶叶生产责任制。从总体上看,这种集体承包是原始的、粗糙的经济联合体,这种联合体的本质仍是粮食种植业的补充,茶农思想上也认为茶叶只是副业。从某种意义上说,它仍是"大锅饭"似的经济,因此,对整体经济发展所起到的作用就微乎其微。所以,茶叶生产仍然要走像菠萝生产那样的专业商品化的道路,即先分散后联合,到了一定的时候,也就是时代需要的时候,重新组合成新型的经济联合体,这样它的发展前景才会广阔,在黄草岭整个经济发展中的作用才会真正发挥出来,自然优势也才能真正地发挥并转化为强大的经济优势。

木薯是哈尼族、彝族的传统经济作物,种植的历史相当悠久。长期以来,人民群众普遍种植,家家户户都用它作为粮食,掺在饭里煮着吃。后来,人们逐步用它来酿酒,20世纪60年代,商业部门也收购木薯干酿酒,木薯有了一定的商品意义。但是,直到如今,虽然家家户户仍种植木薯，面积也在不断增加，但木薯始终是作为粮食种植业的补充物，是真正的副业产品。因此，它在整体经济发展中的作用就更小。如今菠萝商品生产的经济效益刺激着人们，木薯的商品意义也逐步被人们认识，开始走上商品化、专业化的道路。不久以后，它的经济杠杆作用将会显示出来。

黄草岭哈尼族山区的商品生产在优厚的自然条件下有着极大的潜力，菠萝生产已经为黄草岭的新经济闯出了一条道路，只要没有人为的因素加以阻挠，而真正按照当地的实际和经济发展自身的规律制定相应的政策，可以预计，商品经济将以强大的力量改变旧的面貌，成为一个崭新的天地。到那时，海拔1200米以下的地方都得到利用，成百上千的菠萝专业户出现并按照经济规律的需要而逐步形成不同程度的菠萝经济联合体，更快更好地发挥自然优势使其转变为经济的优势，这种零散的小单位联合体随着商品经济的迅猛发展必然地向大规模的经济联合迈步，最终形成新型的联合体，这就达到了一种质的变化。生产力的质变，带来的就是这种新生产关系的建立。海拔1300米至2000米的中半山，土地和气候等条件得到了充分的利用，茶叶生产彻底走上商品生产的道路，也成为那种新型的经济联合体；随着"两山到户"生产责任制的落实，高山区的森林得到了恢复，天然的绿色水库得到了保护并发挥其应有的生态作用，浓荫掩映下的土壤上生长着经济效益很高的草果，草果专业户也逐步走向联合，整个山区的自然环境得到合理的开发和利用，不但保持了生态平衡，而且收到极大的经济效益。现有的梯田由于生态的恢复平衡而得到充分的水利保障，由于其他经济作物都走上了商品化、专业化的道路，粮食生产者就不会像从前那样感到田少人多。粮食种植业也必须走专业化、商品化的道路，实现本区粮食自给和形成本区商品粮基地的经济联合体。这时候，黄草岭区的多层次，立体商品经济网按照自然规律和经济规律就建立起来了。它的发展过程是从如今的分散商品生产向未来的大规模经济联合逐步迈进的。在这个过程中，黄草岭山区传统的、单一粮食种植业将被新型的、多层次的、立体的商品经济结构所代替，在这个基础上出现并建立了新的、与之相适应的生产关系，新的生产关系必然为边疆山区的生产力开辟更广阔的前景。

（原载《民族学与现代化》1985年第2期）

红河南岸地区建立梯田文化保护地与民族文化产业开发研究

红河是云南的一条大河，它横贯红河哈尼族彝族自治州，将该州划为两重天地。

红河北岸，坝子连串，是云南较早的农业区，围绕坝子的群山蕴藏无尽的宝藏，个旧锡矿、小龙潭煤矿闻名远近，是云南省的老工业区，如今，新型工业化企业又相继崛起，个开蒙城市群的兴建，一系列古城文化的开发，彝族文化、回族文化、汉族文化的弘扬，使得红河北岸欣欣向荣，走上了一条政治、经济、文化健康高效发展之路。而红河南岸，山高谷深，交通不便，历史上就是一个多种少数民族的聚居区。经过50多年的发展，这里仍被称为传统农业经济、自然经济、扶贫救济经济地区，长期以来，尽管红河州的干部群众为这个地区的发展费尽移山心力，社会发展已发生了巨大变化，但在全面建设小康社会的征程中，其经济发展仍是一个棘手的问题。

2003年11月，中共云南省委宣传部、云南省社会科学联合会、中共红河州委共同组织"云南省社会科学专家红河行"活动，对红河州的社会经济发展进行调研。在深入红河南岸地区的调研和研究资料的过程中，我们认识到，不同地区由于其地理环境和人文环境的特殊性，它们的发展应该是不一样的。红河南岸地区是一个多民族的聚居区，从历史上就形成了与当地自然环境相适应的、极为独特的农业经济模式，走着一条与其他地区不同的发展道路。因而，我们认为，在像红河南岸这样的地区，绝不能"一刀切"走所谓现代农业或工业化的道路，而应当深刻地认识它的特殊性，建立适宜当地的发展模式，走一条独特的发展道路。

一　红河南岸独特于世的自然环境与梯田农业

（一）独特的自然生态系统

红河南岸山高谷深，是纵贯云南绵亘千里的哀牢山南部末端。这一地区红河横断，支流众多，李仙江、藤条江等数十条河流，加上红河干流的纵横切割，使得山峦起伏、沟壑交错，是一个典型的大河流域和小流域交错组合地区。大河流域是一个完整的生态系统，小流域则是以大河支流形成的一个个局部生态系统。这种生态系统的特征是气候和物种的极端多样性。这里山体断面多呈"V"形发育，地势高下悬殊十分显著，海拔最高的西隆山 3074.3 米，最低的红河出境处河谷仅 76.4 米，总体地势高差竟达 2997.9 米。因而，从山脚到山顶，热带、温带、寒带气候依次排列，形成了气候立体性分布的典型的亚热带山区。当地民谚"一山分四季，隔里不同天"说的就是这种立体气候。

红河南岸哀牢山区，纬度低，距海近，太平洋季风和印度洋季风北上首当其冲，亚热带季风气候十分突出，总体气候分为雨季和干季。雨季多雨，干季多风。霜期短、冰雹少、雾气大是这里自然气候的显著特点。由于哀牢山区雾气浓重，常常形成茫茫云海，铺天盖地，填平深谷，淹没群山。当地民谣唱道："山和山离得虽远，云海把它们连成一片。"云海水分含量高，随时化为蒙蒙细雨，长年滋润群山，并与森林植被发育出的涓涓细流、小溪泉源共同造就了常年流淌不枯的"高山绿色水库"。故在哀牢山有"山有多高，水有多高"的奇景。高山自然植被丰富，土地肥厚，雨量充沛，阴凉湿润，有较好的涵养、调剂水源和调节气候的作用，是哀牢山区水资源的主要发源地。

复杂多样的地貌形态、气候类型和土壤类型，为起源古老的陆生高等植物的生存、繁衍及进一步分化创造了得天独厚的条件，形成了复杂多样的植被类型。根据生态环境、森林的组成、结构、外貌特征，哀牢山的植被可划分为8个植被类型、20个植物群系、36个植物群落。① 如此复杂的植被在哀牢山立体地貌和立体气候带中分布，形成热带、亚热带、温带、寒温带植被立体分布景观。在哀牢山的深河谷区，木棉树、火绳树、毛叶黄杞和黄茅草构成了热带稀树草原；在浅河谷区，木棉树、榕树、马兰树、八宝树、野蕉、大野芋构成了热带季节雨林；在下半山区，思茅松、麻栎、红椿等构成亚热带针阔叶混交林；在上半山区，椎栎、苦楝、酸枣、野核桃、野樱桃、黄杞、栲类、红油果、木荷等构成温带落叶、常绿阔叶林；在高山区，壳斗科、马蹄荷、木兰科、樟科、竹科树种构成寒温带阔叶混交林。②

哀牢山复杂多样、立体分布着的植被及植物群落，为动物及动物群落提供了生存、繁衍的场所和条件。在哀牢山的深山密林中，栖息着虎、豹、熊、鹿、麂、凤猴、飞鼠，以及孔雀、鹦鹉、竹鸡、白鹇、茶花鸡、长嘴雁等珍禽异兽。森林植被发育出的山泉飞瀑汇集成山间河流深潭，为鱼、鳝、螺等水族生物和陆上生物提供了生存条

---

① 《云南省哀牢山森林土地持续管理研究》，云南科技出版社1996年版，第8—9页。
② 《元阳县志》，贵州民族出版社1990年版；《红河县志》，云南人民出版社1991年版。

件，并极大地调节着哀牢山区的立体气候，使之更加适宜植物和动物的生长繁衍。

立体地貌、立体气候和与之相应的立体分布的植被群落和动物群落，以及"山有多高，水有多高"的水资源环境，使得红河南岸这块神奇高地的生态格局，鬼斧神工、天设地造，构成了亚热带山区极为典型极为优良的自然生态系统。这样的自然生态系统在世界上都是罕见的，它不仅给多姿多彩的哀牢山自然生命系统提供了得天独厚的生长繁衍条件，而且给世代生活于此的各民族提供了展示创造力的生存空间。

（二）独特的农业生态系统

红河南岸哀牢山区的主体为红河哈尼族彝族自治州的四个县的范围，它们是元阳县、红河县、绿春县和金平苗族瑶族傣族自治县，国土面积11020.74平方千米。生活着哈尼、彝、傣、壮、苗、瑶等民族和一个至今尚未确定族称的群体——莽人（2009年2月莽人归属布朗族），总人口115.1万人。

由于各民族历史条件不同，生产方式和生活习俗殊异，他们在这块山高谷深立体地貌的生存环境中也呈立体分布。在海拔2000米以上的高山区，山高林密，气候寒冷，居住着苦聪人（拉祜族支系），他们人数较少，仅五千余人。在新中国成立前，他们分布在中越边境一线的高山原始森林中，从事采集、狩猎、原始游耕；在海拔1500米左右的次高山区，气候温凉，居住着苗族、瑶族和莽人，从事旱地农业；在海拔1000米左右的半山区，土地肥沃，冬暖夏凉，居住着彝族、哈尼族，他们从事梯田农业。在海拔800米以下的河谷、平坝，地平水美，气候炎热，居住着傣族、壮族。他们从事水田农业，被认为是红河南岸最早的居民。

总体观之，红河南岸的各民族都在从事农业，然而在上千年的发展中，哈尼族的梯田农业发展成了中国云南亚热带山区的农业奇迹，成了一种与当地自然生态系统相吻合，或者说是镶嵌于自然生态系统中的独特的良性的农业生态系统。这样的梯田农业生态系统在世界上都是罕见的。

红河南岸哀牢山区，是哈尼族最集中的地区，居住在这里的哈尼族约有70万人，占哈尼族总人口的一半左右，同时约占红河南岸各民族人口总数的2/3，是红河南岸的主体民族。

红河南岸哀牢山区的自然环境，是以气候的垂直立体分布和与之相适应的植被的立体性分布为特征的。哈尼族正是利用这种地貌、气候、植被的立体性分布特征，建构与之相适应的农业生态循环系统的。

在高山区，保持着茂密的原始森林。这是天然的绿色水库。哈尼族对高山森林的保护十分重视，因为这是梯田农业的命根；在中半山，哈尼族建造房屋，形成村落。以高山森林为源泉，引入村中的人畜饮水，永远用之不竭；在整个下半山，是层层梯田。这里气温较高，湿度较大，适于稻谷生长。高山森林、中半山村寨、下半山梯田不仅构成了三位一体的哈尼族生存空间，而且构成了哈尼梯田农业生态格局。

在这种梯田农业生态格局中，水以奇特的方式贯穿于农业生态循环系统中。高山森林孕育的溪流水潭被哈尼族引入盘山而下的水沟，流入村寨，流入梯田，梯田连接，水沟纵横，泉水顺着块块梯田，以田为渠，由上而下，长流不息，最后汇入谷底的江河湖泊，又蒸发升空，化为云雾阴雨，贮于高山森林。这种巧夺天工的山区梯田农业水利工程是千百年勤劳智慧、生产经验的显著成果，保障了山区农民的人畜饮水、梯田灌溉、梯田养鱼、梯田施肥等构成的农业生态系统的有效运行。

这种农业生态系统和亚热带哀牢山区的自然生态系统是密切吻合的。如此巧妙地适于自然、利用自然、变自然生态为农业生态，是哈尼族勤劳智慧的结晶。这种农业生态系统，沉淀着哈尼族悠久的历史，反映着哈尼族对自然生态环境的把握，维持着哈尼族定居哀牢山的上千年的生存与文明。[①]

实际上，在红河南岸哀牢山区，彝族、部分壮族、拉祜族、苗族、瑶族、傣族也从事梯田农业，可以说他们共同成就了这种独特于世的梯田农业生态系统。

二 民族文化产业与民族文化多样性

然而，尽管红河南岸各族人民在世界上创造了一种独特的与当地地理环境相吻合的梯田农业模式，但随着社会的发展，人口的大量增长、生态压力的增大、发展思路的问题，红河南岸逐渐陷入贫困之中。多年来，党和政府以及当地的干部群众为了当地的扶贫致富可谓尽心尽力，争取过各种项目，建立过各种工业，进行过科学种田，搞过异地搬迁、对口挂钩等发展和扶贫措施，应该说，这些努力也取得了一定的成效，但从严格的意义上说，没有起到根本的作用。红河南岸的贫困依然存在，经济发展仍然是个极为迫切的现实问题。

党的十六大首次将文化事业和文化产业作为两个不同的概念提了出来，表明中国的现代化建设进入了一个新的发展阶段，文化产业成

---

① 王清华：《梯田文化论——哈尼族生态农业》，云南大学出版社 1999 年版。

为我国国民经济和社会发展战略的重要组成部分。2003年7月17日，云南省委七届四次全委会报告中提出："我省发展文化产业不仅具有良好的条件，而且已具备了一定的基础，完全可以作为一个新的经济增长点和新的支柱产业来建设"，"要充分发挥云南独特的民族文化资源优势，像当年抓烟草、抓旅游一样抓好文化产业。"为贯彻落实党的十六大精神和省委七届四次全委会精神，省委于2003年7月19日召开了"云南省发展文化产业、繁荣民族文化、建设文化大省"大会，向全省人民发出了总动员令。

文化产业，在西方早已是一个发展如火如荼、产生巨大经济和社会效益的支柱性产业。而在我国，就其概念而言，是全新的；就其发展而言，则刚刚开始。从西方的发展看，文化产业是伴随着经济、科技的发展而发展的。尽管如此，文化产业概念在我国的提出，给我们一种启示，对于资源富足而人民贫困的民族地区，民族文化产业的开发是一条走出贫困，经济社会协调发展之路。

文化产业是靠文化资源的开发和转化来实现的。红河南岸早已拥有人文化的山川河流以及以梯田农耕文化为主体的多民族文化，是一个富聚而特殊的宝藏，有着文化产业发展的广阔前景。

千百年来，红河南岸的各民族在不同的自然环境中不仅创造了大相径庭的物质文化，而且创造了斑斓多彩的精神文化。这些有形和无形的文化，由于地理环境的长期封闭、大河分割、群山阻隔、交通不便，因而很少受到外来文化的冲击和影响。在漫长的历史岁月中，红河南岸各民族较为纯真、较为完整地保持和发扬了他们的民族传统文化。也正因山河阻隔、交通不便，所以长期以来，红河南岸各民族的生活对外人来讲，始终带有些神秘色彩，而这块地形、气候复杂的高地，更是充满着神奇幻化、难以取信于人的古今传奇。

在红河南岸灿若云霞的民族文化中，最引人注目、给人印象最为深刻的是梯田文化。

在红河南岸的哀牢山中，梯田蔚为壮观，呈长条环状的水田绕山而行，从山脚到山顶，埂回堤转，重重叠叠。站在山脚，水帘飞瀑，云雾升腾，道道田埂犹如天梯直抵云端；站在山顶，林涛阵阵，细雨蒙蒙，那大者数亩之广、小者形如澡盆的梯田随山起伏铺天盖地；而游动交错的沟渠、埂堤衬着天光，更如万练银蛇飞舞大地，缠绕着重重大山。这是一种勾画于大地长天之间、崇山峻岭之中的线条狂奔之壮美，这是被雕塑过的群山。在千百年的人们的积极劳作、倾心维护和"打磨"过程中，哈尼族梯田实际上已经成了一个硕大无比的艺术品。它随四季变幻出来的色彩，是一种神奇崇高的壮美；它所呈现出来的线条、韵律和节奏，浸透了哈尼族的民族精神和无限的情思。因而，我们称梯田为大地的艺术或大山的艺术。因此，梯田这个硕大的艺术品既是人们欣赏、讴歌的对象，是具有重要观赏价值的艺术品，同时又是人们艺术创作的源泉，它深深地震撼着来此观光的外地人。

梯田是一种田制，是崇山峻岭地理环境中的一种农业形态。在长期的与自然环境的物质交换和相互交融中，哈尼族梯田成了一种罕见的良性农业生态系统。作为人类劳动和创造的物质文化实体，梯田凝结着哈尼族悠久漫长的历史，沉淀着丰厚广博的文化，维系着复杂多样的生活。首先，梯田的发生发展，直接联系着哈尼族社会和历史的发展，实际上它就是哈尼族社会历史发展的缩影。其次，哈尼族的梯田文化，是哈尼族文化的核心，哈尼族的政治制度、经济变迁、文化形态，甚至其居住文化、饮食文化、服饰文化、文学艺术等文化单元都是从梯田文化中生发出来，并为梯田文化所统。再次，哈尼族梯田和梯田文化是哈尼族社会生活的轴心，哈层族所有的生活都是围绕着梯田这一文化实体而展开的，无论出生取名、谈情说爱、婚丧嫁娶、节日喜庆都与梯田息息相关，都打上了梯田文化的深刻烙印。① 可以说，哈尼族的梯田文化是一种有形的物质文化，又是一种无形的精神文化。梯田是哈尼族文化的载体。

在红河南岸以梯田文化为主体，各民族文化根据各自的历史传统和居住环境而展开，都显示出各自文化的独特性和多样性。

生活在河谷坝区的傣族、壮族，以种植水稻为主，大米成为主要产品，而其他热区特产香蕉、菠萝、芒果、橡胶、甘蔗、木瓜等闻名滇南，水产品、蔬菜等也较丰富，从而形成了红河南岸河谷地区特有的饮食文化，酸、辣、烤、炸是其特点；节日文化有不同于其他地区的"泼水节""男人节"、壮族的"三月三"等；服饰文化更是别具一格。

居住在半山区的哈尼族、彝族，种植水稻，正是他们创造了梯田农业及梯田文化。彝族与哈尼族，从历史上直到现在都有着密切的联系。哈尼族人说"哈尼阿窝切玛若"，意思是："哈尼族和彝族是一娘所生。"可见两族的关系。他们一向杂居或邻居，和睦相处，在频繁的交往中，长期互通婚姻，互学语言，这使两个民族的文化相互吸收而更加贴近，几乎有着共同的节日和极为相似的生产生活方式等。然而在饮食文化、建筑文化、服饰文化、婚恋习俗文化、丧葬习俗文化等方面，又有一定的差异，形成了各自特有的文化系统和景观。

居住在高寒山区的苗族、瑶族、拉祜族、莽人等除种植玉米外，主要以森林产品药材、木材、山珍为主，同时，他们善狩猎，喜饲养，各自形成的饮食文化、节日文化、宗教文化，洋洋洒洒，蔚为大观。

例如，苗族的节日舞蹈，早已闻名遐迩。早在宋代，苗族的芦笙

---

① 王清华：《梯田文化论——哈尼族生态农业》，云南大学出版社1999年版。

舞就已经很有名气，曾进入朝廷表演。如今，在苗族地区，凡是较大的节日盛会，都要大跳芦笙舞，特别是在一年一度的"采花山"，芦笙舞更是规模巨大，几十上百人组成的芦笙队边吹边跳进入花场，组成几个大圆圈，随芦笙曲调踏地转身而舞。稍后则或独舞，或对舞，或三五成群舞，各行其能、各显舞姿。苗族芦笙舞，自古就以洒脱外露、古朴豪放的风格著称于世，以其活泼旺盛的生命力为哀牢山区各民族所称道，如今更为中外朋友所熟知。另外，苗族的麻纺织、蜡染、服装已经远销海内外。

瑶族的医药最为发达，瑶族可以说是红河南岸各民族的医生，他们的医疗特殊文化"药浴"现已成为一个产业，遍及云南各地城乡；此外，瑶族的银器，闻名滇南。瑶族民间颇多能工巧匠，他们的工艺技术水平高超，在哀牢山区远近闻名。瑶族银匠，能制作各个民族都喜爱的各式各样的耳环、手镯、项圈、戒指、银链等首饰；瑶族铁匠，能锻制各种生产工具和生活用具。制造猎枪，是瑶族铁匠的特长之一。瑶族妇女则擅长加工蓝靛（染料），她们加工的蓝靛，久不褪色，是瑶族、哈尼族、彝族最喜爱的染料之一。

莽人的竹编编织技艺，堪称一绝。尽管哀牢山区多竹、藤，各民族均会编织竹、藤器具，但从品种的繁多、造型的美观、做工的精细、柔韧而耐用方面看，莽人竹编都为上乘。莽人"其篾席软如毯，洁如棉，轻如绸，薄似绢，滴水不漏，凉如清泉。迎面看：大框套小框，展开正方四边形图案；侧视：角角相扣，'人'字形儿紧相连，可与名牌川席媲美，可与江浙的蒲席竞争，其凉爽宜人不亚于湖南的水竹凉席，柔软适用不次于安徽的'舒席'"[①]。莽人的篾桌、篾凳、竹盒、篾箱、狩猎竹器、捕鱼竹器，样样都堪称艺术品，同时又经济

[①] 俞德培：《芒人的竹编》，红河州文联、州民委合编《红河》，1981年。

实用，深得哀牢山各民族的喜爱。

苦聪人（1985年归属于拉祜族），社会发展缓慢，新中国成立前尚以采集、狩猎为生。长期的深山密林生活，使他们的狩猎技术炉火纯青。他们是哀牢山狩猎的高手，所使用的狩猎方法，令人叹为观止；所制造的手弩、地弩、弓箭、弹弓、陷笼、陷阱、围网、扣子、滚木等十分精良，别具匠心；狩猎经验更是十分丰富，所获猎物无所不包。

总而言之，红河南岸各民族文化以梯田文化为中心，展示出其极端的丰富性，在长期的共同生活、共同生产和相互之间频繁的交往中，形成了"你中有我，我中有你"的文化格局。同时，在语言、服饰、住宅建筑、家内布局、饮食习惯、婚丧习俗、生产方式、歌舞节庆、宗教信仰、心理素质和道德情操方面，各民族文化又显示出各自的独特性，这种文化的丰富性和独特性，为红河南岸的民族文化产业开发奠定了基础。

三　文化保护、旅游业贯穿与文化产业开发

文化资源是人们创造出来的有别于人类赖以生存的自然资源。自然资源大多是不可再生资源，而文化资源则是可再生并不断发展丰富的资源，只要科学、合理地进行开发和利用，它不仅可以创造极大的社会效益，而且可以产生极大的经济效益，这种产业是真正的可持续发展的产业。

然而，民族文化资源，特别是少数民族文化资源在现代化、工业化发展大潮中又是极容易被摧毁的资源，这在全球范围内是屡见不鲜

的事实。因而，在红河南岸这个特殊的地区，必须采取特殊政策保护以梯田文化为主体的多样化民族文化资源，采取一切手段打造梯田文化品牌，以旅游业为平台，建构特殊的经济文化发展模式。

（一）梯田文化保护战略

现代经济学都在大讲区域经济合作、区域联盟，以工业化为先导，求经济做大做强，或是强调农业的现代化，反对封闭的所谓小农经济、传统农业。实际上，这种经济发展观，忽视了世界地理是多样性的，世界的文化也是多样性的，其发展也应是多样性的，不必一律地工业化，工业化不一定是人类发展的必由之路；也不必一律地现代农业，实际上现代农业正在遭到已走过现代农业的西方国家的猛烈抨击和反对，绿色农业正在回归。红河南岸农业，正是一处保持完好的真正的绿色农业。由于山河阻隔、交通不便以及贫困，当地民族很少使用化肥、农药，由于"落后"，他们曾经抵制推广农业现代化。"封闭"和"落后"使红河南岸山区成了无污染食品生产和纯真民族文化富聚的"净土"。据我们所知，在当今的世界上仅有四处具有完整水利系统、形态各异的梯田农业——菲律宾梯田（已列入世界文化遗产名录）、印度梯田、意大利梯田和红河哈尼梯田[①]，我们为什么不在世界上保留一块独特的人类在数千年认识自然、适应自然创造而出的山区传统绿色农业——红河梯田农业文化保留地呢？采取特殊政策加以

[①] 1995年，在菲律宾马尼拉召开了亚洲稻作文化及其梯田景观地区主题研讨会议，对亚洲梯田景观进行了相关的研讨，提供了有关亚洲梯田稻作的大量资料。国际水稻研究所（IRRI）、国际粮农组织（FAO）等国际机构也提供了相关资料。此外，美国《旅游与闲暇》（*Travel and Leisure*）杂志公布了由该杂志读者评选世界最美的7个梯田，包括菲律宾伊富高的巴拿威梯田、中国云南省元阳梯田、印度尼西亚巴厘岛乌布梯田、尼泊尔安拿普尔那梯田、泰国清迈湄林梯田、越南老街沙巴梯田以及中国桂林龙脊梯田。通过比较，元阳哈尼族梯田在遗产真实性和延展性、相关的非物质文化遗产等方面具有独特而突出的特点。此外，哈尼族梯田的居民仍在其古老土地上耕作，继续传承其稻作梯田文化，遵循其传统价值观、世界观的指导，维持和保护了哈尼族梯田景观的高度真实性和完整性。

特殊的保护，不仅可以争取列入"世界文化遗产"，而且也是红河南岸走特色化发展的必需。

1. 划江为界，建立梯田农业民族文化保护地

红河是一条自然的分界线，实际上也是一条文化的分界线，以红河为界，建立红河南岸梯田农业民族文化保护地。

第一，在保护地，采取特殊政策保护森林，在原自然保护区（红河南岸现有分水岭自然保护区、西隆山自然保护区、五台山自然保护区、黄连山自然保护区、观音山自然保护区等）的基础上，加大力度实行全面森林保护。

第二，恢复业已被部分破坏的自然生态和梯田农业生态系统，特别是梯田水利系统的完整保护。

第三，恢复、整理和完整保护各民族的文化。

2. 异地工业化，建立无公害农业食物生产地

在红河南岸地区，不应该建立工业，尽管南岸各县都说县内各种矿藏资源丰富，但大多未经探明，在此基础上曾经建立过一些小型有色金属冶炼厂、石墨矿厂等企业，但都经营不善，效益不佳；南岸热区资源、农产品资源丰富，每县都努力争取项目建立糖厂、酒厂、食品加工厂等，由于交通、技术、管理、劳动力素质，甚至原料等的跟不上，多数工业企业还没有投产就已亏损，投产后不仅造成原材料的浪费，而且造成河流污染、空气污染以及景观污染。在红河南岸地区建立工业企业是得不偿失的，严格地说这些工业企业对当地自然生态和文化生态是具有破坏性的。所以，应当将目前红河南岸已建和在建的所有工业企业都迁移到红河北岸，在个开蒙地区和适宜建立工业企业的地方建立以红河南岸自然资源为基础的工业，实现红河南岸的异地工业化。政府出台扶植措施和加大财政转移支付力度，支持南岸的异地工业化和建立无公害农业食物生产基地。异地工业化是现在许多

发展中国家行之有效的经济发展模式。

红河南岸地区自古就是无公害优质稻米、亚热带经济作物、热带亚热带水果的重要产区。20世纪六七十年代以来，此地和全国一样一直在推广化肥化、农药化等科技，产量虽长，但污染随之而来。我们应当在此地恢复其传统农业生产方式，建立无公害农业食品生产地。这样不仅可以使其农产品的现代社会价值倍增，而且也为其旅游业的兴起奠定基础。

(二) 民族文化产业开发战略

红河南岸地区经济社会发展是和民族文化产业的发展息息相关的。在今天看来，如果不进行民族文化产业开发，变自然资源和民族文化资源为产业优势，红河南岸地区的经济发展仍然是十分艰难的，50年来的实际已经证明了这一点。民族文化要变成民族文化产业，必须依靠旅游业贯穿其间，打造出民族文化产业发展的平台。

1. 引进来战略——将自己的家园变为市场

自2001年开始，红河哈尼族彝族自治州将红河南岸哈尼族梯田申报世界文化遗产（2013年已申报成功——作者注），这一行动造成的影响有目共睹，它使红河南岸哈尼族的梯田文化闻名海内外，可以说红河哈尼梯田已经是一个具有一定知名度的文化品牌，为红河南岸建立梯田文化保护地和打造世界级文化品牌奠定了基础。如今，申报梯田文化世界遗产的活动还必须深入持久、再接再厉，与此同时要采用一切可以采用的手段，像打造丽江和香格里拉地区品牌一样打造红河南岸梯田文化保护地和梯田文化品牌。

旅游业的贯穿，可以将自己的家园变为市场，将自己上千年来创造积累的文化变成产品就地销售。通过引进来战略，使外地人进来观光、科考、体验生活，这样红河南岸各民族的文化，如歌舞文化、工艺文化、思想文化，甚至吃、穿、住、行等一切有形文化和无形文化都被转化为民族文化产品。这就是变自己的家园为市场，这就是引进来战略。这一战略的实现必须：

（1）重视基础建设：建立特殊的内外公路网络（内地通此的高速公路仅修到江边，以现有的红河南岸主干公路为依托，村村寨寨通简易公路——石板或卵石铺就；建立印度尼西亚巴厘岛式的家庭生活园，这类似于农家乐，家家都是旅馆，家家都是饭店，家家的生产生活都是旅游的内容；建立各民族文化保护村（如瑶药保护村、银制品保护村；苗族麻纺织、蜡染保护村、工艺村等）；建立各民族文化风情园（如元阳县的箐口民族文化村、绿春县的民族文化广场）；建立饱览天造奇观自然生态和人造梯田大地艺术奇观的观景台（如元阳县的老虎嘴、多依树、箐口等）。

（2）旅游方式的多样化：例如红河、藤条江、李仙江、金水河漂流；感受民族生活的农家乐等观光旅游、科考旅游、探险旅游、生活旅游等。

2. 走出去战略——用独特的民族文化占领外部市场

其实，早在20世纪50年代红河南岸的民族文化就开始走出深山，一首以哈尼族民歌改编的"阿波毛主席"就唱响大江南北长城内外，红河哈尼族彝族自治州的歌舞早就闻名遐迩。如今，元阳县组建的梯田文化艺术团已走进昆明等城市，哈尼族、彝族的饮食文化、瑶族的药浴、苗族的服饰、莽人的竹编都已走进了大城市。民族文化必须走出去，才能产生影响，变成生产力，这就是现代市场经济人们常说的"知名度是生产力"。这就必须打造各种各样的民族文化品牌，并将这种特殊的民族气息浓烈的文化品牌努力地营销出去。实际上，红河南岸各民族的优势民族文化产业——无公害农业产品、表演业、饮食业、医药业、工艺品制造业有着广大的国内外市场。

当梯田文化保护战略和民族文化产业开发战略实现时，红河南岸的经济发展将彻底改观，走上一条变民族文化资源优势为民族文化产业优势的可持续发展道路。

综上所述，红河南岸哀牢山区是一个地理环境十分独特的地区，它有着举世罕见的大河流域与小流域组合而成的自然生态系统，有着哈尼族等民族在上千年努力中创造出的同样举世罕见的梯田农业生态系统。无论是自然生态系统还是农业生态系统，它们都应当得到精心的保护，它们是自然和人类共同创造的世界遗产。所以，我们提出建立红河南岸梯田文化保护地。而这块保护地的发展思路，得益于党的十六大提出的"文化产业"概念。文化产业是整体社会发展到一定阶段的必然产物，但对特殊的少数民族地区而言，也许是一条特殊的经济发展道路。因此，为了区别一般意义上的"文化产业"，我们提出"民族文化产业"概念及其发展思路，它是针对像红河南岸这种民族文化富聚而经济发展滞后地区的发展而提出的。而建立红河南岸梯田文化保护地和其民族文化产业发展战略的提出，则仅仅是一种尝试。

（原载《社会科学专家话红河》，云南教育出版社2004年版。与纳麒合作）

试论云南哈尼族如何应对经济全球化

一　哈尼族是梯田农业和梯田文化的创造者

哈尼族是中国西南一个历史悠久、文化丰富的民族，跨老、缅、泰、越而居。历史上，哈尼族经历了漫长而艰辛的由北向南的大规模的迁徙活动，最后在红河与澜沧江之间的哀牢山、无量山广阔的山区定居。哈尼族为云南省独有的 15 个少数民族之一，现有人口 140 多万人，主要分布在云南南部的红河、思茅、西双版纳和玉溪等地、州、市。其中，红河是哈尼族最为集中的地区。

哈尼族在其漫长的历史活动中，开疆拓土，保疆卫国，对国家安全和巩固边界做出了重要贡献，并创造了我国山地农耕文化的最高典范——梯田文化，即哈尼族在"梯田"这种特定环境和物质实体中形成的存在方式、生活方式和思想意识等的总和。

利用山区自然环境开垦梯田是哈尼族的特长，凡哈尼族居住的地方都有梯田。特别在红河南岸的哀牢山区，哈尼族所创造的梯田蔚为大观。哀牢山区山峦起伏，山高谷深，断壑交错，断面多呈"V"形的立体地貌，哈尼族正是利用这种特殊的立体地貌和气候特点依山开田，创造了一种特殊的农业经济形式——梯田农业，即"利用哀牢山区地貌、气候、植被、水土等立体性特征，创造出的与自然生态系统相适应的良性农业生态循环系统"①。

哈尼族不仅是中国梯田的最早发明者和首创者之一，也是梯田农耕样式农业形态的最持久发扬者和最完整保持者。梯田是哈尼人得以绵延繁衍的物质基础，本质上构成了哈尼族文化之魂，成了哈尼族精神的象征。哈尼族梯田文化是一个独特的农业文化形态，在世界农业文化中占有一席之地。

二 哈尼族在经济全球化中的处境分析

（一）哈尼族开始融入经济全球化

近年来，随着越来越多的哈尼族到外地打工、经商、求学、访友，加上哈尼山寨在发展旅游经济的方针指引下，迎来了来自国内外的一批又一批的游客。随着社会流动的增加，哈尼人的传统思想观念和生活方式受到了深刻的影响。这样，在经济全球化浪潮中，尤其是在市场经济条件下，哈尼族地区的商贸、交通、信息、旅游等各方面都发生了突飞猛进的变化，哈尼文化赖以生存的社会根基也发生了变化。大众传媒的迅猛发展使哈尼人与外界沟通了信息，促使他们在与外来文化的比较中重新审视自己的政治、经济和文化状况；哈尼族地区的交通和通讯的飞速发展，缩小了哈尼族与外界

---

① 王清华：《梯田文化论——哈尼族生态农业》，云南大学出版社1999年版。

交流的成本，有效扩大了交流面；科技兴农和农业产业化改变了哈尼族传统的种植结构方式，在开垦梯田、种植水稻的同时，大力发展橡胶、茶叶、优质水果和蔬菜等，开发新的产业，发展多种经济。这些迹象表明，哈尼族也同其他少数民族一起，被卷入了经济全球化的激流中。[①]

当然，从某种意义上说，哈尼族融入经济全球化中，是被动的，可以说是被"浪潮"席卷而入的，但无论如何，今天他们得面对、适应这种浪潮，采取积极应对的态度。

（二）哈尼族在经济全球化中的优势和劣势

1. 优势所在

（1）生物资源丰富。

哈尼族集中聚居的哀牢山区和无量山区之间的广阔山区，气候温和，雨量充沛，土地肥沃，植物、动物资源十分丰富。

哈尼族聚居地区有属于寒带、温带、亚热带三个气候带的多种植物和经济林木。这些地区盛产稻谷、苞谷、茶叶、花生、棉花、蓝靛、甘蔗、棕片、紫梗、香蕉、菠萝、芒果等粮食作物和经济作物。近年来又引进发展了橡胶、砂仁、咖啡等经济作物。众所周知，墨江县的紫胶产量居全国首位；思茅地区、西双版纳州和红河南岸哈尼族聚居的山区是著名的普洱茶的主要产区；金平、元阳、绿春等县近年来逐步成为云南香蕉、菠萝、苹果主产区之一。

哈尼山区崇山峻岭，巍峨苍郁，层峦叠嶂，覆盖着浓荫蔽天的原始森林，出产鹿茸、麝香及三七、杜仲、七叶一枝花、罗芙木等动植物药材，生长着大量的松、柏、棕、枫竹、油桐、樟脑等优质木材，

[①] 戴庆夏：《中国哈尼学》（第二辑），民族出版社2002年版。

以及孔雀、白鹇、锦鸡、虎、豹、熊、象、鹿、麝、飞鼠、蜂猴等珍禽异兽，动植物资源十分丰富。

（2）矿产资源丰富。

根据有关资料显示，哈尼族聚居地区地下蕴藏着金、银、铜、铁、锡、钨、铅、钛、锰、锌、煤、石棉、石墨、石膏、大理石、水晶、硅石、霞石、磺石等丰富矿藏。众所周知，红河州首府个旧是世界闻名的锡都；墨江县在1985年就跨入了我国年产黄金万两县行列；镇沅县将建成云南省最大的黄金生产基地。

（3）旅游资源丰富。

哈尼族聚居地区已划为国家和云南省的自然保护区比较多，如西双版纳"热带森林"保护区，哀牢山"亚热带常绿阔叶林"保护区，金平分水岭"南亚热带阔叶林"保护区等。

哈尼族梯田自然风光十分迷人，它随季节的变化而变化，美不胜收。哈尼族的人文旅游资源也丰富多彩，其"昂玛突""开秧门""莫埃纳""苦扎扎"等节日都是游客们渴望参与的重要活动，哈尼族的土木结构的"蘑菇房"等村落民居建筑也是梯田旅游的一大特色景观。

总而言之，哈尼族地区在地理条件方面具有很大的自然优势和发展潜力，是块富饶的风水宝地。在人文方面也有着古老悠久的民族发展历史、极为丰富系统的民族传统文化以及举世罕见的梯田农耕文化，这是其他文化不可替代的。这些都可以让我们看到哈尼族地区在经济全球化中有着广阔美好的发展前景，哈尼族则有了致富、腾飞的希望。

2. 劣势简析

（1）交通不便，经济发展相对较慢。

哈尼族避居深山密林，环境的封闭，交通的不便，使哈尼族创造的梯田文化得以较完整地保存下来，同时，偏僻闭塞和交通困难致使该地区商品交换、商品流通渠道不畅，阻碍了商品经济的生产发展，抑制了哈尼族群众从事商品经济生产的积极性。在这些地区工业品难以运入，山里的农副产品无法大量外运，动员群众开展多种经营、大力发展商品生产存在很大困难。于是，在商品经济迅速发展的今天，哈尼族主要聚居的 7 个县都成了国家级贫困县。

（2）现代教育落后，人才培养跟不上形势的发展需要。

哈尼族作为一个历史悠久的农耕民族，自古以来就"重农轻商"。农业是哈尼族的生存之本，他们称梯田为命根。梯田农业劳动是评判一切的标准。作为一个哈尼人，不重视农业，干不好农活，就不是一个称职的哈尼人。至于商，历史以来，哈尼族社会商品经济不发达，几乎没有自己本民族的商人，而外来的商人往往以不平等交换使哈尼族产生反感，因此，直到今天，还有不少地方的哈尼族群众以经商为耻，甚至把经商看作是一种违背社会道德的行为。环境的长期封闭和历史形成的重农轻商的观念使哈尼族传统文化价值观与商品经济的价值、行为之间出现较大冲突，这是一种相对封闭的文化心理。

经济的滞后制约着教育的发展，教育的落后致使广大哈尼族群众现代文化素质较低，也制约着哈尼族人才队伍的建设。哈尼族地区由于边远闭塞，生活条件艰苦，外地干部特别是教师、医生、科技人才等进不来或留不住，教育、科技、卫生等部门严重缺额或人员素质水平偏低的问题突出。

（3）资源破坏严重，生产方式落后。

随着外来文化的进入、旅游业的开展，以及过去对传统农业和文化的轻视、人口的增长（人地矛盾突出）、商品经济的冲击，使得哈尼族地区的发展受到一定的影响,如红河南岸梯田农业区的生态破坏严重,使得许多梯田因水源枯竭而变为干田,甚至倒塌毁坏;民族文化资源同样也受到不同程度的破坏,如传统的思想道德失落、风俗礼仪失传、建筑风格变异等。非梯田农业区原来经济就不发达,生产力水平低,刀耕火种、广种薄收的原始耕作方法还普遍地存在。这些地区地理条件方面的优势没有很好地利用和发挥,但在利益的驱使下自然资源受到严重地破坏,大量地毁林开荒,实行掠夺式生产,造成生态的恶性循环。致使这些地方气候变得恶劣,灾害频繁,水土流失,土壤贫瘠,青山绿水变成了穷山恶水。生态破坏后,长期以来靠森林保护和繁衍的野生植物资源、畜牧业、山货药材、林副土特产品等生财之道被阻塞,资源枯竭,财路中断。

(三) 哈尼族在经济全球化中的发展机遇和挑战

1. 发展机遇

(1) 在经济方面,经济全球化将有利于哈尼族地区扩大对外开放,将其独特的农业经济形态置于经济国际环境;有利于突显梯田农耕文化和调整哈尼地区经济结构,增强经济发展活力和国际竞争力;有利于哈尼地区更多地吸收现代技术、知识、信息和管理经验,分享发达国家科学技术创新的成果,从而节约成本,提高经济活动的效率。总之,经济全球化有助于云南哈尼族地区经济现代化和市场化的进程,有利于提高哈尼地区人民的现代生活水平和质量。

(2) 在文化方面。首先,经济全球化有利于加速梯田文化的传播。当今时代,交通、信息网络迅速发展,使梯田文化的传播交流更便捷,使得云南哈尼族梯田文化不再封闭于深山而备受世人的关注、重视和欣赏。借此机会将哈尼族梯田文化方面的影视作品、风俗民情、风景名胜等精品及其精华通过互联网向全球传播,进行交流,以树立梯田文化形象和吸引更多的各国旅游者到云南哈尼梯田来参观访问。

其次,市场经济的发展有利于扩大梯田文化旅游的需求。全球市场经济的发展,人民生活水平的提高,使民族文化成了新的重要资源和商品。这为梯田文化旅游的发展提供了消费需求和市场。近年来,东巴文化旅游需求的旺盛就是例证,而哈尼族梯田旅游也呈火爆上升趋势。2004年"十一黄金周"仅元阳县旅游人次就突破万人。旅游活动的实质是一种文化的高消费。然而,文化消费的领域十分广泛,除了旅游业外,还有报刊业、出版业、广告业、影视业、体育产业、健身、娱乐等,文化进入消费领域并成为重要的商品。这些都为梯田文化的传播、发展提供了内在需求和外在市场,有了这些需求和市场的扩大,梯田文化就有了发展的动力和保障。

再次,经济的发展有利于梯田文化的传承、保护和开发。经过20多年的改革开放,云南经济的快速发展,西部大开发过程中国家的投入以及哈尼族地区的经济发展都为哈尼族梯田文化的保护、开发提供了坚实而强大的物质保障。哈尼地区经济的发展,自然会增加哈尼地区现代教育的投入,而教育发展又有利于民众文化素质的提高。民族文化的载体是民族,民族是由民众构成的。哈尼族民众文化素质提高,整个哈尼族的文化素质就会相应地提高。因此,梯田文化的传承、弘扬也就有了可靠的载体保障。

2. 严峻挑战

(1) 从经济角度看。

第一,发展目标实现难度增大。哈尼族经济发展的目标有两个:一是农业特别是梯田农业的可持续发展;二是梯田文化的产业化道路。这两个目标的实现是有相当难度的。首先，在哈尼族地区，走工业化道路是不合适的，应该走绿色农业的道路；而绿色农业的可持续发展需要大量的资金、信息和科学技术的投入。西方发达国家拥有经济、信息和科学技术上的绝对优势，使哈尼族在世界经济格局中想通过积极参与经济全球化来分享世界经济发展的成果，实现自己的目标将会面临许多的困难。

第二，内外市场开展难度加大。一方面，哈尼族地区发展，特别是旅游的发展，需要开放内部市场，吸收大量的旅游者进入，但随着哈尼地区市场对外开放程度的提高，发达地区的各种产品，特别是高科技产品凭借其技术、质量、价格优势将会大量涌入，这必然会对哈尼地区的产业和市场造成冲击；另一方面，哈尼族地区绿色农业和梯田文化产业的产品必须走出去，这就必须开发外部市场，在经济全球化的背景下，发达民族地区和国家会通过质量认证、绿色标准、产品配额等措施对哈尼地区的传统产品进入其市场实行限制，因此，云南哈尼地区开拓国际市场的难度增大。

第三，经济风险增多。经济全球化必然会带来风险、危机的全球化，亚洲金融危机就是例证。由此可见，国际金融风险等对农业性的哈尼族地区的经济安全和产业安全的威胁将会日益增大。

（2）从文化角度看。

第一，梯田文化面临被同化的生存危机。

在经济全球化过程中，富国与穷国、发达地区与落后地区之间的两极分化更加突出，这很不利于弱势文化的生存和发展。在这种背景下，经济发展相对落后的民族地区很容易成为发达国家和地区的原料基地、商品市场、文化市场。况且，在经济全球化过程中，西方世界始终不会放弃追求世界政治、经济、文化"一体化"的目标，因此，作为弱势文化的梯田文化将面临被西方世界强势文化同化的生存危机。

第二，梯田文化面临强势文化冲击的危机。

经济全球化必然促进文化全球化。以美国为代表的西方发达国家自然会利用它们掌握的高精尖网络技术去控制文化资源和市场，大肆宣扬它们西方的文化理念和文化价值观。我们知道，美国等发达国家通过经济全球化使像可口可乐、麦当劳、肯德基、好莱坞电影等具有象征意义的强势文化，正在逐步改变着落后民族地区人们的生活方式，侵蚀着落后民族地区人们的文化归属感，影响着人们价值观念的走向。不难看出，信息网络技术的发展，文化传播手段的现代化，使梯田文化将遭受西方强势文化的巨大冲击。

第三，梯田文化面临开发破坏的危机。

经济全球化大大地刺激了世界旅游业的兴旺。随着云南旅游业方兴未艾，哈尼族聚居地区十分重视梯田文化资源的开发，其中一项内容就是要对梯田原生民族文化进行加工。这种加工、开发本身就意味着某种程度的破坏。如果加工开发不得法，破坏性将更大。

近年来受现代文化的冲击，作为显现哈尼族梯田文化的物质载体之一的蘑菇房日渐被拆除，随之兴起了许多砖混结构的水泥平顶或水泥瓦顶房屋，盲目地模仿和趋同，使这些地方失去了往日哈尼山寨的风采。所以说，梯田文化面临着开发破坏的危机。

三　哈尼族应对经济全球化对策分析

作为发展滞后的民族地区，哈尼族在经济全球化面前，需要采取切实的措施进行趋利避害。

（一）开放与相对封闭

其一，哈尼族的梯田农业及梯田文化是在环境封闭的情况下被保留下来的，在我国对外开放和世界经济全球化的今天，开放是必然的，但由于梯田文化的脆弱性，需要采取现代的相对封闭措施——世界文化遗产申报保护，以人类的力量来保护它。

其二，建立绿色生态农业产销地。哈尼族所居的云南亚热带地区绿色资源丰富。梯田农业是良性的农业生态系统，所产农作物没有现代农业的化学污染。

根据国务院西部办要求，进一步通过退耕还林还草、天然保护为主的生态建设工程，改善哈尼族地区的生产条件和自然环境。不过，在此过程中需要将退耕还林与调整产业结构结合起来，与山区生态移民结合起来，与山区替代能源建设结合起来，使哈尼地区的自然环境得到切实的保护和改善。

实践证明，发展生态农业和实现农业可持续发展，不仅符合经济全球化背景下世界农业发展的方向，也符合云南哈尼族梯田农业发展的实际需要，所以我们应当大力发展哈尼地区的生态梯田农业。

其三，依靠科技进步，调整优化经济结构，重点开发旅游资源。

（1）改善交通和服务条件，将旅游业办成创汇支柱产业，并使之能直接带动餐饮、宾馆、娱乐等相关产业的发展，刺激第三产业的快速增长。

（2）发展特色经济，推进优势资源的合理开发和深度加工，培育优势产业，走可持续发展的道路。

我们可以将哈尼族的食笋，如龙竹甜笋、苦竹笋等，加工成笋干或酸笋；将具有哈尼族特色风味的竹笋菜，如牛肉煮酸笋等，通过加工改进推销给国内外游客；将具有哈尼族民族特色的竹制播种、耕种农具、灌溉、装运、狩猎和捕鱼工具、储藏用具、乐器等制成旅游商品推销给世人；可以大力发展普洱茶及哈尼族茶文化产业；可以面向国内外市场开发生物资源，如中药材和香料产品开发，扶持花卉和木瓜汁等饮料产品开发。

其四，坚持科学的文化旅游资源开发管理原则。

（1）坚持开发与保护并重原则。在梯田文化旅游资源开发中必须清醒地认识到：开发是为了发展，发展必须以保护资源为前提，保护的目的是为了可持续发展，所以我们的开发者必须想方设法使梯田文化不变味、不走样。

（2）坚持个性化开发和适当超前原则。始终要坚持住梯田文化的文化理念和文化价值观，切忌模仿、千篇一律、没有特色。梯田文化的开发需要吸取其他民族文化的开发经验教训，应根据时代和市场需求情况来确定是否开发以及开发先后的顺序，做到开发一项见效一项，从而形成良性循环，也应从长计议，做到高起点、高标准开发。

其五，进一步加大扶贫力度，提高哈尼族群众生活水平，促进哈尼族地区社会稳定。

近年来，虽然我国各级政府加大了对哈尼族地区的扶贫力度，但在经济全球化背景下，这种扶贫力度应更进一步加强。

（二）文化建设与对外宣传方面

第一，促进科技教育发展，大力开发哈尼族地区的人力资源。

从基础教育抓起，逐渐使哈尼族人获得从初等教育到中等教育再到高等教育的机会，从而提高哈尼族人口的整体素质，并为人才队伍建设提供良好的人才资源。从目前来看，认真组织继续做好哈尼地区在职学历教育是提高哈尼族人才队伍素质的关键，也是哈尼族应对经济全球化大力开发本民族人力资源的现实需要。我们还要抓好哈尼族地区的人才培养工作，积极发展科技，培养和引进"高精尖"人才，切实采取多种形式，培养一支既能适应现代旅游发展需要，又通晓梯田文化知识的高素质的旅游管理和服务人才队伍。

第二，加大宣传力度，珍惜各种发展机遇。

在目前形势下，我们需要进一步加大梯田文化的宣传力度，提高哈尼族聚居地区旅游在国内外旅游市场上的竞争力，将其特有的民族文化、梯田自然风光等制成电影、电视剧、纪录片等上网宣传或其他宣传，以提高梯田文化的知名度，使之在市场上形成新的"亮点"与"卖点"。

哈尼族梯田申报世界文化景观遗产，能够提高红河哈尼族彝族自治州的国际知名度，塑造红河州的新形象，树立品牌，发展文化旅游业，带来经济效益。如云南民族文化大省以及"千里边疆，文化长廊"等浩大工程，对云南哈尼族梯田文化的发展所起的促进作用将是巨大的；美国福特基金会与哥伦比亚大学美中艺术交流中心近10年来所推进的"云南民族文化合作项目"对哈尼梯田文化的发展的影响也将是深远的，等等。诸如此类的发展机遇，我们都应高度重视和大力支持。

第三，文化产业建设。

梯田文化是哈尼族文化的核心，哈尼族的一切门类如饮食、建筑、诗歌、舞蹈、思想理论、宗教信仰等，都是围绕它而展开的。这一切都需要进行产业化打造。通过现代信息技术和现代手段打造梯田文化产业是哈尼族最终摆脱贫困、做大做强做出特色走向世界的必由之路。民族文化是因其特色走向世界的，因为独具特色的民族文化是世界文化宝库中不可替代的组成部分。

综上所述，经济全球化是当今世界经济发展的客观趋势。任何一个国家和地区积极地参与经济全球化进程已是大势所趋。我们云南哈尼族应冷静、理智、清醒地面对这一历史进程，在维护国家主权和民族利益的前提下，善于趋利避害，积极地利用经济全球化提供的发展机遇，争取在未来的世界经济中赢得自己应有的生存与发展空间。一句话，只有与时俱进，把握机遇，迎接挑战，开拓创新，才能真正实现我们哈尼族梯田农业和梯田文化的生存和发展。

（原载《学术探索》2006年第3期，与曾豪杰合作）

世界文化遗产与哈尼族梯田文化

各位朋友,大家好,今天,我讲的题目是"世界文化遗产与哈尼族梯田文化"。

2001年云南省红河哈尼族彝族自治州向联合国教科文组织提出申请,拟将"红河哈尼梯田"列入世界文化遗产。当时几乎没有人认为哈尼族这个少数民族所种的田能够成为世界遗产。人们一般认为少数民族的文化是原始的落后的。其实,这是人们对民族文化缺乏认识,当我们对这种文化有所认识后,就发现它有着独特的内涵和智慧。哈尼族的梯田文化就是其中出类拔萃的一例。

利用山区自然条件开垦梯田,是哈尼族的特长和千年的传统。在西南高原之上,凡有哈尼族居住的地方,都有哈尼族开垦的梯田。梯田几乎成了这个民族的标志。作为人类劳动和创造的物质文化实体,梯田凝结着哈尼族悠久漫长的历史,沉淀着丰厚广博的文化,并维系着复杂多样的生活。

今天,让我们在这里一起分享哈尼族的智慧。

一 世界文化遗产

让我们从埃及阿斯旺大坝说起。1910年,英国人第一次在尼罗河上修建阿斯旺水坝时,埃及的努比亚文明遗址几乎淹没于一片汪洋之中，1959年埃及政府打算重建阿斯旺水坝，努比亚古迹面临沉入水底的命运，尼罗河谷里的大量珍贵古迹，比如阿布辛贝神殿等，将永远消失。

1960年联合国教科文组织发起了"努比亚行动计划"，阿布辛贝神殿和菲莱神殿等古迹被仔细地分解，然后运到高地，再一块块地重新组装起来（24个国家，用了20年）。鉴于此，联合国教科文组织会同国际古迹遗址理事会起草了保护人类文化遗产的协定。于1972年倡导并缔结了《保护世界文化和自然遗产公约》（下简称《公约》）。缔约国内的文化和自然遗产由缔约国申报，经世界遗产中心组织权威专家考察、评估。世界遗产委员会主席团会议初步审议，最后经公约缔约国大会投票通过并列入《世界遗产名录》，成为世界文化遗产。

联合国教科文组织世界遗产委员会是政府间的组织，由21个成员国组成，每年召开一次会议，主要决定哪些遗产可以录入《世界遗产名录》，并对已列入名录的世界遗产的保护工作进行监督指导。委员会内由七名成员构成世界遗产委员会主席团，主席团每年举行两次会议，筹备委员会的工作。

中国于1985年12月12日加入《公约》，1999年10月29日当选为世界遗产委员会成员。至2011年11月，已经有195个国家和地区签署了世界遗产公约。

2013年6月22日，通过13年的努力，红河州申遗成功，"红河哈尼梯田"成为世界文化遗产。

1. 什么是世界文化遗产（cultural heritage of the world）

定义：由联合国教科文组织确认的具有科学、审美、文化价值的自然景观与人类历史遗存。

定性：世界文化遗产属于世界遗产范畴，世界文化遗产全称为

"世界文化和自然遗产"，1972年，联合国教科文组织在巴黎通过了《保护世界文化和自然遗产公约》，成立联合国教科文组织世界遗产委员会，其宗旨在于促进各国和各国人民之间的合作，为合理保护和恢复全人类共同的遗产做出积极的贡献。

标志：

世界文化遗产标志

世界文化遗产标志

世界文化遗产标志，它象征着文化遗产与自然遗产之间相互依存的关系。

中央的正方形代表人类的创造物，圆圈代表大自然，两者密切相连。这个标志呈圆形，既象征全世界，也象征着要进行保护。

我们发现，这个标志图案暗合了中国传统的"天圆地方"理念，是对世界的正确认识和概括。

近现代以来，有些人受到西方文化的影响，自以为掌握了科学思想，望文生义说中国的"天圆地方"理念是不科学的、错误的，甚至是原始的和幼稚的世界观。他们认为天不是圆的，地更不是方的（地球是圆的）。

其实，中国的"天圆地方"，"天圆"是指天像圆一样无边无际，无穷无尽，无始无终，包裹着宇宙万物；"地方"是指地是一个方所，一个固定的实体，一个有限的，有边有际，有始有终的场所。天和地的关系是无限和有限的关系。

2. 世界遗产的分类

世界遗产分为：自然遗产、文化遗产、自然遗产与文化遗产混合体（即双重遗产）和文化景观以及近年设立的非物质遗产等五类。

3. 全球现有的世界遗产

截至2014年6月，全世界共有世界遗产1007处，其中文化遗产779处（包括景观遗产），自然遗产197处，世界文化遗产与自然双重遗产31处，分布在161个国家。

4. 中国现有的世界遗产

截至2014年6月25日，中国已有47处世界遗产，仅次于意大利（50处），居世界第二位；其中，文化遗产33项（其中文化景观4项），自然遗产10项，文化和自然双重遗产4项。

5. 哈尼梯田申遗成功

2013年6月22日，在柬埔寨金边召开的第三十七届世界遗产大会上，红河哈尼梯田列入了《世界遗产名录》。

它是我国首个以民族名称命名的世界遗产。

它的价值是非现代科技的，而以人文的方式与现代文明相通，建立起天人和谐的典范、人类精神的丰碑。

二　哈尼族梯田文化

滇南的红河，旧时被看作一条文明与野蛮的分界线。它的北岸称为江内，是文明教化之区；它的南岸则称为江外，是一个充满神秘传说和离奇故事的化外蛮荒之地。

如今，红河仅仅是一条自然河流，江外也不再是难以涉足的禁区。人们发现江外哀牢山区不仅存在着独特的文明，而且世世代代居住于大山之中的哈尼族，用自己的双手使大自然改变了模样，创造出堪称世界一绝的梯田奇观。

这个梯田奇观并非凭空产生，它是在哈尼族长期的历史岁月和生活实践中被创造出来的。哈尼族的历史实际上是一部迁徙史。哈尼族的社会发展和农业积累就是在漫长曲折的迁徙中完成的。独特的经历造就了独特的文明，造就了举世罕见的梯田农业奇迹。

哈尼族梯田是云南亚热带山中的农业奇迹，它所形成的生态景观更是被雕塑的群山，是一种大地艺术。它所呈现的美，刺激着哈尼族的创造热情，同时深深地吸引、震撼着来此观光的外地人。

哈尼族是中国西南民族，分布于云南省南部，其中很大部分居住在今红河南岸的哀牢山区，还有跨境而居者。

据 2010 年全国人口普查：云南有哈尼族 166 余万人，其中红河哈尼族彝族自治州 80 万人。在国外，哈尼族有 42.9 万人，其中，缅甸 25 万人，老挝 6.7 万人，泰国 9.5 万人，越南 1.7 万人。①

哈尼族是一个古老而文化深厚的民族。

哈尼族用了整整一千年的迁徙，完成了社会进化及农业积累；又用了整整一千年在哀牢山中完成了平坝农业移植及梯田文化的创造和保持。因此，哈尼梯田文化由两大部分构成：

一是历史文化（第一个千年）。哈尼族原是一个北方民族，最早的居住地是在中国西北的河湟地区，过着"逐水草而居"的生活，后逐步向南迁徙，最后进入云南南部和东南亚地区。哈尼族前期历史实际上是一部迁徙史。

哈尼族在早期的迁徙中，曾在西南的大渡河流域定居从事农业，后由于种种历史原因又被迫迁徙南下。在南下迁徙的整个过程中，哈尼族就只有一个目的，就是寻找一块适于农耕的平地。由于云南多是高山，其平坝早为其他民族居住，哈尼族只得暂住而不断迁徙，最终进入几乎完全没有平地的哀牢山区。然而，迁徙使哈尼族完成了两大目标：

1. 社会进程。完成了从原始部落到封建领主制社会的发展。

2. 农业积累。吸收了云南从北到南坝子的农耕知识和技艺，积累了比其他民族更多的农业经验和成果。

所以，哈尼族梯田的发生发展，直接联系着哈尼族社会和历史的发展，实际上它就是哈尼族社会历史发展的缩影。

二是梯田文化（第二个千年）。定居哀牢山区后，哈尼族创造了

---

① 唐明生主编：《国际哈尼、阿卡区域文化调查》，云南人民出版社 2011 年版。

梯田农业和梯田文化。梯田文化是哈尼族文化的核心。哈尼族的政治制度、经济变迁、文化形态，甚至其居住文化、饮食文化、服饰文化、文学艺术等文化单元都是从梯田文化中生发出来，并为梯田文化所统系。同时，梯田文化是哈尼族社会生活的轴心，哈尼族所有的生活都是围绕着梯田这一文化实体展开的，无论出生取名、谈情说爱、婚丧嫁娶、节日喜庆都与梯田息息相关，都打上了梯田文化的深刻烙印。可以说，哈尼梯田文化是一种有形的物质文化，又是一种无形的精神文化。梯田是哈尼族文化的载体。

三　梯田文化的性质

哈尼梯田文化有三大性质：1. 科学性；2. 审美性；3. 文化性。它完全符合联合国教科文组织世界遗产委员会对世界文化遗产的要求。

（一）哈尼梯田的科学性

一般人认为，少数民族是贫困落后的，科学似乎与他们无关。实际上，科学不是今天才有的，也不为哪个民族所独有，自从人类认识和改造自然环境之时，科学即已诞生。哈尼族在哀牢山区的梯田创造充分地说明了这一点。

哈尼梯田的科学性主要表现在两个方面：第一，农业生态系统与自然生态系统的完美吻合；第二，完整的农业耕作技术。

现在先说第一个方面：农业生态系统与自然生态系统的完美吻合。

1. 哀牢山区的自然生态

哈尼族对哀牢山自然生态的认识是十分深刻的。红河南岸哀牢山区总体的自然生态系统——大河流域与小流域的组合。大河流域（红河），山高谷深，气候立体，是其最显著的特征。小流域（李仙江、藤条江、小黑江、堕铁河等数十条河流），地貌复杂（加之太平洋季风、印度洋季风），每一座山都呈现春、夏、秋、冬，可称为立体小气候。

当地民谚："一山分四季，隔里不同天。"说的就是这种复杂的立体气候。

2. 三位一体的农业生态系统及生存空间格局

哈尼族对哀牢山自然生态认识全面而深刻，所以在此基础上建立起独特的三位一体的农耕生态系统：

（1）保持高山森林——海拔1400米以上，是为"绿色水库"。

（2）建立中山村落——海拔1200—1400米，适于人居，更重要的是便于掌控水资源。

（3）开造低山梯田——海拔1200米以下，适于稻作。

哈尼族说："要吃肉上高山，要种粮下低山，要生娃娃在半山。"

哈尼族对自然生态环境的深刻认识及上千年的农业实践，使梯田农业生态系统与自然生态系统完美吻合。

2010年6月14日，红河"哈尼稻作梯田系统"被联合国粮食及农业组织授牌为全球重要农业文化遗产（GIAHS）保护项目试点。

3. 独特的水利系统

水是农业的命脉。在亚热带哀牢山区哈尼族的梯田农业中，水以奇特的方式贯穿于农业生态循环系统中。

高山森林孕育的溪流水潭被哈尼族人民引入盘山而下的水沟，流入村寨，流入梯田，梯田连接，水沟纵横，泉水顺着块块梯田，由上而下，长流不息，最后汇入谷底的江河湖泊，又蒸发升空，化为云雾阴雨，贮于高山森林这个绿色水库。

这种独特的梯田农业水利灌溉系统是与亚热带哀牢山区自然生态系统密切吻合的。很显然，这是利用自然之水的循环为农业之水的循环的杰作。这种农业水利循环系统，是哈尼族人民适应和征服大自然的独特成果。

现在再说第二方面：完整的农业耕作技术

哈尼族的农业耕作技术是完整的，是顺应自然、利用自然、改造自然而形成的。

1. 顺应自然

哈尼族的梯田农业生产及其农耕技术都是顺应自然而行的。例如，（1）依山就势开造梯田。哀牢山区山高谷深，地形复杂多样，哈尼族所开梯田都是依着山形地貌，充分利用每一寸土地，所以梯田的形貌和山形一致。（2）耕作程序，更是根据哀牢山区的气候条件，依春夏秋冬进行犁、耙、栽插、收割、泡冬水田。（3）粮种选育，也是依据哀牢山区立体气候特点，在不同海拔的梯田中培育和选种不同的稻种。于是形成了哀牢山区的稻种多样性。仅元阳就有180个品种。

2. 利用自然

哈尼族对自然的利用是全方位的。现仅以"水资源的利用"为例，以观全豹。正如我们所知道的那样，哈尼族的梯田用水来自高山森林，山泉通过盘山而下的水沟流入村寨，流入梯田。对于梯田的灌溉，有着全套的技术。而以水冲肥入田，就是哀牢山区一项别出心裁的利用水为动力的施肥技术。另外，在哀牢山区的哈尼族村寨都有水磨、水碓，这也是利用水为动力的。对水的利用的成功典范还有在山区独树一帜的梯田养鱼。这是哈尼族哀牢山梯田农业水资源利用的特技。

3. 改造自然

例如抵御自然灾害：（1）病虫害——在哈尼族建构的高山森林、中山村寨、低山梯田三位一体的生存空间和梯田农业生态环境中，哈尼族培育和使用多样化谷种种植，利用生物的相生相克原理有效地防治病虫害。（2）水灾——哈尼族在盘山而下的水利灌溉系统中专门建立了泄水系统。当雨季到来，山水太甚时，就开动泄水大沟，泄去多余的山水。（3）旱灾——哈尼族梯田农业的保水有两个系统。一是高山森林（绿色水库）自然保水。保护好森林，就保住了水资源；二是泡冬水田。哈尼族梯田只种一季，稻谷收割后，将梯田犁好耙平放水泡田，一直要泡到第二年开春，称为"泡冬水田"。这样，一是可以牢固田埂，二是可以恢复地力，三就是保水。2009年开始，连续四年，云南遭遇大旱灾，许多地方栽插受阻，颗粒无收，但红河南岸哈尼族的梯田没有受到干旱的影响，按时栽插，长势良好，年年丰收。哈尼族梯田水利系统的科学性得到了充分的体现。

另外，改造自然，开辟梯田，使得没有一块平地的哀牢山区形成梯田人工湿地。湿地中有多样化的水生植物，如水芹菜、青苔、水竹等；有多样化的水生动物，如螺蛳、黄鳝、鸭子等；更有梯田养鱼。2007年11月19日，国家林业局批准红河哈尼梯田为国家湿地公园。

哈尼族梯田人工湿地是巧夺天工的人类创造，是水利系统工程与自然生态系统吻合的人类杰作。

仅从以上两个方面就可看到哈尼族梯田农业的科学性，而哈尼族所创造和运用的一整套特殊农耕技能，科学严谨而又十分生动，集中地体现出哈尼梯田农业生态的外部特征和内在本质。

(二) 哈尼梯田的审美性

人类的审美观多如牛毛,主要分为两大类。一为主观的,二为客观的。哈尼族将主客结合,以劳动为美的标准。现仅以两个方面窥其大概。

1. 美的内涵

(1) 劳动之美。例如,哈尼族对人的评价,其俗话就说:"梯田是小伙子的脸,大腿是姑娘的美。"说的是,哈尼族小伙子美不美,不尽看他的相貌如何,而关注的是他的田做得怎么样。如果小伙子打埂、铲堤、犁田、耙田、打谷样样来得,就会得到大众的赞扬,被视为最美的小伙子,能赢得姑娘们的爱慕。同样,在哀牢山,姑娘美不美,也不尽看其长相,重视的也是与梯田农业劳动有关的方面。再例如,哈尼族讲究群体的美,这是美的集合。像开秧门、长街宴这样的集体活动,规模宏大、热烈得犹如过年,其内容就饱含着劳动,体现的就是劳动之美。

(2) 成就之美。梯田工程及文化景观都体现劳动成就之美。例如梯田之美:梯田是被雕塑的群山,是以群山为泥胎的巨大雕塑、经千年"打磨"而成的大地艺术品,随四季变化着它优美的姿态。

(3) 环境之美。哈尼族在哀牢山区所创造的森林、村寨、梯田三位一体的生存空间格局和文化景观,是山区人居环境创造性和生态美的卓越表现,亦是劳动内涵的充分体现。

2. 艺术之美

(1) 诗歌艺术。哈尼族没有本民族文字,其历史及文化是以口耳相传、示范身教代代传袭,并以说唱的方式记忆和传承。因而诗歌艺术发达。哈尼族诗歌分为三类:

第一类:哈巴(古歌、史诗)。如:《离别》:"天和地离得虽远,雨丝把它们相连；山和山离得虽远，云海把它们连成一片；你和我隔得虽远，一想你就在我眼前。"此类诗歌历史久远，内容丰富，说唱结合，具有强烈的艺术感染力，最是感人肺腑。

第二类：阿茨菇（情歌）。如《思念》："小河你把清泉带走，把石头留在后头；阿哥你把情爱带走，把难过留在我心里。"这类诗歌，有自古传下来的，更有青年人在约会谈情说爱时的对唱，往往即兴创作，声情并茂，直指人心，打动情怀。

第三类：阿米车（儿歌）。如著名的《月亮歌》："月亮圆又圆，圆得像鼓圈，天地都明亮，大地暖又暖。"这类诗歌，有自古传来者，有现实创作者，歌词短小，朗朗上口，极易记忆，流传甚广，美不胜收。

（2）舞蹈艺术。"罗作"为哈尼族舞蹈最大的一类。有独舞、双人舞、群舞，是表达人的情感之舞，随时随地只要高兴就可起舞，一旦起舞则忘乎所以，舞姿自由，情感逼人。这类舞蹈，只有大地长天才配做它的舞台。另外，哈尼族的劳动性舞蹈、模仿性舞蹈，以及宗教性舞蹈都有极高的艺术性。

（3）歌唱艺术。哈尼族喜唱歌而少说话，大有"有话不说以歌代"之势。因而，唱"哈巴"为哈尼族的传统教育活动；"对歌"则为青年人的谈情说爱方式。近年来，在哀牢山区发现哈尼族的多声部合唱，被称为人作之合、天籁之音。

（三）哈尼梯田的文化性

文化，至今有200多个定义，人类学家在田野工作的基础上提出，文化是人作用于自然环境的产物，分为物质文化和精神文化。

如今，文化又进一步界分为物质文化和非物质文化。这个界分，可包括过去、现在、未来的人类文化。

梯田文化是哈尼族文化的核心。首先，它凝结着哈尼族的历史文化——迁徙和农业文化的积累，并连接着梯田农业的创造；其次，哈尼族的所有文化都围绕梯田文化进行——婚丧嫁娶等；再次，哈尼族的所有文化都从梯田文化中放射出来——刺激创造性。

1. 物质文化

梯田本身就是哈尼族最大的物质文化。它是巨大的建筑工程，如长城、金字塔般耸立在大地长天之间。它有着巧夺天工的水利系统工程，这是农业生态系统与自然生态系统吻合的人类杰作。哈尼梯田所形成的人工湿地，亦为人类的独特创造。

仅以此，就可看到哈尼族物质文化是以梯田为主体、为基础、为依托的。

物质文化生活是以吃、穿、住、行为其主要内容的。

吃：哈尼梯田主产稻米，品种多样，俗称"红米"。哈尼族的主食为大米，肉食来自家养禽畜和梯田养鱼。佐餐的菜蔬少量来自房前屋后菜园所产，大量来自深山采集。哈尼豆豉是哈尼族制作特殊的佐餐品，闻起来特别臭，吃起来特别香，受到哈尼族和其他民族的特别钟爱，并使它具有了文化的意义，如哈尼人常说："没有豆豉，不成蘸水。""宁可三日不吃油，豆豉顿顿不能少。"甚至"不吃豆豉，不会唱山歌。"另外，哈尼梯田水产丰富，是肉食、待客的佳品；极为有趣的是，收获水产还是青少年的拿手好戏，梯田摸鱼、夜晚点（用火把去照）黄鳝、点螺蛳都是人们欲罢不能的精彩节目。长街宴，更是哈尼族野味、水产、田产食品的大汇集，还是团结的盛会，新一轮农耕的开始。

穿：历史上，哈尼族尚黑，服装从头到脚均为黑色。现在服装多样，色彩纷繁而不失民族特色。

住：哈尼族居住于半山，在森林、村寨、梯田三位一体的哀牢山生存空间格局中，气候温和，冬暖夏凉。哈尼族很讲风水，认为牛会选好地，"牛爱在的地方有好风水"。宗教祭典《斯匹黑遮》说："牲畜朝前走，水牛来带头，水牛停下来，耐心来等待，水牛留恋处是好风水，哈尼好安家，建寨会兴旺。"哈尼族的风水表达不像汉文化（左青龙，右白虎，前朱雀，后玄武），但意思相同。哈尼古歌唱道："上头的山包做枕头，下头的山包做歇脚，两边的山包做扶手，寨子就睡在正中央，神山神树样样不缺，寨房秋房样样恰当。"环境工程，实际上就是安居乐业的文化工程。

哈尼族的村寨讲究小型集落。这与三位一体生存空间相匹配，便于控制水资源，便于下山种田。哈尼族的住房因形似蘑菇而被称为"蘑菇房"。蘑菇房为三层楼房，屋顶为晒台，由于其造型奇特和具备多种社会功能而成为这个民族的文化符号。

行：哈尼族梯田包裹群山，相互连接。因此，田埂、水沟就是路。

2. 精神文化

梯田是哈尼族最大的非物质文化象征。哈尼族的世界观、人生观、宗教信仰、文化艺术等精神文化都是从梯田这个巨大的文化实体和象征体中生发、启迪、反映出来的。

哈尼族世界观是天人合一的世界观，他们认为天地万物是一体的，是相互影响，共存共荣的；哈尼族还将世界进行了三位一体的划分，上部为天神世界，中部为人间世界，下部为鬼魂世界。三个世界是相互为用、相互帮助的。

哈尼族的人生观以劳动为荣，认为享福是死了以后的事情。哈尼族说："人生开三次花。"（诞生取名、婚礼、葬礼）因此，哈尼族的人生礼仪都举行得十分隆重，这些礼仪中都有模仿性的劳动表演，充分表现出哈尼族劳动的人生观。

哈尼族的宗教信仰是：万物有灵，多神崇拜。

梯田，作为人类劳动及文明的产物，它具有极其丰厚的文化内涵，而作为某一民族的独特创造物，它凝结着这一民族对生存和发展的追求，以及由此衍生出来的根本的物质文化及精神文化需求。

结　语

红河哈尼梯田文化是世界文化宝库中的独特品种。它是人与自然的完美结合，是山地农业的杰出代表，是人类创造性的充分表达。

正如美国文化人类学家克鲁克洪指出的那样："人类的生态和自然环境为文化的形成提供物质基础，文化正是这一过程的历史凝聚。"

梯田是一种田制，是崇山峻岭地理环境中的一种农业形态。在长期的与自然环境的物质交换和相互交融中，哈尼族梯田成了一种罕见的良性农业生态系统。

作为人类劳动和创造的物质文化实体，梯田凝结着哈尼族悠久漫长的历史，沉淀着丰厚广博的文化和维系着复杂多样的生活。

红河哈尼梯田具有科学性、审美性及巨大的文化丰富性，完全符合联合国教科文组织"世界遗产"的条件，是哈尼族人民在云南亚热带哀牢山区经过上千年的努力创造的宝贵财富，也是人类世界文化宝库中重要而独特的宝贵财富。

（原载《云岭大讲堂演讲集萃》，云南科技出版社2016年版）

红河哈尼梯田生态及景观的现代修复

2013年6月22日，红河哈尼梯田申遗成功，顿时"哈尼梯田"成为一块热土，各样人等纷至沓来，各种问题也接踵而至，其中对于哈尼梯田保护与发展问题，呼声最为强烈。

毫无疑问，对于红河哈尼梯田，保护是第一位的。而且，这个世界文化遗产在"申遗"前已经遭到了严重的破坏，目前还存在着深刻的危机，需要得到恢复，消除危机。

针对红河哈尼梯田农业和景观的破坏，当地政府以及有识之士做了大量的工作，制定过大量的方案，采取过大量措施，如建立自然保护区，进行基本农田保护，制定梯田保护条例，为"现代"钢筋水泥房子"穿衣戴帽"等，可谓费尽移山心力。然而，红河哈尼梯田生态及景观虽有恢复，但衰退的趋势并没有彻底遏制住。这究竟是为什么？这也许是因为我们太注重发展、太注重现代理论、太注重现代保护手段而忽视或轻视了"传统"。

传统是连接今天和明天的动力源。今天，我们应当努力"发现传统"[1]，充分尊重传统知识，尊重梯田农业及梯田美景创造者的文化选

---

[1] [英]霍布斯鲍姆、·兰格：《传统的发明》，顾杭、庞冠群译，译林出版社2004年版。《传统的发明》是一本论文集，汇集了几个美国学者针对美洲、欧洲、非洲国家的历史文化为现代所用并起到重要作用而发的议论，其主要论点就是传统的现代发扬。本文中所提"发现传统"即受其启发。

择和文化智慧。以传统的力量，参与恢复和激活自然生态和梯田农业生态的生命力量，恢复梯田景观雄伟壮观的美。

一 哈尼梯田生态及景观的危机

哈尼梯田的美是被雕塑过的大山之美。由高山森林、半山村寨和下半山梯田构成了三位一体的生存空间格局，这种生存空间不仅宜于人的生活，而且诗情画意的景观更是一种自然与人文组合而成的大山之美，是崇高的大地艺术。这种三位一体的大地之美是整体的，是与农业生态系统互为表里，以民族文化为其内涵的。因此，它的任何一个方面的破坏都会对全局造成影响，使这种大美失去它厚重的内涵和迷人的色彩。

（一）三位一体之森林的破坏

据陈嵘教授编著的《中国森林史料》记载，到新中国成立初期，哀牢山的森林覆盖率高达55%—60%。如此森林保持状况，固然有地处边远、交通不便的原因，但最主要的则是哈尼族自身的努力，即对哀牢山自然生态环境的认识及保护所致。

但是，历史进入20世纪50年代，盲目的生产运动以及激进的经济改造对哀牢山区的森林生态系统造成了严重的破坏。这种大破坏，最为厉害的有两次。

第一次，1958年"大跃进"、大炼钢铁，哀牢山的所有地区砍树炼钢，许多山头被全数砍光，森林遭到大破坏。第二次，1972年在"农业学大寨"运动中，毁林造田，滥砍滥伐，森林又遭厄运。在整个哀牢山地区，如此毁林及造田的生态破坏直到今天都没有得到完全恢复。

在哀牢山哈尼族的心目中，森林不仅是自然的，更是神圣的。生产运动使森林的自然性遭到破坏，更使森林的神圣性丧失，这就破除了人们对自然的崇拜和敬畏，大大降低了人的信仰力量。千百年来，哈尼族对森林的保护靠的是两大力量：一是人的力量，二是神的力量。失去了人的信仰和神的力量，森林和大自然就成为"死物"可以被人随便征服了，也就是"人定胜天"了。那么森林的厄运便来临了。

在这两次运动中，哈尼族传统的森林管理方式被当作落后迷信予以扫除。"大炼钢铁"和毁林造田对森林的破坏是毁灭性的，对梯田赖以形成、存在和发展的森林生态功能及生态服务系统的破坏是难以弥补的，而且这种破坏所波及的生态领域和所造成的社会影响以及对哈尼族人的打击、文化的破坏都是长久的和难以估量的。

尽管20世纪80年代末，哀牢山区进行退耕还林，但所种树木多为速生的水冬瓜树和杉树，树种单一，原生森林树种的多样性则再也得不到恢复。1999年，元阳县森林覆盖率恢复到26.7%[①]，森林得到了一些恢复。即使退耕还林森林覆盖率有所上升，但森林仍是伤痕累累，非短时期可以恢复。

哀牢山的森林破坏，使得莽莽苍苍的群山满目疮痍，造成哀牢山区自然生态系统的紊乱、气候变迁和水资源锐减，对梯田农业及三位一体之森林之美造成极大危害，使大山失去了灵气。

---

① 黄绍文等：《哈尼族梯田农耕机制与半个世纪的变迁》，《红河民族研究文集》第三辑，云南民族出版社2007年版。

(二) 三位一体之梯田的破坏

森林破坏，自然生态系统紊乱的直接受害者就是梯田，水土流失破坏梯田是显而易见的，而水资源的减少和梯田水体的污染，对梯田来说则是致命的。

哀牢山在元阳境内称为观音山。据林业部门估算，观音山水源林至少可储水 2950 万立方米，即使扣除 15—20% 的影响储水量的地理因素外，实际储水仍可达 2310 万—2500 万立方米。[①] 另据元阳县水资源调查资料，由于原始森林的庇护涵养作用，全县平均每平方千米产水量 93.85 万立方米，属水资源相对丰富地区。[②] 因此，这里的森林被称为"绿色水库"，没有它，可以说就没有哈尼梯田，梯田农业生态系统也就不能成立，哈尼族的生存和发展也不能成立，哈尼梯田的美景更不能成立和存在。在哀牢山区，森林绿色水库的重要性可以说无以复加，没有任何东西可以相比。用哈尼族的话来说，森林是梯田的命根，是哈尼族的命根。

哀牢山区森林破坏导致水资源减少，旱灾频繁出现。据统计，自 1978 年至 2005 年，元阳县出现春旱 10 年次，夏旱 6 年次，秋旱 5 年次，冬旱 10 年次，其中 8 年为大旱。1987 年 5 月出现的干旱，造成县内严重缺水，农作物大面积受灾。2005 年 4 月为近 30 年最严重的一次干旱，造成 8.3 万亩农作物受灾，直接经济损失上千万元。[③]

更为严重的是水资源的减少造成梯田面积缩小和干涸。20 世纪 80 年代初，被调查的哈尼族老人说，以前梯田比现在多多了，"大跃进""文化大革命"造成的森林破坏，造成了山体滑坡、水土流失、

[①] 王清华：《哀牢山哈尼族地区自然生态功能、生态服务系统及林权的演变》，《云龙学术会议论文集》，2003 年。

[②] 元阳县志编撰委员会：《元阳县志》，云南民族出版社 2009 年版，第 39 页。

[③] 同上。

| 发现传统

泥石流等灾害，很多梯田都倒塌被冲走了，有的慢慢没有水了、干了。

红河南岸哀牢山区有 4 个县，据 1984 年土壤普查的资料显示：元阳县水田 30.04 万亩，雷响田 8.9 万亩，两者都为梯田形式，共计面积 38.93 万亩；① 红河县水田面积 182832 亩，旱地面积 91290 亩，前者全为梯田，后者多为梯田形式，共计 274122 亩；② 绿春县水田面积 59892 亩，旱田 31653 亩，两者均为梯田形式，共计 91545 亩；③ 金平县水田 288306 亩，雷响田 36797 亩，两者均属梯田形式，共计 325103 亩。④ 以上四县梯田（含梯田形式的旱地）共计 108 万多亩。又"据统计，目前，红河南岸哀牢山区有近 80 万亩梯田、20 万亩梯地"⑤。这些统计所说的"梯地""雷响田""旱田"都为"梯田形式"，实际上原来都是水田，都是真正的哈尼梯田，它们是水资源干涸变成旱地的。上述统计资料表明，在红河南岸哀牢山区，至少有 20 万亩梯田变成了干田。而且，垮塌、失修、冲走的梯田还没有算在内。梯田的干涸、损失可谓触目惊心。

水资源不足是使大量梯田变为干田、旱地，甚至荒地的最致命原因。例如著名的元阳老虎嘴梯田，它是元阳县单体最大的一处梯田，面积可达万亩，形状像是一匹飞奔的骏马。最近 30 年，梯田用水的减少，其梯田面积也在缩小，形状像马头的那片梯田已经变为旱地，"马头"已经消失，这块梯田再也不像神勇奔腾的骏马了。

尤其是 20 世纪 60—80 年代，因大面积推广的杂交稻，侵占了传

---

① 元阳县志编撰委员会：《元阳县志》，贵州民族出版社 1990 年版，第 51 页。
② 红河县志编撰委员会：《红河县志》，云南人民出版社 1991 年版，第 133 页。
③ 绿春县志编撰委员会：《绿春县志》，云南人民出版社 1992 年版，第 193 页。
④ 金平县志编撰委员会：《金平苗族瑶族傣族自治县志》，生活·读书·新知三联书店 1994 年版，第 78 页。
⑤ 车明迫：《把红河哈尼梯田建成云南有机稻米生产基地的构想》，《首届哈尼梯田大会论文集》，2012 年。

统红米种植区，使梯田多样化稻谷品种濒临灭亡；与杂交稻配套使用的化肥、农药、杀虫剂更使水资源遭到污染，水生生物灭绝，致使传统的梯田养鱼无法进行。

（三）三位一体之村寨的破坏

哈尼族的村寨位于中半山，后有森林密布的连绵群山，前有拾级而下的万道梯田，形似蘑菇的住房掩映在棕榈树和青青翠竹间。哈尼族住房为土木结构建筑，因造型奇特形似蘑菇而被称为"蘑菇房"。村落依山就势，团团围绕，远远望去，犹如森林之下、梯田之上的一窝窝蘑菇。整个哀牢山区的半山部位是蘑菇房村落错落分布的所在。每当白云飞渡、炊烟袅袅时，半山村寨在哈尼族梯田三位一体生存空间格局的整体美中，最为醒目和温馨，充满活力。它使人的生活环境充满人气，生机勃勃。它使沉默的群山充满灵气，同时也鲜明地透射着哈尼族建筑美和与高山森林、低山梯田所构成的和谐美。

20世纪80年代中期以来，哈尼族的建筑文化、中半山村寨美发生了巨大改变，从人类学的角度看，是民族文化的破坏；从美学的角度说，是景观的破坏、美的破坏。这还不仅使哈尼族建筑文化和建筑特色被毁坏，而且严重地影响着哀牢山梯田景观三位一体的整体美。

20世纪80年代中国改革开放以后，哈尼族中的一些人开始外出打工、承包工程、经商贸易，并开始致富，同时在哈尼族的村寨中开始出现水泥钢筋贴瓷砖的建筑物。这些建筑在村寨中十分的醒目。虽然这种现代的建筑物在哈尼族传统村寨中十分突兀，与三位一体的梯田生态环境和生存空间极不协调，但由于它的现代材料的坚固性式样的城市性，更重要的是它是致富和"先进"的象征，因而成了哈尼族人家竞相模仿的对象和追求的目标，改变了哈尼族关于住房建筑的价值观和审美观。

| 发现传统

因此，部分哈尼族青年打工挣钱的一个主要目的就是在自己的家乡建一所如城里似的住房。短短 20 年间，哀牢山区几乎所有的哈尼族村寨都有了水泥钢筋的建筑，特别在元阳老县城附近、乡镇所在地附近以及交通沿线村寨几乎全是清一色的水泥钢筋房。20 世纪 80 年代初，哈尼梯田核心区的全福庄村，全是一色的"蘑菇房"，整个村子就像一窝蘑菇坐落在梯田之上和森林之下，春夏秋冬，色彩变幻，美不胜收。而如今，全福庄"高楼林立"，几乎找不到一间蘑菇房。

如今，在哀牢山区，举目望去，高山森林、半山村寨、低山梯田三位一体的生存空间和景观格局仍然存在，但半山由水泥钢筋瓷砖堆砌而成的村寨在青山绿水间，在莽莽森林和万道梯田间闪着刺目的光芒，像群山上的一块块伤疤。哈尼族村寨的美已然消失，而代之以一种不明身份的建筑文化符号，它是哈尼族的？是汉族的？还是什么族的？是传统的，还是现代的？没有人说得出来。这种不明不白、不伦不类的建筑物镶嵌在哀牢山的大地长天之间，显得十分的不协调，是对哈尼梯田三位一体文化景观整体美的极大破坏。

这是哈尼族村寨建筑外形的变化，而其内在的变化又是怎样的呢？

哈尼族传统的蘑菇房建筑一般为土木结构的三层楼房。下层为厨房和堂屋，设有火塘，是人们的炊爨、饮食、待客及日常活动之地，也是家庭教育、文化传承传播之处；中层为卧室；上层为粮食堆放之处；房顶为两面或四面流水的草顶；这是主楼。在主楼旁有耳房，为平顶，与主楼相接，主楼第三层有门通耳房平顶，可称阳台。该阳台在没有一块平地的哀牢山区非常重要，哈尼族晾晒谷物、豆类、棉花、衣物等均在此，而且这里还是儿童的游乐场，青少年谈情说爱之处，妇女纺纱织布之地。可以说，哈尼族的传统建筑蘑菇房是哈尼族人衣食住行、生老病死、婚丧嫁娶、文化传袭的所在，是哈尼族文化和生活的根。而如今，哈尼族文化和生活的载体——"蘑菇房"住房建筑的巨大变化，带来了日常生活方式的变化，好像一切都在模仿城里人或者外边的生活，本民族的居住文化传统、生活气息、风俗特色仿佛已经淡化不见了。

2001年以后，红河哈尼族彝族自治州为了将红河哈尼梯田申报世界文化遗产，不惜重金，动员哈尼族群众，将哈尼梯田核心区、重要景点的哈尼族"现代村寨住房"进行"穿衣戴帽"的改造，即在已建成的钢筋水泥房子的墙上抹一层黄泥，在水泥房顶上加一个草顶（更有一些人家仅在水泥顶上贴一层草，不久就被风吹跑了）。尽管如此，在大多数地方，蘑菇房这种民族独特的建筑从外到内发生了极大改变，其民族文化、美的形式和美的内涵正在消失。

二 如何恢复哈尼梯田生态及景观美

红河哈尼梯田被称为大地艺术，是因为千百年来这里的哈尼人用劳动使这里的群山改变了模样，依自然生态系统建构了世所罕见的农业生态系统，形成了高山森林、中半山村寨、低山梯田这样一种三位一体的生存空间和景观格局。

其实，对于梯田，哈尼族有着刻骨铭心的"记忆"，维护和保护梯田，保护自然生态系统和农业生态系统，保护生存空间和景观，他们有着丰富的、积淀了上千年的传统知识与经验。

今天当我们在大量运用现代理念、现代理论、现代科学技术手段进行哈尼梯田保护和发展的时候，应当努力地"发现传统"，运用千百年来积累起来的行之有效的民族传统知识和民族文化力量对梯田进行保护。这是我们恢复、保护和发展梯田农业、梯田文化、梯田景观的理论基点。

（一）发现传统：完善森林保护机制

森林是梯田的命根。为了森林的恒久保持，哈尼族在长期的历史发展过程中形成了森林生态传统知识和一整套森林保护和管理方式，其主要点在三个方面。

第一，森林认识的社会化及其保护森林教育。

在哈尼族文化中，森林及森林保护似乎永远是哈尼族生存与文化的重要主题，森林的功能及其无与伦比的重要性，全然融入社会文化的认识、传承和弘扬中，并以传说、故事、史诗、谚语、歌谣等形式向社会传播。哈尼族文化心理中，关于树（森林）的几种观念：（1）水的来源与树有关；（2）大地山川及生物的变化与树有关；（3）农事节令、自然气候变化与树有关。哈尼族关于树的传说、故事是大量的，且大多都充满神秘色彩，并与其他事物相联系，尽管有时这种联系有些牵强，但同一环境中事物的相互联系正是生态学的基本观念。哈尼族以树来联系其他，说明哈尼族对森林的诸多功能的认识，及其森林在哀牢山自然生态环境中的重要地位。这种对森林的生态意义上的认识是深刻的，用哈尼族的话来说，就是"命根"的问题。[①] 这种口耳相传方式的文化传播，使森林保护的教育得到传承。

哈尼族的许多社会活动，都有力地促进了森林认识的社会化。每当逢年过节、婚丧嫁娶、盖房结村、宗教祭祀时，哈尼族老人都要以演唱的方式进行森林教育。例如，哈尼族的"祭树歌"这样唱道："自从阿妈生下我们，神树就保佑着寨人；哈尼寨头的神树，是一天

[①] 王清华：《梯田文化论——哈尼族生态农业》，云南大学出版社1999年版，第16页。

也离不开的神树。"传播森林知识,普及民众,在哀牢山区蔚然成风。哈尼族的许多风俗,更是在强调着森林保护的重要性,如家中生了小孩,要到村边种下三棵小树,将胎盘埋在树下。小孩长大,树即成林。在潜移默化中,在不知不觉中,森林知识的传承、森林教育和社会化就深入人心了。

第二,森林的神圣化。

哈尼族将森林神圣化,这与哈尼族的宗教信仰有关,更与森林对梯田的重要性密不可分。哈尼族的民间信仰可概括为"万物有灵"。在他们心目中,无论天地日月、山川河流、山石水土、村寨住屋,乃至一草一木都是有血有肉、有生命、有神性的,必须对其顶礼膜拜,尊崇有加。森林,对于千年从事梯田农业的哈尼族来说有着神圣的意义。森林之神犹如天地之神,对人们的庇护和保佑直接关乎生存与发展。哈尼族曾经历过悠远漫长、九死一生的迁徙而最终到达森林密布、人迹罕至的哀牢山中安家落户。森林是其祖先的庇护所,提供给祖先住所、食物及更为宝贵的安全感,使哈尼族得以生存了下来。因此,哈尼族至今称森林为"普麻俄波",就是丛林即村寨、森林大寨子的意思。正是在森林的护佑下,哈尼族得以发展至今。因此,哈尼族将森林奉为神灵对其进行常年的保护和祭拜。

哈尼族居住于大山之中,村寨、梯田为群山怀抱。梯田农业的发展更突出了森林的地位。为了村寨的安宁和梯田的发展,哈尼族对森林这个哀牢山自然生态的核心和"命根"进行了生态意义的划分和保护。本区最高的山林称为总管神林,周围山林称为分管神林,另还有水源神林、村寨神林,以及护家神树等。对于这些神林要定期进行祭祀。现在已广为外人所知的护寨神林保护与祭祀就是很好的例子,在哈尼族的所有村寨后都有一片神树林,每年的"昂玛突"(祭寨神)都会如期举行。届时,全村人在"摩匹"(仪式主持者)、"咪谷"

（村寨长老）的率领下，来神树林中虔诚地跪拜，祭祀"神树林"，并要在村中摆出"长街宴"与神同乐。虔诚的祭祀和娱神活动，就是为了感谢森林的无私奉献和祈望梯田的长治久安。"昂玛突"是祭寨神，但在人们的心目中，则是流传千年的"祭树节"。这些年复一年的祭祀活动和潜移默化的信仰理念，使得哀牢山的森林神圣化。哈尼族认为，森林就是父母，森林就是上天，森林就是至高无上的神。这是用宗教的力量，从人的心灵深处不断强化对森林的神圣感情。

第三，制定村规民约进行管理。

哈尼山寨都有专门的森林管理员，每届村长都对森林的完好负有责任。在哀牢山中，所有的哈尼族村寨，乃至彝族、傣族、壮族村寨都有村规民约，其中最重要最醒目的规定都是关于森林保护的，其条目之繁，不可全举。这些习惯法，其法律效益有时可超过现代的成文法律。因为，它们不仅是强制的，还是心灵的、伦理道德的，生存所必需的。长期以来的实施，有效地保护了森林。

哀牢山自然生态环境，特别是森林得以长期较完整地保存，实有赖于哈尼族对自然生态环境的深刻认识及一系列包括文化参与的保护措施和传统。

（二）发现传统：建立真正的绿色农业区

森林恢复、水资源恢复是梯田恢复的前提和基础。红河南岸地区自古就是无公害优质稻米、亚热带经济作物、热带亚热带水果的重要产区。从20世纪六七十年代以来，此地和全国一样一直在推广杂交稻、化肥、农药、杀虫剂等科技，产量虽长，但污染随之。我们应当"发现传统"，在此地恢复其传统农业科技及生产方式，建立无公害农业食品生产地。这不仅使其农产品在现代社会价值倍增，使梯田景观真正恢复，而且也为旅游业的兴起和持续发展奠定基础。因此，梯田农业及梯田美景的彻底恢复，必须采取壮士断腕的如下措施。

第一，停种杂交稻，恢复传统农业种植。

实际上，红河南岸是一个地理整体，南岸四县：元阳、红河、绿春、金平就有梯田100多万亩。自古以来，红河南岸哈尼梯田就是种植红米的。在哀牢山区，哈尼族培育使用的传统稻谷品种达数百种，仅元阳县就拥有本地品种180个。①

如今，在红河南岸哀牢山区，几乎所有的村寨都在种植杂交稻。正如我们知道的那样，杂交稻的推广种植对哈尼梯田的稻谷品种多样性有极大的影响和破坏，造成生物链的断绝，破坏了生物基因多样化的就地保存和发展，使克制病虫害的功能丧失，使传统的科技和传统知识丧失。

全面恢复传统的、多样化品种的水稻种植，被联合国粮食及农业组织授牌为"全球重要农业文化遗产（GIAHS）保护项目试点"（2010年6月14日，云南红河"哈尼稻作梯田系统"被联合国粮食及农业组织授牌）的"红河哈尼梯田"才真正名副其实。

第二，停用化肥、农药、除草剂，恢复传统的施肥方式。

杂交稻必须施用化肥、农药、除草剂才能成长。化肥、农药、除草剂的施用，不仅破坏了哈尼梯田传统的施肥方式（冲肥是哈尼梯田农业的特殊技能和方式，它是利用高山流水将自然肥力及农家肥输送到田），废弃了农家肥的施用，更为严重的是造成梯田土壤、水体、空气，以及农作物的严重污染。

我们知道，哈尼梯田的用水来自高山森林，水沟相连，以田为渠，田水互通，常年不息。所以，只要在梯田中施用了化肥，肥随水流，不仅施用化肥、农药、除草剂的梯田受到污染，连其他没有施用

---

① 王清华：《梯田文化论——哈尼族生态农业》，云南大学出版社1999年版，第12页。

化肥、农药和除草剂的梯田也会受到化学的污染,年积月累,整片梯田的土壤、水资源污染就形成了。化肥、农药和除草剂,不仅造成土壤的变质板结、水资源污染乃至粮食的污染,而且严重地影响了梯田养鱼的进行和多样化水生动植物的生长。

停止化肥、农药、杀虫剂的施用,使用传统的自然施肥和冲肥,就能消除污染,恢复梯田的土壤活力和水质有机质,梯田湿地的水生生物多样性及梯田养鱼也将得到恢复。这时"国家湿地公园"(2007年11月,红河哈尼梯田被国家林业局命名。这是云南省第一个国家湿地公园,被称为"全球人工湿地的典范")的称号也才名副其实。

如果全面恢复种植哈尼梯田的传统红米,那就意味着推行了60年的杂交稻将被废止。同时也意味着哈尼梯田农业的污染也将停止而慢慢恢复其原生态品质,哈尼梯田传统农业科学技术也将得到恢复。当然彻底恢复原生态系统及传统农业科技的哈尼梯田农业,需要一个漫长的时间过程。但梯田本身则恢复起来了。

(三)发现传统:恢复民族文化符号

每个民族都有自己独具的建筑,它是生活的文化符号。哈尼族民族建筑的巨大变化,是由于人们的思想、价值观和审美观的变化所造成,是必然的、不可阻挡的。遗憾的是,这种变化的方向显得盲目,是在没有传统建筑文化延续,是在没有规划、没有整体布局、没有审美支撑的变化。这样的变化就必然损坏哀牢山区三位一体的生存空间的梯田景观的美。

为了恢复和保护民族建筑文化,并从整体上符合三位一体的生存空间和景观格局,必须从总体和具体两个方面对哈尼族村落建筑进行恢复性规划和改造,拟应从以下三个方面进行。

第一,保持村寨整体布局。

哈尼族的村寨布局有着自己千年的传统，以中心空地（广场）为圆心，老住户居中建房，新住户及人口增加分家则围绕中心依次建房，村寨建在半山，两头搭有寨门，背靠大山和寨神林，面对山下层层梯田。如此布局，井然有序。如今，红河南岸哀牢山区，民族村落的整体布局基本没有大的变化，但在入村的道路旁或远离村寨的地方新建有高大的现代楼房，显得十分突兀，严重地破坏了传统的村落布局，造成村寨的混乱无序。对此，应以传统的习惯法予以约束，并建立相应的政策法规予以规范。

第二，恢复民居建筑外观。

哈尼人的传统民居建筑，具有非常厚重的民族文化气息和鲜明浓烈的民族审美特色。在哀牢山区的地理环境中，这种建筑因其坚固稳重、冬暖夏凉适于人居而存在了上千年；因其朴实无华，造型独特而引人注目。从建筑文化的角度说，它是一个民族的文化符号，有不可替代性。从审美的角度看，它就是一个具有民族特色的艺术品，内敛着文化的光芒。

哈尼族的住房建筑，造型独特，因形似蘑菇而被人们称为"蘑菇房"，色彩的多样重叠是其特色，土黄为其主色调。如今，哈尼族的建筑外形无疑是彻底改变了，完完全全的恢复其原貌已然不可能，但民族的审美观、传统建筑文化的延续、民族文化的符号不能丢失。因此，"穿衣戴帽"这种外装修方式使民居建筑的外形恢复和接近传统是可行的。红河哈尼梯田在申遗过程中，当地政府和民众针对哈尼村寨景观优美但居住条件需要改善等实际，制定过村寨保护与发展规划，并在一些村寨建了民居修缮样板房，如在哈尼梯田核心区的箐口、大鱼塘、普高老寨等6个重点村寨实施哈尼蘑菇房的恢复与保护工程，共投资近500万元，涉及农户近500户2000多人。现在，这些恢复和保护起来的"蘑菇房"，基本恢复了哈尼住宅建筑的外观。这种修复方法可在所有被破坏了的地方进行。另外应注意：一是建筑外墙的装饰材料色彩要与原土墙相同；二是不必在已建成的水泥房顶上贴草做假房顶，可特制形同草顶的建筑材料来做房顶，这样既实用又美观。新建住房则要规定按"蘑菇房"样式设计、装修，以符合哈尼族传统住房建筑特色。

第三，内部装修体现民族特色。

哈尼族的"蘑菇房"民居建筑"看起来很美"，但却存在着内部空间狭窄、卫生条件差、安全隐患大等不足。村民都希望改善居住条件。其实，现在新建的哈尼族住房内部布局变化并不是很大。现代的水泥钢筋建筑，仍多为三层楼房。下层仍为厨房和堂屋，堂屋中没有了火塘，增加了现代家具和家电，沙发围着电视机；中层仍为卧室，有了较大的窗户；上层仍为堆放粮食、杂物之处，顶为平顶。总体来说，建筑内部的布局除了下层堂屋外，变化不大，说明哈尼族传统梯田农耕生活并没有太多改变，只是卫生条件和文化生活有了较大的变化，这是非常好的。哈尼族传统建筑室内原少装饰，室内火塘和火塘上的吊烤架可为唯一装饰而使室内充满生活气息和民族特色。如今，火塘渐渐淡出哈尼人的生活，火塘文化正在消失，火塘及围绕火塘文化的室内装饰也随之消失，居家生活的民族氛围和民族特色也随之消失。

因此，哈尼族住宅内部的装饰要有两个方面的考虑：一是要以现代宜居理念来布局和装修，以体现时代的进步和生活的变化；二是必须继承传统文化，从传统居住文化中汲取民族文化元素，在内部装修中体现民族文化特色。例如，火塘及火塘文化是哈尼族居家生活的核心和显著的民族特色，在装饰中可以保持火塘的形式，这就犹如现代西方人的家里仍然保留着壁炉一样，这虽然只是一种不实用的装饰，但却真实地体现了民族的特色。

总之，哈尼族的住房建筑要恢复其"蘑菇房"外观和内部装饰的民族特色。这是一个民族有别于其他民族的文化符号，是一个民族的审美呈现，也是红河哈尼梯田三位一体景观美的要求。

四 结语

红河哈尼梯田农业生态及景观，具有夺人心魄的美。对它的任何部分的破坏，都将失去整体，所谓"牵一发而动全身"，也因此，对它的恢复和保护应该全方位进行。

在大量运用现代理念、现代理论、现代手段对红河哈尼梯田进行保护和发展的时候，我们应该发现传统，利用传统知识和传统保护方式服务于今天。在保护森林方面，必须特别重视哈尼族上千年的保护森林的经验及传统知识，并结合现代的森林保护发展理念和策略；在梯田保护方面，则必须全面恢复传统农业，因为它是高山农业的典范，良性的农业生态系统；在民居建筑保护方面，必须恢复传统"蘑菇房"的独特造型外观，利用民族居住文化元素改进房屋内部设施以达到现代生活的要求。

实际上，红河哈尼梯田农业生态及景观的现代恢复，就是全面恢复和发展哈尼族的传统文化，就是建立真正的绿色农业产地，就是保护和发展这个世所罕见、人间奇迹般的世界文化遗产。发现传统、利用传统、发展传统，这是我们扎根心底的发展理念。

（原载《思想战线》2016 年第 2 期）

哈尼族传统家庭养老方式的现代恢复与发展

清人王思训说：哈尼族"上下相接皆有礼"①，道出了哈尼族处理人际关系的原则。这一原则不仅体现在哈尼族邻里关系、村寨关系、与其他民族及更广阔的人际关系中，更集中地体现在血浓于水的哈尼族家庭关系中。它维系了哈尼族和睦融洽的家庭生活和世世代代的生存繁衍，维系了红河哈尼梯田的长期存在和发展。

在哈尼族传统的社会和家庭关系中，老年生活或养老从来就不是个问题，少有哺育、老有所养不仅是正常的，而且是天经地义的。然而，自20世纪80年代始，由于红河南岸哈尼族青壮年大量外出打工，使很多家庭只有老少留守，甚至成为"空巢"，这不仅极大地破损了哈尼族的家庭结构和秩序，威胁着梯田农业的正常进行，而且使哈尼族家庭养老成为一个严峻问题。

其实这个问题是目前中国农村普遍面临的问题。对此，政府和一些有识之士曾提出对策和建议，诸如"农村养老保险""农村养老院""社会多样化养老""集体养老""制定养老法"等。② 因为这些措施强调的都是外力，有的收效甚微，有的根本无法实施，不能从根本上解决问题。笔者在对哈尼族家庭长期调查的基础上，以发现传

---

① （清）王思训《滇南杂志》卷三三。
② 《我国农村养老问题文献综述》，百度文库，https://www.baidu.com/s? word = 中国农村养老。

统、激活传统为理念，对哈尼族家庭及养老问题，提出对策和建议，并期望给中国农村养老问题提供案例参考。

一 哈尼族传统家庭及养老方式

云南红河南岸的哈尼族是一个历史悠久、文化丰厚、具有强烈内聚力和向心力的民族，在家庭中表现为上下相接、亲情融融、生死相依。

（一）哈尼族的传统家庭

哈尼族在家庭观念上，奉行着"树大分枝"的原则。哈尼族男子一经结婚生子，一般要与父母分家，建立独立的小家庭。一般情况，最小的儿子留在父母身边，继承父母的那一份田产和祖宅。因此，哈尼族家庭尽管树大分枝，但主干仍存。分出若干小家庭后，最后小儿子仍然和父母组成一个较大家庭，小儿子一旦生子，这个家庭就成为三代同堂的大家庭，以后还可能成为四代、五代同堂的大家庭。

另外，值得注意的是，在个别地区，哈尼族社会还存在着大家族制度。例如哀牢山区红河县垤玛一带的哈尼族是长期保持大家族制的典型地区，他们的生产由父亲或长子负责，家务由母亲和长媳安排，实行大家族整体经济，统一生产粮食和饲养家禽、家畜，统一安排全家族成员的消费，不存在小家庭的独立经济。这一地区的哈尼族总喜欢同家族人紧靠在一起修建住房。如果大家族人口自然增殖后仍不分家，就在原房址侧边扩建同样规模和格局的房屋，这就避免因住房好坏不一而造成成员之间的不和,这实际上是原始平均主义思想的反映。①

在哈尼族传统社会中,小家庭、大家庭、大家族的内部都是融洽和睦的。每一个人在家庭中都有一定的位置和职责,都认真地履行着尊长护幼、"上下相接皆有礼"这一原则。

在哈尼族家庭中父亲的地位最高,其职责是负责安排全家的劳动生产,管理经济收支。一个父亲,他必须为家庭的前途、儿女的成长负全责。他的为人、他一辈子的劳动必须为儿女们做表率,他积累的知识和从事梯田劳作的技艺必须在儿女成年前全部传授给他们,一句话,他的言行举止必须符合哈尼族的规矩,为子女做出榜样。当然,与家庭有关的一切大事也由他主宰。

母亲,在哈尼族社会中是受到人们崇敬的,特别是经过艰辛的生活,从媳妇熬成婆婆的老年妇女更是受到极大的尊重。在社会上,她们和男性长者(父亲)一样是勤劳、智慧的象征。在家庭中,她们是生活的权威,她们指导媳妇管理家政、纺纱织布、染布缝衣、培养儿孙。对于家庭的和睦、健康和发展,她们负有重大的责任,与此相关的一切大事,她们都亲自到场,亲自动手。例如,盖房子是哈尼族家庭的大事,此事直接关系到家庭的安定和兴旺发展。男人们选定地基后,家庭中的老母亲、老婆婆要亲手用丝线量其方圆,然后才能破土动工。有的地区的哈尼族住宅的房顶是用山茅草覆盖,第一把草也必须由老母亲来割,据说只有这样,神灵才会保佑其家庭安居乐业。在梯田农业生产方面,开秧门这天,这家的母亲先拔出第一捆秧,这捆秧被称为"母亲秧"。栽秧前,这位母亲拿着这第一捆秧,绕田一周后,等候在旁的穿着崭新衣服的媳妇、女儿就蜂拥下田栽插。哈尼族

---

① 《哈尼族》,民族出版社1989年版,第104页。

认为，此"秧"如同"出嫁的新娘"，它的成活、成长，不仅意味着农业丰收，而且意味着子孙满堂。

哈尼族母亲每天必须早起，她的第一件事情就是生火做早饭和煮猪食，如果她还是一位婆婆的话，这件事情就由媳妇与她一起干。饭做好后，丈夫、儿子和媳妇先吃，她去喂猪。同时将孙儿孙女从床上叫起来穿戴。饭后，是学生的孙儿去学堂，其他孙儿就跟她到附近的山中摘猪菜。回来后，她有时到菜园里弄弄蔬菜，有时在屋子的晒台上织织布，抱抱孙子。在干这些细碎活计的过程中，给孙儿们讲故事是她的天然职责。在哀牢山中，家庭的老祖母是儿童们的第一个启蒙老师，很多哈尼族的风情传说、历史掌故、生活习俗、农业知识，主要是由她传授给新的一代。哈尼族的儿歌，数量难以尽数，内容包罗万象，代代延续不衰，得力于老祖母们的传袭。

总之，在哀牢山，哈尼族的母亲、婆婆的一天是奉献的一天，哈尼族的母亲、婆婆的一生是奉献的一生。对于社会细胞——家庭的奉献，使哈尼族母亲获得了全家、全社会的尊敬。

儿子在哈尼族社会和家庭中是宝贵的。"养儿防老"是哈尼族的观念，但并不是完全为"养老"而设。儿子的重要性不仅因为他将是哈尼族梯田农业的劳动者，更因为是父系制家庭财产和血缘的继承者。作为大的儿子，生育儿女后，他分家另过，成为一个小家庭的一家之主，成为一个父亲，这时他必须负起家庭的责任、父亲的责任。作为小的儿子，他与父母、子女一起生活，将逐步成为这个三代同堂大家庭的主要劳动力和家庭的支柱，他有侍候父母、养育儿女、继承祖宅田产、管理家政的义务和权利。

女儿在哈尼族家庭中是备受疼爱的。尽管过去哈尼族社会重男轻女，但在家庭中女儿依然宝贵，家庭所有成员对其仍然是无微不至的关怀、爱护而无一丝歧视。哈尼族女儿自小就参加生产劳动。在童年时期就帮助母亲洗菜、背水、煮饭、做家务。同时，学习纺纱织布、缝制衣物，并伙同寨中女伴上山背柴。在农业生产中，女儿也是重要的劳动者，拔秧、栽秧、薅秧、收割、背谷入仓等是她们的主要农活。另外，大的女儿帮母亲领带弟弟妹妹是其应尽的义务和职责。

儿媳，在哈尼族家庭中是个重要角色。在分家另过的小家庭中，她是妻子、主妇和母亲，管理着家政。在几代同堂的家庭，上有公婆，下有儿女，她和丈夫具有家庭的支柱性质，而她在家中更是举足轻重。哈尼族人常说："大树离不开根，家庭离不开女人。"哈尼族家庭大权归男人，而实际上家庭的财产、家务、消费等一般都由女人掌管，而这个掌管"财政大权"的大多就是儿媳妇。一个好媳妇从农田里的活计，到挑花绣朵、背水做饭、伺候公婆、哺育后代都得是把好手。对于好媳妇，哈尼人称为"聪葵然咪"，意为聪明、贤惠、能干的女人。新媳妇进入夫家，不仅成为这个家庭中的掌家人，而且为这个家庭增加了一个强有力的劳动力。家里有个好媳妇，是一家人的莫大的幸运和幸福。她不仅为父系制的哈尼族家庭生儿育女、传宗接代、延续香火，而且给家庭带来生机和温暖。

当然作为一个家庭，必然还有兄弟姐妹之间、嫂叔之间、姑嫂之间、连襟之间、妯娌之间、同辈的堂兄弟姐妹、表兄弟姐妹、异辈的外祖父母与外孙等一系列家庭亲戚关系。但是作为一个家庭，作为一个经济单位意义上的家庭，它的家庭关系主要是横向的夫妻关系和纵向的父子关系、婆媳关系及祖孙关系。

（二）哈尼族的养老方式

哈尼族人的一生都是在劳动中度过的。似乎不存在养老之说，养老对哈尼族而言是从梯田劳动转变为家庭劳动而已。

一个哈尼族男人，一旦有了儿子，他的梯田农业劳动技艺和生活经验就有了传人,他的家庭血缘和财产就有了继承者,他死后有人抬头(哈尼族男人死时,儿子要抬他的头入棺),这是极其重要的事情。这个有儿子的人,心理舒坦平衡,在社会上也就扬眉吐气了。一旦他有了孙子成了祖父,可以说他的一生已经基本成功,可以心安理得地安度晚年了。哈尼族男人有了孙子,一满 50 岁,就算完成了人生任务,他不用再到梯田里干农活了(除非他自己仍然愿意下田),而是在家里休息,做些家务:喂猪、种菜园、带孙儿。其中,带孙儿是他晚年的一大乐事和义务。哈尼族祖父对孙子有着特殊的感情,哈尼族说这叫"隔代亲"。祖父对孙子爱护有加,处处顺从。平时,儿女们留给父亲的好食物,他总是又留给了孙子,晚上睡觉,他总是和孙子同床。哈尼族孙子对祖父也有着特殊的感情。在孙辈的心目中,祖父母不仅是自己的亲人,而且是爱的源泉和智慧、神灵的化身。

这就是哈尼族人传统的晚年生活。这种生活是劳动的生活,亲情的生活,自然而然的老有所养的生活。这也就是哈尼族的养老方式。这种方式是和哈尼族传统家庭结构和关系紧密结合一体的。

二 哈尼族传统家庭及养老面临的危机

从 20 世纪 80 年代始,随着地域开放和外来文化的影响,哈尼族,特别是青年一代哈尼族的劳动价值观发生了巨大变化。内地和边疆的差别、城市和乡村的差别、农业和非农的差别,特别是内含其中的劳动价值的差别,改变了哈尼族年青一代的世界观、人生观,乃至审美观的走向,使青壮年劳动力大量外出打工。用哈尼族青年的话说:"全家干梯田一年的收入,还不如我在城里打工两个月的收入。"据调查,红河县农村95%以上的中青年在外打工；据哀牢山区各地反映，更普遍的情况是村寨中有1/3的人在外打工，他们基本都是中青年。村寨人口本来是由老年人、中青年和少年儿童组成的，但中青年的外出打工，实际上使村寨和家庭缺失了一代人（或可说是两代人：中年和青年）。

　　大量中青年人口外流造成了哈尼族社会的极大危机：一是梯田农业后继无人，二是文化传承后继无人，三是传统家庭的破损，出现"空巢"现象。于是传统家庭生活变异，其传统的自然的变梯田农业劳动为家庭家务劳动的老年生活也发生了变化，老有所养的哈尼族家庭养老方式出现了严重的危机。由于家庭失去了劳动力，很多老年人又重新回到了梯田劳动中。元阳县洞浦村的朱某和就是一例。朱某和一家6口，女儿在城里工作，已嫁人，儿子、儿媳在外打工，家中只剩他、老伴和一个两岁的孙女。朱家有田3.5亩，2013年笔者到朱某和家拜访时，家中只有老伴，76岁的朱某和还在田里干活。按照哈尼族传统，朱某和应在26年前就"退休"在家从事家务劳动，开始养老。然而，由于儿女外出打工，家中缺失了年轻一代的劳动力，朱某和只得继续承担梯田劳动。实际上，他失去了哈尼族亲情相融的养老生活。朱某和所处的情况在哀牢山区哈尼族社会中已很普遍，农忙时节很多老人在梯田里干犁地、铲埂这样的强劳力活，可以说哈尼族家庭正在失去传统的代代相袭的养老方式。

三　哈尼族传统家庭养老的恢复与发展

　　这个危机引起了哈尼族社会的极大焦虑，也引起了政府和有识之士的极大关注，曾采取过诸如免除农业税，给予农业补贴、老年人补贴、"低保"乃至"农村医疗保险""农村养老保险"等政策措施，但都没有改变家庭破损老人失养的现状。其实，历史上哈尼族有着良好的家庭制度和养老方式，在采用了大量现代方式，使用外部力量努力改善这一状况的今天，我们应当努力发现传统、激活传统，以服务于今天。

（一）发现传统：支持文化自觉

哈尼族强烈的家庭观念使哈尼族较早地意识到这个危机的到来，20世纪90年代就有人反映青壮年越来越多地离开村寨到城里打工的现象，于是，这些先知先觉者面临着人口流失的危机，在家庭中采取的措施是兄弟姐妹几个必须有一个在家，其余的可以出去打工。例如，元阳县全福庄村的卢某贵有两个儿子一个女儿，在全村青壮年几乎都到城里打工时，他的大儿子卢某华被留在家中娶妻生子，二儿子卢某和女儿卢某则到城里打工。如今，卢家不但像所有外出打工的人家一样盖起了大房子，而且一家三代居住在一起，大儿子继承了农业生产，大儿媳管家，两个孙子由老伴马木娓带，二儿子和小女儿在梯田旅游公司从事旅游服务，60多岁的卢某贵则在农村从事着他年轻时候就喜欢的民族文化事业。他的家庭既保持了传统，又进入了现代生活。一家人其乐融融，没有人为养老操心。

这个典型情况说明只有实现家庭的完整，家庭养老才能恢复和实现。其实，哀牢山区的绝大多数哈尼族人家有条件这样做的。要鼓励这样的做法。这就是发现传统、继承传统、发展传统。

（二）世界文化遗产带来的机遇

2013年6月22日，"红河哈尼梯田"入选世界文化遗产名录，这给予哈尼族传统家庭及其养老方式以恢复和发展的契机。

1. 激活传统伦理观

入选世界文化遗产名录，对哈尼族来说意义是无与伦比的，其中最大的意义就是对哈尼族文化价值的肯定和劳动价值的世界性肯定。这对哈尼族梯田的文化传承将带来根本性改变，同时将使梯田的劳动产品得到升值，当哈尼族梯田劳动收入达到和超过在外打工的收入时，哈尼族外流的中青年劳动力将回归故土。

实际上，这种情况正在出现。再以朱某和家为例，2014 年，朱某和的儿子朱某从城里打工回来，表示不再外出打工，要在家里种田了。问起原因他说，父母老了需要人管，其实外面打工也不容易，常常想家，日子难过。虽然他不喜欢种田，但是家里的田不能闲着总得有人种。在这里我们看到，尽管朱某这一代年轻人的人生观、价值观有了很大改变，向往城里的生活，但千百年积淀的传统伦理观却还坚固地扎根脑中，不会在短时期内改变。在现阶段哈尼族青年大多外出，但当问及家乡和未来打算时，回答都是共同的："如果我老了，我愿意回到我们家的田边上，守着我们家的田，不愁吃穿。"这是哈尼族传统的价值观及伦理观的展现，是对梯田农业的怀念和对家乡的眷念。哈尼族青年无论走到哪里都没有忘记祖先传下来的文化财富，他们每一个人内心当中都流露出对传统的赞美。正是传统造就了今天的哈尼族。我们应当激活哈尼族传统的"上下相接皆有礼"的人际关系原则和传之千年的传统伦理观。今天，哈尼族青年正在回归故里，这是"红河哈尼梯田"这一世界文化遗产所带来的最重要的信息，是哈尼梯田正在恢复活力和哈尼族传统家庭得到恢复的一线曙光，也是趋势。对于此，要大张旗鼓地鼓励。

2. 恢复发展哈尼梯田传统农业

哈尼梯田之所以成为世界文化遗产，是因为哈尼族梯田农业是山地农耕的杰作，是山区传统农业的最高典范。

红河南岸地区自古就是无公害优质稻米、亚热带经济作物、热带亚热带水果的重要产区。20世纪六七十年代以来，此地和全国一样一直在推广化肥化、农药化等科技，产量虽大幅增长，但污染随之而来。我们应当在此地恢复其传统农业，建立无公害农业食品生产地。这不仅可以使其农产品的现代社会价值倍增，而且也为其旅游业的兴起奠定基础。

2013年，红河哈尼族彝族自治州制定《红河州南部山区综合扶贫开发规划（2013—2017）》（征求意见稿），提出在红河南岸积极培育壮大山区特色优势产业，重点发展"六个百万亩"（即培育橡胶带、梯田红米带、香料产业带、水果产业带、棕榈产业带、商品林产业带各百万亩）。"六个百万亩"的提出是针对红河南部山区扶贫综合开发的重要措施，但在笔者看来更应是对恢复和发展红河南岸哀牢山区绿色农业生产地的重要措施。特别是"百万亩红米"（六个百万亩之一）更是意味着红河南岸哀牢山区将全面恢复哈尼梯田的传统种植。红米种植的全面恢复，就是对哈尼族传统农业的恢复，就是对哈尼族传统农业的肯定，而哈尼族传统家庭就是建立在梯田传统农业之上的。

哈尼山区的综合开发，将巩固绿色农业，将优化产业结构，将接受更多的农业就业，将使更多的中青年回归故里。

3. 提升传统梯田产品价值

《红河州南部山区综合扶贫开发规划（2013—2017）》："依托绿春、金平、河口、元阳、屏边等地海拔在800—1600米的适宜区，发展红河牌稻系列产品，到2017年建成梯田红米产业带92万亩。"[1] 哈尼梯田主产红米，长期享誉滇南。

2013年，依托哈尼梯田这一世界级品牌优势，元阳、红河、绿春、

---

[1] 红河哈尼族彝族自治州人民政府：《红河州南部山区综合扶贫开发规划（2013—2017）》（征求意见稿），2013年。

金平都在重点发展建立哈尼梯田特色稻生产基地。按照"龙头企业＋专业合作社＋基地"的种植生产模式，元阳县建立了哈尼梯田有机红米专业合作社，带动3360户社员种植哈尼梯田特色稻2.35万亩，总产量达0.94万吨，实现产值8640万元，与以往种植的品种相比每亩增收800—1000元以上，取得显著的经济和社会效益。同年，元阳县粮食购销有限公司与北京中信集团总公司、云南世博集团分别签订销售订单，与养慕中国组委会合作开发了系列中国高端家庭食用米——哈尼梯田原生态红米（原基因、原产地、原生态、原手工、原营养），实现大企业间联销联售，市场前景十分广阔。2013年12月，红河哈尼梯田红米以其不可复制的独特品质，荣登中央电视台第七频道"2013年度中国十大魅力农产品"光荣榜，成为唯一入选的大米品牌。[①]

哈尼梯田入选世界文化遗产名录后，梯田红米价值一路飙升，在元阳县市场上卖到1千克8块钱，而杂交稻只能卖3块钱左右。在广州市场上，传统的"梯田红米"卖到1千克30元。梯田红米的市场价格体现了梯田农业的价值。红米是梯田的主产，梯田的其他农副产品还有很多，如梯田养鱼、梯田林业都是梯田的大产业，它们的价值也像红米一样正在提升，这正是对梯田劳动和劳动价值的肯定。很显然，恢复梯田多样化生产和梯田农产品价值的提升，将吸引更多外出打工的哈尼族中青年回归故里从事传统的梯田农业，这对于哈尼族传统家庭的恢复有着极为重要的意义。

4. 促进文化产业发展

自古以来，哀牢山哈尼族地区一直从事着传统的梯田农业。2013年6月22日哈尼梯田入选世界文化遗产名录后，梯田旅游业迅速兴起，这是哈尼族破天荒的一个新产业，这一产业不仅促进了梯田产业

---

① 《让红米"走红"国内外市场——红米产业发展成果及展示》，http://newsxinhua-netcom/city/2014-06/06/c_126582980.htm。

发展和产品的升值，而且带动了哀牢山哈尼族旅游服务行业的大发展。短短几年，在哈尼族村寨中兴起了各式各样的客栈、旅店、饭馆、农家乐，受过良好教育的年青一代很多进入了旅游行业。值得注意的是，旅游业促使哈尼族其他文化的产业出现和发展。例如，最近几年，哈尼族村寨的各种文艺团体像雨后春笋一样出现，到2016年3月止，仅元阳县就有乡村文艺队352个。哈尼族诗歌（哈巴、阿欺枯、阿米车），哈尼族舞蹈（乐作舞、棕扇舞、铓鼓舞等），音乐（多声部合唱）等文艺，不仅在梯田旅游的景点演出，而且走出深山登上了世界的舞台。2015年5月1日，哈尼族原汁原味的传统艺术《哈尼哈巴》《哈尼多声部：劳动生产歌》《乐作舞》《棕扇舞》登上了意大利米兰世界博览会的国际大舞台。这是原生态民族艺术的现代闪光，这是哈尼族传统文化和文艺的魅力。这一现象说明旅游业激发了哈尼族传统文化的复活，文化产业也悄然在梯田农业中成长。传统梯田农业之上的新兴产业的发展，需要大量的服务性人员。而且这些产业的经济效益深深地吸引着当地人和外出打工的哈尼族青壮年，随着旅游业和其他文化产业的发展，将有大量的外出者回归故里。

总之，发现并支持哈尼族对传统家庭关系的坚守，鼓励并激活哈尼族传统伦理的活力，利用"世界遗产"对哈尼族劳动价值、文化价值的肯定和其所带来的旅游业及文化产业兴起之机，稳定和回归流失的人口，就必将恢复和发展哈尼族传统家庭及养老方式。哈尼族的家庭有着强大的伦理支撑，它是家庭和社会发展的动力源，而且，当今红河哈尼梯田成为世界遗产又给予哈尼族社会发展以新的定位与动力。因此，笔者认为解决哈尼族家庭及养老问题的理念是：发现传统，激活传统，将传统的活力融入现代生活和发展中。

（原载《云南社会科学》2016年第6期）

哈尼族梯田文艺的现代修复与可持续发展

2014年10月15日，中共中央总书记习近平在文艺工作座谈会上发表重要讲话，指出："我国少数民族能歌善舞，长期以来形成了多姿多彩的文艺成果，这是我国文艺的瑰宝，要保护好、发展好，让它们在祖国文艺百花园中绽放出更加绚丽的光彩。"习近平对少数民族文艺的赞赏溢于言表，而对少数民族文艺瑰宝的丧失则深感痛心，2013年12月23日，他在中央农村工作会议上说："我听说，在云南哈尼稻田所在地，农村会唱《哈尼族四季生产调》等古歌、会跳哈尼乐作舞的人越来越少。不能名为搞现代化，就把老祖宗的好东西弄丢了！"

《哈尼族四季生产调》、乐作舞正是哈尼族诗歌艺术和舞蹈艺术的精品，是哀牢山哈尼族地区流传最广、流传时间最长、影响最大、最典型、最重要的文学艺术成果。习总书记一言中的，指出了哈尼族文艺面临的巨大危机。

哈尼族是我国西南边疆历史悠久、文化古老的民族，是我国民族大家庭的一员。在漫长的历史岁月中哈尼族在大西南崇山峻岭中创造了雄伟壮丽的梯田农业、丰厚博大的梯田文化和极其丰富多彩的文学艺术。

长期的哀牢山田野工作和对哈尼族的研究，使笔者对哈尼族的文学艺术情有独钟，面对着哈尼族文学艺术的渐渐损坏和消失，笔者更感到痛心疾首。多年来,笔者都在思考和寻找哈尼族文学艺术的现代修复方式和可持续发展途径。本文所议,一是为了弘扬哈尼族的梯田文艺,二是为了消除危机,为修复和发展梯田文艺提出建议。

一 梯田文艺:深沉的大地艺术

哈尼族的文学艺术内涵深厚,形式独特,在滇南独树一帜。

笔者之所以称哈尼族的文学艺术为梯田文艺,是因为哈尼族在滇南红河南岸创造出了举世罕见的世界文化遗产"红河哈尼梯田"[①]。红河哈尼梯田有着雄伟壮观的形象,它不仅是宏伟的农业生态系统,而且是哈尼族在世间创造的巨大的物质文化实体和深沉的精神文化象征物,同时它还是哈尼族文化的核心,是哈尼族一切文学艺术创作的源泉和巨大参照物。

哈尼族梯田文艺门类众多,其诗歌、神话、故事、舞蹈、歌唱、建筑、装饰等,都达到了极高的成就。现仅以其诗歌艺术、舞蹈艺术、装饰艺术为例,以窥全貌。

(一)诗歌艺术

在哈尼族的心目中,梯田是一个巨大的生命体,是一个包容着厚重历史和浪漫现实的巨大容器。对梯田所体现出来的生命韵律的感受和赞叹,使哈尼族的语言丰富多彩、生动活泼,使哈尼族的诗歌艺术达到相当的规模和极高的境界。

---

① 2013年6月22日,"红河哈尼梯田"经过13年的申报努力,被联合国教科文组织列为世界文化遗产名录,成为我国第一个以民族命名的世界文化遗产。

1. 哈尼族诗歌的类型

哈尼族的诗歌艺术，在哈尼族的所有艺术门类中占据最突出的位置。哈尼族诗歌形式多样，内容博大，包罗万象，就整体而言，可分为三大类。

（1）"哈八"（古歌）。"哈八"容量恢宏，囊括了哈尼族的历史、传说、族源、人生哲理、道德情操、民族迁徙、山地农耕、历法节令、宗教信仰等。从内容来看，"哈八"又可分为史诗和风俗歌。史诗是哈尼族诗歌最古老的部分，目前已搜集整理出版的《哈尼阿培聪坡坡》（哈尼族祖先的迁徙史）、《十二奴局》（哈尼族民间史诗十二篇章）、《创世纪》《合心兄妹传人种》《窝果策尼果》等，以及正在搜集整理尚待出版的大量长诗就属于此。史诗分为创世史诗、迁徙史诗和叙事史诗，篇幅巨大，篇目众多，往往动辄几千行，甚至上万行，内容涉及哈尼族远古到现代的所有社会生产生活层面。

风俗歌被称为哈尼族"生活的百科全书"，内容宽泛，古今贯通，亦是涉及哈尼族社会生产生活的各个领域。关于事物的起源，有火的发现、年月日的来源、首领摩匹工匠的产生、人类诞生以及种子、牲畜、庄稼的起源等；关于梯田生产的，有《四季生产歌》《十二月生产调》等；关于生活习俗和人生礼仪的，有《新房落成典礼歌》《取名歌》《婚俗歌》《送葬歌》等；关于宗教祭祀活动的，有《斯批黑遮》《祭寨神规矩歌》《建寨歌》《叫魂歌》《送鬼歌》《敬山敬水歌》等。风俗歌数量繁多，不胜枚举。由于风俗歌更为直接地与梯田农业和现实生活相联系，有总结和指导生产生活的意义，因而较为系统。现仅从习总书记提到的《四季生产调》中的几个片段，可见一斑。

《一月的歌》这样唱道：

春来了，

燕子先飞到，

宾谷鸟儿中间到，

布谷鸟儿后飞到。

燕子、宾谷、布谷鸟，

指挥生产的鸟，

世上报节令的鸟。

……

《三月的歌》这样唱道：

哈尼三月农忙到，

老人在家闲坐不住，

平地玩耍的娃娃睡不住。

爹妈心明算清楚，

有田人计划栽秧，

选好三夜，

挑好三天，

秧苗要换位，

大田秧苗上丘换下丘。

……

《十月的歌》这样唱道：

十月到来笋叶中间张开口，

十月到来棕片已剥得；

妇女记月不能乱，

男子记年不能混；

发现传统

> 哈尼十月不是闰月,
> 十月是哈尼的大年。
> ……
> 男人犁田在十月,
> 犁田不能过十月,
> 若是犁田过十月,
> 向下犁不断野慈姑根,
> 向上犁不死荸荠根,
> 犁田再多不值钱。①

另外,如《祭祀歌》《建寨歌》《贺新房》《出嫁歌》《送葬歌》等风俗歌,更是与随时发生的现实相联系,是现实生活的直接体现。

(2)"阿欺枯"(情歌)。"阿欺枯"蕴含着哈尼族的婚姻形态、道德情操和朴质的人生观,具有较为浓郁的民族气息和特色,情意深长,绵绵缠缠。"阿欺枯"有调式规范、词句严整的古情歌和随时代变迁即兴而作的新情歌。例如,古情歌唱道:

> 花到春天自然开,
> 人到青春好年华;
> 鲜花若是误春时,
> 一年没有两度春;
> 人生若要误年华,
> 青春不会再回头。
> ……
> 分不开的连理枝,

---

① 引自《哈尼族四季生产调》,云南民族出版社1989年版。

拆不散的吓莫草，

大火烧来不分开，

洪水冲来不分离。①

这首古情歌已有上千年的历史，尽管从古哈尼语到现代哈尼语再到汉语的翻译过程中，失去了哈尼族诗歌古老隽永的韵律而具有了现代汉语的韵味，但是古老的文化蕴含，对青春和人生的赞叹，以及独特的爱情理解，依然清晰可见。

现代新情歌多为随境而生，即兴而作，例如：

阿哥是棵大青树，

根深叶茂杆儿直；

我要高攀不容易，

阿哥，我在树下躲躲凉。

远方来的阿哥哟，

翻了几重山几重海，

来到这里好辛苦，

没想到今天你又要走了。

没办法，

再见吧，

戴手表的阿哥。②

此类即兴创作的情歌，多如牛毛，浩若烟海，是哈尼族男女青年互吐爱情，竞赛智慧的咏叹。此中佳作会像古情歌一样随着岁月的流逝而流传。

---

① 《斯批黑遮》，云南民族出版社1990年版，第33、41页。
② 此新情歌系作者参加元阳县牛角寨乡骂哈村一次"串姑娘"活动中得来。

（3）"阿迷车"（儿歌）。"阿迷车"虽属儿歌，但哈尼族男女老少均能歌咏吟唱。此类歌内容十分丰富，日月星辰、江河山川、一草一木均可叹咏，《月亮歌》《芭蕉花》《夸菜园》等是哀牢山区最著名的儿歌。其中《芭蕉花》如此唱道：

芭蕉花，

层层叠，

相匹对，

紧相依。

花芯儿，

白又嫩，

一串一串，

靠着在懒睡；

蜜蜂儿，

快来采吃。

……

《夸菜园》这样唱道：

咱们菜园的薄荷是配螺蛳的伴儿，

咱们菜园的香柳是配泥鳅的伴儿，

咱们菜园的臭菜是配黄鳝的伴儿，

寨头小娃爱哪样？

寨头小娃爱听弹四弦。

《哈尼姑娘哪样美》这样唱道：

哈尼姑娘哪样美？

两条崭新的手镯美。

哈尼姑娘哪样美？

两支崭新的银耳环美。

哈尼姑娘哪样美？

三颗并排的银扣美。

哈尼姑娘哪样美？

辫子像灯芯草一样美。

哈尼姑娘哪样美？

头发像公马尾巴一样美。

哈尼姑娘哪样美？

三颗银泡一排的头饰美。①

儿歌是哈尼人最早的启蒙歌，其中含有大量的生活经验、人生道理、审美意向、道德训诫。

哈尼儿童一般都将其烂熟于心，倒背如流，受用一生。由于梯田既是哈尼族生存的命根，又是人们讴歌的对象、艺术的源泉，因而在大量的儿歌中都有反映，《做泥团》就是其中一例，歌曰：

小伙伴哟，

快来玩哟，

合起红泥做泥团，

做出排排大梯田，

如同弯耳挂山间。②

"阿迷车"，内容恢宏，字字珠玑，所以千年流传不衰并不断创新、补充而越见丰富多彩。

---

① 杨笛：《哈尼歌谣的珍宝——儿歌》，云南省群众艺术馆编《群众艺术研究》1984年第一期，第49页。
② 同上。

此类歌也像"阿欺枯"（情歌）一样有古老的部分和发展的部分，从其内容和形式的古今发展变化中，可以窥见哈尼族历史和诗歌艺术发展的轨迹。

2. 哈尼族诗歌的艺术特色

哀牢山区哈尼族的诗歌艺术，种类之多，内容涉及面之广，在其他少数民族中是罕见的。无论日月星辰、山川河流、飞云雨雾、一草一木、动物植被、社会生产、物质生活、人文伦理、宗教信仰，均咏叹之。但是尽管涉及面广，内容博大，哈尼族诗歌始终以人为中心。如前所述，实际上我们已经看到，在哈尼族诗歌艺术的创造与表达中，世间万事万物已经赋予了人的生命与灵魂。诗歌中的事物都是活的、有生命的、有发展过程的。由于以人为中心，哈尼族诗歌艺术对人本身的描绘就更为详尽，对人生的咏叹其情感就更为质朴和强烈。

在哈尼族人生的重要阶段，都有诗歌进行专门的描绘和赞叹。

例如，哈尼人出生取名字时诗歌赞道：

小宝宝快长大，
就像春天里的壮秧苗；
明亮的太阳在你的头上照耀，
温暖的和风轻拂着你的头发。
小宝宝长大了，
一天能挖三摆田，
爬山脚不酸，
过河河水会绕道。①

又例如，哈尼人出嫁时诗歌唱道：

---

① 毛佑全、李期博：《哈尼族》，民族出版社1989年版，第107页。

> 天上的月亮圆圆的了，
> 山里的花朵红红的了；
> 长翅的鸽子要高飞了，
> 养大的女儿要出嫁了。
> 砍柴不能砍路边的树，
> 女儿不能老养在娘家；
> 水牛养大要犁田，
> 姑娘长大要出嫁。
> 兄弟姐妹同是一娘生，
> 兄弟姐妹同是手足亲，
> 兄弟继祖业，
> 姐妹要出门。①

再例如，哈尼人走完人生的旅程，死亡时，诗歌唱道：

> 天上的老鹰有死的时候，
> 地上的豹子有死的时候，
> 京城的皇帝有死的时候，
> 村里的百姓有死的时候。
> 大树到了一千年，
> 老树枝桠垂下地，
> 岩石到了一万年，
> 顽石也会炸裂开，
> 人生到了一百年，
> 活着的人不多了。

---

① 毛佑全、李期博：《哈尼族》，民族出版社1989年版，第96页。

发现传统

……
留下儿孙的老人呀,
你一生劳作在田地里,
你把人生的爱与情,
埋进深情的土地里。
肥沃的黄土地,
不想让你离开呀,
你却离开了;
你开挖的梯田,
不想和你分别呀,
你却离去了。[①]

哈尼族诗歌艺术有着极其鲜明的特色,以下三个方面十分突出。

第一,写实主义。在哈尼族诗歌中有大量的史诗。这些史诗是以一段历史或一个历史事件作为内容加以如实地叙述,有着完整的情节,可以说是诗化的"历史"和历史的诗化。这种史诗具有较高的史料价值。

第二,善用比喻。如诗歌中的"秧姑娘""田伙子"等梯田拟人化比喻可以在哈尼族各类的诗歌中大量发现,其生动性令人惊叹,例如在哈尼族史诗《哈尼阿培聪坡坡》中,当描述到哈尼族与外族作战到了生死存亡、灭族灭种之际,诗歌这样诵道:

瞧啊,亲亲的姐妹,
大刀长矛像蚂蚱乱跳,
快箭飞标像蜂子遮天!

[①] 毛佑全、李期博:《哈尼族》,民族出版社1989年版,第135—136页。

> 人叫出了老虎的声音，
> 马吐出了老象的气喘，
> 谷哈密查（地名）抖起来了，
> 好像一个打摆子的人！①

又如，哈尼族当与朋友告别时所颂的是：

> 天和地离得虽远，
> 雨丝把它们紧相连；
> 山和山离得虽远，
> 云海将它们连成一片；
> 你和我隔着千山万水，
> 一想你你就在眼前。②

如此这般的比喻，十分贴切，甚而入骨三分。

第三，感情真挚。哈尼族诗歌只有炽热的情感，滚烫的语言，没有华丽的辞章和矫揉造作。

哈尼族诗歌表达是诵唱式的，可称说唱文学。唱颂"哈八"时，歌者老泪纵横，句句真实，如诉如泣；唱颂"阿欺枯"时，句句穿心，情真意切，令人陶醉；唱颂"阿迷车"时，字字珠玑，乐观放达，摈弃了一切悲悯，使人感到生活是美好的。总之，真情的哈尼族诗歌艺术，坦然地歌吟着、表达着朴实的生活和哈尼族梯田泥土般的生命本质。

---

① 《哈尼阿培聪坡坡》，云南民族出版社1986年版，第149页。
② 这首诗歌是哀牢山区著名歌手杨匹斗与笔者告别时诵出的，其情感深沉，声调苍凉，比喻超迈古人。

（二）舞蹈艺术

哈尼族舞蹈内容丰富，形式繁多，归其大者，可分为三类：祭祀性舞蹈、劳动性舞蹈和生活娱乐性舞蹈。

祭祀性舞蹈是哈尼族迎神、驱鬼、祝祷丰收、乞求人畜平安等宗教祭祀活动中出演的舞蹈，是宗教祭祀活动的重要组成部分。该类舞蹈主要有金钱棍舞、刀舞、狮子舞、流星舞、"阿来撮"舞等。哈尼族信仰万物有灵，崇拜多神。认为所有的神灵都是人畜、家园和梯田的保护神，而所有的邪祟厉鬼都是破坏安宁幸福的力量。因此，哈尼族舞蹈具有娱乐神灵和驱除鬼怪的性质和功能，也因此，这类舞蹈一直保有浓烈的原始气息。

例如，"阿来撮"舞。"阿来撮"是哈尼族丧葬活动中的舞蹈，意为给死者跳舞。哈尼族丧葬活动是一个人生礼仪活动，同时亦是一次对祖先的激烈崇拜和对祖先表达亲情及敬仰之情的活动。在这一活动中的"阿来撮"舞具有娱乐祖先的性质，古老而原始。舞蹈时，先由老人们领舞，众人跟随其后，排成长龙或围成圆圈，舞步简单，实为跳走，双手上下摆动；有铓锣一下一下敲响以伴舞步。其内容之单调，题材之单一，形式之刻板，变化之缺少，使人如临古代的原始舞蹈场面。唯舞蹈者感情之专注，全身心投入其中，所表现出来的如痴如醉的神情，令人十分震撼和感动。

又如，"木雀舞"。木雀舞是祝贺新生和祝祷死者的舞，亦为祭祀神灵保佑生存的舞蹈。木雀舞十分古老，流传广泛，哀牢山哈尼族的村村寨寨都有这个舞蹈。但这个舞蹈平常日子不跳，凡某家生了男孩，或某家死了老人则跳。关于木雀舞，在哀牢山有许多传说。其中一则传说这样叙述，古时候，一个哈尼小孩生癞疮，百医无效，生命垂危。这时，一只小雀从窗户飞入，将口水滴在孩子的病痛处，瞬时，癫疮消除，生命得救。于是人们将此雀视为神灵，出生祭祀行舞，以示祝祷。另一传说则是，远古之时，哈尼山爆发了一场战争。一个孩子看到他的阿姨被人杀死，埋葬后，他一直在坟上痛哭，这时一只雀飞来落在坟上，随着哭声而舞蹈。敌方来杀孩子的人看到此情此景，深为感动，望而却步。从此，哈尼人家死了老人，人们便在他家门前跳木雀舞。木雀舞，以舞者持一木头雕刻成的雀而得名。一般是四人或六人共舞，手持木雀，脚随鼓点，舞姿似小鸟飞翔，似山雀跃动，十分古朴而且优美。

劳动性的舞蹈是哈尼族舞蹈中最写实的部分，直接与梯田农业相联系。该类舞蹈随时可跳，凡有闲暇，心情愉快时，即行起舞，分栽秧舞、采荞子舞、捉泥鳅舞、翻身舞、竹筒舞等。劳动性舞蹈由于直接来源于生产劳动，模仿生产劳动，因而较为朴实和写真，浓于生活气氛而淡于艺术气息。例如，栽秧舞就直接是梯田农业栽秧场面的再现，舞者多寡不限，全为女性，在观众掌声的伴奏下，舞者嘻嘻哈哈，时而排成一排，时而分散开来，卷袖弯腰，做着各种栽秧的动作。捉泥鳅舞有着较为欢乐和调皮的气氛。舞者亦多为年轻女性，腰挂小篾兜，跳跃腾越，其摇晃的身姿犹如走在狭窄泥滑的田埂；一惊一乍，仿佛看见泥鳅在田中跳跃；动作快捷，捉鳅入兜，同时表现出极大的喜悦。该舞蹈生动活泼，模仿逼真，舞者与观者同乐，非常引人喜欢，因而流传十分广泛。

劳动性舞蹈直接与日常生产生活相联系，模仿生活，直截了当，简单易行，人皆能跳，具有广泛的群众基础，亦是哈尼族舞蹈的主要表现形式之一。

生活娱乐性舞蹈，具有自娱自乐和娱乐大众的性质，最具普遍性和群众性，是哈尼族舞蹈艺术中的突出部分。这类舞蹈所表现的就是"欢乐"，深刻地体现出哈尼族梯田"金蛇狂舞"和田水"婉转流泄"

般的气氛和节奏。该类舞蹈有乐作舞、白鹇舞、扇子舞、三弦舞等。

其中"乐作"舞最为普及,哈尼山区男女老少皆能熟练为之。

"乐作"意为大家跳舞,是哈尼族最古老、最著名、流行时间最长、流传地域最广的舞蹈。每当闲暇时节和节庆年关,村中的空场就是"乐作"的天然舞台。乐作舞开始时,仅是几对青年对跳,越跳人越多,圈子越来越大,最后往往全体到场者都参与进来,其盛况十分壮观。乐作舞主要为对跳,男女对跳最为相宜。这种对跳由于陷于集体舞中,因而对跳对象在舞圈中频繁轮换,这使人想起西方的宫廷舞蹈,只不过哈尼族乐作舞更加粗犷奔放而已。乐作舞动作变化多端,但基本动作严格单一,即拍手扭腰转身按节拍提腿抬足。因而学会乐作舞十分容易,但要熟练狂放,跳出自己的风格,表现出自己的气质则很难。真正优秀的乐作舞者,其姿态行云流水,给人以与长天和群山共舞的感觉,真正体现出梯田堤埂飞动的线条与节奏。

哈尼族的生活娱乐性舞蹈足具山野气息,同时足具强烈的艺术感染力,是哈尼族舞蹈艺术的珍品。

哈尼族舞蹈艺术的特色,因其不同的类型而有不同。祭祀性舞蹈有较浓的历史韵味,沿袭并保持古老的传统,是哈尼族舞蹈较原始的形态。其动作简单,节奏缓慢,古朴凝重,感染力强。劳动性舞蹈直接来于梯田农业生产,模仿生活,再现生活,生动逼真,朴实无华。生活娱乐性舞蹈,则有表现民族生活及个体生命的艺术特色,是哈尼族生命情调的自然流露。从内容看,它源于生活;从形式看,它高于生活,因而具有较强烈的艺术感染力。

(三) 装饰艺术

哈尼族的装饰艺术主要体现在服装上。由于哀牢山地域广阔,哈尼族支系繁多,服装千差万别,有长衣、中衣、短衣,有长裤、中裤、短裤，有长裙、中裙、短裙。但是，尽管各地服装多样复杂，其装饰则具有共同性。梯形图案，是哀牢山各地哈尼族服装的基本装饰图案。这是哈尼族对山地生活和梯田农业的艺术体现。

哈尼族女性无论年岁大小都戴帽子。帽子分为三类，即帽子、头帕和包头。各类帽子又可分为许多种。其装饰特点是，从帽檐往上进行圆形装饰，主要使用彩色丝线、花边、银币、银泡、串珠、绣球等，梯田田埂般有层次有规律地一圈一圈往上装饰。哈尼族碧约人的帽子很有特色，是用青布缝制的，呈六角形，顺着帽檐，用大银泡钉成多块三角形，距离相隔，形成上下交错的形状。红河、元阳一带的部分哈尼族戴一种"公鸡帽"。这种帽子因为形似公鸡的鸡冠而得名。"公鸡帽"周身银泡，犹如繁星，闪烁夺目。细看，那银泡从下往上装饰，一层一层，重重叠叠，使人不由想起那形如天梯的层层梯田。

哈尼族服装，特别是妇女的服装的所有边沿，如领口、袖口、衣襟边、裙边、裤脚边等都要进行装饰。所采用的材料和方式主要是贴布、绣花、钉花边等。这种装饰，各哈尼族支系自有特点，如自称哈尼、碧约、俄奴、糯比的哈尼族重视的是袖口和围脖的装饰。他们的袖子多用贴布装饰，十分讲究布料色彩的搭配，做工也很精细，呈现立体感觉。围脖一般都钉上一排排的银泡，并用金纸丝线镶边，形成梯形。绿春一带的哈尼族切底人更是将红、绿、黑、白、蓝等布料拼接成袖子，形成显著的梯形。自称罗美、腊咪、果觉的哈尼族，由于大多穿斜襟无领上衣，有的还外加一件对襟坎肩，因而对襟边、胸部着意进行装饰。斜襟的襟边多为长排的花边，排排相靠，形成梯形，有的则在前襟上装饰大排大排的银泡，重重叠叠之感十分突出。坎肩的装饰讲究华贵，一般使用串珠、彩线、银泡、银链、银币、银牌等，但必须与内穿的上衣形成整体。居住在红河县浪堤、羊街、车古一带的自称叶车的哈尼族，服装装饰十分简朴，几乎不用花边、贴布、绣花、银泡等，其装饰讲究的是衣服本身，亦是在边沿上下功夫。正如我们知道的那样，叶车妇女穿短裤。粗略看来，讲求的是显露妇女健美的大腿而不讲求花边、银饰等的装饰效果。其实，叶车妇女的短裤前面的裤边都往上打了七八道用线固定死的褶子，使前面裤边向上翘起，梯形图案十分醒目。另外，则是叶车妇女的多层衣，其件与件之间在其边沿部分所构成的梯形图案，同样表现出了哈尼族的独特审美和叶车人的独特装饰艺术形式。这种形式和哀牢山区其他哈尼族支系的装饰艺术形式一样，所体现的正是梯田所呈现于大地长天之间和崇山峻岭之中的线条美。

哈尼族的装饰艺术具有朴实的写实风格，在其住宅建筑的房顶，在各种竹编器物的表面，以及在哈尼族青年出门所背的挎包上，这种写实的梯形图案和线条随时可见。

除了上述所举，哈尼族的音乐也是世所罕见的，其中，多声部合唱的《栽秧歌》一被发现就引起社会的极大关注，现在正在申报世界文化遗产。

对自然和梯田的崇拜与热爱，赋予了哈尼族独特的创造激情和表现方式，形成了哈尼族生命的艺术和艺术的生命。于是哈尼族的艺术是活生生的，有着历史的沿袭，有着现实的人生，有着生活情调的飞扬，有着民族命运的交响。因而，无论在哈尼族的诗歌艺术、舞蹈艺术、装饰艺术，以及音乐、建筑等艺术中，都有着一条生命的轨迹，那就是仿古的（实为承袭古代的）、再现的（模仿现实的）和表现的（生命情调的自然流露）。每一种艺术的仿古，是历史遗痕的存在，具有文化传承的意义；而再现的，是真实模仿现实生产生活，具有教育和娱乐双重意义（功能）；表现的，则充满个性，具有不断创新的生命意义。

二 哈尼族梯田文艺面临的危机

哈尼族的审美及美学观是在创造梯田这个大地艺术的过程中孕育和发展的，其艺术的创造冲动、活力和热情来自梯田农业，其艺术的特色也是梯田农业文化特色所决定的。

哈尼族梯田文艺是哈尼族梯田文化的情感及精神部分，因而它是民族之魂。在长期的历史发展过程中，特别是在定居哀牢山区的上千年创造和维护梯田农业岁月中，哈尼族的文化艺术一直在创造、传承和发扬，以至留下了丰厚的遗产，成为"红河哈尼梯田"世界文化遗产的重要组成部分。

其实，哈尼族文化传承和艺术创作一直面临着危机，其中最深重的危机就是文化价值的严重扭曲、劳动价值的严重贬低所造成的文化传承后继无人。

文化价值的扭曲。在外来文化的影响下，人们长期以来认为少数民族文化是落后的，文学艺术更是原始的、粗陋的，甚至根本称不上文学艺术。"文化大革命"时期，民族文化及文学艺术更是被视为"封建迷信"而予以扫除。哈尼族的文艺创作者、歌手、文化传承人摩匹（哈尼族智者，文化阶层）被当作"封建迷信的代言人"遭到无情的打压，被批斗、关押。对民族文化的否定和对文化文艺人才的迫害，在哈尼族人特别是年轻一代的心里蒙上了一层厚实的阴影，使他们对自己的文化及艺术产生了极度的怀疑。到了20世纪80年代改革开放，山门进一步洞开，外面的世界真精彩。各种文化、各种艺术，流行歌、现代舞、时尚音乐，乃至各式各样的文化价值观纷至沓来，年轻一代人仿佛久旱逢甘霖获得了新的精神生命一样朝气蓬勃，但与此同时，哈尼族存在、传承并发扬了成千上万年的文化和艺术却被遗弃，几乎没有人在关心和认真从事哈尼族传统文化和文学艺术的传承和发扬了。人是文化艺术传承和发扬的主体，缺失了对文化艺术的信仰、热情和智慧的投入，其结果就是文化及文艺传承后继无人，面临断绝。

劳动价值的贬低。从20世纪80年代始，随着地域开放和外来文化的影响，哈尼族，特别是青年一代哈尼族的劳动价值观发生了巨大变化。内地和边疆的差别、城市和乡村的差别、农业和非农的差别，特别是内含其中的劳动价值的差别，改变了哈尼族年轻一代的世界观、人生观，乃至审美观的走向，引发了青壮年劳力的大量外出打工。用哈尼族青年的话说："全家干梯田一年的收入，还不如我在城里打工两个月的收入。"畸形的巨大的劳动价值差别，使哈尼族梯田劳动的价值处于极端不平等的地位。哈尼梯田劳动价值的极度贬低，其结果就是造成了哈尼族中青年一代背井离乡到城市打工。据调查，哀牢山区红河县的农村95%以上的中青年在外打工，有的村寨几乎全部年轻人都在外打工，很多村寨只剩下老人和小孩，村寨失去了往日的生机活力，显得冷火秋烟。劳动力缺失，使哈尼族审美内涵中缺失了历史、科学、文化，也缺失了热情和智慧的投入。大量中青年人口外流造成了哈尼族社会的两大危机：一是梯田农业后继无人，二是文化传承后继无人。

文艺价值的否定，使人们失去了传承和创作的热情；劳动价值的贬低，造成劳动人口的流失，文艺传承和创作便后继无人。其深重的危机就是文化传承的断绝和文艺创作的萎缩。这是哈尼族精神上的深重危机。

三 哈尼族梯田文艺的现代修复与可持续发展

通过长期的民族学田野调查和对哈尼族梯田文艺面临危机的分析研究，笔者认为，要使哈尼族梯田文艺得到恢复和发展，必须从转变文化保护与发展理念、激活文化传承及文艺创造力两个方面入手。

(一) 转变文化保护与发展理念

1. 变"抢救性"保护为肯定性保护

哈尼族文化及文艺的危机，其实早就引起了政府及各方面有识之士的重视，抢救和保护哈尼族文化的呼声极为高涨。自20世纪80年代文化人士就开始搜集整理哈尼族的传统文化，这一工作一直在持续，2009年红河州拨款1000万元用于搜集整理出版《哈尼族口传文化译注全集》100卷，这是一项巨大的工程；90年代政府开始对哈尼族文化传承人进行命名（著名的歌手、舞者、音乐人等），并对哈尼族非物质文化遗产进行认定（《四季生产调》《哈尼族多声部》《哈尼哈巴》《哈尼族棕扇舞》等），同时在部分地方建立民族文化传习所。这些具有民族文化抢救性的措施，对民族文化文艺的保护有着重要意义。

然而，对于哈尼族的文化以及所有的民族文化，人们总把它看成正在消亡的文化，所以一直强调的是"抢救"，是抢救性地保护。因此，在实施抢救性保护时，其措施大多是居高临下的，所采取的多是所谓"现代的""科学的""西方先进的"理论与方法，而忽视了民族文化内在的生命力和自我保护的经验。

其实，哈尼族文化以及众多民族文化由于历史和现实的种种原因正遭遇着文化自信心的丧失和文化传承的断绝，这远比民族文化"正在消亡"严重得多，这是民族精神的抽空，它会使人们因文化和创作的极度压抑而窒息。它需要的是文化的承认、肯定和文化自信的恢复。

因此，我们必须变抢救性保护为肯定性保护，激活文化文艺的可持续发展。

2001年红河州开始申报"红河哈尼梯田"世界遗产，这一行动本身就是变抢救性保护为肯定性保护。申报遗产是文化自信的表现，是对民族自身文化的肯定。这一行动有力地推动了哈尼族文化的保护和弘扬。2013年6月22日，"红河哈尼梯田"被联合国教科文组织列入《世界遗产名录》，成为世界遗产。

红河哈尼梯田成为世界遗产对哈尼族来说有着无与伦比的意义，一是哈尼族文化及文化的价值得到了世界性的肯定，使哈尼族文化重新回归哈尼族；文化自信心的重新获得，将使哈尼族文化的传承和文艺的创造性热情和冲动在人们心中复苏；二是哈尼族梯田的劳动价值得到逐步肯定，如农业产品（如红米、梯田鱼）的价值提升、旅游经济价值的飙升等。随着梯田经济效益的体现，人们的经济收入也得到提高，一旦其收入达到和超过到外地打工的收入时，外出的人口也将回归，梯田农业后继无人和文化传承后继无人的问题都将得到解决。这就是肯定性文化保护的积极效益。

2. 将梯田文艺转向文化产业

"红河哈尼梯田"成为世界文化遗产，正是哈尼族文化及梯田文艺转向文化产业的发展契机。

"世界文化遗产"的文化肯定，使哈尼族文艺真正开始恢复活力，仿佛获得了新生命。过去，哈尼族的诗歌、舞蹈和歌唱都是自发地在逢年过节、婚丧嫁娶的场合表演。如今,哈尼族村寨歌舞队突然如雨后春笋般出现,到2016年3月止,仅元阳县就有乡村文艺队352个。哈尼族诗歌(哈巴、阿欺枯、阿米车),哈尼族舞蹈(乐作舞、棕扇舞、铓鼓舞等),音乐(多声部合唱)等文艺,不仅在梯田旅游的景点演出而且也大量出现在各种媒体上。例如,2016年3月15日,"第二届红河哈尼梯田世界文化遗产摄影双年展"在元阳县举行,开幕式上元阳县沙拉托乡文艺队和元阳洞浦村"哈尼哈巴"演唱队到场演出。沙拉托文艺队有40人,其中老年人唱"哈巴",中年人唱"多声部"民歌,青少年跳乐作舞。节目有《敬酒歌》《晒谷场上》《碗舞》《撮泥鳅》《栽秧舞》《棕扇舞》《茶叶舞》等,都是哈尼族的传统舞蹈和歌曲。而洞浦村老歌手朱某和的一曲《哈尼阿培聪坡坡》引得全场轰动。这就是"传统的发明"[①]。曾几何时,哈尼族的传统文艺被外来艺术家视为珍宝,在《哈尼哈巴》(古歌)的基础上创作出的歌曲《阿波毛主席》,使哈尼哈巴的曲调传遍大江南北。

2015年8月29日,云南省首部民族舞剧《诺玛阿美》在红河大剧院上演,这部舞剧实际上是将哈尼族史诗《哈尼阿培聪坡坡》搬上了舞台,展示了哈尼族传统舞蹈艺术无与伦比的美。令人大为惊讶和振奋的是,2015年5月1日,哈尼族原汁原味的传统艺术《哈尼哈巴》《哈尼多声部:劳动生产歌》《乐作舞》《棕扇舞》登上了意大利米兰世界博览会的国际大舞台。这是原生态民族艺术的现代闪光,这是哈尼族传统文化和文艺的魅力。

梯田文艺的产业化转变,是梯田文艺乃至梯田文化发展的新方向。

---

① [英]霍布斯鲍姆·兰格:《传统的发明》,顾杭、庞冠群译,译林出版社2004年版。

（二）发现传统：激活文化传承及文艺创造力

我们在前面对哈尼族梯田文艺面临危机的分析中指出，梯田文艺深重的危机是文化传承的断绝和文艺创作的萎缩。

因此，在我们转变文化保护和发展理念的时候，在我们大量应用现代保护理念、现代保护手段的今天，我们应当努力地发现传统，发现哈尼族数千年来行之有效而曾经被否定放弃的文化文艺传承和保护方式，以服务于今天和明天。

1. 发现传统：梯田文艺传承方式

自古以来，哈尼族的文艺传承方式主要有两种：示范身教和口耳相传。这两种传承方式又分别置入社会性和专门性两个层面。

（1）社会性示范身教、口耳相传。

哈尼族人自小就生活在浓浓的农耕文明、梯田文化和梯田文艺的氛围中，从某种意义上说，生活就是艺术，或者说生活就是艺术的源泉。

梯田文艺的社会性示范身教和口耳相传，往往在哈尼族重要的节日、集会和宗教活动中进行。哈尼族的节庆集会、宗教祭祀活动十分频繁，几乎月月有节、季季有庆，这就为哈尼族农耕文化和文艺的传承提供了较多的机会和社会性的口传文化场所。

哈尼族的节日、集会、宗教祭祀既是重要的社会活动，又是重要的文化传承活动。像《哈尼族四季生产调》这种由千百年农耕经验积累而成的口传文学"教材"，其内容含量是极大的。它包括了哈尼族的物候学、历法、农时节令、农耕技艺、农业祭祀、节日程序等丰富的农耕文化内容。这种长期传唱、家喻户晓，形成固定调式、固定篇章，通俗顺口，易于记诵，又易于传播的"教材"，对哈尼族农耕文化和文艺的传承起到了极其重要的作用。一代又一代的社会性示范身教、口耳相传、模仿演绎使哈尼族的装饰艺术、舞蹈艺术、建筑艺术、歌唱艺术、诗歌艺术等代代相传并不断创新发展。

（2）专门性示范身教、口耳相传。

专门性示范身教、口、耳相传是在家庭中进行的，有两种：一是家庭中的火塘教育；二是摩匹（智者、歌手）的师徒传袭。

火塘是哈尼族家的中心，家的象征。火塘是哈尼族御寒取暖、饮食炊爨、家人团聚之处，又是口传文化的重要场所。每当晚饭结束、夜深人静时，哈尼族老人们便打开话匣子，向围坐火塘的年轻一代总结白天在农田的生产经验，讲述历史传说、故事谚语，常常会吟诵一段"哈巴"（古歌），甚至即兴跳上一曲乐作舞。哈尼族人承认，他们的许多梯田农耕文化和文学艺术才能是在火塘边由上一辈人传授而获得的。可以说，火塘是哈尼族的家庭学堂。

另一学堂则在摩匹家中，在这里进行的师徒传承，在哈尼族梯田文艺的传承中具有极为重要的意义。

在长期的"示范身教"和"口耳相传"的文化传承过程中，哈尼族社会中形成了一个摩匹文化阶层。这一阶层的主要社会职能，就是专门进行文化的传承。他们是哈尼族社会中的知识分子，是哈尼族文化的专门性传承人。在一切重要的场合，摩匹都以文化权威的身份，郑重其事地以说唱的形式讲述哈尼族发展的历史、民族风习传统、农业耕作知识、民族文学艺术及各种规矩。然而，这只是一般性的传播知识。摩匹真正把所掌握的文化知识和艺术才能传授给的是自己的徒弟。摩匹的徒弟，来源于哈尼族社会。元阳县麻栗寨的大摩匹朱天云就收了徒弟30人。在哈尼族寨子，几乎都有摩匹，他们都收有徒弟。仅元阳县的哈尼族大小摩匹（师傅和徒弟）就有2000余人。他们自小学习哈尼族传统文化文艺知识，接受师傅的教导。从哈尼族社会总体上看，摩匹是一个文化阶层；从具体看，各地摩匹师徒间的关系形成一个个传统的组织（可视为学校），有着一套师徒继替、地位传授的制度。每一个组织中有若干小摩匹（徒弟），统属于一个大摩匹。这个大摩匹是在上一代大摩匹生前经过严格考试选定的继承人。然而，真正学成摩匹被授予摩匹称号者，几乎要耗尽毕生精力。

摩匹是哈尼族文化的直接传承人，是哈尼族社会的大艺术家。摩匹阶层是哈尼族的知识阶层，这一阶层对哈尼族文化的传承有着重要的意义。也就是说，在哈尼族社会化的"口耳相传"的文化传承中，有一个特殊的摩匹文化阶层专门负责文化的保存和代代相传。对这个知识阶层的文化传承作用的肯定、保护，对于梯田文艺的传承、发展极为重要。

哈尼族梯田文艺有着千年的传承。只有恢复其传承方式，哈尼族文学艺术才能复活和发展。

2. 发现传统：以梯田为巨大参照物的文艺创作

哈尼族梯田有着雄伟壮美的形态，它是一种象征，象征着哈尼族的精神气韵，而它丰厚的内涵则犹如喷涌的源泉，培育着哈尼族的生命情调，滋润着哈尼族的艺术创造活动。千百年来，哈尼族文学艺术都是以梯田为巨大参照物而创造出来的。现仍以诗歌艺术、舞蹈艺术、装饰艺术为例，以观全豹。

（1）哈尼族的诗歌艺术，特别是传统的哈尼族诗歌，种类繁多，蔚为壮观，无不以梯田精神与形象为参照物。

哈尼梯田体现着一种韵律，这是一种生生不息、循环不已的生命韵律。农业生态与自然生态的组合，形成了哈尼族独特的梯田农业水利系统。这种水利系统的独特性在于，水源取自高山森林，顺着大沟流入层层梯田，再流入谷底江河，又蒸发升空变为蒙蒙雾雨，集汇于高山森林，再顺大沟而下……如此循环往返所体现出的正是生命的生生不息。随着季节的更迭，哈尼族梯田表现出的亦是生命的韵律。春季，万物复苏，生命萌动，绿色上了梯田；夏季，群山烂漫，稻谷疯长，一派郁郁葱葱；秋季，天高云淡，丰收在望，梯田金光闪闪；冬季，万物凋零，梯田泡水，群山仿佛睡去。梯田好像是"人生一世，草木一秋"的真实写照和突出象征物。但是，随着冬去春来，这种循环不已的生命律动又反复出现。

对于人生的赞叹是哈尼族诗歌艺术始终贯穿的主题，而对于人生的直接歌咏，始终与梯田血肉相连。在哈尼族诗歌中，对人的咏唱总以梯田作喻。例如"梯田是小伙子的脸""梯田是哈尼的命根"以及"弯弯的田埂是姑娘的裙边""梯田流水如姑娘爽朗的笑声"，等等。同时，哈尼族诗歌对梯田及梯田农业的赞叹和描绘总是采取拟人化的手法。例如，哈尼族把秧田比作爹妈，把谷种比作婴儿（也有比作谷娘），把秧苗比作姑娘，把梯田比作小伙子。这正是以梯田为参照物创作出来的艺术形象。

梯田农业的拟人化，以及用梯田形象来比喻人，使哈尼族诗歌艺术血肉丰满，同时表达出哈尼族人生与梯田农业的关系，表达出以人生为中心的哈尼族诗歌艺术离不开梯田，它是植根于梯田农业之中的。

（2）哈尼族的舞蹈艺术，更是以梯田生动的形态为参照。

哀牢山区哈尼族梯田呈现出来的是节奏。那漫天飞舞的梯田线条，那四季变化的色彩，那层层相间犹如天梯的形象，那从山顶到山脚千回百转的水流，无不呈现着令人激动的活泼的生命节奏。哈尼族的舞蹈就孕育诞生于这种生命节奏中。表现的正是梯田飞动的线条和韵律所体现出来的哈尼族生命的节奏。这种节奏是一种豁达乐观、生生不息、狂放与自强的精神力量。

（3）哈尼族的装饰艺术，特别是传统的服装装饰艺术就是以梯田形象为参照，模仿、演绎、表现梯田的内在精神和外在形象的。

哈尼梯田呈现出来的最显著的视觉特征是线条。哀牢山是一条巨大的山脉，哈尼族所居之红河南岸是哀牢山南部末端，这里山势稍缓，群山扭结，大小山峦拥挤，江河深壑纵横，地势变化极其复杂。哈尼族梯田均依地势营造，平滑陡峭的山岭，所建梯田整齐均匀，犹如刀切；圆形小山则被梯田团团包裹，神似一个个螺蛳。地势复杂，梯田也呈复杂形式。整体观之，那千形万状，大者数亩之广，小者形如澡盆的梯田随山起伏，铺天盖地。细致观之，呈长条环状的水田绕山而行，从山脚到山顶，埂回堤转，重重叠叠，犹如天梯。而游动交错的沟渠和田埂交织，仿佛万千银蛇飞舞大地，缠绕着重重大山。这是一种雕塑在大地长天之间、崇山峻岭之中的线条狂奔之壮美，它深深地震撼着来此观光的外地人，也深深地震撼着它的创造者哈尼族，并深刻地影响着哈尼族的其他艺术门类，特别是其装饰艺术。从哈尼族的服装装饰上，我们可以看到这种艺术精神的卓越表现。

自古以来，哈尼族的所有文学艺术都是以梯田形象为巨大参照，以梯田生活为源泉而创造出来的。就连今天，年轻一代的哈尼族文学艺术家存文学、黄燕、艾扎、艾吉、诺含、哥布等的创作仍是以梯田为参照的，这就是生活的延续，传统的延续。

发现传统、利用传统、发展传统。这是我们扎根心底的发展理念，也是哈尼族梯田文艺的现代修复和可持续发展的不可动摇的基础发展理念。

四　结语

　　梯田文艺是发生于哈尼族千百年所创造的梯田、梯田农业、梯田生活、梯田文化中的"大地艺术"。众多的艺术门类、纷繁的艺术形式，无不显示着哈尼族的创作能力和精神面貌，而这一切又深深扎根于哈尼族的传统文化土壤中。

　　"红河哈尼梯田"成为世界遗产后，哈尼梯田已经被置于世界大舞台上，哈尼族文艺也必然走上世界舞台。

　　在这样的现实和未来的展望中，面对梯田文艺的危机，我们应当转变民族文化保护和发展理念，变抢救性保护为肯定性保护，变传统梯田文艺为梯田文化产业；同时发现传统，联接和激活富于生命力的传统文化传承和保护方式，奠定梯田文艺的可持续发展基础。用文化肯定激活文化自信，用现代理念点燃民族传统，策动民族文化自身的生命力量，促进梯田文艺的可持续发展。笔者坚信，哈尼族文化及艺术将在新的生命形态中薪火相传，重获青春魅力而发扬光大。

（原载《社会科学专家话红河南部》，云南大学出版社 2018 年版）

跋

选编这本论文集，使我生出许多感慨。

一是，弹指一挥间，30多年过去了，真是光阴似箭，日月如梭。

二是，30多年来，我只在一个单位——云南省社会科学院民族学研究所工作过。工作经历简单。

三是，30多年来，我主要研究一个民族——哈尼族。研究经历简单。

四是，按民族学所对科研人员的要求："熟悉一个民族，联系一个地区，研究一个专题"来编排此论文集，觉得顺利而简单。

我感到，正是民族学研究所这个单位宽松和谐的工作环境，正是哈尼族这个民族的卓越创造，深深地吸引着我，促使我成长着，直到今天。

在这里，我要感谢云南省社会科学院给我编辑出版这个论文集的机会；感谢院科研处的精心安排；感谢出版社的细心关照；感谢我的领导、师长、同事、家人、朋友的长期支持和鼓励。

王清华

2017年4月15日